Helga Kohler-Spiegel

Juden und Christen – Geschwister im Glauben

D1668588

Reihe „Lernprozeß Christen Juden" Band 6

Herausgegeben von
Günter Biemer
Ernst Ludwig Ehrlich

Helga Kohler-Spiegel

Juden und Christen
Geschwister im Glauben

Ein Beitrag zur Lehrplantheorie
am Beispiel Verhältnis Christentum Judentum

Herder
Freiburg · Basel · Wien

Alle Rechte vorbehalten – Printed in Germany
© Verlag Herder Freiburg im Breisgau 1991
Herstellung: Druckerei Werner Schaubruch, Bodenheim 1991
ISBN 3-451-22384-8

VORWORT

Das Vorwort einer Arbeit ist der Ort des Bilanz-Ziehens, der Rückblick auf einen Weg, der von seinem Ende her nicht idealisiert werden soll.

Schon als Kind faszinierten mich die Erzählungen meiner Mutter, die, selbst ein Kind, die Verfolgung und Vertreibung der jüdischen Nachbarn miterlebte und in deren Erinnerung das Leben dieser Juden präsent blieb. Geschichte war so immer an Namen und Lebensgeschichten gebunden, konkret erfahrbar und erinnerbar.

Dieses Thema ließ mich nicht mehr los: ich hatte Lehrer, die bei mir die Faszination des jüdisch-christlichen Glaubens verstärkten, das Interesse vertieften und das Wissen vermehrten. An erster Stelle möchte ich Univ.Prof.Dr.Albert Biesinger und Univ.Prof.DDr.Wolfgang Beilner nennen und ihnen für vieles von Herzen danken.

Es ist unmöglich, all die Menschen zu nennen, die mich in dieser Zeit des Arbeitens mittrugen: meine Eltern, Freundinnen und Freunde, geschwisterliche BegleiterInnen..., die mir ihr Interesse und ihre Begleitung zeigten, die Gesprächspartner waren und Hilfen gaben. Ihnen allen - und besonders Sighard Kohler: Danke.

Die Arbeit wurde im Wintersemester 1989/90 an der Theologischen Fakultät der Universität Salzburg als Dissertation eingereicht. Günter Biemer und Ernst Ludwig Ehrlich möchte ich für die Aufnahme in die Reihe 'Lernprozeß Christen Juden' danken.

Feldkirch, im Juni 1990   Helga Kohler-Spiegel

INHALT

VORWORT

"Theologie nach Auschwitz" (B.Metz) ist immer noch die große Herausforderung. Die theologische Reflexion des Verhältnisses von Christentum und Judentum im katholischen Religionsunterricht wurde in den Arbeiten des Forschungsprojektes der Deutschen Forschungsgemeinschaft am Seminar für Pädagogik und Katechetik der Theologischen Fakultät Freiburg i.B. unter Leitung von Prof.Dr.Günter Biemer intensiviert: in der Reihe "Lernprozeß Christen Juden" sind bereits fünf Bände erschienen, die diesen Reflexionsprozeß dokumentieren.

Als Mitarbeiter in diesem Forschungsprojekt von 1979-1982 habe ich die Dringlichkeit des Anliegens und die noch ausstehenden Problemanalysen an die Universität Salzburg mitgenommen. Daß Frau Univ.-Ass.Dr.Helga Kohler-Spiegel sich dazu entschließen konnte, das Problem des Lernprozesses Christen-Juden auf Lehrplanebene weiterzuführen, ist mir eine Freude. Insbesondere die Frage nach der vertikal-konsekutiven Aufbauproblematik eines solchen Lernprozesses ist noch ausständig. Helga Kohler-Spiegels Arbeit realisiert einerseits eine Vernetzung mit den Ergebnissen des Freiburger Projektes und liefert andererseits neue Perspektiven zur Erarbeitung der Lehrplanprobleme in kritisch-konstruktiver Absicht. Sie geht bis an die Grenzen dessen, was derzeit lehrplantheoretisch aussagbar ist. Daß die Frage nach dem sequentiellen Aufbau der Lehrpläne und Lehrbücher noch zuwenig erforscht ist, sieht die Verfasserin als einen der Hauptgründe dafür an, daß relativ wenig religiöses Wissen, kaum Argumentationsfähigkeit und Handlungskompetenz nach Jahren des Religionsunterrichtes zurückbleiben. Im schulischen Religionsunterricht fehlt zu oft der kognitive "rote Faden"; Inhalte erscheinen beliebig und willkürlich. Helga Kohler-Spiegel geht von

der Arbeitshypothese aus, daß es basic concepts gibt,
die für den Lernprozeß Christen Juden grundlegend sind
und die vertikal ausgefaltet immer komplexer ausgestaltet werden müssen.

Lernpsychologische, entwicklungspsychologische und
kognitionspsychologische Überlegungen werden in das
religionspädagogische Interesse dieser Arbeit integriert. Die Arbeit bietet exemplarische Hinweise für
einen vertikal-konsekutiven Aufbau; sie muß zwingenderweise darauf verweisen, daß es letztlich um Argumentationsstränge geht, die innerhalb eines größeren Forschungsteams durch empirische Erprobung im Theorie-
Praxis-Zirkel weiter untersucht werden müssen.

Die Analyse der Lehrpläne ergibt in manchen Bereichen
der ehemaligen Bundesrepublik, vor allem in Hessen,
erfreuliche Fortschritte. Die deutsch-schweizerischen
Lehrpläne weisen schwere Defizite auf. Die österreichische religionspädagogische Diskussion, die zu diesem
Thema schon einen höheren Reflexionsstand erreicht hat,
wird durch diese Arbeit ebenfalls Anregungen gewinnen.

Das bleibende Ergebnis dieser Dissertation liegt in
der Erarbeitung der lehrplantheoretischen Grundlagen im
Sinne eines vertikal-konsekutiven Aufbaus und der
fundierten Beschreibung der Defizite neuester Lehrpläne.
Die Arbeit wird für die weitere Forschung auf diesem
Gebiet als wichtige Hypothesengrundlage anregend wirken.
Die exemplarischen Impulse zur Vernetzung der inhaltlichen Stränge erörtern auch das bibeldidaktische
Grundproblem, daß nicht sämtliche Exemplaria der Bibel
jeweils von Schülererfahrungen her erschlossen werden
können. Wichtige Zusagen und Herausforderungen der
jüdisch-christlichen Offenbarung würden aus der religiösen Erziehung ausgeklammert werden, wenn man die

Schülererfahrungen und -interessen zum ausschließlichen Kriterium machte. Es muß auch der andere Weg der vertikalkonsekutiven Erschließung von Strukturen religiösen Denkens intensiver reflektiert werden: erst dann ist ein wechselseitiger Korrelationsprozeß möglich.

Die vorliegende Arbeit von Helga Kohler-Spiegel wird ihren Weg machen, zu weiteren Forschungen anstiften und hoffentlich zu einer Verbesserung der Lehrpläne im deutschsprachigen Raum beitragen.

Salzburg, im Juni 1990 Albert Biesinger

0. EINLEITUNG

0.1 Vorbemerkungen zur Arbeit

Vorweg sind einige formale Hinweise für die Arbeit zu geben. Als überzeugte Vertreterin einer gerechten Sprache, die Frauen und Männer bewußt wahrnimmt und nennt, war es mir dennoch nicht möglich, in allen Fällen konsequent weibliche und männliche Formen in der Sprache auszuformulieren, da besonders die Differenzierungen im Genitiv und Dativ den Lesefluß so behinderten, daß ich mich grundsätzlich für die traditionelle männliche Benennung entschloß.

Wurden bei der Übernahme von Zitaten Sätze gekürzt, so sind nur Auslassungen im Zitat selbst, nicht aber an dessen Anfang oder Ende durch (...) gekennzeichnet. Ebenso wurde Groß- und Kleinschreibung in Einzelfällen am Anfang eines Zitates angepaßt, um Irritationen der Zeichensetzung und Rechtschreibung zu verhindern.

Es ist zu unterscheiden, daß bei Vergleichen die Fußnote, die sich auf den ganzen Abschnitt bezieht, nach dem Satzzeichen (d.h. meist nach dem Punkt) gesetzt ist, und daß Anmerkungen, bezogen auf einen einzelnen Gedanken, direkt in Anschluß daran gesetzt werden.

Das Literaturverzeichnis ist alphabetisch geordnet; innerhalb der Auflistung der Werke desselben Autors wird nach dem Erscheinungsjahr gereiht, nur Handbücher bzw. zusammengehörende mehrbändige Werke werden unabhängig von den folgenden Erscheinungsjahren im Anschluß an den ersten Band genannt. Von den Vornamen der Autoren wurde grundsätzlich nur der erste genannt, außer es handelt sich um Doppelnamen, die aufgrund des Bindestrichs als solche erkennbar sind.

Freiburg in der Schweiz ist durch ein "CH" gekennzeichnet, "Freiburg" meint immer Freiburg i.Br. Sammel-
bände wurden nach dem Herausgeber und nach den einzelnen
Artikeln genau und ausführlich zitiert, um die Litera-
turliste als Bibliographie auch sinnvoll nutzbar zu
machen und um anhand der Titel die Orientierung zu
fördern. Nur bei Autorenschriften, die einzelne Artikel
des jeweiligen Autors selbst sammeln[1], oder bei so
genauen Zuordnungen der Autorenschaft im Inhaltsverzeichnis, daß einzelne Zitationen der Abschnitte ver-
wirrend wären[2], wurden die einzelnen Teilabschnitte
nicht ins Literaturverzeichnis aufgenommen.

Damit muß zusammenfassend ein Grundgedanke der
Einordnung der Literatur betont werden: Das Kriterium
der Sinnhaftigkeit und des Verständnisses wurde für
wichtiger erachtet als die Einhaltung strikter Regeln,
da - biblisch begründbar - die Regeln und "Gebote" nur
Hilfe, nie aber Selbstzweck sein sollen.

Deshalb finden sich auch Beispiele, bei denen sich
als Kurzzitat ein Stichwort anbot, gemäß dessen es in
der alphabetischen Reihenfolge im Literaturverzeichnis
eingeordnet wurde; zu deutlicheren Kennzeichnung ist es
unterstrichen. In anderen Fällen besteht das Kurzzitat
aus Autor bzw. Herausgeber und den notwendigen Angaben
zur eindeutigen Zuordnung des Kurzzitats zur Angabe im
Literaturverzeichnis. Bei Artikeln wurden zur Präzisierung die jeweiligen Gesamtseiten zusätzlich angegeben.

---

1   Vgl. z.B. Mußner, 1987.
2   Vgl. z.B. Biemer/ Biesinger/ Fiedler (Hrsg.), 1984.

0.2   Abkürzungen

Conc   Concilium
CpB   Christlich-pädagogische Blätter
everz   Der evangelische Erzieher
FrRu   Freiburger Rundbrief
KBl   Katechetische Blätter
rhs   Religionsunterricht an höheren Schulen
RpB   Religionspädagogische Beiträge
ru   ru. Zeitschrift für die Praxis des Religions-
           unterrichts
ThPQ   Theologisch-praktische Quartalschrift
Z.f.Päd.   Zeitschrift für Pädagogik

Alle anderen Abkürzungen entsprechen dem allgemein
üblichen wissenschaftlichen Gebrauch.

0.3   Beschreibung des Anliegens

Zehn Jahre sind seit der Arbeit Peter Fiedlers über
das Judentum im heutigen Religionsunterricht und den
nachfolgenden Bänden des Freiburger Projekts zum Verhältnis Christen Juden vergangen (1977-1982).[3] Manches
wurde aufgenommen, einiges verändert[4]; gleichzeitig
ließen politische Veränderungen in Mitteleuropa (z.B. in
Österreich) und Israel alte Vorurteile wieder aufbrechen.

Die Verheißungen Gottes in der Bibel der Juden, die
auch für Christen Hl. Schrift ist, wurden nie zurück-

---

3   Vgl. Fiedler, 1980; Biemer, 1981; Biemer/ Biesinger/ Fiedler
    (Hrsg.), 1984; Fiedler/ Reck/ Minz (Hrsg.), 1984.
4   Vgl. Biemer, in: KBl 113 (1988) 629-637.

genommen[5], nach wie vor ist Israel Jahwes erste Liebe, erwählt und erkoren aus allen Völkern (Dtn 7,6-9; 10,14f; 14,2). Vielleicht ist gerade dies der Grund vieler Verzerrungen und Abgrenzungen: die ständige theologische Herausforderung der Christen durch das Judentum.

Ausführliche Begründungen für die Behandlung dieses Themas im Religionsunterricht wurden immer wieder dargelegt[6]; ich setze diese voraus. Denn Adornos Anspruch an und Ziel der Erziehung (formuliert 1966) gilt nach wie vor:

> "Die Forderung, daß Auschwitz nicht noch einmal sei, ist die allererste an Erziehung. Sie geht so sehr jeglicher anderen voran, daß ich weder glaube, sie begründen zu müssen noch zu sollen. Ich kann nicht verstehen, daß man mit ihr bis heute so wenig sich abgegeben hat. Sie zu begründen hätte etwas Ungeheuerliches angesichts des Ungeheuerlichen, das sich zutrug. Daß man aber die Forderung, und was sie an Fragen aufwirft, so wenig sich bewußt macht, zeugt, daß das Ungeheuerliche nicht in die Menschen eingedrungen ist, Symptom dessen, daß die Möglichkeit der Wiederholung, was den Bewußtseins- und Unbewußtseinsstand der Menschen anlangt, fortbesteht. Jede Debatte über Erziehungsideale ist nichtig und gleichgültig diesem einen gegenüber, daß Auschwitz nicht sich wiederhole."[7]

Religionsunterricht als christlich-religiöser Unterricht ist rückgebunden an und verbunden mit dem Judentum. Dies wurde in schulischem Lernen in den letzten

---

5 Vgl. Deutsche Bischofskonferenz 1980, in: Richter (Hrsg.), 1982, 122-150, 146: V.4. "Wenn auch die Kirche sich schon im 1.Jahrhundert nach Christus von Israel getrennt hat, so bleibt doch die Heilsbedeutung Israels und die Heilszusage Gottes an Israel bestehen."
6 Vgl. Kremers, in: Jochum/ Kremers (Hrsg.), 1980, 23-35, 31f; Biemer/ Fiedler, in: Biemer/ Biesinger/ Fiedler (Hrsg.), 1984, 32-37; Brocke/ Jochum, in: Jochum/ Kremers (Hrsg.), 1980, 55-74, 60.
7 Adorno, in: Adorno, 1971, 88-104, 88.

Jahren auf Lehrplanebene zumindest nicht ausgeblendet. Dennoch bleibt die Frage, ob es das Verstehen fördert, wenn das Thema ab und zu aufgegriffen oder gar nur einmal im Jahr ein paar Stunden lang behandelt wird. Diese Frage kann natürlich bzgl. vieler Inhaltsbereiche gestellt werden, besonders aber stellt sie sich beim Zentrum religiösen Lernens, beim Verständnis jüdisch-christlichen Glaubens.

Nach wie vor erscheinen Lehrpläne für den katholischen Religionsunterricht größtenteils als Stoffpläne mit einer mehr oder weniger willkürlichen Sammlung verschiedenster Inhalte, aus der ein begründeter Aufbau oft nur schwer zu erschließen ist, auch wenn von Spiralcurriculum, Sequentialität u.ä. gesprochen wird.[8] Daß gerade dadurch Lernende im Kontext schulischer Bedingungen ein roter Faden fehlt und dadurch die Inhalte beliebig und willkürlich scheinen, liegt auf der Hand und kann aus vielen Beobachtungen erschlossen werden.[9] Daß darin (auch) einer der Hauptgründe liegt, wieso Jugendliche nach 9-13 Schuljahren sowenig an religiösem Wissen, Argumentationsfähigkeit und auch Handlungskompetenz zeigen, ist Anlaß für die vorliegende Arbeit.

Meine Arbeitshypothese ist, daß es für jüdisch-christliches Lernen basic concepts (Grundbegriffe) gibt, bei denen beginnend die Inhalte vertikal aufgebaut und sie wiederholend ausgefaltet und vertiefend weiterge-

---

8 Daß nach wie vor Lehrplantheorie sozusagen ein "Stiefkind" innerhalb der religionspädagogischen Grundlagenforschung ist, läßt sich unschwer belegen. Hemel z.B. verwendet knappe 11 Zeilen und 2 Literaturhinweise, um die "Grundlagen einer religionsdidaktischen Lehrplantheorie" darzulegen (Hemel, in: RpB (1988) Nr.22, 92-104, 100 und Anm.30).
9 Dies muß trotz eines schrittweisen Umdenkens in den neuesten Lehrplänen der BRD dennoch im allgemeinen angenommen werden.

führt werden müssen. Dabei müssen dem Alter entsprechend Wissen gesammelt, Handlungsmuster experimentiert und eingeübt, Problemlösungsstrategien übernommen, Ordnungsschemata differenziert, optimiert und umstrukturiert werden. Dazu ist eine theoretische Grundlegung auf mittlerer Abstraktionsebene und die Klärung der Ansätze, die Hilfen für diese Fragestellung bieten können, notwendig. Lernpsychologische, entwicklungspsychologische, kognitionspsychologische und religionspädagogische Überlegungen sollen den Rahmen der Arbeit deutlich abstecken und ihre Voraussetzungen und Annahmen offenlegen. Zur Beschreibung der Inhalte wird auf das Freiburger Forschungsprojekt und die Freiburger Leitlinien als Basis zurückgegriffen. Im letzten Teil werden exemplarische Impulse für einen vertikal-konsekutiven Aufbau dargelegt; die genaue Ausfaltung eines Gesamtentwurfs würde den Rahmen dieser Arbeit sprengen, eine solche wäre nur verbunden mit einer Erprobung innerhalb eines Forschungsteams sinnvoll.

Die Arbeit nimmt nur die fachwissenschaftliche Ebene auf; dies geschieht nicht deshalb, weil damit Rückschritte hinter den wissenschaftlichen Stand der Vernetzung von Inhalt, Gesellschaft und Adressat gemacht werden sollen, sondern gerade das Gegenteil ist der Fall: die ausführliche Darstellung des pädagogischen und fachdidaktisch-religionspädagogischen Zusammenhangs soll die umfassende Problemsicht deutlich hervortreten lassen. Dennoch wäre es mehr als ein weiteres Forschungsvorhaben, die Lebenssituation(en) der Kinder und Jugendlichen - soweit dies möglich ist - zu fassen suchen, die gesellschaftlichen Bedingungen und Zustände zu beschreiben und somit alle Determinanten und Faktoren ausführlich darzulegen.

Deshalb sind Impulse einer vertikal-konsekutiven[10] Abstufung der Gesamtthematik auf inhaltlicher Ebene, nach der Analyse der vorhandenen, zur Zeit gültigen Lehrpläne als verbindliche Vorschläge für solche Gesamtkonzepte, und vor allem ihre theoretische Grundlegung Ziel dieser Arbeit. Es ist notwendig, den Verstehensvoraussetzungen und -möglichkeiten gemäß den Prozeß des Lernens aufzubauen. Ähnlich wie es nichts nützt, Schülern ständig von "höherer Mathematik" vorzuschwärmen und sie ihnen lehren zu wollen, solange das kleine Einmaleins kaum gekonnt wird, so ist es auch im Bereich religiösen Lernens unumgänglich, allmählich fortschreitend das Aufnehmen zu ermöglichen und das Verstehen zu fördern.[11]

Daß dies nur ein konstruktiver Vorschlag, offen für Weiterentwicklung und Veränderungen sein kann, liegt auf der Hand. Zu breit sind die möglichen Bezüge zu pädagogischen und fachdidaktischen Ansätzen, zu vielfältig die theologischen Diskussionen und Positionen gerade im Bereich Judentum - Christentum. Darin liegt auch begründet, daß immer nur Ausschnitte der verschiedenen Theorien, die in diese Arbeit als relevant aufgenommen werden, rezipiert werden konnten. Zugleich muß die Breite der rezipierten Ansätze gesehen werden, die weniger am Produkt als am Prozeß der Gedanken und ihrer redlichen Offenlegung orientiert sind.

Diese notwendigen Einschränkungen schmälern aber nicht das Anliegen der Arbeit: einen begründeten Vorschlag anzubieten für Möglichkeiten von vernetzendem

---

10 Dieser Ausdruck wurde von Hubertus Halbfas übernommen, der ihn aber kaum theoretisch fundiert; vgl. Halbfas, 1982, 41ff.
11 Für den Hinweis danke ich Guntram Zoppel.

Lernen im jüdisch-christlichen Glauben, um religiöses
Lernen sinnvoller und effizienter zu machen. Und den-
noch: bei all unserem Bemühen um Verständigung und
Ernstnehmen der gemeinsamen Verheißungen bleibt

"die Aporie, daß das Gespräch mit dem Judentum bei
uns faktisch keinen <Sitz im Leben> hat - eine
Hypothek, die uns ganz aktuell die Gegenwart des
Holocaust vor Augen hält."[12]

---

12 Weinreich, in: Biehl u.a. (Hrsg.), Bd. 3, 1987, 241-248, 247.

1. ENTWICKLUNG UND DISKUSSIONSHINTERGRUND.
ELEMENTE ZUR GRUNDLEGUNG DES RELIGIONSUNTERRICHTS

1.1 Begründungszusammenhang des Religionsunterrichts

Es ist weder sinnvoll noch möglich, von schulischem Religionsunterricht zu sprechen, ohne die Frage nach seiner Legitimation an der öffentlichen Schule zu stellen. Lehrpläne als rechtlich verbindliche Vorgaben, die den Unterricht auf verschiedenen Ebenen prägen, müssen eingebunden sein in eine umfassende Theorie von Schule, um dem Legitimationsanspruch einer pluralen Gesellschaft zu entsprechen. Deshalb sollen vorweg grundlegende Elemente des Religionsunterrichts thematisiert werden, die die Lehrplantheorie in den größeren Zusammenhang religionspädagogischer Theoriebildungen einbinden.

1.1.1 Begründungszusammenhang "Religion"

In der Curriculum-Diskussion und dem damit verbundenen Anspruch der Begründbarkeit unterrichtlichen Tuns mußte auch die Frage auftreten, welches denn für den Religionsunterricht die betreffende Fachwissenschaft darstelle und wie in einer pluralen Gesellschaft und in einem weltanschaulich neutralen Staat der Religionsunterricht seine Berechtigung und seine Begründung finden könne.[1]

---

1 Diese Frage ist nach wie vor aktuell: vgl. das Kolloquium auf Einladung der Bischöflichen Kommission für Erziehung und Schule, und dessen Dokumentation: Religionsunterricht, 1989.

Dabei geht es auch um die Frage, wie eng die Religionspädagogik bzw. schulischer Religionsunterricht
bezogen ist auf Kirche und Theologie, bzw. zugespitzt
gefragt, ob schulischer Religionsunterricht überhaupt
kirchliche bzw. konfessionelle Theologie als Bezugsrahmen sehen soll.[2]

"Unter einer 'religionspädagogischen Begründungsargumentation' wird hier die positionell geprägte Weise
verstanden, wie innerhalb eines religionspädagogischen Theorieansatzes die Religionspädagogik
einer leitenden Bezugswissenschaft oder mehreren
gleichrangigen Bezugswissenschaften zugeordnet und
durch diese Zuordnung in ihrem disziplinären und
wissenschaftstheoretischen Status begründet wird."[3]

---

2   Zum Gegenstandsbereich der Religionspädagogik und seinen Unter-
     scheidungen vgl. Hemel, 1984; vgl. den Überblick von Wegenast,
     in: Theologische Literaturzeitung 106 (1981) 147-164; Halbfas,
     Nipkow, Exeler und Wegenast, in: everz 25 (1973) 3-35; Konrad,
     Kittel, Schwarzenau und Baldermann, in: everz 25 (1973) 56-75;
     Dienst, in: everz 29 (1977) 342-357.
3   Hemel, 1984, 30, Anm. 44. An diesem Punkt sind Hemels Versuche
     der Unterscheidung und Systematisierung der Ansätze hilfreich.
     Es legt sich nämlich der Verdacht nahe, daß viele
     Undifferenziertheiten (und damit auch Schwierigkeiten) auf
     Lehrplanebene durch eine unreflektierte Vermischung von
     fundamental verschiedenen Positionen bedingt sind. Vgl. bes.
     Hemel, 1984, 33 (Übersicht 1) und 70 (Übersicht 2).
     Zu unterscheiden ist, ob die Zuordnung und Anbindung der Reli-
     gionspädagogik an eine leitende Bezugswissenschaft als not-
     wendig anerkannt wird oder nicht. Bei der "primär theologischen
     Begründungsargumentation" ist die leitende Bezugswissenschaft
     die Theologie, bei der "primär außertheologischen Begründungs-
     argumentation" sind dies hauptsächlich vier Varianten, "päda-
     gogische, sozialwissenschaftliche, religionswissenschaftliche
     und religionsphilosophische Begründung und Primärzuordnung der
     Religionspädagogik." (Hemel, 1984, 33)
     Pluridisziplinäre Formen der Begründung einer wissenschaft-
     lichen Disziplin der Religionspädagogik gehen von der Zuordnung
     mehrerer (mindestens zwei) Wissenschaften aus, ohne daß eine
     von ihnen den Status einer religionspädagogischen Leitwissen-
     schaft erhält; z.B. eine gleichzeitig theologische und erzie-
     hungswissenschaftliche Fundierung bei K.E. Nipkow, vgl. z.B.
     Nipkow, in: everz 29 (1977) 398-413 bzw. in: Wegenast (Hrsg.),
     Bd. 1, 1981, 459-482; vgl. auch Schilling, 1970, 334-349;
                                                    Forts. Fußnote

Religionspädagogik als Wissenschaft, die sich (auch) mit dem Religionsunterricht beschäftigt, ist eine "Realwissenschaft", d.h. sie hat "einen realen Gegenstandsbereich (...), den sie erforschen muß"[4]. Sie ist als die Theorie der Praxis religiöser Erziehung zugleich eine "theologische Handlungswissenschaft"[5].

Der Gegenstandsbereich wird als das Handlungsfeld religiöser Erziehung - im speziellen in der Schule - beschrieben. Dadurch bleibt Religionspädagogik eine theologische Disziplin (bei all ihrem Bezug besonders zur Pädagogik), insofern es darum geht,

> "ob und wie die , die nach uns kommen, mit Gott zu tun haben werden. (...) Wie das geschieht, ist nicht schon ausgemacht, weil Gott und wir frei sein wollen. Die religiöse Erziehung ist, mit theologischen Augen gesehen, ein Ort, wo diese Zukunft gemeinsam herausgefunden werden soll."[6]

Um für die Religionspädagogik einen wissenschaftlich brauchbaren Religionsbegriff zu gewährleisten, kann er

---

Forts. Fußnote
Vierzig, in: Heinemann/ Stachel/ Vierzig (Hrsg.), 1970, 11-23, bes. 23; Schroer, in: everz 29 (1977) 150-177; vgl. im historischen Rückblick: Birkenbeil, 1972, bes. 218ff.
Versteht man die Religionspädagogik als eine theologische Disziplin, spricht man von einer primär theologischen Begründungsargumentation, was aber keineswegs eine Kooperation mit anderen Bezugswissenschaften wie Pädagogik, Sozialwissenschaft, ... ausschließt.
Von grundlegender Art ist die Unterscheidung in normative Konzeptionen der Religionspädagogik mit prinzipieller Loyalität zur Bekenntnisgemeinschaft, die auf bestimmten religiösen oder philosophischweltanschaulichen Prämissen Handlungskonsequenzen für die konkrete Praxis ableiten, und in nichtnormative Konzeptionen einer allgemeinen Religionspädagogik, z.B. einer empirischen, vergleichenden oder historischen Religionspädagogik.
4   Stock, in: Wegenast (Hrsg.), Bd. 2, 1983, 377-396, 379.
5   Stock, in: Wegenast (Hrsg.), Bd. 2, 1983, 377-396, 381; vgl.
    Biemer, in: Paul/ Stock (Hrsg.), 1987, 77-93.
6   Stock, in: Wegenast (Hrsg.), Bd. 2, 1983, 377-396, 396.

nicht ausschließlich auf christliche und i.e.S. auf konfessionelle Religion eingegrenzt werden.[7]

Soll aber Religionspädagogik als theologische Disziplin gesehen werden, muß die primäre Bezugswissenschaft dennoch die Theologie, d.h. in unserem Sinn die christliche (katholische/ evangelische) Theologie bleiben. Soll Religionsunterricht Unterricht für getaufte Schüler sein, muß wiederum seine Herkunft eine christliche Theologie sein und seine Zielrichtung Antworten eben dieser.[8]

Dahinter steht die grundsätzliche Überlegung:

"Daß Religionsunterricht sich stoffmäßig und unterrichtlich mit Religion befaßt, mag zunächst als Binsenweisheit anmuten, über die man schnell zur Tagesordnung übergehen kann. Allein, ein Umstand sollte hindern, dies vorschnell und unreflektiert zu tun: Der Begriff Religion ist alles andere als begrifflich, begriffslogisch und semantisch deutlich und annähernd "exakt" ausdefiniert"[9].

Für die Verwendung des Begriffs ist eine für alle Religionen gültige Definition von Religion nötig.[10] Dem entgegen hebt Waldenfels hervor:

"Eine Definition von Religion im strengen Sinn [ist] deshalb nicht möglich (...), weil der Bezugspunkt - Gott, das Heilige, der absolute Sinngrund u.ä. -

---

7 Vgl. Schrödter, 1975, 76f.
8 Zur Klärung der Annahme der Theologie als primärer Bezugswissenschaft vgl. auch der Argumentationsgang von Hemel, 1984, 93ff; Vgl. Ritter, 1982, 157-163; Biemer/ Benner, in: Pädagogische Rundschau 27 (1973) 798-822, bes. 803-805; vgl. zur Diskussion dieser Position: Ritter, 1982, 21-23 und 154f; Schrödter, 1975, 76.
9 Ritter, 1982, 17; vgl. sehr ausführlich (bes. zu Halbfas und Vierzig) Simon, 1983, 314ff; Halbfas, 1968, 25ff; vgl. auch z.B. Esser, in: Stachel/ Esser (Hrsg.), 1971, 32-63; Fox, 1986, 31ff.
10 Vgl. Schiffers, in: Feiner/ Loehrer (Hrsg.), Bd. 4, 1969, 164-175, 167.

unverfügbar und daher undefinierbar bleibt."[11]
Religion ist ein fundamentaler, das Dasein total prä-
gender Akt, ein alles betreffendes, nichts auslassendes
Engagement.[12] Religion als Sein und Leben aus einem als
absolut anerkannten Sinngrund

> "gründet nicht nur in 'Irrationalem', sondern ereig-
> net sich u. wird verantwortet in allen Bereichen
> menschl. Seins u. menschl. Verwirklichung (...).
> Unabhängig davon, wie der Sinn gewährende Grund
> inhaltl. ausgelegt wird - als Gott, Gottheit, Leben,
> Materie, Nichts, Sein, Welt -, ist das Sich-Verhalten
> zu ihm stets heteronom u., insofern keine der mög-
> lichen inhaltl. Bindungen rational(istisch) - wis-
> senschaftlich als einzig notwendige demonstriert
> werden kann, impliziert es einen Modus der freien,
> vertrauenden Selbsttranszendierung u. Selbst-Übergabe
> (an den Sinn-Grund), den man religionsphilos. als
> eine Form v. 'Gläubigkeit' betrachten kann."[13]

Entgegen diesem weiten Religionsbegriff, der auch
Welt, Nichts, Sein, ... umfaßt, läßt sich der Religi-
onsbegriff auch "ausdrücklich theologisch"[14] fassen. Für
Thomas von Aquin in der Summa theologiae bedeutet
Religion im eigentlichen Sinn die Beziehung zu Gott, und
zwar "religio ordinat hominem solum ad Deum"[15], die den
Menschen allein auf Gott hin ordnet.

> "'Religion ist, was Gott die geschuldete Verehrung
> verschafft. Zweierlei wird also bei der Religion
> bedacht: einmal das, was sie Gott darbringt, nämlich
> Verehrung (...), zum anderen aber, wem verschafft
> wird, nämlich Gott' (S.th.II-II q.122 a.2). Oder
> kürzer formuliert: 'Religio proprie importat ordinem

---

11 Waldenfels, in: Eicher (Hrsg.), Bd. 4, 1985, 67-76, 73.
12 Vgl. Richter, in: Galling (Hrsg.), Bd. 5, ³1986, 968-976.
13 Schlette, in: Höfer/ Rahner (Hrsg.), Bd. 8, ²1986, 1164-1168,
    1165f; vgl. Berger, 1970.
14 Seckler, in: Kern/ Pottmeyer/ Seckler (Hrsg.), Bd. 1, 1985,
    173-194, 173; vgl. Bitter, in: Ruh/ Seeber/ Walter (Hrsg.),
    1986, 395-400.
15 Seckler, in: Kern/ Pottmeyer/ Seckler (Hrsg.), Bd. 1, 1985,
    173-194, 179.

ad Deum' (S.th.II-II q.81 a.1)."[16]
Dieser Bezug auf Gott ist in jeder menschlichen Praxis
möglich. Das Wesen der Religion liegt für den theologischen Religionsbegriff sowohl "im <u>realen Transzendie-</u>
<u>ren auf Gott hin im Horizont der Heilsfrage</u>, also in
einem <u>bejahten Heilsinteresse</u>"[17] als auch im Mut, die
dem entsprechende Praxis konkret zu tun. Deshalb ist es
die Praxis, die nach Erlösung sucht (und nach Möglichkeit findet), auf deren Basis Religion definiert wird,
unabhängig davon, ob sie immer religiös gedeutet wird.
Damit ist einerseits das Monopol von Religionen für die
Beziehung des Menschen zu Gott (ordo hominis ad Deum)
aufgehoben; andererseits unterliegen auch Religionen in
ihren Sinngehalten diesem Kriterium des ordo, und damit
möglicher Kritik.

Da diese Beziehung zu Gott eine total und radikal
erlösende sein soll, ist sie notwendigerweise nicht nur
theozentrisch (unbedingt betroffen von dem her, worauf
sie sich richtet), sondern in gleichem Maße anthropologisch. Von diesem Begriff der "Religion" muß
religionspädadgogisch ausgegangen werden aufgrund des
"Korrelationsprinzips", das in der religionspädagogischen Diskussion als allgemeiner Konsens[18] gilt.

Günter Biemer geht dieser Frage konkret nach: Ist der
Religionspädagogik die Religion in Begriff oder Praxis
grundgelegt?[19] Worte können den Blick öffnen, erklären,

---

16 Waldenfels, in: Eicher (Hrsg.), Bd. 4, 1985, 67-76, 71.
17 Seckler, in: Kern/ Pottmeyer/ Seckler (Hrsg.), Bd. 1, 1985,
    173-194, 182; vgl. Vierzig, in: Schneider (Hrsg.), 1971, 23-32.
18 Vgl. Langer, in: Eicher (Hrsg.), Bd. 4, 1985, 58-67, 62; siehe
    auch 3.5.
19 Vgl. Biemer, in: Paul/ Stock (Hrsg.), 1987, 77-93; vgl. mit
    direktem Bezug zur Religionspädagogik: Biemer, in: Biemer/
    Biesinger/ Fiedler (Hrsg.), 1984, 13-19.

deuten; doch sie vermögen den Glauben nicht zu bewirken. Betroffen und überzeugt werden Menschen durch die Erfahrung anderer (bekehrter) Menschen.[20] Damit ist die Religion des Religionsunterrichts in einer dialektischen Spannung beschrieben, und zwar

"in dem zwischen Praxis, Theorie und Praxis bestehenden praktischen Zirkel der Angewiesenheit des Reflektierens auf die gottmenschliche Vorgabe aller Hingabe im Christusereignis und deren Folgen in Nachfolge und Nachdenken."[21]

Religion ist also keine natürliche Fortsetzung des menschlichen Lebens und Strebens geradlinig auf Gott zu, sondern Ereignis und Folge von Umkehr.

Wird der thomasische Religionsbegriff in Zusammenhang mit der didaktischen Diskussion der Curriculumtheorie gebracht, ergeben sich folgende parallelisierbare Stränge:

- Fachwissenschaft - fides (die durch die Offenbarung vorgebene Botschaft)
- Adressaten/ Lehrende und Lernende - credere (die individuelle und freie Hinwendung zu Gott)
- Gesellschaft - religio (die gesellschaftliche institutionelle Gestalt des Glaubens).[22]

Damit ist der Bogen hin zum Korrelationprinzip (in der Analogie des Seins zwischen Schöpfer und Geschöpf) wieder geschlossen, ein allgemeiner Religionsbegriff ist aber aufgrund der Differenzierung besonders wegen des credere zugunsten des (in unserem Fall) christlichen Glaubens relativiert.

---

20 Vgl. Newman, J.H., Letters and Diaries, ed.C.S.Dessain Vol XI, London u.a.1961, 224; zit. bei: Biemer in: Paul/ Stock, 1987, 77-93, 78f, Anm. 1.
21 Biemer, in: Paul/ Stock (Hrsg.), 1987, 77-93, 83.
22 Vgl. Biemer, in: Paul/ Stock (Hrsg.), 1987, 77-93, 91f; vgl. Seckler, in: Kern/ Pottmeyer/ Seckler (Hrsg.), Bd. 4, 1988, 179-241, 196ff.

Zusammenfassend sei mit Wegenast formuliert:

"Es geht (...) darum, eine Religionspädagogik als die
Theorie religiöser Erziehung in der Schule theologisch und anthropologisch-pädagogisch so zu verant-
worten, daß die traditionellen theologischen Inhalte
und ihre geschichtliche Herkunft ebenso gründlich
bedacht werden wie der glaubende und nichtglaubende
Mensch im Horizont seiner ihn umgebenden Gesellschaft."[23]

1.1.2 Begründungszusammenhang "Bildung"

Daß Bildung nach der Phase der vehementen Kritik
wieder ins Blickfeld gerät, hängt wohl mit der drängend
gewordenen "Frage nach dem Wozu aller Erziehung in der
heutigen Welt"[24] zusammen.

Menze nennt drei Auffassungen von Bildung in der
gegenwärtigen Pädagogik:

"Nach der ersten ist es unmöglich, Bildung überhaupt
noch als einen Begriff der pädagogischen Fachsprache
zu verwenden; in der anderen fungiert Bildung als
jener Begriff, der für alles und jedes in Anspruch
genommen wird; in der dritten erfolgt eine sinnvolle
Präzisierung des Bildungsbegriffs, von der aus auch
eine Stellungnahme zum Thema Bildung und Erziehung,
Bildung und Ausbildung möglich ist."[25]

Damit

"thematisiert jede Bildungstheorie sowohl den Erzie-
hungs- und Entwicklungsprozeß von Individuen einschließlich   seiner   vielfältigen   personalen,

---

23 Wegenast, in: Wegenast (Hrsg.), Bd. 1, 1981, 278-284, 284.
24 Preul, 1980, 11; vgl. zum Begriff: Müller, in: Rahner/ Darlap
    (Hrsg.), Bd. 1, 1967, 604-616; Lichtenstein, in: Ritter
    (Hrsg.), Bd. 1, 1971, 921-937; Menze, in: Speck/ Wehle (Hrsg.),
    Bd. 1, 1970, 134-184; Lennert u.a., in: Krause/ Müller (Hrsg.),
    Bd. 6, 1980, 568-635; vgl. zur historischen Entwicklung des
    Bildungsbegriffs: Pleines (Hrsg.), 1978 und Weber (Hrsg.),
    ³1976; Ruhloff, in: Haller/ Meyer (Hrsg.), 1986, 94-111; vgl.
    auch Mollenhauer, in: Z.f.Päd 33 (1987) 1-20.
25 Menze, 1980, 156.

soziokulturellen und institutionellen Bedingungen
(--> Sozialisation) als auch dessen wünschenswertes
Ergebnis, eine gestaltete Art menschlichen
Existierens, wie man sie neuerdings etwa mit dem
Terminus (personale und soziale) --> Identität zu
kennzeichnen pflegt."[26]

Unter dem Ziel- und dem Prozeßaspekt wird nach den
Faktoren von Individuum, gegenwärtiger gesellschaftlicher Lebenswirklichkeit und kultureller Überlieferung
und deren Verhältnis zueinander gefragt.[27]

"Denn wenn die rein formale Bestimmung von Bildung
nicht genügt und ein fester Kanon von Inhalten
unvereinbar ist mit ihrer geschichtlichen Bedingtheit, braucht man Kriterien, um zu beurteilen,
welches Bildungskonzept jeweils der Zeit entspricht."[28]

Im Ausgerichtetsein auf noch ausstehende Erfüllung
weist der Mensch als freier über das je Bestehende
hinaus und deutet, mißt und bewertet darin das Ganze.
Damit ist Bildung als pädagogischer Begriff mit all dem
verwoben, was mit "Welt/ Ganzem" umschrieben ist:
Philosophische und theologische Anthropologie, Kultur-
wissenschaft, Theorie der Gesellschaft, ... Nicht als
Nebeneinander, sondern in Wechselbeziehung zueinander
und miteinander müssen alle diese Bereiche auf eine
"erfahrungswissenschaftlich präzisierbare Theorie des
Bildungsprozesses"[29] weisen.

In Anlehnung an Geissler, Menze, Lassahn sind es
vornehmlich drei Aspekte, die das Wesen von Bildung
ausmachen:

---

26 Preul, in: Bitter/ Miller (Hrsg.), Bd. 1, 1986, 67-74, 67f.
27 Vgl. Preul, 1980, 12-18.
28 Knab/ Langemeyer, in: Böckle u.a. (Hrsg.), Bd. 8, 1980, 5-38,
   20.
29 Preul, 1980, 13; vgl. Preul, in: Bitter/ Miller (Hrsg.), Bd. 1,
   1986, 67-74, 67.

"die philosophisch-pädagogische Erörterung des Mensch-Welt-Bezuges, in dem das Wesen der Bildung erscheint, die Darlegung des Bildungsprozesses einschließlich der Analyse seiner Voraussetzungen und Faktoren und die Bestimmung der Bildungsinhalte."[30] Bei der Frage der Bildungsinhalte muß auch die Zufälligkeit, die Geschichtlichkeit und die mögliche Begründbarkeit dieser aufgehellt werden.

Bildung umschließt das Selbstverständnis des Menschen und sein Weltverständnis, das in einem offenen, lebenslang unabschließbaren, letztlich unverfügbaren Prozeß (mit Hilfe von Erziehung) entfaltet werden muß.[31] Der Mensch ist weder nur ein Werk der Natur noch ausschließlich nur ein Werk der Gesellschaft. "Er ist kraft der für sein Sein konstitutiven Freiheit ein Werk seiner selbst in der von ihm je konkret geforderten Entscheidung."[32]

Nipkow führt fünf Merkmale von Bildung an: den gesellschaftlichen und politischen Bezug, utopisches Potential, kritische Reflektivität und Selbstverantwortlichkeit, die Beziehung von Bildung und Überlieferung zueinander und die Idee von freier Kommunikation.[33]

"Das umfassende Ziel der Bildung ist die Fähigkeit des einzelnen zu individuellem und gesellschaftlichem Leben, verstanden als seine Fähigkeit, die Freiheit und die Freiheiten zu verwirklichen, die ihm die Verfassung gewährt und auferlegt"[34].

---

30 Menze, 1980, 180; vgl. Sühl-Strohmenger, 1984, 21f.
31 Vgl. Menze, 1980, 158ff, bes. 173-180.
32 Menze, 1980, 175; vgl. zur größeren Mündigkeit und Handlungsorientierung: Gaebe, 1985, 237f; Dörger, 1976, 35.
33 Vgl. Nipkow, Bd. 1, ³1984, 82-89; vgl. die Diskussion dieser Merkmale ab 89ff.
34 Deutscher Bildungsrat, 1970, 29; vgl. auch Benner, in: Lenzen/ Mollenhauer (Hrsg.), Bd. 1, 1983, 283-300, bes. 292ff.

Diesem Ziel hat die Schule zu dienen, indem sie das Durchschauen von und die Handlungsfähigkeit in verschiedenen individuellen und gesellschaftlichen Lebenssituationen fördert. Es ist

"der reflektierende und fühlende (...), zugleich seine Umwelt selbsttätig gestaltende und handelnde Mensch, der durch den Prozeß der Bildung hervorgebracht werden soll"[35].

So kann Bildung nicht nur auf die gedankliche Ebene abzielen, sondern muß immer im Kreislauf der reflektierten Praxis und der praktischen Theorie verbleiben; d.h. gemäß des christlichen Glaubens, daß neben der Orthodoxie die Orthopraxie zu stehen hat.[36]

Daß besonders Schule der Ort ist, an dem Bildung in systematischer Form vollzogen wird, zeigt die Gebundenheit an Lehrpläne als Bestimmung der Bildungsinhalte und Aufgaben.[37]

Da also Bildung nicht einfach Übernahme der Tradition, sondern in erster Linie Gestaltung des Tradierten auf Gegenwart und Zukunft hin heißt, muß auch für religiöses Lernen nicht primär gefragt werden, ob theologische Inhalte "orthodox" übernommen werden, sondern wie überhaupt (religiöses Handeln und) religiöse Inhalte als soziale und kommunikative Vollzüge (und nicht als geschichtliche Inhalte) gegenwärtig und

---

35 Nipkow, Bd. 1, ³1984, 85; vgl. auch 97-100, inwieweit Schule bzw. Lehrpläne aufgrund der verschiedenen Ansprüche und Bezüge überhaupt das Bildungsziel des selbstverantwortlich denkenden und handelnden Menschen aufnehmen und vor allem weitertreiben.
36 Vgl. Biemer in Anlehnung an J.H. Newman, in: KBl 113 (1988) 629-637, 634; vgl. Stachel in: Feifel u.a. (Hrsg.), Bd. 3, 1975, 56-65.
37 Vgl. die Wechselseitigkeit, "daß zwar das Selbst in der Auseinandersetzung mit dem Bildungsinhalt zu sich selbst kommen, daß aber zugleich auch der Bildungsinhalt sich dem Selbst öffnen, sich ihm gewähren muß" (Menze, 1980, 178).

zukünftig plausibel gemacht werden können, um "Gestaltung" überhaupt zu ermöglichen.[38]

In unserem Zusammenhang geht es um die normative Frage, wie denn Religionsunterricht in einer säkularisierten Gesellschaft zu rechtfertigen ist, d.h. auch, welche Art von Religionsunterricht zu rechtfertigen ist.[39]

1.1.3 Begründungszusammenhang "Schule"

Religionsunterricht als schulischer Unterricht ist bezogen auf den Staat, als konfessioneller Unterricht ist er auf die jeweilige Kirche bezogen.[40] Damit ist die Spannung angezeigt, die auch die Frage nach dem Religionsbegriff betrifft.[41] Einerseits ist der Religionsunterricht Sache der Kirchen, die bis hin zur Bestellung der Lehrenden und der Kontrolle den Einfluß und die Verantwortung tragen, andererseits ist schulischer Unterricht staatlich und hat die religiöse Freiheit des

---

38 Vgl. die Konsequenz auf Lehrplanebene, daß es nicht einfach um Stoffpläne, sondern auch um die reflexive Gewinnung und konkrete Ermöglichung der "sprachlichen symbolischen Interpretation" (Nipkow, Bd. 1, ³1984, 87) religiöser Wirklichkeit gehen muß.

39 Vgl. dabei die Annahme, daß aufgrund der den Lehrplänen implizit zugrunde gelegten Vorstellungen über Theologie und Religion, aber auch Gesellschaft und Schule immer auch ganz bestimmte Implikationen bzgl. des Religionsunterrichts verbunden sind.

40 Vgl. z.B. Kaufmann, in: everz 25 (1973) 81-97; Wegenast, 1980, 11ff; Larsson, 1980, 50ff und 73f.

41 Der Religionsbegriff wurde in die Diskussion um die Begründung und Legitimierung des Religionsunterrichts an öffentlichen Schulen eingeführt, um damit einerseits den Religionsunterricht dem direkten Zugriff der jeweiligen Kirche zu entziehen bzw. zu lösen, andererseits den bzw. die Bezugspunkte des Religionsunterrichts offenzulegen.

einzelnen zu gewähren. Dabei ist zu fragen, wie Lehrpläne die säkulare Wirklichkeit ernstnehmen können, wenn
sie bereits von ihrem Ansatz und Anspruch her (oft)
wenig Pluralität zeigen. Weiter zugespitzt fragt Ritter:

> "Inwieweit ist eine monoreligiöse bzw.
> monoreligiös-christliche (!) Interpretation von
> Wirklichkeit angesichts faktischer weltanschaulicher
> Pluralität und grundgesetzlich garantierter Freiheit
> des weltanschaulichen und religiösen Bekenntnisses
> angebracht und zulässig?"[42]

Wenn Religionsunterricht in seinen politisch-
rechtlichen Bezügen gesehen wird, muß zuerst entschieden
werden, ob der juristische Rahmen als gegebener
ungefragt bleiben soll und innerhalb dieses die Möglichkeiten genutzt und Schwerpunkte gesetzt werden
sollen, oder ob vorweg die theologisch-pädagogischen
Forderungen dargelegt und ausgeführt und aufgrund dieser
der rechtliche Rahmen befragt werden soll. Letzterer Weg
scheint angesichts der politisch-juristischen Bedingungen nur insofern sinnvoll, daß Perspektiven notwendiger Veränderungen aufgezeigt werden sollen. Ein Staat,
der sich in einer säkularisierten pluralistischen Gesellschaft positiv neutral[43] zu Religion und Religions-
gemeinschaften verhält, gesteht in Österreich, der BRD
und der Schweiz den anerkannten Religionen schulischen
Religionsunterricht zu.

> "Das deutsche Verfassungsrecht (...) geht vor allem
> von der Religionsfreiheit aus und strebt deren

---

42 Ritter, 1982, 19 - im Original kursiv gedruckt. Daß die Frage
eines weiten oder engen absoluten Religionsbegriffes im Sinne
der christlichen Religion sehr wohl für unser Thema relevant,
nicht nur allgemein von Interesse ist, sei hier nur erwähnt.
Dabei haben wir in unserem Zusammenhang nicht nur die Frage der
Religionsfreiheit für Schüler, sondern die Verhältnisbestimmung
zweier monotheistischer Weltreligionen mit Absolutheitsanspruch
(Judentum-Christentum) im Blick.
43 Vgl. Hemel, 1984, 77; Nipkow, Bd. 2, ³1984, 57-60 u.ö.; vgl.
Schmidt, Bd. 1, 1982, 13ff.

Ermöglichung an - unter Wahrung der Neutralität gegenüber einzelnen gesellschaftlichen Gruppen und unter Berücksichtigung des Gleichheitsgrundsatzes."[44]

Da es beim Prozeß der Erziehung bzw. Bildung nicht nur um Bewältigung gegenwärtiger, sondern besonders zukünftiger Lebenssituationen geht, kann es nicht nur um Traditionsvermittlung gehen. Damit verbunden ist die Frage, was an "Religion" überhaupt im Religionsunterricht lehr- bzw. lernbar ist.

"Die Frage nach der Lehrbarkeit der Religion, nach den Möglichkeiten ihrer unterrichtlichen oder erzieherischen Vermittlung, führt notwendig zur Frage nach ihrem Wesen - und umgekehrt: die Antwort auf die Frage nach dem Wesen der Religion bzw. der Eigenart des christlichen Glaubens bestimmt weitgehend die Antwort auf die Frage nach den Möglichkeiten katechetischer und pädagogischer Bemühungen."[45]

Es geht um das Verhältnis von Erfahrung und Offenbarung, um frühkindliche Erfahrungen für religiöses Lernen, um religiöse Erfahrungen, um religiöse Entwicklung in schulischem Kontext, aber auch von "Religion" (wie auch immer präzisiert) und säkularer Welt, Ersatzreligionen und (christlich interpretiert) anderen Religionen.

Es bleiben die Fragen, aus welchen Quellen geschöpft wird, an welchen Kriterien gemessen wird, "daß religiöse Bildung und Erziehung nicht doch in die Irre gehen oder gesellschaftlich mißbraucht werden"[46] kann. Einerseits ist es wohl sinnvoll, deskriptiv vorzugehen, wenn es um die Beschreibung des Gegenstandsbereiches geht, andererseits ist ein Lehrplan als solcher normativ ausgerichtet. Gerade deshalb ist es notwendig, die beiden

---

44 Kaiser, 1980, 23; vgl. 12; vgl. Langer, in: Eicher (Hrsg.), Bd. 4, 1985, 58-67, 63f.
45 Weishaupt, 1980, 429.
46 Feifel, in: Feifel u.a. (Hrsg), Bd. 1, 1973, 34-48, 44.

Fragestellungen "Wie und wozu wird religiös erzogen? Was ist religiöse Erziehung?" als faktische und "Wozu soll erzogen werden?"[47] als normative getrennt werden.

Wenn Schule als Schule für alle möglich sein soll, muß angenommen werden, daß eine rationale Verständigung über Wertsetzungen möglich ist. Da andererseits auch in der Theologie deduktiv ableitbare normative Setzungen anerkannt werden, kann als Basis eines rationalen Diskurses über normative Entscheidungen (im schulischen Sprachgebrauch "Ziele") nur das jeweilige Menschenbild gesetzt werden.

"Ob ein Fach in einem pluralistischen Staat in der Schule unterrichtet werden kann, hängt davon ab, welchen Beitrag es zur Erfüllung des Bildungs- und Erziehungsauftrages der Schule leistet, d.h. jedes Fach muß pädagogisch begründbar sein."[48]

Ausgangspunkt ist die Spannung zwischen Schule und Kirche; will der Religionsunterricht seinen Platz in der Schule bewahren, muß er dem Erziehungsanliegen der Schule einen unverwechselbaren, notwendigen Beitrag leisten. Schule stellt heute den Anspruch, ihren Schülern bei der Integration in die heutige Gesellschaft zu helfen, nicht um bereitwillige Anpassung, Loyalität und Solidarität der Gesellschaft gegenüber, sondern um die kritische Auseinandersetzung mit den sozialen Strukturen und kulturellen Gebundenheiten und die Mitwirkung an der

---

47 Stock, in: Wegenast (Hrsg.), Bd. 2, 1983, 377-396, 379; und vgl. zur Begründung normativer Setzungen 394; Dörger, 1986, 35f; Preul, 1980, 99ff; Vierzig, in: Heinemann/ Stachel/ Vierzig (Hrsg.), 1970, 11-23.
48 Kaiser, 1980, 9; vgl. Di Chio, in: Blankertz u.a. (Hrsg.), Bd. 9,2, 1983, 637-645; Fischer/ Kaufmann, in: Skiba/ Wulf/ Wünsche (Hrsg.), Bd. 8, 1983, 588-591; Lange, in: Skiba/ Wulf/ Wünsche (Hrsg.), Bd. 8, 1983, 607-610; vgl. z.B. Krätzl, in: Der Religionsunterricht in der österreichischen Schule, 1984, 33-51.

Veränderung und Verbesserung ihrer eigenen und der gesamtgesellschaftlichen Lebenssituation zu fördern.

"Sie kann wohl nicht anders, als ihren Bildungs- auftrag als Beitrag zu einer Erziehung verstehen, die als 'Sozialisation' geschieht, was aber, recht verstanden, Hilfe zur Personwerdung im Sinne von mündiger Verantwortlichkeit einschließt"[49].

1.2 Religionsunterricht nach den kirchenamtlichen Dokumenten

Religionsunterricht ist, wie bereits herausgearbeitet wurde, konfessioneller Unterricht. "Da dieser Unterricht nach Geist und Buchstaben der Verfassungstexte in Übereinstimmung mit den Grundsätzen der Religionsge- meinschaften zu erteilen ist, war es naheliegend, daß sich die großen Kirchen in autorisierten Stellungnahmen zum Religionsunterricht äußerten."[50] Ohne den Anspruch auf Vollständigkeit sollen einige der wichtigsten kirchenamtlichen Verlautbarungen, die die Lehrplan- Arbeit in der BRD und in Österreich bestimmten, genannt werden, ohne dabei auf Äußerungen regionaler Bischöfe und Gremien einzugehen.

Im April 1971 erging das "Allgemeine Katechetische Direktorium" an die Weltkirche.[51] Die Deutsche Bi- schofskonferenz faßte ihre früheren grundsätzlichen Stellungnahmen (ausdrücklich genannt: die Erklärung vom 22.12.1969 und vom 17.12.1970) in ihrer "Erklärung zur Zielsetzung des katholischen Religionsunterrichtes" vom 22./23.11.1972 zusammen.

---

49 Stallmann, in: Wegenast (Hrsg.), Bd. 1, 1981, 331-343, 332.
50 Vorwort, in: Schultze/ Hermanutz/ Merten (Hrsg.), 1984, 1-5, 3f.
51 Allgemeines Katechetisches Direktorium, 1973.

"Der katholische Religionsunterricht zeigt Mensch und
Welt in ihrem Bezug zu Jesus Christus im Licht des
kirchlichen Glaubens und Lebens. Er macht den Schülern deutlich, daß man die Welt im Glauben sehen und
von daher seine Verantwortung in ihr begründen
kann."[52]

Die Differenzierung in gläubige, suchende und im Glauben
angefochtene Schüler im Synodenbeschluß "Der Religionsunterricht in der Schule" vom November 1974 bedingt eine
breite Reflexion der Aufgaben des Religionsunterrichts,
indem er nicht nur Antworten des Glaubens geben, sondern
auch Fragen des Lebens wecken und bedenken, die persönliche Entscheidung unterstützen und sowohl zu religiösem
Leben als auch zu verantwortetem Handeln motivieren
will.[53] Das Ernstnehmen der gesellschaftlichen und anthropologischen Dimension und deren Deutung im Licht des
Glaubens bzw. deren wechselseitige Erschließung (Korrelation) bewahrt den Angebotscharakter des Glaubens. Mit
Hinweis auf die Hierarchie der Wahrheiten (Zweites
Vatikanum, Ökumenismus-Dekret, II, 11) wird die Auswahl
der Inhalte durch die Zentrierung auf die Mitte des
Glaubens betont. Dabei ist es notwendig, die Aufgaben
und Möglichkeiten des Religionsunterrichts klar von
denen der Gemeindekatechese zu unterscheiden. Aufgrund
der pluralen Gesellschaft und der verschiedenartigen
Voraussetzungen der Schüler kann der Religionsunterricht
nicht undifferenziert von glaubenden Schülern ausgehen,
"die bereits eine lebensmäßige Beziehung zu Glaube,
Evangelium und Kirche haben oder diese wenigstens
wünschen,"[54] sondern muß in erster Linie Wege suchen,

---

52 Erklärung der Vollversammlung der Dt. Bischofskonferenz, in:
   Läpple, 1975, 156f, 156.
53 Vgl. Englert, in: RpB (1988) Nr.22, 105-117, 111.
54 Der Religionsunterricht 1974, in: Gemeinsame Synode, 1976,
   123-152, 130; vgl. die Aufgaben der Katechese: Das
   katechetische Wirken 1974, in: Gemeinsame Synode, 1977, 37-97,
   bes. 52f (A.5.).

den Glauben bei den Schülern zu wecken, und Möglichkeiten schaffen, ihn überhaupt für sich selbst zu
übernehmen.

Mit dieser Erklärung der bundesdeutschen Synode als
Gerüst gelang ein Einschnitt, die Klärung mancher Fragen
und die Relativierung extremer Positionen.[55] Eine Art
"Ausführungsbestimmung zum Synodenbeschluß in Blick auf
die Lehrplanarbeit"[56] ist der von der "Konferenz der
Leiter der Schulabteilungen" verabschiedete "Orientierungsrahmen für die Lehrplanarbeit" für katholische
Lehrplankommissionen, die von der "Bischöflichen Kommission für Erziehung und Schule" am 16.5.1980 gebilligt
wurde.

Die Kritik an der Lehrplanarbeit auf der Basis des
Synodentextes blieb natürlich nicht aus, sie wurde
unterstützt von "Catechesi tradendae" ("Katechese in
unserer Zeit")[57] von Papst Johannes Paul II vom
16.10.1979 besonders in den Abschnitten 21 und 30. Darin
wird auf eine vollständige Weitergabe des Glaubens
hingewiesen: Jeder hat das Recht auf den Empfang der
unverkürzten Lehre; ein Katechet darf keine subjektiven
Schwerpunkte in der Weitergabe des Glaubens setzen.

---

55 Vgl. Der Religionsunterricht, in: Gemeinsame Synode, 1976,
   123-152, bes. 2.1., 2.3., 2.4., 2.5.2., 2.5.4.; vgl. auch die
   Analyse von Kaiser, 1980; zur Vorbereitung der Synode wurde vom
   21.-25.11.1973 ein Vorlagen-Papier erarbeitet: vgl.
   Arbeitsgemeinschaft Synodalbüros (Hrsg.), 1973; und vom
   30.3.1974: in: Läpple, 1975, 197-201; vgl. auch: Arbeitshilfe
   zum Synodenbeschluß 1979.
56 Hermanutz, in: Schultze/ Hermanutz/ Merten (Hrsg.), 1984,
   24-41, 27.
57 Vgl. den größeren Zusammenhang, nämlich die Synoden über Evan-
   gelisierung (1974) und über die Katechese (1977) und die
   jeweils daraus hervorgegangenen Dokumente "Evangelii Nuntiandi"
   (1975) und "Catechesi Tradendae" (1979).

"Wer die Vollständigkeit der Botschaft in irgendeinem
Punkt aufgibt, entleert in gefährlicher Weise die
Katechese selbst und setzt die Früchte aufs Spiel,
die Christus und die Gemeinschaft der Kirche mit
Recht von ihr erwarten."[58]

Gleichzeitig wird dies wieder relativiert im Abschnitt
55, wenn die Freiheit der Methode bei Beachtung des
Grundsatzes der Treue zu Gott und der Treue zum Menschen
betont wird.[59]

Bereits auf der 4.Bischofssynode "Die Katechese in
unserer Zeit, mit besonderer Berücksichtigung der
Kinder- und Jugendkatechese" vom 30.9.-29.10.1977 in Rom
kam es zum Ringen um die Notwendigkeit der Vermittlung
der vollständigen und unverkürzten Lehre. Von einigen
Mitgliedern der Synode wurde "im Hinblick auf das
Wesentliche dessen, was in der Katechese zu vermitteln
ist, das Prinzip der Hierarchie der Wahrheiten hervorgehoben"[60]. Dabei wurde immer wieder die Forderung laut,
daß Katechese christozentrisch sein müsse:

"Die Person Christi muß Zentrum der Verkündigung
sein, insbesondere sein Tod und seine Auferstehung:
Jesus Christus als Grund unseres Glaubens und als
Quelle unseres Lebens. Die ganze Heilsgeschichte
zielt auf Christus. In der Katechese suchen wir zu
verstehen und zu erleben, was dies konkret für unser
tägliches Leben bedeutet."[61]

Auf den vatikanischen Grundtexten aufbauend werden im
"Österreichischen Katechetischen Direktorium für Kinder-
und Jugendarbeit" von 1981 die Anliegen der Katechese
bezogen auf die österreichische Situation dargelegt. Mit
einem Zitat aus "Ad Populum Dei Nuntius" von 1977 wird
die   Glaubenserziehung   zentriert   auf   die

---

58 Catechesi Tradendae, 1979, 29, Abschnitt 30.
59 Vgl. auch zum Berufsbild und Selbstverständnis des Religions-
    lehrers: Sekretariat der Dt. Bischofskonferenz, 1983, bes. 7.
60 Exeler, 1979, 73.
61 Exeler, 1979, 77f.

Christusbegegnung, die Bekehrung des Herzens und die Erfahrung des Geistes in der kirchlichen Gemeinschaft.[62] Im Blick auf eine "Schule für alle"[63] sollen im Religionsunterricht nicht nur die Antworten des Glaubens gelernt, sondern auch die Fragen des Menschen gestellt und diskutiert werden.

Die Korrelation von Glaube und Leben wird als Notwendigkeit gesehen, auch die damit verbundenen Ansprüche an die Lehrer, die Mitte des Glaubens der nachkommenden Generation auf deren Leben hin authentisch zu erschließen, werden betont: Die Aufgabe des Religionslehrers wird darin gesehen, die zentralen Inhalte des Glaubens, die im Mittelpunkt des Religionsunterrichtes stehen müssen, den Schülern aufgrund ihrer Glaubensvoraussetzungen mit einem "gewissen Spielraum"[64] als Lebensmitte näherzubringen.

Diesen Aussagen entgegen steht die Rede von Joseph Kardinal Ratzinger in Frankreich, die Pierre Eyt so kommentiert: "Die Sicht Ratzingers beruht auf der Annahme einer Priorität der Kirche vor der Heiligen Schrift."[65] Ratzingers Vorwürfe, daß nicht mehr Glaube als organische Ganzheit, "sondern nur noch in ausschnitthaften Spiegelungen von einzelnen anthropologischen Erfahrungen her"[66] dargestellt werde, daß das Dogma abgewertet, der Glaube auf Erfahrung reduziert und v.a. daß zwischen Inhalt und Methode, "zwischen

---

62 Vgl. Österreichisches Katechetisches Direktorium, 1981, 7.
63 Österreichisches Katechetisches Direktorium, 1981, 13.
64 Deutsche Bischofskonferenz, 1983, 7.
65 Eyt, in: Ratzinger, 1983, 40-62, 41. Aus dem Kontext kann angenommen werden, daß Eyt "Priorität" nicht im zeitlichen Sinn von "früher", sondern als Ausdruck der Wertigkeit gebraucht.
66 Ratzinger, 1983, 16.

Grundtext der Glaubensaussage und den gesprochenen oder geschriebenen Texten ihrer Vermittlung"[67] nicht unterschieden worden sei, sind ihm Ausgangspunkt für die Darlegung seiner Überlegungen zur Überwindung der Krise: die Betonung des Taufglaubens als eines Glaubens, der nur in der Kirche möglich ist; damit verbunden die Offenbarung als einzige Quelle, die als solche die Bibel speist und nur in der Kirche zugänglich ist. Die vier Hauptstücke der Katechese seit frühester Zeit der Kirche, das Apostolische Glaubensbekenntnis, die Sakramente, der Dekalog und das Gebet des Herrn,

> "haben den Jahrhunderten als Gliederungselemente und als Sammelpunkte der katechetischen Unterweisung genügt und zugleich den Eingang in die Bibel wie in die lebendige Kirche eröffnet."[68]

Die Überwindung der Krise der Katechese sieht Ratzinger im Katechismus, der die Bewahrung des Glaubens der Kirche bewirkt.[69]

Ohne diese Texte weiter zu kommentieren, machen sie die Bandbreite der Problemsicht und der Lösungsversuche im Rahmen kirchlicher Aussagen deutlich und verstärken die Notwendigkeit von Lösungen und Übereinkünften aufgrund rationaler Diskurse.

---

67 Ratzinger, 1983, 38; vgl. auch 13-23.
68 Ratzinger, 1983, 32; vgl. die Diskussion im Zusammenhang mit dem Weltkatechismus, bes. Haering, in: Conc 25 (1989) 328-336, 335.
69 Vgl. Stachel, in: RpB 20/1987, 63-73, bes. 64-67; Sauer, in: RpB 20/1987, 80-88; vgl. darüber hinaus: Schlüter, in: RpB (1986) Nr.18, 152-172.

1.3   Kritische Würdigung in Hinblick auf die Erstellung eines Gesamtkonzepts

Es läßt sich heute nicht mehr von schulischem Religionsunterricht sprechen, ohne den Bezug zur Legitimation des Religionsunterrichts an öffentlichen Schulen einer pluralen Gesellschaft darzulegen. Die Entwicklung der didaktischen Konzeptionen zur Lehrplanarbeit, wie sie im folgenden Kapitel ausgefaltet wird, macht sehr deutlich, daß schulischer Religionsunterricht nicht ohne Begründung im schultheoretischen Kontext auskommen kann. Diese grundlegende Frage - letztlich nach der Möglichkeit einer lehrplantheoretischen Arbeit überhaupt - muß in den Zusammenhang einer religionspädagogischen Theorie einbezogen werden.

Eine solche Grundlegung im umfassenden Sinn wurde auf die für Lehrplanarbeit notwendige Basis bzw. auf deren zentralste Elemente reduziert. Wenn auch heute weitgehend Konsens darüber besteht, daß die Theologie als Bezugsrahmen für die Religionspädagogik gilt, darf dennoch die Diskussion um die Bezugswissenschaften und die Breite der damit verbundenen Positionen nicht einfach ignoriert werden. Gerade das Spannungsfeld von theologischen und außertheologischen Argumentationen, von pluridisziplinären Begründungsformen oder einzelnen leitenden Bezugswissenschaften, von normativen oder nicht-normativen Konzepten weist auf Probleme hin, die an einzelnen inhaltlichen Punkten von Lehrplänen - meist ohne daß die grundlegende Verschiedenheit der Ansätze erkannt wird - unreflektiert und daher (oft) unfruchtbar diskutiert werden.

Ähnliches muß auch bzgl. des bildungs- und schultheoretischen Begründungszusammenhangs gesagt werden: Was als weit ausholende Theorie erscheinen mag, ist die notwendige Basis jeder lehrplantheoretischen Arbeit, vor allem insofern, als diese ihre Prämissen offenlegen muß im Rahmen des rationalen Diskurses, der die Grundlagen für den Legitimationsanspruch von schulischem Religionsunterricht in einer pluralen Gesellschaft darstellt.

Darüber hinaus wird offengelegt, was selbstverständlich sein müßte: nämlich die Fragwürdigkeit und zugleich Notwendigkeit der Verwendung des Begriffs "Religion" und einer entsprechenden Praxis.

So wird Religionsunterricht in dieser Arbeit mit primärem Bezug auf die (christliche) Theologie sowohl theologisch als auch anthropologisch-pädagogisch ausgerichtet verstanden, unter Aufnahme eines Bildungsbegriffs, der die Freiheit des Menschen in den Mittelpunkt stellt. Dies beinhaltet die Deutung von "Bildung" als die Gestaltung von Tradiertem auf Gegenwart und Zukunft hin.

Darauf aufbauend sind Lehrpläne nicht mehr als Stoffpläne zu sehen, sondern sie nehmen diese sozial-kommunikativen Aspekte mit auf. Hinzu kommt bei schulischem Religionsunterricht das strukturelle Spannungsfeld zwischen Staat und Kirche, zwischen weltanschaulicher Pluralität und konfessionellem Bekenntnis, zwischen Religionsfreiheit und religiöser Praxis.

Erst aufgrund eines gewissen Konsenses (als der Basis einer Demokratie) und der Akzeptanz sowohl des schulischen Systems als auch der grundsätzlichen Möglichkeit der Lehrbarkeit von Religion ist es sinnvoll, auf lehrplantheoretischer Ebene den unverwechselbaren und unverzichtbaren Beitrag des Religionsunterrichts an öffentlichen Schulen herauszuarbeiten.

Da Religionsunterricht als konfessioneller aber in Übereinstimmung mit der jeweiligen Religionsgemeinschaft erteilt werden muß, sind zentrale kirchliche Aussagen herangezogen. Im Mittelpunkt steht die Differenzierung der Schüler in gläubige, suchende und angefochtene bzw. sich als ungläubig bezeichnende und daraus abgeleitete Möglichkeiten der Weitergabe des Glaubens. Ebenso deutlich betont ist das Ringen um inhaltliche Zentrierung der Glaubenserziehung; die Diskussion wird im Rahmen des gegenwärtigen religionspädagogischen Forschungsstandes differenziert aufgenommen.[70]

Vor einer Darlegung des religionspädagogischen Diskussionsstandes sollen als pädagogisch-didaktische Basis die didaktischen Konzeptionen in Bezug auf die Lehrplanarbeit behandelt werden. In ihrer geschichtlichen Entwicklung besehen muß geprüft werden, welche Elemente notwendig und brauchbar sind für eine Weiterentwicklung der Lehrpläne hin zu einem vertikal-konsekutiven Gesamtentwurf.

---

70 Vgl. 3.1 und 3.2.

2. DIDAKTISCHE KONZEPTIONEN ZUR LEHRPLANARBEIT.
Geschichtliche Entwicklung - Strömungen im 20. Jhdt.

2.1 Zum Begriff Didaktik

didáskein (griech.) - lehren, unterrichten, klar auseinandersetzen, beweisen - meint im Griechischen "primär eine Gattung des griechischen Epos"[1], ähnlich wie es dann im Lateinischen durch das Mittelalter bis in die Neuzeit verstanden wurde: lehrhafte Abhandlungen, belehrende Poesie. Die Bedeutung, die dem Wort "didaskein" in der griechischen Paideia zukam, ist eine doppelte: die Tätigkeit des Lehrers und die des Schülers, des Belehrens und des Sich-belehren-Lassens.[2] Im pädagogischen Sinn ist der Begriff im 17.Jahrhundert zu finden, am bekanntesten aus dieser Zeit ist wohl die "Didactica magna" des Amos Comenius, 1657.[3]

Im weiteren Sinn wird Didaktik als allgemeine Unterrichtslehre, Unterrichtstheorie, Wissenschaft vom Lehren und Lernen, vom Unterricht o.ä. verstanden. Im engeren Sinn kann mit Erich Weniger[4] Didaktik als "Theorie der Bildungsinhalte und des Lehrplans", mit Josef Derbolav[5] als "Theorie der 'Bildungskategorien'", oder allgemein als Theorie der Ziele und Inhalte (von Bildung) beschrieben werden.[6] Immer kreisen die Ansätze um den

---

1 Blankertz, [11]1980, 13.
2 Vgl. Kron, 1988, 305.
3 Vgl. Blankertz, [11]1980, 14; vgl. Blankertz, in: Speck/ Wehle (Hrsg.), Bd. 1, 1970, 240-296.
4 Vgl. Weniger, [4]1962.
5 Vgl. Derbolav, in: Derbolav (Hrsg.), 1977, 17-66.
6 Vgl. Biesinger, in: Biemer/ Biesinger/ Fiedler (Hrsg.), 1984, 45, ... 1970, 64-70; vgl. bei Peterßen, 1977, 4-6 und 11,
Forts. Fußnote

Zusammenhang von Einzelnem und Gesellschaft, wobei die geschichtliche Entwicklung eine wechselnde Betonung bis hin zur Verabsolutierung einzelner Faktoren bzw. Pole zeigt. Das Spektrum dieses Begriffs reicht bis zum Verständnis des kybernetischen Ansatzes: Didaktik "als Theorie der Steuerung von Lehr- und Lernprozessen"[7]. Eine überblicksmäßige Darstellung der verschiedenen Positionen zeigt Kron[8]:

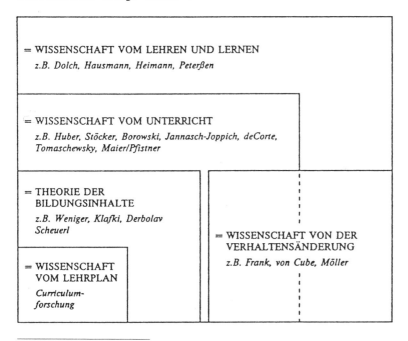

= WISSENSCHAFT VOM LEHREN UND LERNEN
z.B. Dolch, Hausmann, Heimann, Peterßen

= WISSENSCHAFT VOM UNTERRICHT
z.B. Huber, Stöcker, Borowski, Jannasch-Joppich, deCorte, Tomaschewsky, Maier/Pfistner

= THEORIE DER BILDUNGSINHALTE
z.B. Weniger, Klafki, Derbolav
Scheuerl

= WISSENSCHAFT VOM LEHRPLAN
Curriculumforschung

= WISSENSCHAFT VON DER VERHALTENSÄNDERUNG
z.B. Frank, von Cube, Möller

Forts. Fußnote
    die Bandbreite und Unterschiedlichkeit der Definitionen von Didaktik.
7   Klafki, 1970, 68.
8   Kron, 1988, 306; vgl. Blankertz, [11]1980, der nur drei Modelle nennt, nämlich die bildungstheoretische, die informationstheoretische und die lerntheoretische Didaktik; Kron nennt die Einteilung in vier Richtungen, die bildungstheoretische, informationstheoretische, lerntheoretische und kommunikative Didaktik, "allgemein üblich" – Kron, 1988, 309, vgl. 308-310; vgl. auch Peterßen, 1977, und Peterßen, 1983, 53-55 und 65ff, der die Entwicklung und Beeinflußung der verschiedenen Richtungen darstellt; vgl. auch Klafki/ Schulz, in: Rundgespräch (1967) 131-144, 132-135 und 142f.

Diese didaktischen Entwürfe unterscheiden sich zwar stark, "schließen einander aber nicht aus, sondern ergänzen sich gegenseitig."[9]

Didaktik im umfassenden Sinn als Vermittlung "zwischen dem Individuum und der Gesellschaft"[10] vollzieht sich auf drei Ebenen: auf der Ebene der Zieltheorie geht es um die globalen gesellschaftlichen Wertvorstellungen, auf der zweiten Ebene, der Prozeßtheorie, werden die globalen Zielvorstellungen mit Inhalten verbunden, deren Zuordnung letztlich nur politisch entschieden werden kann. Handlungstheorie als Didaktik auf der dritten Ebene beschäftigt sich mit dem konkreten Unterricht und seinen Modellen.[11]

2.2 Geisteswissenschaftlich-bildungstheoretische Didaktik

Geisteswissenschaftliche Pädagogik läßt sich nach Benner in drei Richtungen differenzieren: "in die historische Hermeneutik Nohls, die strukturelle Hermeneutik Wenigers und die engagierte Hermeneutik W.Flitners."[12]

Ausgangspunkt ist die Erziehungswirklichkeit bzw. deren Analyse mit dem Ziel, die geschichtliche Entwicklung in ihrer praktischen Relevanz offenzulegen und damit ihre geschichtliche Bedingtheit zu betonen. Daß es auf diesem Hintergrund nicht mehr möglich ist, Normen

---

9   Peterßen, 1977, 48, vgl. 48-50.
10 Adl-Amini, in: Haller/ Meyer (Hrsg.), 1986, 27-48, 28.
11 Vgl. Adl-Amini, in: Haller/ Meyer (Hrsg.), 1986, 27-48, 30ff.
12 Benner, ²1978, 195.

für die erzieherische Praxis abzuleiten, liegt auf der Hand. Daß somit auch die Inhalte schulischen Lernens nicht mehr begründbar sind, liegt an dem nur mehr formal gebrauchten Bildungsbegriff.[13] Gleichzeitig schließt dies keine Einschränkung auf ausschließlich analytische Aufgaben ein, denn durch die Bindung an den Zentralbegriff Bildung als Maßstab geht sie "über bloße Analyse und wertfreie Tatsachenfeststellungen prinzipiell"[14] hinaus.

Als Charakteristika geisteswissenschaftlicher Didaktik, oder laut Benner geisteswissenschaftlicher Pädagogik überhaupt[15], läßt sich Blankertz zusammenfassend zitieren:

"Als erstes ist der Ausgangspunkt bei der Erziehungswirklichkeit zu nennen, bei der Vorgegebenheit eines Lehrgefüges und seiner Bedingungen, als zweites dann die Begriffsbildung in Fühlung mit der Praxis und ihren Intentionen, als drittes die durchgängige geschichtliche Auffassung von 'Wirklichkeit' und 'Praxis' und als viertes die Voraussetzung der Komplexität und damit der Verzicht auf Ableitungsversuche aus wenigen obersten Prinzipien, Axiomen oder Grundwahrheiten."[16]

"Eine Lehrplantheorie in dem Sinne, daß Hypothesen über das Zustandekommen von Lehrplanentscheidungen entwickelt werden, gibt es erst seit Erich Wenigers 'Theorie der Bildungsinhalte und des Lehrplanes' (WENIGER 1930)."[17]

---

13 Vgl. Blankertz, [11]1980, 33, 128 u.ö.
14 Blankertz, [11]1980, 35.
15 Vgl. Benner, [2]1978, 196.
16 Blankertz, [11]1980, 31. Verwiesen sei auf die 7 bzw. 10 entscheidenden "Charakteristika der Geisteswissenschaftlichen Didaktik", die aufgrund ihres Zentralbegriffs "Bildung" auch bildungstheoretische Didaktik genannt wird; vgl. Klafki 1985, 35-37; vgl. auch Klafki, [10]1975, 94-99; vgl. Benner, [2]1978, 353.
17 Haller, 1973, 7f.

Der Ausgangspunkt der geisteswissenschaftlichen Didaktik und damit auch ihrer Lehrplantheorie, wobei der Lehrplan nicht der einzige, aber "ein besonders prägnanter, die Probleme gleichsam bündelnder und zu 'objektiver', d.h. hier: sprachlich fixierter Darstellung bringender Gegenstand der Didaktik"[18] ist, liegt in der Wirklichkeit des Lernens und des Lehrens in der Schule.[19]

Nach E. Weniger gibt der Lehrplan an, "was im Unterricht gelten soll"[20], mit welchen Inhalten die nachfolgende Generation konfrontiert werden und was auf sie wirken soll. Jede gesellschaftliche Gruppe muß um Aufnahme ihrer Inhalte und Ziele in den Lehrplan ringen, denn nur so ist ihr Einfluß auf die jeweils nächste Generation, d.h. auf Zukunft und Dauer hin gewährleistet. Lehrpläne spiegeln also das Ergebnis des Kampfes dieser Gruppen um Macht durch Stabilisierung ihres Einflusses in den schulischen Lehrplänen wider.

Entscheidungsinstanz, "Träger des Lehrplans und regulierender Faktor"[21] in diesem Ringen ist der Staat. Denn der Staat ist als politische Instanz neben der pädagogischen Theorie unter dem Begriff Bildung als geistiger Instanz notwendig.[22] Da er aber "nicht mehr die überlegene Stellung gegenüber den Werten,

---

18 Klafki, in: Dahmer/ Klafki (Hrsg.), 1968, 137–173, 146; vgl. Weniger, [4]1962, 21f.
19 Vgl. Weniger, [4]1962, 6.
20 Weniger, [4]1962, 22.
21 Weniger, [4]1962, 33.
22 Vgl. Klafki, in: Dahmer/ Klafki (Hrsg.), 1968, 137–173, 150–155 u.ö.: Die in dieser Deutung des Staates implizierten Probleme wurden in der Rezeption des Ansatzes von Weniger aufgegriffen und diskutiert.

Weltanschauungen und den sie verkörpernden Parteien und gesellschaftlichen Gruppen"[23] hat, ist er

"selbst Gegenstand des Ringens der Weltanschauungen und sozialen Gruppen geworden (...), ein ständig sich wandelnder Ausdruck der Kräfteverteilung innerhalb des Volkes und der Spannungsverhältnisse der Mächte (...), die im Leben der Nation wirksam sind."[24]

Aus diesem Grund muß das Bildungsideal des Staates "ein gemeinsames und die anderen überhöhendes sein"[25]; gleichzeitig spiegelt es eine gewisse Gemeinsamkeit in den Grundüberzeugungen, sonst ist ein Lehrplan überhaupt nicht möglich[26]. Mit "Bildungsideal" ist "die bildhafte Vorstellung einer bestimmten, komplexen menschlichen Haltung, an der sich die Erziehung als an ihrem Ziel orientiert"[27], gemeint. Es ist Grundlage für die Auswahl und Konzentration der Inhalte.

Nach Weniger sind drei Lehrplanschichten zu unterscheiden, aufgrund deren man der Frage nach den Bedingungen eines Lehrplans näher kommt: die des "Bildungsideals", "Die geistigen Grundrichtungen und die Kunde" und "Kenntnisse und Fertigkeiten".[28]

Die erste Schicht des Lehrplans macht deutlich, daß sich der Lehrplan als Beschreibung des "geistigen Besitzes"[29] der Erwachsenen an die Lehrer wendet. Nicht Inhalte stehen im Mittelpunkt, sondern die Beschreibung der gemeinsamen Aufgabe als Konsens der rivalisierenden

---

23 Weniger, [4]1962, 35.
24 Weniger, [4]1962, 35.
25 Klafki, in: Dahmer/ Klafki (Hrsg.), 1968, 137-173, 161.
26 Vgl. Weniger, [4]1962, 64f.
27 Klafki, 1970, 41; vgl. Weniger, [4]1962, 62ff.
28 Vgl. Weniger, [4]1962, 62, 77, 87; Adam, in: Adam/ Lachmann (Hrsg.), 1984, 122-141, 123, Anm. 3; Blankertz, [11]1980, 126ff.
29 Weniger, [4]1962, 63.

gesellschaftlichen Kräfte in der Erziehung der nächsten Generation, das durch Entscheidung zustande gekommene "Bildungsideal". Dieses Leitbild

"enthält (...) in einem Bilde die anschauliche Vorwegnahme der Zukunft, wie sie gewünscht wird von den erfahrenen Aufgaben und von dem Bestand an Kräften und Strebungen in der Gegenwart aus"[30],

was die Auseinandersetzung damit herausfordert und provoziert.[31] Als zweite didaktische Kategorie wird die des "Klassischen" genannt, die im Gegensatz zum gewohnten Verständnis eine geschichtliche und damit notwendig veränderbare ist. Es wird

"das als das Klassische für die gegenwärtige Bildungsaufgabe ausgewählt, in dem aus der (zum Vorbild genommenen) menschlichen Haltung heraus die der unseren verwandte Aufgabe wirklich bewältigt wird, in einem vollendeten Werk, in einer geschlossenen, in sich ruhenden Form."[32]

Auf dieser zweiten Ebene des Lehrplans wird dieses Bildungsideal mit den Inhalten verknüpft, mit dem Erinnern der Geschichte und des geschichtlich weitergegebenen Wissens. Die Schwierigkeiten einer Gesellschaft, "eine gemeinsame Erinnerung zu schaffen"[33], darf dabei nicht übersehen werden. Damit ist zugleich die Geschichtlichkeit der Didaktik als zentrale Kennzeichnung des didaktischen Ansatzes von E.Weniger angesprochen; die geschichtliche Veränderung, der geschichtliche

---

30 Weniger, [4]1962, 66.
31 Die Anfrage an eine Einheitlichkeit der pädagogischen Arbeit im Sinne einer Orientierung an einem Bildungsideal für die Konzentration des Lehrplans und die damit verbundenen Fixierungen von Menschen und Beschneidung der Zukunft und ihrer Entscheidungsmöglichkeiten, sei hier nur angedeutet und damit zugleich als Anfrage ins Bewußtsein gehoben; vgl. Klafki, in: Dahmer/ Klafki (Hrsg.), 1968, 137-173, 163f.
32 Weniger, [4]1962, 68f.
33 Weniger, [4]1962, 83.

Wandel beeinflußt die einzelnen Teilbereiche und den Gegenstand der Didaktik als ganzen wechselseitig.

Die Konzentration der Inhalte muß eine "existenti-elle"[34] sein, die von den konkreten Lebensaufgaben ausgeht. Da die Schule selbst ein Lebensbereich ist wie jeder andere, steht der Bezug zur Gegenwart im Vordergrund, da Leben als konkretes nur im jeweiligen Hier und Jetzt möglich ist; als solches beinhaltet es die Vorwegnahme der Zukunft.

Den größten Raum im Lehrplan und im konkreten Unterricht nimmt die dritte Schicht der "Kenntnisse und Fertigkeiten" ein, die z.T. "Bedingung für die Arbeit in den anderen Schichten"[35] ist. Hier geschieht die Zuordnung von Zielen und Inhalten, von Grundrichtungen und Unterrichtsfächern und deren Umsetzung. Damit sind die Rahmenvorgaben für den Unterrichtsprozeß, deren Zuordnung zu Inhalten und die Strukturierung des Unterrichts ermöglicht.

Der Staat hat in diesem Verständnis von Lehrplan als Ergebnis der Kämpfe der gesellschaftlich herrschenden Gruppen eine dreifache Funktion: Der Staat ist Kontroll- und Entscheidungsinstanz in diesem gesellschaftlichen Ringen um den Einfluß auf die nächste Generation. Gleichzeitig ist er Rivale im Kampf um Anerkennung im Lehrplan (vgl. politische Bildung, Geschichte, Staatsbürgerkunde...); und er ist auch als Träger des Lehrplans "Garant pädagogischer Sachkompetenz"[36].

---

34 Weniger, [4]1962, 96.
35 Weniger, [4]1962, 87.
36 Blankertz, [11]1980, 133; vgl. Adl-Amini, in: Haller/ Meyer (Hrsg.), 1986, 27-48, 33.

Eine ähnliche Dreifachstellung wie der Staat hat auch die Wissenschaft: Als Wahrheitskriterium ist die Wissenschaft "Bezugsgröße für Unterrichtsfächer"[37]; gleichzeitig ist sie gesellschaftliche Macht im Kampf um schulischen Einfluß zur Sicherung ihres Nachwuchses und ihrer Interessen. Darüber hinaus dient sie lt. Blankertz, der diese dritte Funktion der Wissenschaft notwendig und im System erlaubt beifügt, der exakten Beschreibung und Vermittlung des Anspruchs der verschiedenen gesellschaftlichen Kräfte an die im Lehrplan festgeschriebene Erziehung und als Benennung der Bedingungen, unter denen diese Realisierung möglich ist.[38]

Die einzelnen Fachwissenschaften können ihren Stellenwert bzw. den des ihnen zugeordneten Unterrichtsfaches im Lehrplan nicht begründen, weil sie keine verbindlichen Sätze hervorbringen können. In Bezug auf

"die exakte Feststellung, Formulierung und Vermittlung dessen, was die gesellschaftlich relevanten Faktoren von Schule und Unterricht wollen (...), ebenso wie die Aufklärung der soziokulturellen und anthropogenen Bedingungen des Lernens"[39],

---

37 Blankertz, [11]1980, 132; vgl. Weniger, [4]1962, 24ff.
38 Vgl. Blankertz, [11]1980, 131ff. Die Frage nach dem Stellenwert der Wissenschaften für die Begründung der Fächer und v.a. des Fächerkanons zeigt deutlich, daß Lehrpläne genau dort entstehen, wo es keine alle Menschen verbindenden Bildungsideale mehr gibt. Denn die Wissenschaft hat nicht die Regulierungsfunktion, die oft vermutet wird, es fehlt eine eindeutige Zuordnung von Wissenschaft und Schulfach, manche Wissenschaften kommen im Schulbereich nicht vor, die verschiedenen Richtungsstreitereien innerhalb einer Wissenschaft sind in der Schule kaum differenziert... Auch der "Zusammenhang der Fächer im Ganzen der Schule" (Klafki, in: Dahmer/ Klafki (Hrsg.), 1968, 137-173, 150) kann nicht durch die Wissenschaft begründet werden. Daß innerhalb der christlichen Theologie gerade die Bibel und die Suche nach ihrem Verständnis Basis und verpflichtende Norm für die Glaubenslehre (und damit auch für Lehrplanarbeit) ist, wird im Laufe der Arbeit deutlich.
39 Blankertz, [11]1980, 139.

handelt es sich nicht nur um Fachwissen korrespondierend mit Unterrichtsgegenständen, sondern um die Wissenschaften vom Menschen.

Neben den "objektiven Mächten", den gesellschaftlichen Gruppen, die um den Einfluß auf den Lehrplan konkurrieren, sind anthropologische und soziale Voraussetzungen des Lernens, "Umwelt als Lebenswelt der Jugend" und "Schule als selbständige Bildungsmacht"[40] als Faktoren zu nennen, die die Gestaltung des Lehrplans bestimmen.

Weiterführend sollen an dieser Stelle soziologische und sozialpsychologische Ergebnisse und Beeinflussungen gerade im Bereich von Diskriminierung in schulischem Lernen angesprochen werden. Es ist ein weites Gebiet, das in seinem Einfluß auf Erfolg und Mißerfolg in der Schule nicht zu unterschätzen ist. Der Anspruch und das Wissen um diesen Problembereich in seiner großen Relevanz sollen hier nur angedeutet werden; Wissenschaft mit der Aufgabe der Erfassung der Bedingungen des Lernens wird in diesem Zusammenhang besonders wichtig.

Mit Klafki können die acht Hauptgedanken der Lehrplantheorie E.Wenigers zusammenfassend aufgezählt werden:
- Ausgangspunkt jeder Theorie und Gestaltung von Lehrplänen ist die Erziehungswirklichkeit, die kritische Analyse der Schule und ihrer Lehrpläne;
- Lehrpläne sind geschichtlich, mit bestimmten geschichtlichen Voraussetzungen, für bestimmte geschichtliche Situationen;

---

40 Weniger, [4]1962, 89.

- Lehrpläne sind Ergebnis des Ringens der gesellschaftlichen Mächte um den Einfluß bzw. Anspruch auf
  ihre Präsenz im Lehrplan;
- Entscheidungsinstanz in diesem Kampf sind nicht die
  Wissenschaften (die nur Kontrollfunktion über die
  wissenschaftliche Richtigkeit von Lehrinhalten oder
  Lehrzielen haben),
- sondern der Staat (als demokratischer, der die
  Eigenständigkeit der Erziehung und ihre Grundsätze
  anerkennt und schützt)
- mit der Freiheit, daß eine so herangewachsene bzw.
  heranwachsende Jugend den Staat auch verändert;
- Ziel einer solchen Lehrplantheorie ist die Aufhellung
  der Voraussetzungen und Bedingungen von Lehrplänen
  für die Praktiker;
- die wichtigsten Ziele und Inhalte müssen unter dem
  Gesichtspunkt der existentiellen Konzentration auf
  die Aufgaben der Gegenwart und Zukunft ausgewählt
  werden.[41]

Die kritischen Einwände gegen diesen Ansatz beziehen
sich in erster Linie einerseits auf ideologische Aussagen bzgl. der Möglichkeit der Einflußnahme verschiedener
Gruppen auf die Lehrplangestaltung und bzgl. der Möglichkeit der Selbstbestimmung der Heranwachsenden und
ihrer gesellschaftlich-sozialen Freiräume. Andererseits
treten immer wieder Bereiche mangelnder Konkretisierung
und Operationalisierungen auf; z.B. wie die verschiedenen beteiligten Instanzen eine gegenseitige Kontrollfunktion ausüben können u.ä.[42]

In der geisteswissenschaftlichen Lehrplantheorie
bleibt also nur noch die Frage nach dem Zustandekommen

---

41 Vgl. Klafki, 1970, 74-78; Schwenk, 1974, 104-111.
42 Vgl. Klafki, 1970, 79-81.

der Lehrpläne, die E.Weniger allgemein als Ergebnis des
Kampfes gesellschaftlicher Kräfte beantwortet, und
welches diese Kräfte sind, die den Lehrplan gestalten,
als mögliche Bereiche der Auseinandersetzung. Aufgrund
der so beschriebenen geisteswissenschaftlichen Pädagogik
E.Wenigers läßt sich die bildungstheoretische Komponente
deutlich sehen: Gebunden an Bildungstheorie und Bildungsbegriff und vorwiegend begrenzt auf das Inhalts-
problem ist ein so charakterisierter Lehrplan nicht
normativ, sondern entstanden und veränderbar in histo-
rischem Zusammenhang, er ist geschichtlich bedingt und
geschichtlich veränderbar im Sinne des Prozesses gesellschaftlicher Veränderungen. Damit ist der Prozeß der
Lehrplanarbeit als dessen Analyse und Konstruktion
unabschließbar. Gleichzeitig gibt es einen verbindlichen
Lehrplan nur mehr als Ergebnis eines gesellschaftlichen
Kampfes um diesen Lehrplan. Daß auch bei diesem Ansatz
Vorentscheidungen, Annahmen, Festsetzungen u.ä. notwendig sind, ist im oben Ausgeführten deutlich geworden.

Wenigers Lehrplantheorie ist auf verschiedenen Ebenen
für die Fragestellung dieser Arbeit zentral: Er betonte
die Faktoren eines Lehrplans, die Schichten, die Ent-
scheidungsinstanzen und das Ringen um Einflußnahme.
Damit werden die gesellschaftspolitische Bedeutung eines
Lehrplans, die Konflikte um seine Inhalte und die
Sonderstellung von Staat und Wissenschaft deutlich.
Wenigers Arbeit ist zugleich aufgrund des großen Einflusses auf die Weiterentwicklungen der Lehrplantheorie
von besonderer Bedeutung.

2.3   Kritisch-konstruktive Didaktik

W.Klafki entwickelt seinen Ansatz von der bildungstheoretischen zur "kritisch-konstruktiven Didaktik"[43]
weiter. Peterßen kommentiert dies so: "die veränderte
Formulierung ist wohl nur ein Etikettenwechsel, der
damit bezeichnete Sachverhalt bleibt der gleiche"[44].
Klafki selbst sieht diese Didaktik nach wie vor als
bildungstheoretische, "sofern man den Bildungsbegriff
als eine kritische und zugleich handlungsorientierende
Kategorie versteht."[45] Als verbindende Kategorie pädagogischen Tuns sind ein oder mehrere Zentralbegriffe
wie Bildung oder ein Äquivalent als oberste Prinzipien
oder Lernziele notwendig: "sie bezeichnen nämlich
zentrierende, übergeordnete Orientierungs- und Beurtei-
lungskategorien für alle pädagogischen Einzelmaß-
nahmen."[46] Zugleich hebt Klafki das ursprünglich kritische und potentiell gesellschaftskritische Moment des
Bildungsbegriffs hervor mit dem Anspruch, dies wieder
herauszuarbeiten. Dabei verweist er auf die Vielzahl
derer, in deren Tradition er sich damit stellt.[47]

Generelles Ziel von Unterricht ist, "Hilfen zur Entwicklung ihrer Selbstbestimmungs- und Solidaritätsfähigkeit, deren eines Moment Mitbestimmungsfähigkeit ist,
zu geben."[48] Dazu gehören u.a. Reflexion, Emotionalität,
Argumentations- und Handlungsfähigkeit.

---

43 Vgl. Klafki, 1975, 194ff; vgl. auch Klafki, [10]1975; Biesinger,
    in: Biemer/ Biesinger/ Fiedler (Hrsg.), 1984, 46ff; Peterßen,
    1983, 65ff, bes. 82ff; Simon, 1983, 40-47.
44 Peterßen, 1977, 13.
45 Klafki, 1985, 194.
46 Klafki, 1985, 195.
47 Vgl. Klafki, [10]1975, 92f: Weniger, Litt, Dirks, Weinstock,
    Adorno, Derbolav...
48 Klafki, 1985, 199.

Lehren und Lernen geschieht als Interaktionsprozeß, es ist immer auch ein sozialer Prozeß. Aufgrund ihrer verschiedenen sozialen Herkunft und biographischen Geschichte sollen

"Lernende sich mit Unterstützung von Lehrenden zunehmend selbständige Erkenntnisse und Erkenntnisformen, Urteils- , Wertungs- und Handlungsmöglichkeiten zur reflexiven und aktiven Auseinandersetzung mit ihrer historisch-gesellschaftlichen Wirklichkeit aneignen"[49].

Lehren als Hilfe für und mit den Lernenden im Sinne des vorher Gesagten "muß in seinem Kern <u>entdeckendes bzw. nachentdeckendes</u> und <u>sinnhaftes, verstehendes Lernen anhand exemplarischer Themen</u>"[50] sein.

Auf der konkreteren Ebene der Unterrichtsplanung gilt der "<u>Primat der Zielentscheidungen</u>"[51], d.h. Ziele des Unterrichts sind Kriterium für Inhalt (als Unterrichtsinhalt) und Methoden (als vom Unterrichtsinhalt bedingte und bestimmte), die aber nicht in einem deduktiven Ableitungszusammenhang stehen, sondern diskursiv entfaltet und konsensfähig bzw. zumindest diskutabel sein müssen.

Die konkreten, begründeten Entscheidungen im Unterricht können durch diese generellen Kriterien nur erhellt, nicht im Sinne eines normativen Kriteriensystems ein für allemal gelöst werden. Die Entscheidungen werden dadurch auch nicht "wertfrei" und "neutral", sondern bleiben immer an das oben benannte grundsätzliche Ziel von Unterricht, nämlich die Förderung der Entwicklung von Selbstbestimmung und Solidarität rückgebunden.

---

49 Klafki, 1985, 199.
50 Klafki, 1985, 199f.
51 Klafki, 1985, 202.

Planung mit den Schülern muß im Blick auf "die thematisch bestimmte Unterrichtseinheit oder das Unterrichtsprojekt"[52] geschehen und darf sich nicht primär auf die einzelnen Unterrichtsstunden fixieren.

"Unterrichtsplanung im hier vertretenen Sinn kann nie mehr als ein offener Entwurf sein, der den Lehrer zu reflektierter Organisation, Anregung, Unterstützung und Bewertung von Lernprozessen und Interaktionsprozessen, also zu flexiblem Unterrichtshandeln befähigen soll."[53]

Die Problemfelder der Unterrichtsplanung, basierend auf der Analyse der konkreten Ausgangsbedingungen, lassen sich in vier Bereiche zusammenfassen:

1. Begründungsproblematik

2. Thematische Strukturierung und Erweisbarkeit

3. Zugänglichkeit und Darstellbarkeit

4. Methodische Strukturierung bzw. Strukturierung des Lehr-Lern-Prozesses

(Vorläufiges) Perspektivenschema zur Unterrichtsplanung [54]

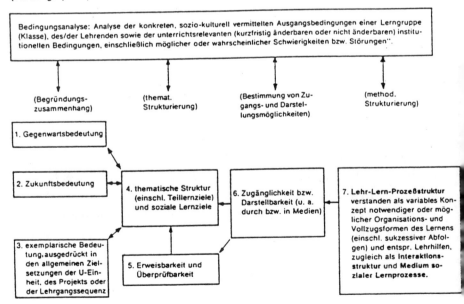

52 Klafki, 1985, 210.
53 Klafki, 1985, 212; vgl. zur kritischen Würdigung Biesinger, in: Biemer/ Biesinger/ Fiedler (Hrsg.), 1984, 53.
54 Klafki, 1985, 215.

Eine zielorientierte Thematik muß bzgl. ihrer Gegen-
warts- und Zukunftsbedeutung für die jungen Menschen
geprüft und begründet werden, wobei die zukünftige
Bedeutung nur vermutet werden kann. Die Frage nach der
exemplarischen Bedeutung zielt auf die Begründung der
Ziele ab.

"Am potentiellen Thema müssen sich allgemeinere
Zusammenhänge, Beziehungen, Gesetzmäßigkeiten,
Strukturen, Widersprüche, Handlungsmöglichkeiten
erarbeiten lassen."[55]

Die exemplarische Bedeutung eines Bildungsinhalts muß
als fachwissenschaftliche und lebensrelevante Exemplarität plausibel begründet werden.[56]

Im zweiten Bereich geht es um die thematische Struktur, die Formulierung von Teilzielen und sozialen
Lernzielen und deren Überprüfbarkeit. Mögliche Perspektiven und Aspekte für die Behandlung des Themas, die
immanent-methodische Struktur, die das Thema konstitu-
ierenden Momente, Zusammenhang der Strukturfaktoren
untereinander, evtl. Schichtung der Thematik, Frage nach
den größeren Zusammenhängen, in denen das Thema je nach
Perspektive steht, begriffliche und verfahrensbezogene
Voraussetzungen für die Auseinandersetzung und Bewältigung des Themas, sind Fragen im Bereich der thematischen
Struktur.[57]

Die Frage nach der Erweis- bzw. Überprüfbarkeit des
erfolgreichen Auseinandersetzungs- und Aneignungspro-
zesses richtet sich sowohl an die Lehrenden als auch an
die Lernenden.

---

55 Klafki, 1985, 218.
56 Vgl. Biesinger, in: Biemer/ Biesinger/ Fiedler (Hrsg.), 1984,
    50.
57 Vgl. Klafki, 1985, 222f.

Beim Komplex der Zugänglichkeit und Darstellbarkeit geht es um verschiedene, aufgrund der Bedingungsanalyse erarbeiteten Zugänge und Darstellungsmöglichkeiten (konkrete Handlungen, Spiele, Darstellungen und Verfremdungen in Medien u.ä.) im Rahmen der Bedingungen institutionalisierten Unterrichts.

Die methodische Strukturierung als der letzte Bereich soll klären,

"wie die durch die vorangehenden Fragen ermittelten Momente in eine sukzessive Abfolge eines Lehr-Lern-Prozesses bzw. in alternative Möglichkeiten solcher Abfolgen übersetzt werden können."[58]

Zugleich wird damit nach den Interaktionsformen im Lehr-Lern-Prozeß gefragt.

Dieses Konzept als offenen Entwurf auf mittlerer Abstraktionsebene kann nur ein Grundgerüst sein, das in der Konzentration auf eine zentrale Kategorie (hier: Bildung), in der Orientierung am Schüler und dem Ernstnehmen der sozialen und lebensweltlichen Bezüge durch den Anspruch der jeweiligen Begründbarkeit, in der thematischen Zielgerichtetheit und der thematischen Strukturierung der Inhalte zahlreiche Möglichkeiten bereithält, die im konkreten fachdidaktischen Kontext konkretisiert werden müssen.[59]

Für diese Arbeit ist die kritisch-konstruktive Didaktik in Bezug auf folgende Elemente von Bedeutung: das kritische bzw. gesellschaftskritische Element gilt auch für die Lehrplantheorie, die emanzipatorischen

---

58 Klafki, 1985, 226.
59 Vgl. Biesinger, in: Biemer/ Biesinger/ Fiedler (Hrsg.), 1984, 53-56; vgl. auch Peterßen 1977, 15-17 und Peterßen, 1983, 89-93.

Ziele wie Selbstbestimmung, Solidaritätsfähigkeit, Mitbestimmung, Kommunikation u.a. sind unverzichtbarer Ausgangspunkt und Grundlage dieser Arbeit. Ebenso wichtig ist die Spannung zwischen dem Anspruch begründeter Entscheidungen und der Absage an deduktiv-normative Entscheidungen. Selbstverständlich beeinflußt Klafkis Modell der Unterrichtsplanung aufgrund seiner strukturierten Fragestellungen indirekt auch die Lehrpläne.

2.4   Lehrplanreform als Curriculum-Revision

Während bzgl. der Analyse von Lehrplänen besonders auf E.Weniger zurückzugreifen ist, dem "grundlegende Einsichten in die Struktur und Historizität des Lehrgefüges"[60] zu verdanken sind, werden viele Ideen bzgl. der Konstruktion und Revision von Lehrplänen von S. Robinsohn bezogen. Bildungsreform als Revision und Revision als "Reduktion der Didaktik"[61] ist der Anspruch, den Robinsohn mit seiner Bildungsreform erhebt.

Reform des Lehrplans heißt in erster Linie Reform der Inhalte, da ja schulisches Lernen mit Qualifikationen auszustatten hat, die zur Bewältigung gegenwärtiger und zukünftiger Lebenssituationen notwendig sind.[62] Die Lehrpläne als Garant gesellschaftlicher und kultureller Kontinuität und als "gemeinsamer Nenner unterschiedlicher gesellschaftlicher Rechte und Interessen"[63] legt

---

60 Adl-Amini, in: Haller/ Meyer (Hrsg.), 1986, 27-48, 32.
61 Vgl. Robinsohn, [3]1971, 25ff.
62 Vgl. zur bald erfolgten Betonung der Ziele: Nipkow, in: Z.f.Päd
    17 (1971) 1-10, 1f.
63 Hacker, in: Haller/ Meyer (Hrsg.), 1986, 520-524, 520.

die inhaltlichen Vorgaben und damit den Rahmen als auch die Freiräume unterrichtlichen Tuns offen.

Damit war der Weg geöffnet für die Notwendigkeit, Ziele und Inhalte des Unterrichts zu begründen; dabei wurden drei Determinanten für die Begründung herangezogen: die jeweilige Fachwissenschaft, die Gesellschaft und die Schüler.

2.4.1 Zum Begriff Curriculum

Wenn man auch einem Nicht-Pädagogen als Erklärung für "Curriculum" sagen kann, "es gehe einfach um das Problem wozu in der Schule was wann wie gelernt werden solle"[64], so muß der Begriff dennoch in seiner geschichtlichen Entfaltung differenziert gesehen werden.

Vom klassischen Latein herkommend mit den Bedeutungen Zeitabschnitt, Ablauf der Zeit, wiederkehrende Abfolge von Phasen, Wettlauf, Laufbahn geht "Curriculum" als pädagogisches Fachwort auf das 16./17.Jahrhundert zurück. "In der Bedeutung Lehrplan ist das Wort 1688 bei Daniel Georg Morhof belegt: De curriculo scholastico (Polyhistos lit. II 10)"[65].

"Der Begriff Curriculum war im Zeitalter des Barock in der europäischen didaktischen Diskussion allgemein gebräuchlich, wurde dann aber im Verlauf des 18. Jahrhunderts durch Ausdrücke wie Schulplan, Unterrichtsplan und schließlich Lehrplan ersetzt; auf dem Umweg über die angloamerikanische Forschung kehrt der

---

64 Schmidt, in: Wegenast (Hrsg.), 1972, 9-40, 9.
65 Schmidt, in: Wegenast (Hrsg.), 1972, 9-40, 11; vgl. Dolch, 1982, 308 und 318; Reisse, in: Frey u.a. (Hrsg.), Bd. 1, 1975, 46-59; Klafki, 1971, 315; vgl. grundlegend und umfassend: Spitz, 1986.

Begriff nun zurück"[66].

Einerseits soll er den Begriff Lehrplan ersetzen, andererseits ist sein Bedeutungsumfang ein größerer: neben Lehrzielen und -inhalten sind auch Lehrmittel bis hin zu damit verbundenen Verfahrensfragen dazuzuzählen.[67]

2.4.2 Curricularer Ansatz nach Robinsohn und seine Entwicklung

Der curriculare Ansatz beschränkt sich nicht auf einen Entwurf, wie besonders in der BRD der Eindruck durch die ausschließliche Verknüpfung mit Robinsohn entstanden ist, sondern ist durch eine Vielzahl differenzierender Ansätze gekennzeichnet, die in den verschiedenen Ländern der nördlichen Halbkugel je verschiedene Ausprägungen und Schwerpunkte aufweisen.[68]

---

66 Achtenhagen/ Meyer, in: Achtenhagen/Meyer (Hrsg.), 1971, 11-21, 11.
67 Vgl. Klafki, 1970, 67; Royl, in: Minsel (Hrsg.), 1978, 39-62. Vgl. die Zusammenfassung in Drescher, in: Drescher (Hrsg.), 1974, 5-42, 8; zur Unterscheidung zwischen Curriculum im engeren Sinn und Curriculum im weiteren Sinn vgl. Nipkow, in: Z.f.Päd 17 (1971) 1-10; Reisse, in: Frey u.a. (Hrsg.), Bd. 1, 1975, 46-59, 53; Westphalen, [6]1978, 25; vgl. auch Hohmann, in: Wehle (Hrsg.), 1973, 11-15.
68 Vgl. z.B. Schmidt, in: Wegenast (Hrsg.), 1972, 9-40, 14ff; Goodlad, in: Achtenhagen/ Meyer (Hrsg.), 1971, 23-29; Johnson, in: Achtenhagen/ Meyer (Hrsg.), 1971, 30-46; Robinsohn, in: Achtenhagen/ Meyer (Hrsg.), 1971, 57-74; Frey, 1971, bes. 20ff; Borowski/ Hielscher/ Schwab, [2]1976, bes. 24ff; Short/ Marconnit (Hrsg.), 1968; Spitz, 1986, 284ff. Auf die Entwicklung des Begriffs und deren Hintergründe in den USA gehen Achtenhagen/ Meyer ausführlich ein, sie unterscheiden drei Phasen: die reformpädagogische, die entsprechend dem Anspruch der Reformpädagogen den einzelnen Schüler betont und diesem "sozial relevante(...) Lernerfahrungen" (Achtenhagen/ Meyer, in: Achtenhagen/ Meyer (Hrsg.), 1971, 11-21, 12) ermöglichen wollen. Die zweite Phase betonte wieder stärker die

Forts. Fußnote

1967 schwebt Robinsohn eine Theorie vor, die v.a. ein Gesamtcurriculum vom Kindergarten bis zur Matura bzw. Abitur entwirft. "Die Legitimierung des Curriculum und seiner fortlaufenden Revision von den Zielen her"[69] ist die zentrale Absicht des Ansatzes. Die bevorzugte Stellung bei der Inhaltsvermittlung haben die Fachwissenschaften inne, auch auf der affektiven Ebene. Nicht Wissen für die Zukunft, sondern Verhalten in und Bewältigung von konkretem Leben sind das Ziel. "Bildung als Vorgang, in subjektiver Bedeutung, ist Ausstattung zum Verhalten in der Welt."[70] Kein Unterrichtsstoff, sondern "Qualifikationen"[71], wie Robinsohn die Verhaltensmöglichkeiten zur Bewältigung von Lebenssituationen nennt, sind das Ziel der Schule. Diese Qualifikationen beinhalten eine Hierarchie von einerseits untergeordneten Teilfähigkeiten und andererseits übergeordneten, umfassenden Qualifikationen, die jeweils genau auf ihre Überprüfbarkeit hin formuliert, d.h. operationalisiert sein müssen.[72]

Forts. Fußnote
inhaltlichen Aspekte, wobei dadurch Fragen nach dem Stellenwert der Wissenschaften, Taxonomien von Lernzielen u.v.m. verstärkt Thema wurden. In der drittem Phase wird die Kritik an Curriculumprojekten in verschiedenen Zusammenhängen laut, besonders das Scheitern einer besonderen Förderung sozial unterprivilegierter Schichten führte zur Ernüchterung der Erwartungen an die Curriculumentwicklung und zu verschärfter Problemsicht.

69 Robinsohn, [3]1971, XIII; vgl. auch Künzli, in: Minsel (Hrsg.), 1978, 13-38, bes. 29ff; Baumann, in: KBl 101 (1976) 306-319, 307ff.
70 Robinsohn, [3]1971, 13.
71 Robinsohn, [3]1971, 45.
72 Vgl. zum Gebrauch von Taxonomien in Curricula: Bloom (Hrsg.), 1956; Krathwohl/ Bloom/ Masia (Hrsg.), 1964; Schmidt, in: Wegenast (Hrsg.), 1972, 26ff; Krathwohl, in: Achtenhagen/ Meyer (Hrsg.), 1971, 75-97; Frey, in: Achtenhagen/ Meyer (Hrsg.), 1971, 234-242; Flechsig, in: Achtenhagen/ Meyer (Hrsg.), 1971, 243-282; Schmitt, 1971, 80ff und 95ff; Aust, in: Klafki/ Lingelbach/ Nicklas (Hrsg.), 1972, 47-56; Westphalen, [6]1978,

Forts. Fußnote

In der Rezeption von Robinsohn weist Klafki auf die (bei Robinsohn mehr implizite) Unterscheidung hin, daß es einerseits Lernziele gibt, "die zunächst der Bewältigung der gegebenen [gegenwärtigen und zukünftigen] Wirklichkeit dienen können"[73], und die als solche "wertneutral oder ambivalent"[74] sind, indem aus ihnen selbst noch nicht die Richtung ihrer Verwendung bzw. Einordnung in die Gesamtziele von Schule deutlich wird; andererseits gibt es "emanzipatorische Lernziele", wie sie Klafki nennt, die die Richtung umfassender pädagogischer Ziele angeben und damit gesondert betrachtet werden müssen bzw. "nicht unter der Fülle ambivalenter Lernziele verschüttet werden"[75] dürfen.

Methodisch sind zwei Phasen hervorzuheben, die den Weg der Curriculum-Entwicklung nach Robinsohn beschreiben. Die erste Leitfrage geht den Möglichkeiten nach, wie man zu Aussagen über die Qualifikationen kommt, die die Heranwachsenden gegenwärtig und zukünftig benötigen und benötigen werden. Ein Prozeß des Zusammenarbeitens von Experten der verschiedenen Wissenschaften und Institutionen folgt, in dem aus Analysen von typischen Situationen der verschiedensten gesellschaftlichen Bereiche notwendige Qualifikationen und daraus operationalisierte, hierarchisch geordnete Lernziele abgeleitet werden. Eine nachfolgende kritische Prüfung durch Expertenbefragung muß ausgewertet und eingear-

---

Forts. Fußnote
44-54; vgl. ausführlich: Brinkmann-Herz, 1984, 110-125; Otto/ Schulz, in: Haller/ Meyer (Hrsg.), 1986, 49-62, 55f; Schmidt, in: Z.f.Päd 17 (1971) 31-54; Moser, in: Z.f.Päd 17 (1971) 55-74.
73 Klafki, 1970, 84.
74 Klafki, 1970, 84.
75 Klafki, 1970, 85.

beitet werden, wobei die dabei zu verwendenden Kriterien ungeklärt bleiben.

Im zweiten Schritt sollen Forschungsgruppen mit Fachwissenschaftlern, Repräsentanten der Institutionen und pädagogischen Praktikern die Inhalte, die zur Erreichung der Qualifikationen sinnvoll sind, konkret beschreiben und von Expertengruppen verbessern lassen. Relevante Inhalte sind gemäß ihrer Bedeutung und Relevanz "im Gefüge der Wissenschaft", "für Weltverstehen" und "in spezifischen Verwendungssituationen des privaten und öffentlichen Lebens"[76] auszuwählen. Die Bildungsinhalte müssen in systematischem Zusammenhang der Wissenschaft Bedeutung haben, sie müssen das Verstehen und sich-Zurechtfinden in der Welt und in spezifischen Situationen öffentlichen und privaten Lebens fördern. Entsprechend dieser Kriterien für die Inhaltsauswahl sind Verfahren zur Erschließung der Relevanz der Inhalte zu nennen : Die Frage nach der Bedeutung von Inhalten im Wissenschaftsbereich "ist aus der Erfahrung der Wissenschaft selbst heraus zu beantworten."[77]; empirische Untersuchungen, Analysen gesellschaftlicher und beruflicher Bedürfnisse, Expertenbefragungen sind die wichtigsten Verfahren, die Robinsohn zur Klärung des Bezugs von Inhalten für das Verständnis des und Verhaltens in der Welt nennt. Drei Voraussetzungen, "eine über den Umfang der Curriculum-Entwicklung, eine über den Vorrang der Fachwissenschaften und eine über die im Verhältnis zu den Fachwissenschaften ergänzenden Inhalte"[78], und einige Annahmen, besonders bezüglich des Ziels der Schule, für Lebenssituationen durch Qualifikationen

---

76 Robinsohn, ³1971, 47; vgl. Simon, 1983, 53.
77 Robinsohn, ³1971, 48.
78 Blankertz, ¹¹1980, 167.

anhand von Inhalten auszustatten, sind die Grundlagen
rationaler bildungspolitischer Entscheidungen. Als Weg
schlägt Robinsohn drei große Schritte vor: "Kriterien
für die Auswahl der Inhalte", "Verfahren zur Messung der
Inhalte"[79] und Befragung der Instanzen für diese Verfahren[80].

Die systematische Relevanz geisteswissenschaftlicher
Lehrplantheorie besteht trotz aller Kritik an ihr in der
These, daß, da Lehrplanentscheidungen Ergebnisse des
Kampfes der gesellschaftlichen Kräfte sind, "Unter-
richtsfächer und ihre Fachdidaktiken (...) also auch
kein Abbild der Intentionen einer Fachwissenschaft sein"
können, sondern "ihre eigene Zielsetzung und Systema-
tik"[81] haben. "Die curriculare Entscheidungskette von
Situationen - Qualifikationen - Inhalten"[82] muß eher als
Induktionszusammenhang verstanden werden.[83] Daß dabei
Inhalte und Lehrinhalte nicht grundsätzlich identisch
sein müssen, darf nicht übersehen werden.[84]

---

79 Blankertz, [11]1980, 170.
80 Vgl. Blankertz, [11]1980, 171; Adl-Amini, in: Haller/ Meyer
    (Hrsg.), 1986, 27-48, 34; Robinsohn, [3]1971, 47ff; Meerten,
    1980, bes. 40ff.
81 Achtenhagen/ Meyer, in: Achtenhagen/ Meyer (Hrsg.), 1971,
    11-21, 16.
82 Blankertz, [11]1980, 173.
83 Vgl. Blankertz, [11]1980, 174; Adam, in: Adam/ Lachmann (Hrsg.),
    1984, 122-141, 125; Robinsohn, [3]1971, 45; Achtenhagen/ Meyer,
    in: Achtenhagen/ Meyer (Hrsg.), 1971, 11-21, 17; Wegenast, in:
    Wegenast (Hrsg.), 1972, 53-63, 56f.
84 Vgl. Blankertz, [11]1980, 175f. Schon 1956 nannte A.Bellack die
    Inhalte der Kultur die Quelle der Curriculuminhalte. Bezogen
    auf Curriculumitems kann nur die fachwissenschaft-
    liche-inhaltliche Ebene deren Quelle sein, die Ebene der
    Adressaten und der Gesellschaft sind meist deren Kriterien
    (vgl. Johnson, in: Achtenhagen/ Meyer (Hrsg.), 1971, 30-46,
    36f; vgl. Robinsohn, der in: Achtenhagen/ Meyer (Hrsg.), 1971,
    57-74, 62 diese Trias von Gesellschaft, Adressat und
    Fachwissenschaft als "illegitim" bezeichnet. Dem entgegen weist
    Forts. Fußnote

Zugleich soll Bildung/Erziehung in allen Phasen in
der Gesellschaft rückgebunden sein: dies gilt für die

Forts. Fußnote
S.Vierzig darauf hin, daß die drei einen Lehrplan bzw. eine
Lehrplan-Revision bestimmenden Größen Schüler, Gesellschaft,
Fachwissenschaft sind. "Die wichtigste Vorentscheidung bei der
Lehrplanrevision besteht darin, zu klären, welcher dieser drei
Größen Priorität zukommt." (Vierzig, in: Wegenast (Hrsg.),
1972, 43-52, 43) Man sieht an dieser Aussage auch die
Zeitverhaftetheit. 10-15 Jahre später würde niemand mehr diese
drei Größen einander entgegenstellen und hierarchisieren.

Exkurs: Unterrichtsinhalt
Daß seitenlange Rechtfertigungen notwendig sind, wieso das
Thema Unterrichtsinhalte überhaupt sinnvoll aufgegriffen werden
darf (vgl. Menck, 1986, 9ff), macht nachdenklich. Die erste
Antwort gibt Menck, 1986, 33: "Unterrichtsinhalte sind symbo-
lische Repräsentationen gesellschaftlicher Praxis", d.h. es
geht um "Wissen von der Wirklichkeit bzw. gesellschaftlichen
Praxis" (Menck, 1986, 33), präziser, um Bearbeitung von Wissen
im Unterricht. Auch bei der Aufarbeitung des Stellenwerts von
Schulwissen von B.Gaebe tritt deutlich der gesellschaftliche
Einfluß hervor, sowohl in Bezug darauf, was überhaupt als
Wissen gilt in der Gesellschaft als auch, was für bestimmte
Schüler als wissenswert gilt (vgl. Gaebe, 1985, 57). Menck
unterscheidet zwischen den in Lehrplänen vorgegebenen Themen
und dem, "was im Unterricht zur Sprache, ins Bild oder in sonst
ein Medium kommt" (Menck, 1986, 129), dem Unterrichtsinhalt.
Dabei darf nicht vergessen werden, daß diese Themen des
Unterrichts im gesellschaftlichen Interessenskampf ausgehandelt
werden. "Auswahl und Stilisierung werden nicht nur von pädagogischen Absichten, dem Interesse am Gelingen von Bildung,
sondern ebenso vom Interesse der Interessensgruppen an ihrer
Reproduktion geleitet, vom Interesse an der Reproduktion der
sozialen Verhältnisse insgesamt." (Menck, 1986, 131) Ein weiter
Bereich des Fortschreibens sozialer Unterschiede sei nur
angedeutet: Anfang der 70er Jahre lenkte die
Sozialisationsforschung den Blick auf die Verknüpfung von
schulischem Wissen und damit verbunden schulischer Sprache und
ihren Umgangsformen und der Aufrechterhaltung sozialer-
gesellschaftlicher Barrieren. "'Diese neue Soziologie des
Schulwissens und des Curriculums zeigt, daß soziale Macht
strukturell repräsentiert ist und daß Wissen und Kultur
wesentliche Momente im Prozeß der sozialen Vorherrschaft und
der Kapitalakkumulation sind. Diese selektive Transmission der
Klassenstruktur als allgemeine Kultur bringt die Kulturen der
Unterdrückten zum Schweigen und legitimiert die gegenwärtige
soziale Ordnung als natürliche und ewige.' (P.Wexler 1981,
S.57)." (zit. nach Gaebe, 1985, 66) Unterrichtsinhalte sind
Forts. Fußnote

Beschreibung und Identifizierung der Ausgangssituation, für die Analyse des gegenwärtigen und die Definition des gewünschten Verhaltens, für die Qualifikationen u.a.[85] Diese ständige Herausforderung für die Gesellschaft durch die notwendige Beschreibung und Legitimierung der verschiedenen Phasen und Ebenen curricularen Lernens soll letztlich gesellschaftsverändernd wirken. Um die für ein solches Gesamtcurriculum notwendigen Entscheidungen fällen zu können, ist ein "Konsens innerhalb der bestehenden Gesellschaft"[86] notwendig, der aber nur schwer vorhanden ist. Die Gefahr, daß verdeckte Manipulierungen durch unausgesprochen postulierte Werte und Normen der Erziehung vorhanden sind, läßt sich nur im Offenlegen und im Ringen um einen Konsens verringern.

Die Relevanz der Curriculumtheorie muß kaum eigens beschrieben werden: zu einschneidend sind die Veränderungen, besonders die deutliche Lernzielorientierung und der Legitimationsanspruch; zu prägend ist der Einfluß der Curriculumtheorie auf alle weiteren lehrplantheoretischen Entwicklungen.

Die Ersetzung von Zielvorstellungen durch inhaltliche Qualifikationen führt zu einer Vielfalt verschiedener Lebenssituationen, denen eine diese integrierende Gesamtidee fehlt. Daß diese Prozesse unabschließbar sind

---

Forts. Fußnote
  also nie unverstellt zugänglich. "Bevor es überhaupt in die Schule kommt, ist das Wissen einem vielschichtigen Prozeß der Produktion, der Tradierung und der Auswahl unterworfen. Die inhaltliche Seite des Unterrichts kann angemessen nur dann erfaßt werden, wenn das zu seiner Bearbeitung herangezogene Wissen zugleich mit seinen Entstehungsbedingungen analysiert wird." (Menck, 1986, 133) Vgl. die sehr breite Studie über Inhalte religiösen Lehrens und Lernens: Simon, 1983.
85 Vgl. Hanusch, 1983, 38.
86 Robinsohn, [3]1971, 47.

und eine ständige, personell und finanziell sehr aufwendige Revision erfordern, liegt im Ansatz selbst und ist im Laufe der konkreten Verwendung dieses Ansatzes allzu deutlich geworden. Die dadurch notwendigen Adaptierungen des Curriculum-Ansatzes werden im Verlauf der weiteren Darstellung deutlich. Daß für einen überlegten Ansatz die Methoden der Curriculum-Entwicklung rationalisiert und dennoch in ihrem Grundanliegen, nämlich die rationale und wissenschaftlich-systematische Begründung des Curriculum, bewahrt werden müssen, führt Robinsohn genau aus[87]. Gleichzeitig dürfen all die positiven Einflüsse von Robinsohn und seinen Mitarbeitern auf die weitere Entwicklung im Bereich der Lehrpläne nicht unterschätzt werden.

Eine langfristige Curriculumrevision mit dem Anspruch, relevante Situationen und dafür notwendige Qualifikationen und daraus abgeleitete sachlogisch zusammenhängende Curriculumelemente herauszuarbeiten und zu begründen, wird auf Dauer nicht "ohne eine kontrastierende mittelfristige (...) auskommen können."[88] Die

---

87 Vgl. Robinsohn, [3]1971, XIIf; bzgl. der möglichen Probleme 49-54; vgl. als einen ausgearbeiteten Entwurf einer Handlungsstrategie zur Curriculumkonstruktion: Frey u.a., in: Z.f.Päd 17 (1971) 11-29; einen Überblick über verschiedene Modelle gibt Hohmann, in: Wehle, 1973, 15-20, bes. 18; als ein konkretes Beispiel vgl. den Forschungsbericht des Marburger Grundschulprojekts: Klafki u.a., 1982; vgl. die ausführliche Zusammenschau von Curriculumprojekten in verschiedenen Bildungsbereichen: Kap. XI, in: Frey u.a. (Hrsg.), Bd. 3, 1975, 287ff.

88 Achtenhagen/ Meyer, in: Achtenhagen/ Meyer (Hrsg.), 1971, 11-21, 18; vgl. auch Achtenhagen/ Menck, in: Achtenhagen/ Meyer (Hrsg.), 1971, 195-215; vgl. Blankertz, [4]1974, 10, der diesen Ansatz auch für seinen Strukturgitter-Ansatz aufnimmt, da nur so "eine volle Transparenz der Entscheidungsprozesse erreichbar ist." Damit verbindet Blankertz aber keine (grundsätzliche) Absage an eine Gesamtrevision, sondern sieht beide Ansätze in
Forts. Fußnote

Hoffnungen, die in die Curriculumdiskussion gesetzt wurden, waren groß. Die Kenntnis der jeweiligen Lebensbedingungen und -situationen sollte die Möglichkeit schaffen, Qualifikationen für deren Bewältigung zu benennen. Daraus wiederum wollte man die Inhalte, die zu ihrer Ausbildung erforderlich sind, ableiten. Doch das war theoretisch nicht möglich, weil man Lebenssituationen nur in groben Zügen und ziemlich unbestimmt ausmachen kann; zugleich beinhaltet dies die Gefahr, Schüler auf bestimmte Situationen festzulegen.

"Die Verknüpfung von Schüleralltag und gesellschaftlicher Praxis kann nicht in der Weise gedacht werden, daß der derzeitige Alltag der Schüler, gleichsam mit der gesellschaftlichen Praxis identifiziert, den Rahmen für die im Unterricht zu bearbeitenden Themen abgäbe. Der Zusammenhang muß umfassender interpretiert werden."[89]

Besonders im Rahmen der Curriculum-Revision wurde Sequenzierung als Ausdruck für eine langfristige Anordnung für Unterricht wieder ins Bewußtsein gehoben. "Neben der vertikalen Anordnung suchen Curricula, die horizontale Koordination innerhalb der Fächer und Fachgruppen zu fördern."[90] Die langgestreckte Sequenzierung, die Abfolge von Unterrichtseinheiten während eines ganzen Bildungsgangs soll das Lernen von Strukturen und Zusammenhängen fördern. Wie weiter unten

---

Forts. Fußnote
    wechselseitigem Zusammenhang. "Die ersteren [langfristigen Reformkonzepte] sind die schematische Antizipation des Gesamtzusammenhangs, auf den hin die Detailarbeit entworfen wird und von wo sie sich legitimiert. Das gleiche Verhältnis ist selbstverständlich auch noch einmal innerhalb der mittelfristigen Projekte anzusetzen." (Blankertz, [4]1974, 10f).
89 Menck, 1986, 133.
90 Frey/ Isenegger, in: Frey u.a. (Hrsg.), Bd. 2, 1975, 158-164, 158.

ausführlicher dargelegt wird, versucht Bruner in seinem Ansatz des Spiralcurriculums dies zu konkretisieren.[91]

Die Struktur eines Faches und ihre Verknüpfungen werden von Wissenschaftlern analysiert, auf deren Basis das Curriculum die grundlegenden Begriffe im Prozeß des Lernens wiederholend aufgreift, anreichert, verfeinert, vertieft. Dabei geschieht das sich Entfalten des Inhalts entsprechend der kognitiven Entwicklung vom Handeln über die bildhafte Darstellung hin zur abstrakt-formalen, symbolischen Form der Repräsentation.[92]

Exkurs: Curriculum im Religionsunterricht

Daß im religionspädagogischen Bereich das Stichwort Curriculum so große Aufnahme fand, muß mit der Krise des Religionsunterrichts in Verbindung gebracht werden. Diese Krise des Religionsunterrichts in der Schule war (und ist) im Grunde die Frage nach dem Stellenwert und der Bedeutung von Glaube (und Kirche) in unserer heutigen Gesellschaft. Die Krise besonders im Bereich der Legitimation schürte die große Hoffnung auf Überwindung dieser Probleme durch die Aufnahme der Curriculumtheorie, ihrer Differenzierung und Ausfaltung in der Praxis in die religionspädagogische Diskussion.[93]

---

91 Vgl. Bruner, [5]1980, 61ff.
92 Bzgl. weiterer Vorschläge und Ansätze curricularer Sequenzierung vgl. Frey/ Isenegger, in: Frey u.a (Hrsg.), Bd. 2, 1975, 158-164, 160-163; vgl. auch 2.3.3.
93 Vgl. dazu auch das ausführliche Eingehen auf diese Diskussion in all den Handbüchern und Überblicksbänden aus dieser Zeit: Stachel, in: Feifel u.a. (Hrsg.), Bd. 2, 1974, 34-72; und das verhältnismäßig geringe Eingehen auf diese Frage bei Hemel, in: Bitter/ Miller (Hrsg.), Bd. 2, 1986, 488-494, 489f; vgl. Stachel, in: Stachel, 1982, 47-56; Knab, in: rhs 22 (1979)
Forts. Fußnote

Ähnlich wie in der Pädagogik allgemein kam in der Religionspädagogik nach einer Phase der engagierten Aufnahme des Robinsohn'schen Ansatzes die Zeit der Differenzierung der Überlegungen und Erprobung in der Praxis[94]. Ein ekklektizistischer Umgang mit dem theoretischen Bezugsrahmen für das Curriculum im Religionsunterricht verhinderte anfangs eine ausführliche theoretische Diskussion; im Zentrum war oft die Frage nach der Wirksamkeit des Curriculums, nicht die Bemühungen um die Ziel- und Inhaltsbegründung[95]. "Qualifikationen wurden so zu Lernzielen, Lebenssituationen zu Ausgangssituationen der Schule für den Unterricht."[96] Kritik und Ernüchterung blieben in der Phase danach nicht aus, sie gingen von Detailkritik bis hin zu grundsätzlichen Anfragen an geschlossene Curricula und ausschließliche Lernzielorientierung.[97] Gleichzeitig wird eine Beschränkung auf das politisch, finanziell und praktisch Realisierbare deutlich.[98]

"Insofern [aber] die Krise des Religionsunterrichts auch Ausdruck einer Krise der Theologie - und damit des Glaubens und der Kirche ist - hilft Curriculum-

---

Forts. Fußnote

255-261: "Die gefährlichste Legitimationskrise des Religionsunterrichts scheint darin zu bestehen, daß das Legitimationsproblem geleugnet oder verdrängt wird." (261); Knab/ Stapel, in: Frey u.a. (Hrsg.), Bd. 3, 1975, 500-510, 501; Baudler, in: KBl 102 (1977) 363-370, 363; Adam, in: Adam/ Lachmann (Hrsg.), 1984, 122-141, 125f; Spitz, 1986, 370ff.

94 Vgl. exemplarisch: Stachel, 1971; Stachel, in: Zilleßen (Hrsg.), 1972, 72-78; Konukiewitz, in: Konukiewitz, 1973, 76-96; Künkel, in: Konukiewitz, 1973, 11-38.

95 Vgl. Knab, in: rhs 22 (1979) 255-261, 257.

96 Baumann, in: KBl 101 (1976) 306-319, 308.

97 Vgl. Nipkow, in: Frey u.a. (Hrsg.), Bd. 3, 1975, 489-500; Knab/ Stapel, in: Frey u.a. (Hrsg.), Bd. 3, 1975, 500-510; vgl. die ausführliche kritische Diskussion des Curriculumansatzes für den Religionsunterricht von Birkenbeil, 1972, bes. 206-248; vgl. Mertens, in: rhs 26 (1983) 37f, 37: "Bildlich gesprochen: Das Emblem der curricularen Ideologie ist nicht der Adler des heiligen Johannes oder der Mensch des heiligen Matthäus. Das Wappentier der curricularen Ideologie ist der Pawlowsche Hund."

98 Vgl. Hanusch, 1983, 61ff.

Theorie nicht weiter."[99]

Der Legitimationsdruck des Religionsunterrichts ist dadurch nicht ausgeschaltet worden.[100] Wenn nämlich die Religionspädagogik den Robinsohn'schen Ansatz rezipiert, muß sie auch

"stets begleitet sein vom Bemühen einer theologischen und pädagogischen Hinterfragung der vorwissenschaftlichen Voraussetzungen der Curriculumtheorie. Dazu gehört z.B. auch die Klärung des Zusammenhangs zwischen Unterricht qua Information und Unterricht qua Erziehung (Aufbau von Werthaltungen)."[101]

2.5 Weiterentwicklung des curricularen Ansatzes: Fachdidaktische Strukturgitter und offene Curricula

All die Fragen, die durch die Curriculum-Revision(en) unbeantwortet blieben, förderten die Weiterarbeit am curricularen Ansatz. Zwei Ansätze: die fachdidaktische

---

99 Schmidt, in: Wegenast (Hrsg.), 1972, 9.
100 Verstärkte verfahrensmäßige Legitimation und Verringerung der Legitimationskraft jüdisch-christlicher Tradition bei gleichzeitiger "Ausweitung administrativer Eingriffe" (Hanusch, 1983, 94) läßt sich z.B. bzgl. des Entwurfs der Hessischen Rahmenrichtlinien für Sek II Ev.Religion (1975) von R.Hanusch aufweisen (vgl. Hanusch, 1983, 84ff). Diskursive Legitimation auf der Basis der jüdisch-christlichen Tradition, der Bibel, ihrer geschichtlichen Weitergabe und ihrer konziliaren Ansätze kann lt. Hanusch nicht geschehen ohne eine Konzentration "in der Parteinahme für die Subjektivität, die das Aufspüren und Ermöglichen von diskursiven Prozessen und damit die Wiedergewinnung von Legitimation im Angesicht der Legitmationskrise einschließt. Der Ort dieser Parteinahme hat sich zugleich als Ort eines der Rechtfertigungesverkündigung entsprechenden Lebens als Glaubenserfahrung erwiesen." (Hanusch, 1983, 143); vgl. Knab, in: rhs 22 (1979) 255-261, die ein Zuwenig an systematischer, wissenschaftlich fundierter Auseinandersetzung mit den Bezugswissenschaften beklagt; vgl. auch Baumann, in: KBl 101 (1976) 306-319, 308f.
101 Wegenast, in: Wegenast (Hrsg.), 1972, 53-63, 58.

Curriculumforschung und die offenen Curricula, versuchen diese Probleme zu lösen. Die Weiterentwicklung des Curriculumansatzes auf der Ebene der Fachwissenschaft führt zum Strukturgitteransatz, "eine dezidiert fachdidaktische Form der Curriculumentwicklung (..) aufgrund erziehungswissenschaftlich-methodologischen Erwägungen."[102] Durch die Verbindung von Fachdidaktik und Lehrplanrevision unter Verzicht auf eine bildungstheoretische Legitimierung sollen "mehrdimensionale Kriteriensätze oder Orientierungsrahmen"[103] entworfen werden, die die Grundstrukturen einer Wissenschaft mit der edukativen Absicht verbinden: fachdidaktische Strukturgitter.[104] Sie sind keine Inhalte oder Ziele von Unterricht, sondern Kriterien für deren Beurteilung. Sie dienen der Bestimmung der Zielansprüche und der Erhebung und Zuordnung der Inhalte.

"Unter einem didaktischen Strukturgitter versteht man einen in der Form einer zweidimensionalen Matrix zusammengestellten und soweit wie möglich theoretisch begründeten Satz von Kriterien und Kategorien, mit dem auf einer bestimmten Abstraktionsebene
- die Strukturen des jeweiligen Gegenstandsfeldes im Medium entsprechender Fachwissenschaften erfaßt,
- die an solche Fachstrukturen heranzutragende leitende pädagogische Intentionalität ausgedrückt,
- die an die Curriculumkonstruktion mehr oder weniger ausdrücklich herangetragenen gesellschaftlichen Ansprüche aufgenommen werden."[105]

Diese Reduktion "auf das gegenwärtig Machbare"[106] im Sinne von Konstruktion von Fachcurricula scheint der einzig mögliche Weg, da der Ansatz von Robinsohn lt. Blankertz in drei Punkten gescheitert ist:

---

102 Blankertz, [11]1980, 179.
103 Benner, [2]1978, 357.
104 Vgl. Baumann, in: KBl 101 (1976) 306-319, 310f.
105 Thoma, in: Frey u.a. (Hrsg.), Bd. 1, 1975, 463-468, 463; vgl. Lenzen/ Meyer, in: Lenzen (Hrsg.), 1975, 185-251, 195f.
106 Hanusch, 1983, 39, vgl. dazu Anm. 76.

"einmal sei die Gesamtrevision der Curricula in einem
Zuge aus methodologischen Gründen nicht realisierbar
(...), dann existiere kein direkter und eindeutig
aufschließbarer Zusammenhang zwischen Situation,
Qualifikation und Inhalt (...) und schließlich sei
die Verunsicherung des Normenhorizonts in der pluralistischen Gesellschaft tiefgreifender, als daß
irgendeine Curriculumrevision noch einmal einen für
alle verbindlichen Kanon glaubhaft machen könne
(...)."[107]

Bei den fachdidaktischen Strukturgittern werden
Lebensrelevanz und Fachrepräsentanz zur gegenseitigen
Auslegung in Verbindung gebracht.[108] Sie sollen garantieren, daß fachwissenschaftliche und pädagogische
Überlegungen gleichermaßen die Entscheidungen über Ziele
und Inhalte prägen. Diese können "allerdings nur im Raum
der Fachdidaktiken zu sinnvollen Ergebnissen führen."[109]
Sie legitimieren die konkreten Entscheidungen bezüglich
der Ziele und Inhalte des Unterrichts und verhindern
willkürliche Setzungen. Somit ist Curriculumrevision
wieder an die Fachdidaktik rückgekoppelt; und zwar ist
sie dadurch auf ein bestimmtes Fach mit der jeweiligen
wissenschaftlichen Struktur bezogen, und die normativen
Voraussetzungen werden offengelegt.[110] Die Gruppe um
Blankertz[111] stellte auch "die These vom methodisch-
didaktischen Implikationszusammenhang"[112] auf: Inhalte,
genommen aus den jeweiligen Fachwissenschaften, lassen
sich nicht einfach auf die erzieherischen Intentionen

---

107 Hanusch, 1983, 39; vgl. Blankertz, [2]1974, 10-15 und Blankertz,
[4]1974, 10; vgl. auch Klafki, 1985, 209.
108 Vgl. Biemer, 1981, 103-105; Biemer/ Biesinger, 1976, 18f;
Baumann, in: KBl 101 (1976) 306-319, 309ff und 373-384, 375ff;
Moser, 1986, 110ff.
109 Simon, 1983, 59.
110 Vgl. Biemer/ Biesinger, 1976, 18.
111 In der Religionspädagogik vgl. Biemer/ Benner bzw. Biemer/
Biesinger.
112 Benner, [2]1978, 358.

beziehen, sondern "in der didaktischen Analyse ist die Methode immer schon antizipiert"[113]. Die Struktur eines Faches bzw. einer Disziplin geben zusammen mit der in der Matrix vermittelten Struktur der edukativen Intentionalität das Gerüst für den Lerninhalt bzw. die Entscheidung dafür ("didaktische Strukturgitter", "didaktische Matrix").[114]

Grundlage für die Erstellung eines solchen Struktur- gitters ist eine Analyse der gegenwärtigen und progno- stizierten zukünftigen Situation bzgl. gesellschafts- politischer, soziokultureller und anthropogener Bedin- gungen. Es wird entwickelt, indem die Grundstrukturen einer Wissenschaft, die eigens aufgezeigt und begründet werden müssen, "auf einer bestimmten Abstraktionsebene zusammengefaßt und auf der Grundlage einer Gegenüber- stellung mit ihrer Leistung im gesellschaftlichen Verwertungszusammenhang von Wissenschaft systematisiert werden."[115]

Vier curriculumtheoretische Vorentscheidungen, von denen der Strukturgitteransatz ausgeht, sind offenzule- gen: Didaktische Auswahlkriterien sind Voraussetzung für die Ermittlung von Zielen und Inhalten; beides, sowohl die Ermittlung von Ziel- und Inhaltssequenzen und eine Diskussion der Auswahlkriterien soll fachdidaktisch erfolgen; die Auswahlkriterien sollen einen theore- tischen Begründungsrahmen darstellen; Curriculument

---

113 Blankertz, [11]1980, 100.
114 Vgl. Blankertz, in: Frey u.a. (Hrsg.), Bd. 2, 1975, 202-214, bes. 206; Drescher, in: Drescher (Hrsg.), 1974, 5-42, 23; vgl. den mehrmaligen Hinweis auf Bruner in diesem Abschnitt; vgl. auch den Hinweis auf Bruners "Structure of the Discipline" in Blankertz, [11]1980, 178.
115 Lenzen/ Meyer, in: Lenzen (Hrsg.), 1975, 185-251, 196.

wicklung wird grundsätzlich politisch verstanden.[116]
Gesellschaftliche Verwertung der Wissenschaft, Analyse
aller schulisches Lernen beeinflußenden Bedingungen und
der Implikationszusammenhang von Lernzielen, Inhalten
und Organisationsentscheidungen sind die inhaltlichen
Gemeinsamkeiten der Strukturgitter neben den formalen
der zweidimensionalen Matrix.[117]

Gleichzeitig wird in Anschluß an die Frankfurter
Schule besonders von H.L.Meyer

> "die Beschränkung auf operationalisierbare Lernziele
> als positivistische Fehleinschätzung identifiziert,
> die wesentliche Dimensionen des Lernvorgangs nicht
> erfassen kann (...)."[118]

Die direkte Ableitung von Inhalten und Qualifikationen aus den erschlossenen und identifizierten Lebenssituationen der Erwachsenen wird in der kritischen
Betrachtung von H.Meyer von Blankertz aufgenommen.[119]
Dadurch gelingt die Überwindung der Reduzierung der
Inhalte zu Mitteln, anhand denen Qualifikationen erworben werden sollen, die als Endverhalten nach Bedürfnissen der Gesellschaft aus der Sicht der Erwachsenen
definiert werden. Wenn unter Situation die Lebens- und
Alltagssituation der Heranwachsenden verstanden wird und
diese Ausgangspunkt und Quelle für die Findung und
Beschreibung von Qualifikationen und Inhalten ist,
scheiden damit für die Curriculumkonstruktion die
Kriterien, Instanzen und Verfahrensweisen Robinsohns für
die Identifikation von Curriculuminhalten aus,

---

116 Vgl. Lenzen/ Meyer, in: Lenzen (Hrsg.), 1975, 185-251, 198-204.
117 Vgl. Lenzen/ Meyer, in: Lenzen (Hrsg.), 1975, 185-251, 237-243.
118 Hanusch, 1983, 39; vgl. den Fehler in der Seitenangabe in Anm.
    78; richtig: Meyer, in: Achtenhagen/ Meyer (Hrsg.), 1971,
    106-132.
119 Vgl. Meyer, 1972; Blankertz, ²1974, 9-27.

"denn eine Situationsanalyse, welche Lebenssituationen als der Möglichkeit nach offene Handlungsfelder begreift, bedarf einer handlungsorientierenden, erziehungs- und bildungstheoretischen Orientierung als kritischem Regulativ für die Interpretation, Veränderung und Bewältigung von Lebenssituationen."[120]

Die Integration der drei Determinanten fachwissenschaftlicher, sozialwissenschaftlicher und pädagogischer
Art soll beim situationsdidaktischen Ansatz in der
Analyse und möglichen Bewältigung von Lebenssituationen
gelingen, beim Strukturgitteransatz soll dies im theoretischen Konzept geschehen. Die Offenheit in der
Konzeption situationsanalytischer Ansätze oder offener
Curricula bezieht sich auf die drei Ebenen der methodischen, thematischen und institutionellen Offenheit und
deren Abhängigkeit untereinander. Pohlmann unterscheidet
in Anschluß an H.Brügelmann die "Offenheit der Lernsituation" im Sinne von Freiräumen für den Einzelnen in
der Organisation und Prozeß des Unterrichts, die "Offenheit des Curriculum-Produkts" im Sinne der Verbindlichkeit des für Lehrer und Schüler Vorgegebenen und von
ihnen Erwarteten, und die "Offenheit der Reform-Organisation" im Sinne rechtlich, politischer, pädagogischer
und materieller Möglichkeiten.[121]

"Die bisherige Diskussion über offene Curricula
konzentrierte sich vornehmlich auf Probleme der
methodischen Offenheit; die Abhängigkeit der thematischen Offenheit von einer Systematik der Handlungsdimensionen und -bezüge wurde ebenso übersehen
wie das Abhängigkeitsverhältnis zwischen methodischer, thematischer und institutioneller
Offenheit."[122]

---

120 Benner, [2]1978, 359.
121 Vgl. Pohlmann, 1982, 37; vgl. auch Hauptabteilung Schule und
    Erziehung (Hrsg.), 1974, 9f.
122 Benner, [2]1978, 361.

Die Versuche, die Curriculumentwicklung durch Einbeziehung der direkt Betroffenen - Lehrer, Eltern, Schüler
- demokratisch, von der Basis und der Praxis her zu
gestalten, führt zu einer Vielzahl kleiner und kleinster
Gruppen, die curricular arbeiten, "was vor allem lern-
zielorientiert heißt" und deren inhaltliche Legitimation
"durch den jeweiligen Gruppenkonsens der Beteiligten"[123]
erfolgt. Der Anspruch der Legitimierung durch
Kommunizierbarkeit bleibt, gleichzeitig aber auch die
damit verbundenen Probleme: Legitimation durch
herrschaftsfreien Diskurs in einer Struktur von institutionellen Abhängigkeiten muß immer wieder neu errungen
werden - zumindest ansatzweise.[124] Der Anspruch, Inhalte
und Methoden schulischen Lernens nicht nur im didaktischen Handeln umzusetzen, sondern darüber hinaus
wissenschaftlich zu überprüfen und (evtl.) neu zu
bestimmen, führte zur Verbindung von Lehrplan- bzw.
Curriculumtheorie und Didaktik bzw. Unterricht.[125]

---

123 Hanusch, 1983, 41.
124 Vgl. Hanusch, 1983, 53-61; zum Problem der Legitimation vgl.
    ausführlicher Hanusch, 1983, 64ff. R.Hanusch untersucht den
    hessischen Rahmenrichtlinienentwurf auf Legitimationsprobleme:
    komplexe Lernziele als oberste Ebene, danach in 26
    Problemkreisen mögliche Inhalte (entfaltet mit curricularen
    Elementen; konkrete Planungshilfen und acht Planungsbeispiele
    als Abschluß des Entwurfs; vgl. Hanusch, 1983, 65-83.
125 "So ist die Didaktik als Theorie der Unterrichtsanalyse und
    -planung ebenso auf die Lehrplantheorie als wissenschaftlicher
    Instanz für die Kritik, Entwicklung und Überprüfung alter und
    neuer Unterrichtsinhalte und -methoden angewiesen wie umgekehrt
    Curriculumtheorie und -konstruktion erst über die didaktische
    Unterrichtsanalyse und -planung Relevanz in der Schul-
    wirklichkeit gewinnen." (Benner, ²1978, 366) Gleichzeitig muß
    Schultheorie als Auseinandersetzung mit der gesellschaftlichen
    Institution und Organisationsform Schule unter pädagogischem
    Blickwinkel untersucht werden, damit alle diese drei Ebenen von
    Schulpädagogik sich bzgl. Unterrichtsinhalten und Unter-
    richtsmethoden gegenseitig ergänzen und korrigieren.

Im Bereich religionspädagogischer Arbeit muß die fachwissenschaftliche Ebene, d.h. die Grundstrukturen der verschiedenen theologischen Disziplinen mit der lebensweltlichen Ebene im fachdidaktischen Strukturgitter vermittelt werden.[126] Lebenswelt läßt sich (u.a.) im Anschluß an Egon Schütz in Anlehnung an Eugen Fink mit den "Kategorien menschlicher Existenz", den "Ko-Existentialien"[127] beschreiben. In seiner philosophischen Analyse der Lebenswelt fragt Eugen Fink "nach der Grundverfassung des Daseins – aber nicht aus der gegenständlichen Perspektive einer positiven Anthropologie, sondern aus radikaler Selbstbetroffenheit."[128] Die Kategorien menschlichen Lebens und Zusammenlebens umfassen Arbeit, Herrschaft/ Konflikt, Eros/ Sexualität, Tod, Spiel.[129] Diese sind gleichrangig, gleich ursprünglich, können weder aufeinander zurückgeführt noch voneinander abgeleitet werden. Der Mensch ist ganz Mensch, und Gemeinschaft ist nur ganz Gemeinschaft, wenn alle fundamentalen lebensweltlichen Kategorien erfüllt sind.

Egon Schütz gründet seine existential-phänomenologisch orientierte Didaktik auf die Koexistentialien von Fink; Vermittlung soll Erfahrung und wissenschaftliche Reflexion, subjektive und objektive Erfahrungen so miteinander verbinden, "daß persönliche und historische

---

126 Vgl. Biemer/ Benner, in: Pädagogische Rundschau 27 (1973) 798-822, 811ff.
127 Vgl. Biesinger, in: Biesinger/ Schreijäck (Hrsg.), 1989, 13-21, 17.
128 Schütz, in: Biemer/ Knab (Hrsg.), 1982, 27-36, 29; vgl. ebenso Schütz, in: Biemer, 1981, 158-166, 159f.
129 Vgl. Biemer/ Benner, in: Pädagogische Rundschau 27 (1973) 798-822, 799; Biemer/ Biesinger, 1976, 30f; Biemer, 1981, 106; Biemer, in: Biemer/ Biesinger/ Fiedler (Hrsg.), 1984, 19.

Lebenswelt zu einer gewissen 'Stimmigkeit' gelangen"[130].
Vermittlung wird als "Übersetzung" verstanden, "als
dialogische(...) Überschreitung von lebensweltlichen und
wissenschaftlichen Grenzen"[131]. Menschliches Dasein in
seinen Grundbefindlichkeiten wird auch in den Handlungsdimensionen ausgelegt. Der Anspruch ist ein dop-
pelter: einerseits der Anspruch wissenschaftlicher
Intersubjektivität und Überprüfbarkeit, andererseits der
Erlebniszeugenschaft, die den Mitvollzug des Denkens und
Verstehens erfordert und dadurch "die je-eigene und
zugleich allgemeine Erfahrung"[132] aufruft.

Bei der Bestimmung der Elemente der Strukturgitter
müssen Fachwissenschaften, existentielle Anthropologie
und die konkrete personale und soziale Lebenswelt
miteinander verbunden werden.[133]

Die Betonung des fachdidaktischen Ansatzes wird im
Aufbau dieser Arbeit deutlich; ohne explizit fachdidaktische Strukturgitter zu erstellen, werden die fachwissenschaftlichen Grundstrukturen des Themas im folgenden[134] ausführlich behandelt. Die Verbindung von
Fachrepräsentanz und Lebensrelevanz ist unverzichtbar
für jedes religionspädagogische Arbeiten, auf anderer
Ebene wird dies am religionsdidaktischen Zentralbegriff
"Korrelation"[135] deutlich. Bezüglich offener Curricula

---

130 Schütz, in: Biemer, 1981, 158-166, 158.
131 Schütz, in: Biemer, 1981, 158-166, 158; vgl. auch Biemer, 1981,
    107; Biemer/ Biesinger, 1976, 31.
132 Schütz, in: Biemer, 1981, 158-166, 160.
133 Vgl. zu Funktion und Grenzen der Strukturgitter z.B. Biemer/
    Benner, Pädagogische Rundschau 27 (1973) 798-822, 819f; Biemer,
    1981, 108f. Vgl. die von Schütz für Lehrplanarbeit daraus
    abgeleiteten Konsequenzen, in: Biemer, 1981, 164-166.
134 Vgl. Kapitel 5.
135 Vgl. 3.5.

ist die Offenheit auf methodischer, thematischer und institutioneller Ebene zu bedenken. Vor allem die organisatorische Offenheit beinhaltet systemkritische Aspekte, die nicht übersehen werden dürfen.

2.6   Kybernetisch-informationstheoretische Didaktik

"Die 'Kybernetische Didaktik' besteht in der Anwendung kybernetischer Begriffe und Methoden (Regel-
kreis, Informationstheorie usw.) auf den Gegenstandsbereich der Erziehung oder Ausbildung."[136]
Didaktik "als die Wissenschaft von den möglichen Ein-
griffen in Lernprozesse"[137] hat ein möglichst hohes Maß
an Verfügbarkeit der Bedingungen didaktischer Prozesse
zum Ziel.

Erziehung und Ausbildung sind nach Felix von Cube
eine Regelung, d.h. "ein zielgerichteter, ständig zu
korrigierender Steuerungsprozeß"[138], wobei bei Erziehung
der Soll-Wert auf (affektive) Werthaltungen, bei Ausbildung auf kognitive oder pragmatische Ziele abzielt.
Den Erzieher oder Ausbilder sieht er als Stratege mit
einer Abfolge geplanter Maßnahmen (einer Strategie) zur
Erreichung des Lernziels. "Lernstrategien sind also
immer vom Lernziel und vom Adressaten abhängig, in ihrer

---

136 von Cube, in: Westermanns Pädagogische Beiträge 32 (1980)
120-124,123. Vgl. zur Verbindung vom "informationstheoretischen
Ansatz" und der "kybernetischen Automation" von Cube, in:
Ruprecht u.a., 1972, 117-154, 129f. Zum ganzen Abschnitt vgl.
auch Biesinger, in: Biemer/ Biesinger/ Fiedler (Hrsg.), 1984,
68-70.
137 Blankertz, in: Speck/ Wehle (Hrsg.), Bd. 1, 1970, 240-296, 253.
138 von Cube, in: Westermanns Pädagogische Beiträge 32 (1980)
120-124, 120; vgl. von Cube, in: Ruprecht u.a., 1972, 117-154,
117 und 125ff; vgl. zur kritischen Darstellung Blankertz, in:
Speck/ Wehle (Hrsg.), Bd. 1, 1970, 240-296, 255-257.

Realisation selbstverständlich auch von Medien und anderen Mitteln."[139]

Während bei der Vermittlung von Kenntnissen die Ordnung der Information durch Strukturierung u.ä. vor dem Lernprozeß und eine wiederholende Darbietung wichtig sind, werden Erkenntnisse durch eine Zusammenhänge wahrnehmbar machende Anordnung von Einzelinformationen (darstellende Erkenntnisstrategie) oder durch eine Hinführung zu selbständigem Problemlösen durch sukzessive Hilfen (genetische Erkenntnisstrategie) gewonnen. Einstellungen werden meist unbewußt durch die Umgebung (im weiteren Sinn) geprägt, bewußt erzeugt und verändert werden sie besonders durch Kombinationen von Identifikation, Vorbild, Verstärkung. Im Vormachen, Verstärken und Löschen des entsprechenden Verhaltens bestehen Fähigkeitsstrategien. In der Praxis fließen diese Lehrstrategien aufgrund komplexer Ziele selbstverständlich ineinander über.[140]

Die personalen oder technischen Medien, d.h. Zeichen/ Systeme zur Codierung von Nachrichten, bezeichnet Felix von Cube als Stellglieder; Meßfühler zur möglichst raschen und genauen Feststellung des Lernzustandes dienen der Lernkontrolle.

Lernziele sind operationalisierte, spezielle subjektive Aussagen, die sich begründen lassen, indem sie auf tieferliegende Wertsetzungen zurückgeführt werden. Legitimiert werden sie durch das persönliche Bekenntnis

---

139 von Cube, in: Westermanns Pädagogische Beiträge 32 (1980) 120-124, 122.
140 Vgl. von Cube, in: Westermanns Pädagogische Beiträge 32 (1980) 120-124, 122.

zu diesen Wertaxiomen. Sie sind also außerhalb der Aussagemöglichkeiten der Wissenschaft und sind dadurch weder wahr noch falsch, nur begründ- oder legitimierbar. Sind die Lernziele operationalisiert, läßt sich der Prozeß der Planung in drei Schritten festlegen: "Entwicklung einer Lehrstrategie", "Planung des adäquaten Medieneinsatzes" und "Festlegung didaktischer Stationen"[141], d.h. von Kontrollen auf dem Weg zum Lehrziel.

Einer so verstandenen Erziehungswissenschaft bleiben zwei mögliche Gegenstandsbereiche: die Untersuchung gegebener Einzelziele (wie historischer Zusammenhänge, Widerspruchsfreiheit, Erreichbarkeit u.a.) und die Optimierung der Zielerreichung (z.B. zeitlich u.a.); sie umfaßt lediglich drei Einzeldisziplinen:

"die Entwicklung und Optimierung von Lehrstrategien, die Untersuchung der Steuerungswirkung von Lehrmethoden und die Untersuchung der Codierungsmöglichkeiten von Medien."[142]

Es zeigt sich, daß die kybernetisch-informationstheoretische Didaktik kaum Impulse für diese Arbeit bringt, da sie zu grundlegend den Bedingungen und Begründungen religiösen Lernens[143] widerspricht. Dies mußte sich aber im Verlauf der Darstellung dieses didaktischen Ansatzes erst erweisen.

---

141 von Cube, in: Westermanns Pädagogische Beiträge 32 (1980) 120-124, 122.
142 von Cube, in: Westermanns Pädagogische Beiträge 32 (1980) 120-124, 123; vgl. von Cube, in: Ruprecht u.a., 1972, 117-154, 127ff.
143 Vgl. Kapitel 1.

2.7 Lerntheoretische Didaktik (Berliner und Hamburger Didaktik)

Die geisteswissenschaftliche Didaktik wurde von der Berliner Didaktik (entwickelt von Paul Heimann und modifiziert von Wolfgang Schulz) abgelöst, die "Didaktik als 'Theorie des Unterrichts'"[144] auffaßte, "auf jede erziehungs- und bildungstheoretische Legitimation verzichtete"[145] und Unterricht als Lehr- und Lernvorgang, als Vermittlung von Fertigkeiten und Kenntnissen verstand.[146] Schulz beschreibt Erziehung als

"jene Beeinflussungsprozesse, in denen Menschen (...) Veränderungen von Menschen erreichen oder erreichen wollen, die den Auffassungen der jeweiligen menschlichen Bezugsgruppe von wünschenswerter menschlicher Zuständigkeit entsprechen."[147]

Die beobachtbaren Ergebnisse dieser Prozesse nennt Schulz "Anpassung", "Verhalten" beschreibt das Gesamt der Anpassung in einer bestimmten Situation.

In diesem Zusammenhang hat auch Bildung ihren Stellenwert: in wertfreiem und ahistorischem Sinn

"als Bezeichnung der Grundlage für die Anpassungsleistungen, die innerhalb einer Gesellschaft oder gesellschaftlichen Gruppe als optimale Anpassungsleistungen angesehen werden und deshalb auch Ziel ihrer Erziehungs- und Unterrichtsbemühungen bzw. funktionalen Wirkungen sind."[148]

Der Bildungsbegriff wird also nicht gänzlich abgelehnt, sondern nur in seiner zentralen Funktion verdrängt.[149]

---

144 Klafki, 1970, 65.
145 Benner, ²1978, 354.
146 Vgl. Blankertz, ¹¹1980, 89ff und 101ff; Straka/ Macke, ²1981, 50ff; Peterßen, 1977, 41-43; vgl. Simon, 1983, 59-69.
147 Schulz, in: Heimann/ Otto/ Schulz, ⁹1977, 13-47, 17.
148 Schulz, in: Heimann/ Otto/ Schulz, ⁹1977, 13-47, 20f.
149 Vgl. Simon, 1983, 60.

Der Schwerpunkt des Augenmerks liegt auf dem Unterrichtsgeschehen, und nicht auf dem Problem der Begründbarkeit bzw. Begründung von Bildung. Gleichzeitig sind
lt. Schulz[150] Ausdrücke wie Unterricht, Lehrplan,
Schule... weniger als v.a. der Begriff Bildung in
Gefahr, die zentralen Anliegen zu verschleiern.

"Mindestens sechs Momente konstituieren in ihrem
Zusammenwirken Unterricht als absichtsvoll pädagogisches
Geschehen"[151]; die anthropogenen und soziokulturellen
Voraussetzungen sind dabei dem Lehrenden vorgegeben und
bezeichnen die Fähigkeiten, Anlagen, Erfahrungen,
persönlichen Bedingungen wie Alter, Geschlecht,
entwicklungspsychologische Situation u.ä. und die
gesellschaftlichen Rahmenbedingungen von Unterricht. Sie
beeinflussen die anderen vier Strukturmomente, über die
der Lehrer entscheiden kann: die pädagogischen Absichten
(Intentionalität)[152], die Inhalte und Gegenstände des
Unterrichts (Thematik), durch die die Intentionen
verwirklicht werden, Methoden als die den Unterricht
strukturierenden Verfahren und Unterrichtsmittel (Medi-
en), die beide den Intentionen und Themen, aus deren
Verbindung sich die Ziele ergeben, untergeordnet sind.
Die Stärke dieses Modells "liegt in der formalen Analyse
des Unterrichtsgefüges und seiner Bedingungsfelder."[153]

Das Berliner und in seiner Weiterführung Hamburger
Modell der Didaktik muß eher als lehr- denn als

---

150 Vgl. Schulz, in: Heimann/ Otto/ Schulz, [9]1977, 13-47, 21; vgl.
    Blankertz, [11]1980, 92.
151 Schulz, in: Heimann/ Otto/ Schulz, [9]1977, 13-47, 23.
152 "Intentionalität hat die kognitive, emotionale oder
    pragmatische Dimension." (Biesinger, in: Biemer/ Biesinger/
    Fiedler (Hrsg.), 1984, 58)
153 Simon, 1983, 69.

lerntheoretischer Modell verstanden werden, da die
Tätigkeit des Lehrens dominiert und der Schwerpunkt auf
der Sicht des Lehrenden liegt. Dies steht in Spannung
zum Anspruch der lerntheoretischen Didaktik, "Kompe-
tenzsteigerung in Verbindung mit Emanzipationsförderung
als solidarische Hilfe"[154] zu sein. Engagierte Didaktik
ohne die entsprechende wissenschaftstheoretische Aufarbeitung dieser Ziele bietet Angriffsfläche für Kritik,
zumal dieses Engagement der geisteswissenschaftlichen
Pädagogik vorgeworfen wurde.

Die verschiedenen Bedingungs- und Entscheidungsfak-
toren von Unterricht, die verschiedenen Ebenen der
Planung von Unterricht bieten zwar sinnvolle Möglichkeiten, und wurden auch entsprechend umfangreich rezipiert. Für unsere Fragestellung aber, die sich auf der
Ebene von Perspektivplanung und Richtzielen bewegt,
bringt dieser Ansatz wenig Neues, da auf dieser Ebene
sein Abstraktionsniveau sehr hoch und dadurch seine
erzieherische Relevanz im Konkreten gering ist.[155] Indem
anthropologische und soziokulturelle Voraussetzungen
bloße Bedingungsfelder des pädagogischen Geschehens
sind, die zwar Unterricht beeinflussen, aber vorgegeben
sind, werden Schüler zum Objekt ohne eigenen Handlungs-
raum.[156] Schüler kommen nicht als Handelnde vor, als
diejenigen, durch die und mit denen "Unterricht allein
seinen Zweck erreichen kann."[157] Nicht Schüler mit ihren

---

154 Schulz, in: Ruprecht u.a. (Hrsg.), 1972, 162.
155 Vgl. Klafki, 1970, 70-73; vgl. zu den Grenzen des Modells:
    Blankertz, [11]1980, 112ff; Biesinger, in: Biemer/ Biesinger/
    Fiedler (Hrsg.), 1984, 59-61.
156 Vgl. Benner, [2]1978, 354; Biesinger, in: Biemer/ Biesinger/
    Fiedler (Hrsg.), 1984, 56ff.
157 Macke, 1978, 222.

individuellen Lernprozessen stehen im Mittelpunkt, sondern "Unterricht als Umgebungssituation"[158].

Dadurch bleiben im Gegensatz zur geisteswissenschaftlichen Pädagogik weder Lehrer noch Schüler als Subjekte anerkannt. Die Differenzierung liegt in den verschiedenen Zielen von Unterricht: lerntheoretisch geht es bei schulischem Lernen nur um die Vermittlung von Fertigkeiten und Kenntnissen, die Ebene der Legitimation (bildungs- und erziehungstheoretisch) fehlt; die Voraussetzungen anthropologischer und soziokultureller Art sind im lerntheoretischen Ansatz bloße Bedingungsfelder, zu denen auch der Lehrplan gehört.

Die lerntheoretische Didaktik mit ihrer Konzentration auf das Unterrichtsgeschehen öffnet den Blick auf das Ziel jedes Lehrplans: die konkrete Ebene von Unterricht.

2.8   Zur gegenwärtigen Lehrplandiskussion

"Der Lehrplan gibt Antwort auf die Frage, was, wann, auf welche Weise und zu welchem Zweck gelernt werden soll."[159] Blankertz legt den Begriff Lehrplan fest als
"die geordnete Zusammenfassung von Lehrinhalten, die während eines vom Plan angegebenen Zeitraumes über Unterricht, Schulung oder Ausbildung vom Lernenden angeeignet und verarbeitet werden sollen"[160],
oder anders formuliert: "als die von Lernzielen bestimmte, auf einen längeren Zeitraum bezogene Zusammen-

---

158 Macke, 1978, 223.
159 Adam, in: Adam/ Lachmann (Hrsg.), 1984, 122-141, 123.
160 Blankertz, [11]1980, 118.

fassung von Lehrinhalten"[161]. Lehrplantheorie wird damit zur Theorie der Begründungen bzw. Begründungszusammen- hänge der Lehrpläne, ihrer Kontinuität, Reformvor- schläge, Veränderungen,...; d.h. es geht um die inhalt- liche Begründung und Offenlegung eines Lehrplans. Gleichzeitig muß das Aufdecken und Beschreiben der Bedingungen für die Erarbeitung eines Lehrplans gelei- stet werden, d.h. konkret der Voraussetzungen, der Schritte für eine Lehrplankonstruktion, der Ansprüche an die Begründungen und der Kriterien für den fertigen Lehrplan.

Für Menck, der unter Lehrplan "denjenigen Ausschnitt aus der bildungspolitischen Praxis [versteht], der die Auswahl, Anordnung und Gestaltung der Inhalte schu- lischen Unterrichts betrifft"[162], ist ein solcher Lehrplan in Anlehnung an den bildungspolitischen Begriff von Josef Derbolav[163] durch drei Elemente bestimmt:

"- Deutung von und Orientierung in der Welt,
 - Qualifikation zum vergesellschafteten Leben in der
   Welt und
 - Vermittlung von Legitimationen der Ordnungen
   dieser Welt"[164].

In ihren Arbeiten gehen Menck u.a. vor allem der Frage nach den Veränderungen in der Praxis der Lehrplanent- wicklung seit Robinsohn (also von 1970-1984) nach.[165]

---

161 Blankertz, [11]1980, 118.
162 Menck, in: Z.f.Päd 33 (1987) 363-380, 363, vgl. ebd.: "'Lehrpläne', im Plural, wären dann die jeweiligen Kodifikationen des Lehrplans."; vgl. Menck, Siegener Hochschulblätter 6 (1983) Heft 1, 45-54.
163 Vgl. Derbolav, in: Derbolav (Hrsg.), 1977, 17-66, dessen bildungspolitischer Begriff konstituiert ist durch einen pädagogischen, ökonomischen und politischen Aspekt.
164 Menck, in: Z.f.Päd 33 (1987) 363-380, 364.
165 Vgl. bes. die Untersuchung 1984/85 unter Bezug auf Haller, 1973; vgl. Haft u.a., 1986; Haft/ Hopmann, in: Z.f.Päd 33 (1987) 381-399; vgl. zu den Veränderungen bzgl. des
Forts. Fußnote

Ein Einblick in die Geschichte der Lehrplanreform der letzten 200 Jahre zeigt[166], daß sich weder an den Forderungen noch an der nach wie vor bestehenden Praxis viel geändert hat: z.B. die Forderung nach Entstaatlichung und breitere Mitwirkung gesellschaftlicher und schulischer Interessensgruppen sowie das Aufbrechen des traditionellen Fächerkanons[167] hin zu fächerübergreifender Arbeit. Die Entwicklung der Lehrpläne geschieht nach wie vor in relativer Autonomie, d.h. fast immer arbeiten schulbezogene Personen, denen die wesentlichen Rahmenentscheidungen vorgegeben sind, auf Initiative des Ministeriums (oder der Kirchen) an den Lehrplänen für die Schulen (Institutionalisierung und Professionalisierung), die Letztentscheidungen trifft wieder die zuständige Behörde[168]; bei der Auswahl der Inhalte sind schulische Erfahrungen und Fachdidaktik, also das bereits systemimmanent ausgewählte Wissen Basis der Selektion für den Lehrplan; die formale Ordnung bleiben die einzelnen Fächer, auf die sich einzelne Revisionen beziehen[169]; das staatliche System "Schule"

Forts. Fußnote
Schulwissens: Gaebe, 1985; vgl. bzgl des Religionsunterrichts z.B. Baudler, in: KBl 102 (1977) 363-370, 363f; vgl. bzgl. des (katholischen) Religionsunterrichts: Stachel, in: Stachel, 1982, 47-56, bes. 48ff.
166 Vgl. Haft/ Hopmann, in: Z.f.Päd 33 (1987) 381-399, 381f.
167 Vgl. Bracht, in: Haller/ Meyer (Hrsg.), 1986, 419-426.
168 Zur Interdependenz von Wissenschaft, Praxis und Politik vgl. Kaufmann, in: Schneider (Hrsg.), 1971, 104-115, 112 und v.a. Deutscher Bildungsrat, 1970.
169 Die fachbezogenen Lehrpläne, meist verbunden durch allgemeine Vorbemerkungen über Bildungsziel, Erziehungsanliegen u.ä., gehen vom traditionellen Fächerkanon aus und beziehen sich auf jeweils verschiedene Schulformen mit ihren entsprechenden gesellschaftlichen Implikationen. Beide Implikationen der Fachlehrpläne müßten nach den Vorstellungen von Nicklas/ Ostermann, in: Klafki/ Lingelbach/ Nicklas (Hrsg.), 1972, 57-65, abgebaut werden. Klafki nennt als Beispiele typischer Strukturierungsformen von Lehrplänen "1. Lineare (lehrgangsartige) Strukturierung", "2. Thematisch-konzentrische
Forts. Fußnote

und die politischen Grundüberzeugungen werden nicht angefragt.[170] Was sich geändert hat, ist das Selbstbewußtsein: Nach einer Phase intensiver Curriculumdiskussion und damit verbundener Verunsicherung scheint die Lehrplanentwicklung wissenschaftlich überprüft und vor der Praxis bewährt. "Lehrpläne der 80er Jahre scheinen (...) didaktisch umfassender, aktueller, reflektierter, demokratischer und näher an der Schulpraxis zu sein als zuvor."[171] Somit kann sich Lehrplanarbeit künftig auf die inhaltliche Arbeit konzentrieren, die "letztlich die legitimierende Rolle"[172] haben wird.

Schon vor der "Curriculum-Diskussion" waren die Vorwürfe gegen die Lehrpläne wegen ihrer verschwommenen Formulierungen und ihrer Unwirksamkeit laut geworden. Nicht nur Inhalte müssen, wie oben ausgeführt, mit den Lebenswelten und -erfahrungen der Schüler korreliert werden, sondern gerade auch und besonders die Erziehungsanliegen, Unterrichtsprinzipien und allgemeine Erziehungsziele der Schule. Die Diskrepanz zwischen Stoff und proklamierten Idealen wurde auch in der Untersuchung, durchgeführt an der Universität in Helsinki von Koskenniemi/ Komulainen[173], deutlich. G.Hilger weist darüber hinaus auf die große Gefahr hin,

---

Forts. Fußnote
   (projektartige) Strukturierung" und "3. Diskontinuierliche (auf situative Verwirklichung angelegte) Strukturierung." (Klafki, in: Klafki/ Lingelbach/ Nicklas (Hrsg.), 1972, 75-81, 76); diese Unterscheidung ist für Klafki eher eine gedankliche Ordnungshilfe als ein konkretes Gestaltungsschema.
170 Vgl. Menck, in: Z.f.Päd 33 (1987) 363-380, 366-379; vgl. Menck, in: Siegener Hochschulblätter 6 (1983) Heft 1, 45-54; Haft/ Hopmann, in: Zfp 33 (1987) 381-399, 383-395; vgl. auch Gaebe, 1985, 241-248 bezogen auf Volks- und Hauptschulen.
171 Bund-Länder-Kommission, 1984, 28.
172 Bund-Länder-Kommission, 1984, 29.
173 Vgl. Scharer, 1987, 56, Anm.112; vgl. auch Langer, in: KBl 110 (1985) 793f, 794.

durch Unterrichtsprozesse, die mit den Idealen und Intentionen der Schule nicht übereinstimmen, "zu entgegengesetzten Wirkungen"[174] zu kommen.

Wie oben bereits dargestellt, schien die Ankündigung und beginnende Verwendung von vorfabrizierten Paketen, die bei richtiger Anwendung den gelingenden Unterricht garantieren würden, Ende der 60er, Anfang der 70er Jahre die große Rettung für viele der Probleme zu sein. Kurz darauf kam die Modifizierung durch offene Curricula, die die Planungskompetenz aller am Unterricht Beteiligten ernst zu nehmen versuchte. Die Entwicklung führte zu curricularen Lehrplänen[175]: Zielfelderpläne, curriculare Lehrpläne wie in Bayern, offene Curricula nehmen den Anspruch der Wissenschafts- und Lernzielorientierung auf und sollten gleichzeitig bei all ihrer Verbindlichkeit das Personsein der am Unterricht Beteiligten und ihren notwendigen, selbst verantworteten Handlungsspielraum nicht beschneiden.[176]

Als Kriterium, was den einzelnen Lehrern und Schülern überlassen bleiben soll, was zentral bestimmt werden soll, nennt Knab: "Verbindlich darf immer nur das festgeschrieben werden, was der jeweilige Adressat nicht selbst entscheiden darf und soll."[177]

---

174 Hilger, 1975, 169.
175 Vgl. die Zusammenfassung der Entwicklung bei Buschbeck, in: Zilleßen, 1976, 19-23, 20.
176 Vgl. die immer wieder reklamierte pädagogische Freiheit, z.B. Hacker, in: Haller/ Meyer (Hrsg.), 1986, 520-524, 522f; Menck, in: Siegener Hochschulblätter 6 (1983) Heft 1, 45-54, 51f; Westphalen, in: Schulreform in Bayern, Bd. 2, 1972, 381-385, bes. 381; Adam, in: Adam/ Lachmann (Hrsg.), 1984, 122-141, 138.
177 Knab, in: Biemer/ Knab (Hrsg.), 1982, 55-71, 61; vgl. Hacker, in: Haller/ Meyer (Hrsg.), 1986, 520-524, 522.

Schwierig ist auch die Verbindung der verschiedenen Funktionen des Curriculum: Steuerung, Sicherung und Kontrolle von Unterricht, Legitimation von Unterricht, Anregung und Anbieten von Varianten für Unterricht, Entlastung von Entscheidungen für und im Unterricht, Entlastung von übergreifender Planung.

Das, was an schulischen Entscheidungen für alle gelten soll, wird in Lehrplänen oder (Rahmen-)Richtlinien beschrieben. Dies hat bei aller notwendigen Kritik und ständiger Revision Legitimations-, Steuerungs- und Kontrollfunktion und bietet damit eine gewisse Entlastung.[178]

Adressat der Lehrpläne ist die Öffentlichkeit, da Lehrpläne im Schnittpunkt zwischen Schule, Eltern, Lehrer, staatlicher und in unserem Fall auch kirchlicher Aufsichtsbehörden, ... sind. Alle diese Gruppen wollen einerseits ihre Interessen einbringen und gleichzeitig sichergehen, daß diese in der unterrichtlichen Praxis verbindlich eingehalten werden.[179] Neben den Aufsichtsbehörden ist der Lehrplan in erster Linie für Lehrer in der zweiten Ausbildungsphase und ihre Mentoren relevant, und für Verfasser von Schulbüchern und

---

178 Vgl. Brinkmann-Herz, 1984, 14f, die die Aufgaben von Lehrplänen als Instrumente der Schulaufsicht besonders für die Förderung der Stabilität der Unterrichtsplanung, der Kontinuität von Lernprozessen, der Mobilität der Schüler, maximale regionale Chancengleichheit und für die Vergleichbarkeit von Qualifikationen anerkennt; vgl. Adam, in: Adam/ Lachmann (Hrsg.), 1984, 122-141, 137f; Knab, in: Biemer/ Knab (Hrsg.), 1982, 55-71, 62; Nipkow, 1979; vgl. für die Grundschule: Schmid, 1987, bes. 339ff.
179 Vgl. Brinkmann-Herz, 1984, 69ff; vgl. zu den Formen der Zusammenarbeit von Staat und Kirche: Hermanutz, in: Schultze/ Hermanutz/ Meerten (Hrsg.), 1984, 24-41, 26f und 32.

Unterrichtsmaterialien, da gerade die Übereinstimmung mit dem Lehrplan Kriterium für die Zulassung von Schulbüchern ist.[180]

Die Forderungen und Bestimmungen bzgl. der Lehrpläne sind begrenzt und dennoch hoch: Festlegung der wesentlichen Ziele und Inhalte; daneben Aufnahme von Anregungen und Beispielen; Darlegung der vertikalen Struktur eines Faches; Beobachtung der horizontalen Implikationen und Verschränkungen; die Lehrpläne müssen begründet und legitimiert, in ihrer Entwicklung transparent und offen sein[181]; sie müssen klar kommentiert und für die didaktische Verwendung in der Schule aufgeschlüsselt werden.

Dabei müssen diejenigen, die mit dem Lehrplan arbeiten müssen, lernen, auch wirklich mit ihm zu arbeiten, indem sie ihn unter Wahrnehmung der hidden curricula[182] und der verschiedenen dahinter stehenden Interessen diskutierbar machen; d.h. ein Lehrplan muß als Prozeß, nicht nur als Produkt ernstgenommen werden.[183]

Die Frage der Akzeptanz neuer Lehrpläne bzw. überhaupt die Frage nach dem Einfluß von Lehrplänen darf

---

180 Vgl. H. Schüler, Curriculum-Entwicklung als konstruktive Schulbuchkritik. Diss.Fak.f.Pädagogik, Universität Bielefeld, 1981, zit. nach Knab, in: Biemer/ Knab (Hrsg), 1982, 55-71, 70; vgl. z.B. Richtlinien Lehrbuch-Entwürfe, 1985, und Richtlinien Alternativ-Bücher, 1989.
181 Vgl. die positiven Entwicklungen in den letzten Jahren: Haft/ Hopmann, in: Z.f.Päd 33 (1987) 381-399, 383; Gaebe, 1985, 14.
182 Vgl. zum "heimlichen Lehrplan": z.B. Zinnecker (Hrsg.), 1975; Fromm, in: Haller/ Meyer (Hrsg.), 1986, 524-528 und die dort angeführte Literatur; Terhart, in: Haller/ Meyer (Hrsg.), 1986, 63-79, 64; Gaebe, 1985, 66, Anm.1.
183 Vgl. die Vorschläge von Brinkmann-Herz, 1984, 310-328, zur Erhöhung der Fähigkeit und Bereitschaft der Akzeptanz von Lehrplänen für die Planung konkreten Unterrichts; vgl. Buschbeck, in: Zilleßen (Hrsg.), 1976, 19-23

weder vorschnell beantwortet noch einfach vom Tisch
gewischt werden.

"Sich an Lehrplanvorgaben zu orientieren, ist eine
Sache. Eine andere ist es, Unterricht für den Ein-
zelfall zu planen und vorzubereiten. Beides gehört
zusammen wie zwei Seiten einer Münze."[184]

Dennoch kann ein Lehrplan nie die Konkretionsebene von
Unterricht beschreiben, er bleibt abgehoben von einzelnen Personen, konkreten räumlichen und zeitlichen
Bedingungen, von verschiedenen Situationen, Ereignissen
und Emotionen. Deshalb kann er nur langfristig und
idealtypisch vorgeben, wie Unterricht sinnvoll möglich
ist.[185]

Abschließend zu diesem Ringen um den Stellenwert der
Lehrpläne sei mit Doris Knab betont:

"Wenn Lehrpläne, wie vermittelt auch immer, Unterricht verbessern und erneuern sollen, dann muß
umgekehrt auch Unterricht Lehrpläne nicht nur im
Detail nachbessern, sondern Anstöße zu ihrer Erneuerung geben. Lehrpläne sind die Verständigungs-, die
Argumentationsbasis der am Unterricht Beteiligten,
der daran Interessierten, der für ihn Verantwort-
lichen. Sie sind nicht die Spitze einer Hierarchie
von Handlungsanweisungen. Deshalb hat die Frage nach
der Verbindlichkeit zwei Seiten: Wir dürfen nicht nur
fragen, wieweit Lehrpläne verbindlich sein können und
wie wir das technisch lösen. Die wichtigste Frage
bleibt: Woran können wir uns guten Gewissens binden
als an das uns alle Verbindende?"[186]

Biemer nennt das Curriculum der Zukunft ein "mehr-
stufiges"[187], um eine einseitige Beeinflussung von

---

184 Albrecht, in: CpB 93 (1980) 306-314, 306.
185 Vgl. Albrecht, in: CpB 93 (1980) 306-314; Naske, in: CpB 100
    (1987) 194f; Pissarek-Hudelist, in: CpB 98 (1985) 194f; Roth,
    in: Schulfach Religion 3 (1984) 286-289; Stein, in: Schulfach
    Religion 3 (1984) 291-296.
186 Knab, in: Biemer/ Knab (Hrsg.), 1982, 55-71, 69.
187 Biemer, in: Biemer/ Knab (Hrsg.), 1982, 173-177, 174; vgl. zum
                                                 Forts. Fußnote

Fachwissenschaft, staatlichen Interessen u.a.m. zu
verhindern. Zu einem mehrstufigen Curriculum gehören
nach Meinung Günter Biemers: Am Kreuzungspunkt von
Schule und Öffentlichkeit (und damit diskutierbar für
die gesamte Öffentlichkeit) sollen (Rahmen-)Richtlinien
Ziele und Inhalte eindeutig festlegen und zur Steuerung
und Kontrolle von Unterricht dienen. Lehrpläne als
Kommentare sollen die Lehrer zur Planung und Gestaltung
von Unterricht anregen, Ideen liefern und gleichzeitig
die Zusammenhänge der Planung und Legitimation erschließen.

Der Lehrplanaufbau in Lehrgängen über verschiedene
Schulstufen bietet verschiedene Möglichkeiten der
Anordnung des Stoffes: die logisch-systematische Form
des Lehrgangs, d.h. ein fortschreitend differenzierender
Aufbau zu immer allgemeineren Begriffen; die genetische
Form, d.h. die Erklärung gegebener Phänomene durch ihre
Entstehung und ihre Ursachen; und die Stoffanordnung in
konzentrischen Kreisen, die aber (laut Seel) heute
weitgehend als überholt betrachtet werde.[188] Zu beachten
ist bei all diesen Formen des Aufbaus die logische
Struktur der Disziplin bzw. des Lernbereichs und die
kognitive Struktur des Lernenden.

In der Lehr-Lern-Forschung werden gegenwärtig neben
der Untersuchung der schulischen Interaktionsprozesse
und der institutionellen Organisation besonders

Forts. Fußnote
    Prozeß der Lehrplanentwicklung: Stachel, in: Stachel, 1982,
    47-56.
188 Vgl. Seel, [3]1983, 96f. Daß an dieser Stelle eine
    differenziertere Argumentation notwendig ist, wird aufgrund von
    3.3 (siehe unten) deutlich.

Bedingungen für die Optimierung des Wissens- und Fähig-
keitserwerbs, der Instruktion[189] erforscht.

Lehr-Lern-Materialien auf der konkreten Gestal-
tungsebene von Unterricht sollen bzw. können Lehrer im
Alltag entlasten und Inhalte, Ziele u.a. mitgestalten.
Als die konkreteste Ebene von Lehrplänen in der Praxis
ist das Schulbuch Interpretation des Lehrplans.[190]
Schulbücher können mit dem Lehrplan ident sein, von den
Inhalten bis hin zu Aufbau und Themenformulierung; was
besonders durch die zuständigen entscheidenden (staatlichen bzw. kirchlichen) Gremien gefördert wird. Sie
können aber auch den Lehrplan fortschreiben, "nicht in
einem linearen, sondern in einem korrespondierenden
Zusammenhang"[191], indem die Lehrpläne mit all ihren
Schwächen durch die Praxis des Unterrichts verändert
werden[192].

Die Frage nach der primären Bezugswissenschaft der
Theologie wurde in Kapitel 1 gestellt und andiskutiert;
eine bzw. vielleicht die entscheidende Frage dabei
bleibt die nach den wesentlichen, elementaren Inhalten
des christlichen Glaubens, und wie diese "Inhalte" zu
fassen sind: als begriffliche oder als existentiell
vollzogene/geglaubte, als fachimmanent strukturierte und
abstrahierte oder als individuell konkretisierte ...

---

189 "Unter 'Instruktion' wird die zielgerichtete, geplante, auf
    unterschiedliche Adressaten abgestimmte und im Blick auf den
    Lernerfolg kontrollierte Vermittlung von Wissen, Kenntnissen
    und Fähigkeiten verstanden." (Terhart, in: Haller/ Meyer
    (Hrsg.), 1986, 63-79, 66).
190 vgl. Biemer, in: Biemer/ Knab (Hrsg.), 1982, 173-177, 175;
    Scherthan, in: Schultze (Hrsg), 1980, 43-45, 43.
191 Scharer, 1987, 42.
192 vgl. Halbfas, Handbuch 1, 1983, 11.

Die Spannungsbögen sind hier nur genannt, da sie ein theologisches und zugleich ein fachdidaktisches Problem anreißen: Theologie als Inhalt, als Wissenschaft, und Glaube als alters- und entwicklungsgemäß erschlossener, als angebotener, als "Inhalt" des Unterrichts mit seiner fachwissenschaftlichen, lebensrelevanten und entwicklungspsychologischen Dimension.[193]

Dies wird z.B. besonders im Grundlagenplan von 1984 deutlich, bei dem eine stärkere Orientierung an den Inhalten des Glaubens auf der Basis korrelierter Kernthemen versucht wird.[194] Dennoch muß der Lehrer eigenverantwortlich die konkreten Entscheidungen aufgrund seiner realen Schüler vor Ort treffen.[195] Wenn überhaupt, kann der Lehrplan bei der didaktischen Erschließung nur Hilfestellung sein. Denn "das Postulat der Korrelation kann nur konkret eingelöst werden."[196]

Die im Zusammenhang der didaktischen Theorien notwendigen Legitimationen, Analysen und Beschreibungen müssen außerhalb der Theologie im Bereich der Wissenschaften begründbar sein bzw. plausibel gemacht werden. Der Kontext der öffentlichen Schule in einer demokratischen Gesellschaft verlangt allgemein diskutierbare Legitimationen. Gerade für die Vermittlung der drei didaktischen Strukturebenen muß an den Grundanliegen der

---

193 Vgl. Kapitel 2.3.2; vgl. mit starkem gesellschaftspolitischen Bezug: Krotz, in: Forum Religion, 1987, Heft 2, 2-10.
194 Vgl. Langer, in: KBl 110 (1985) 793f, 793; das die theologischen Akzente gegenüber der Lebens- und Erfahrungswelt und des konkreten Situationsbezugs der Schüler überwiegen, streicht auch Simon, in: KBl 110 (1985) 795-798, 795f hervor; vgl. auch Simon, in: KBl 112 (1987) 20-29, bes. 25.
195 Vgl. Lange, in: KBl 110 (1985) 790-793; Langer, in: KBl 110 (1985) 793f; Häußler, in: KBl 110 (1985) 799f; Simon, in: KBl 110 (1985) 795-798.
196 Simon, in: KBl 110 (1985) 795-798, 796.

Korrelation bzw. der entsprechenden Ansätze weitergedacht werden; dabei ist es legitim, bei der Beschreibung der Gesellschaft neben Analysen auch Ergebnisse der phänomenologischen und philosophischen Beschreibung aufzugreifen. Wirklichkeit als konkret existentielle läßt sich nicht in ihrer erlebten Konkretheit lehrplanmäßig fassen; sie kann immer nur erschlossen und unterrichtlich konkretisiert werden. Gerade dadurch wird erneut die Mehrstufigkeit der Curricula als notwendig erwiesen.

Für den weiteren Verlauf der Arbeit muß eine Fülle des in diesem Kapitel Gesagten weiter bedacht werden. Die Bedingungen des Lehrplans, seine Voraussetzungen und Schritte der Erarbeitung, die Begründungen und Legitimierungen müssen in Bezug zur fachdidaktischen und -wissenschaftlichen Ebene gesehen werden. Die Notwendigkeit, die einzelnen didaktischen Ansätze auf ihre lehrplantheoretische Relevanz zu befragen und damit den Ansatz dieser Arbeit sehr ausführlich zu fundieren, liegt auch im Bemühen, unbegründete und zusammenhanglose Theorien zu verhindern. Zugleich wird die fortschreitende Entwicklung der Lehrplantheorie deutlich. Dabei dürfen die Schwierigkeiten und auch in dieser Arbeit nicht erfüllbaren Ansprüche, wie z.B. die Veränderung des Systems Schule mit seinem Fächerkanon, das Erstellen von Lehrplänen in Verbindung mit verschiedenen gesellschaftlichen Gruppen, nicht verschwiegen werden.

2.9 Kritische Würdigung in Hinblick auf die Erstellung eines Gesamtkonzepts

Im Durchsehen der didaktischen Konzeptionen wird eine Fülle von Ansätzen sichtbar, die im Laufe der geschichtlichen Entwicklung jeweils andere Aspekte betonen. Zusammenfassend seien nun die Elemente herausgehoben, die für die Gesamtthematik dieser Arbeit zentral sind.

Die Breite des Begriffs Didaktik zeigt seine Uneinheitlichkeit und die damit verbundenen verschiedenen Ebenen der didaktischen Ansätze: globale Ziele, die Prozeßebene und das konkrete Handeln im Unterricht. Auch diese drei Ebenen der Didaktik sind letztlich nicht zu trennen, sondern voneinander abhängig und miteinander verbunden. Lehrplantheorie bewegt sich auf mittlerer Abstraktionsebene und läßt unterrichtliches Handeln am Rande.

Geisteswissenschaftliche Didaktik ist auch für eine heutige Lehrplantheorie unverzichtbar, vor allem durch die Betonung der einen Lehrplan beeinflussenden Faktoren. Der Kampf um Einfluß auf die Lehrpläne als Stabilisierung des gesellschaftlichen Einflusses im Blick auf die Zukunft gilt heute ebenso wie die dreifache Rolle des Staates als regulierender Faktor, als pädagogischer Faktor und als ein Gegenstand im Ringen um Macht neben anderen. Parallel dazu ist die Mehrfachfunktion der Wissenschaft zu sehen. Im Bereich der Religionspädagogik und der Lehrpläne für den Religionsunterricht ist auch die Kirche von dieser Aufspaltung verschiedener Funktionen geprägt.

Die Suche nach einem Bildungsideal findet sich nach wie vor, trotz Anfragen sowohl an dessen inhaltliche Ausprägung als auch an die Möglichkeit und Sinnhaftigkeit eines solchen Bildungsideals überhaupt. Besonders für religiöses Lernen ist die Ausrichtung auf ein Leitbild als Vorwegnahme der Zukunft Basis und Motor des Lernens.

Die Verknüpfung von Bildungsziel mit Inhalten zur Schaffung einer gemeinsamen Erinnerung ist religionspädagogisch neben didaktischen Aspekten insofern zentral, als Judentum und Christentum geschichtliche, d.h. Religionen der Erinnerung sind. Dieser Grundgedanke der hebräischen und christlichen Bibel beinhaltet sowohl das Bewahrende der Geschichte als auch das Menschen Verbindende und das Veränderbare als Ausblick in die Zukunft. Das Bewußtmachen der Geschichtlichkeit jeder Lehrplanarbeit und damit eine gewisse Entideologisierung ist das große Verdienst Wenigers. Mit dieser Geschichtlichkeit kommt die konkrete Wirklichkeit ebenso ins Blickfeld wie die geschichtliche Veränderbarkeit von Lehrplänen und deren Aufhellung mit Blick auf die Aufgaben von Gegenwart und Zukunft.

Lehrplanarbeit ist also nicht nur eine pädagogische, sondern sehr stark eine gesellschaftliche und politische Arbeit; im Themenbereich Christentum Judentum ist dies durch die historische Belastung des Themas belegt: Es hat mit Gesellschaftspolitik zu tun, was und wieviel die Heranwachsenden über dieses Thema lernen. Bezüglich des Religionsunterrichts zeigt es auch die Kräfteverteilungen innerhalb der Kirche; trotz der hierarchischen Organisations- und Entscheidungsstrukturen der Kirche kommt es zum Ringen der verschiedenen kirchlichen Gruppen um Einflußnahme auf die Lehrpläne unter Verweis auf religiöse Wahrheit als Legitimation inhaltlicher Entscheidungen.

In der Weiterentwicklung der geisteswissenschaftlichen Didaktik hin zur kritisch-konstruktiven Didaktik steht Lernen als Interaktionsprozeß mit dem Ziel selbstbewußten Urteilens und Handelns im Mittelpunkt. Das gesellschaftskritische Element im Ansatz Klafkis ist letztlich Ausgangspunkt und Zielpunkt meiner Arbeit:

"Die Forderung, daß Auschwitz nicht noch einmal sei, ist die allererste an Erziehung."[197]

Unterricht ist primär zielgebunden, als Begründungen sind generelle Kriterien - diskursiv entstanden und veränderbar - zu sehen. Das Perspektivschema von Klafki ist besonders für Unterricht auf der mittleren Planungsebene relevant, vor allem die Bedingungsanalyse, die Begründungsproblematik und die thematische Strukturierung sind wichtige Impulse für konkrete Lehrplanarbeit.

Was bereits in der geisteswissenschaftlichen Didaktik bedacht wurde, gewinnt in der curricularen Didaktik zentrale Bedeutung: eine Bildungsreform als Reform der Inhalte durch ihre Begründung mit Hilfe der jeweiligen Fachwissenschaft, der gesellschaftlichen Bedingungen und der Situation der Schüler. Erst in der Verbindung dieser Faktoren läßt sich ein Curriculum legitimieren, wobei die Zielorientierung beibehalten bleibt. Nicht mehr Unterrichtsstoff, sondern Qualifikationen sind Ziel des Lernens.

Im Mittelpunkt unserer Rezeption ist der Prozeß der Entwicklung zu sehen: In der Zusammenarbeit von verschiedenen Wissenschaften und Institutionen, von Theoretikern und Praktikern unter ständiger Rückbindung an die gesellschaftlichen Kräfte sind im Konsens relevante Situationen und dafür notwendige Qualifikationen zu erarbeiten. Dabei hat die Weiterentwicklung gezeigt, daß die curriculare Konzeption als offene Curricula verstanden werden muß.

---

197 Adorno, in: Adorno, 1971, 88-104, 88.

Bezüglich der inhaltlichen Anordnung für Unterricht tritt die langfristige Sequenzierung ins Bewußtsein, die im Zusammenhang von Spiralcurricula konkretisiert wird. Für die inhaltliche Erschließung eines Fachgebiets können fachdidaktische Strukturgitter als gegenseitige Auslegung von Lebensrelevanz und Fachrepräsentanz eine Hilfe sein; die jeweiligen Auswahlkriterien und Präferenzen sind offenzulegen. Die Verknüpfung von Wissenschaft und Erfahrung ist unverzichtbar; dies geschieht religionspädagogisch vor allem unter dem Stichwort der Korrelation.[198]

Die Verpflichtung dieser Arbeit der Fachwissenschaft gegenüber wird sowohl in der inhaltlichen Darlegung des Themas als auch in der breiten Integration von inhaltlichen Randfragen deutlich. Auch im Rückbezug auf die Legitimation lehrplantheoretischen Arbeitens innerhalb der Religionspädagogik auf den primären Fachbereich Theologie wird der klare fachwissenschaftliche Bezug hervorgehoben.[199]

Ganz wichtig ist die Verknüpfung von Ziel- und Inhaltsorientierung, wie sie die lerntheoretische Didaktik beschreibt. Die Überschaubarkeit und Anwendbarkeit erleichtert die Übernahme dieses Aspekts. Die mangelnde Integration aller am Unterricht Beteiligten als handelnde Subjekte des Prozesses muß als Gefahr für jedes Konzept von Unterricht gesehen werden.

Offen bleibt auf gesellschaftspolitischer Ebene die Frage der Integration aller Interessensgruppen; durch die Verbindung von kirchlichem Religionsunterricht mit

---

198 Vgl. 3.5.
199 Vgl. vor allem 1.1.1.

staatlichen Schulen wird diese Schwierigkeit noch verstärkt. Die öffentliche Diskussion und die Suche nach neuen Modellen - einschließlich einer Öffnung sowohl staatlicher als auch kirchlicher Strukturen und Machtansprüche - muß noch (verstärkt) geleistet werden.

Ebenso ungeklärt bleibt die Beschreibung von Qualifikationen zur Bewältigung der Gegenwart und Zukunft, deren Legitimation und die Berücksichtigung verschiedener Entscheidungswege; die Bandbreite reicht von der Suche nach einem Konsens mit Hilfe eines (möglichst) herrschaftsfreien Diskurses bis zum Anspruch, Wahrheit - religiös legitimiert - bereits zu kennen und nur deren Weitergabe klären zu müssen. Ausgeblendet ist in dieser Arbeit die grundsätzliche Diskussion des Systems Schule mit ihrem Fächerkanon und damit verbunden dem Unterrichtsfach Katholische Religion; nicht weil dies unumstritten positiv zu beurteilen ist, sondern die Aufarbeitung des Themas ins Uferlose führen würde.

In diesem Kapitel zeigen sich die weitreichende Diskussion didaktischer Ansätze und zugleich ihre mangelnde Rezeption im Bereich der Lehrplantheorie. Da es nicht nur um die Aufnahme eines zentralen Themas, nämlich Juden-Christen geht, sondern auch um dessen Einbindung in einen legitimierten lehrplantheoretischen Ansatz, ist diese Sichtung didaktischer Konzeptionen notwendig als Basis für die Weiterarbeit.

Im Folgenden werden speziell die religionspädagogischen Entwicklungen dargestellt und auf ihre lehrplantheoretische Rezeption befragt. Zugleich müssen diese religionspädagogischen Grundgedanken im Zusammenhang mit den didaktischen Konzeptionen gesehen werden.

3. ZUM DISKUSSIONSSTAND IM BEREICH DER RELIGIONSPÄD-AGOGIK

3.1 Pluralität der Theologie - Konzentration der Inhalte

Verfolgt man die Geschichte der Katechese[1], zeigt sich eine abwechselnde Dominanz von Pädagogik und Theologie, von Fragen der Vermittlung und der Inhalte. Das didaktische Dreieck "Lehrer-Schüler-Inhalt"[2] oder nach dem Ansatz der Themenzentrierten Interaktion "Ich-Wir-Es"[3] verhindert eine alleinige Dominanz der theologischen Inhalte. Gleichzeitig wurden im Rahmen der Diskussionen bzgl. Lehr-Lern-Planung in den 70er Jahren die Erfahrungen von Schülern, ihre Lebenswirklichkeit und ihre Situation in der Gesellschaft hervorgehoben und besonders auf neue Ziele und Methoden geachtet. Die Begründungen für das Fach wurden außerhalb der Theologie mit den anderen Unterrichtsfächern bzw. für sie relevanten Wissenschaften gesucht.

Längerfristig provozierte dies natürlich (so kann man im Rückblick sagen) die Fragen und Antworten an die Auswahl, an die Verwendung, an den Aufbau u.a. der theologischen Inhalte bzw. der Inhalte des Glaubens.

Biemer sucht im Rückblick auf die Katechesegeschichte[4] gültige Elemente einer Lehrplantheorie zu benennen:

---

1 Vgl. Bartholomäus, 1983, 24-62; Läpple, 1981; Teipel, 1983, u.v.m.
2 Vgl. Hermanutz, in: Schultze/ Hermanutz/ Merten (Hrsg.), 1984, 24-41, 33; vgl. zum Diskussionsstand auf evangelischer Seite: Schultze, in: Schultze/ Hermanutz/ Merten (Hrsg.), 1984, 8-23.
3 siehe unten: Exkurs.
4 Vgl. auch Läpple, in: KBl 107 (1982) 675-679; Brox, in: KBl 107 (1982) 669-671.

Die Frage nach der Begründung der Inhalte wurde immer "im Anschluß an die Urformeln aus der Tauf-Tradition"[5] bis hin zu verschiedensten Arten von Kurzformeln des Glauben beantwortet.

> "Kurzformeln des Glaubens wurden immer wieder mit dem Ungenügen traditioneller Bekenntnisse und der Unverständlichkeit mancher Glaubensartikel begründet."[6]

Zur Bündelung der Einzelinhalte und zu ihrer Strukturierung ist ein konzentrierendes Prinzip und die Frage nach einer Hierarchie der Glaubenswahrheiten notwendig.[7]

Die Diskussion um die Kurzformeln des Glaubens, die von Karl Rahner im katholischen Raum aufgebracht wurde[8], kann gerade im Bereich von Legitimation von Curricula die religionsdidaktische Erschließung und Interpretation der Wirklichkeit weiterbringen, indem ihre Notwendigkeit deutlich wird.[9] Als ein Beispiel einer regulativen Idee zur Religionspädagogik sei der Vorschlag zurückgehend auf Biemer u.a. genannt: die zentralen Inhalte Jesu Botschaft und sein Anspruch, die Gabe und Aufgabe, Verheißung und Forderung sind; seine Botschaft vom anbrechenden Reich Gottes schafft Sinn und Freiheit durch das Geschenk des Lebens über den Tod hinaus,

---

5   Biemer, in: Biemer/ Knab (Hrsg.), 1982, 9-17, 10.
6   Haering, in: Conc 25 (1989) 328-336, 334; zur Aufarbeitung der Diskussion vgl. Karrer, 1978.
7   Vgl. Vaticanum II, Unitatis redintegratio - Dekret über den Ökumenismus, II, 11, in: Rahner/ Vorgrimler, [17]1984, 229-250, 240.
8   Vgl. Beinert, in: ThPQ 122 (1974) 105-117, 106; Minz, in: Biemer/ Knab (Hrsg.), 1982, 97-100, 97; Haering, in: Conc 25 (1989) 328-336.
9   Vgl. z.B. Derbolav, Benner im Bereich der Pädagogik: das Konzentrationsprinzip als ein pädagogisches Prinzip, als die Frage nach einer regulierenden Idee, die richtungsweisend und zugleich inhaltlich gefüllt ist (vgl. Biemer, in: Biemer/ Biesinger/ Fiedler (Hrsg.), 1984, 14ff).

befähigt dadurch zur Liebe ohne Angst und erschließt
Hoffnung auf eine Zukunft in neuer Solidarität.[10]

Die Konzentration und Reduktion der Glaubensinhalte
auf das unverzichtbar Zentrale ermöglichen eine Orien-
tierung über den Glauben und seiner elementaren Symbole,
damit aus der Vielzahl der Lebenserfahrungen und der
überlieferten Glaubenszeugnisse das Eigentliche, die
Menschenfreundlichkeit Gottes und die Ermöglichung eines
Lebens in Fülle für alle Menschen aufscheinen kann.
Gerade in einer Zeit, in der Theologie sich in einer
Vielfalt zeigt, die für viele verunsichernd und das
Eigentliche des Christentums bedrohend ist, geht es
darum, die überlieferten Glaubensformeln in unsere
Sprache und Wirklichkeit zu übersetzen. Damit sind die
heutigen Kurzformeln subjektiv, zeitverhaftet und eine
Art programmatischer Erklärung mit pastoraler Absicht.[11]
Kurzformeln sind also der

> "Versuch, wesentliche Inhalte des christlichen
> Glaubens in gedrängter Form so darzustellen, daß sie
> bestimmten Adressaten existentiell verständlich, mit
> der Lebenserfahrung konform und zum persönlichen
> Engagement einladend erscheinen."[12]

Um diese Vermittlungs-, Erschließungs- und Orientierungsfunktion für den heutigen Menschen erfüllen zu
können, muß die existentielle Relevanz des Glaubens
aktualisiert werden. Als Beispiel sei die Reduktivformel
Sinn - Liebe - Hoffnung genannt.[13] Daß diese Kurzformeln

---

10 Vgl. Biemer/ Benner, in: Pädagogische Rundschau 27 (1973)
   798-822, 805-810; Biemer/ Biesinger, 1986, 24-28; Fiedler, in:
   Biemer/ Biesinger/ Fiedler (Hrsg.), 1984, 22-31.
11 Vgl. Beinert, in: ThPQ 122 (1974) 105-117, 109.
12 Beinert, in: ThPQ 122 (1974) 105-117, 110 - im Original kursiv
   gedruckt; vgl. auch die Auseinandersetzung mit Walter Kapsers
   Wunsch nach Darstellung des gesamten Glaubens in: Werbick, in:
   KBl 110 (1985) 459-463, bes. 460.
13 Vgl. Biemer/ Biesinger, 1976, 24-28; Minz, in: Biemer/ Knab
   (Hrsg.), 1982, 97-100, 97; Rahner, in: KBl 105 (1980) 545-547.

umstritten sind, liegt schon darin begründet, daß sie immer mit Auswahl, Reduktion und Wertung verbunden sind. Dadurch sind sie notwendig persönlich gefärbt durch die individuellen Schwerpunkte der verschiedenen Theologen. Sehr abstrakt formale Formeln können breitere Zustimmung finden als klar akzentuierte Deutungen des christlichen Propriums.[14]

Die Kurzformeln sind für Beinert dann sinnvoll, wenn sie erinnernd und reflektierend auf die Symbola, auf die Mitte des Glaubens und letztlich auf Jesus Christus als der Basis des Glaubens und jeder Theologie hinführen.[15] Daß sie von Katechismen zu unterscheiden sind, liegt in der beabsichtigten Zielrichtung, der Hinwendung auch zu "Ungläubigen" und in der persönlich-existentiellen und kulturell-lebensweltlichen Ausrichtung der Kurzformeln.[16]

Das Wahr- und Ernstnehmen des Menschen und seiner Lebensbereiche in der Welt und eine damit verbundene Vermittlung von Ethik, die Orientierung am Schüler, die Vermittlung als wirklichkeitshaltige und existentielle gehören nach Biemer genauso zu den gültigen Elementen einer Lehrplantheorie wie pragmatische Verfahrensweisen bei der Lehrplankonstruktion und das Postulat, die Dimension der Bildung nicht auszublenden.[17]

Die Notwendigkeit und Dringlichkeit des Ernstnehmens des existentiellen Glaubenszugangs, des Erfahrens und

---

14 Vgl. Nipkow, in: Biemer/ Knab (Hrsg.), 1982, 73-95, 76-82.
15 Vgl. Beinert, in: ThPQ 122 (1974) 105-117, 114f.
16 Vgl. die Diskussion um einen Weltkatechismus: Metz/ Schillebeeckx (Hrsg.), in: Conc 25 (1989) 294-365; vgl. auch Langer, in: KBl 114 (1989) 371-378.
17 Vgl. Biemer, in: Biemer/ Knab (Hrsg.), 1982, 9-17.

lebensweltlich sich und anderen Erschließens von Glauben führt besonders Biemer in Anschluß an J.H.Newman aus: daß Glaube nur als (zumindest ansatzweise) für sich übernommener persönlich relevant und tragfähig ist, daß die persönliche Zustimmung den überlieferten Glauben zum existentiellen macht.

> "Der lebendige religiöse Vollzug des konkreten Menschen selbst, der in seinem Leben 'ernst' gemacht hat mit der Beziehung zu Gott, der sich zu ihm bekehrt hat und sein Leben aus dieser Hinkehr gestaltet, dies und alles, was sich daraus an Lebenswirklichkeit ergibt, ist 'das zwingendste und ... entwaffnendste Argument' für den religiösen Glauben"[18];

oder mit Beinert formuliert: "Die eigentliche Kurzformel ist (...) der Christ selber."[19]

Die Erfahrung, sich selbst auf Hoffnung oder Sinn (oder wie immer man dieses "Mehr" nennen will) zu überschreiten, eröffnet in der konkreten Existenz den Raum des Trans-zendenten.[20] Die Folgerungen, die Schütz daraus für die Lehrplan-Arbeit ableitet, zielen auf die Integration von Wissen und Erfahrung hin zu einer glaubwürdigen Identität.[21]

Das Bewußtsein der Geschichtlichkeit jeglichen menschlichen Tuns, somit auch des Redens ˉvon Gott und des Handelns im Glauben hat in der nachkonziliaren Zeit zu einer Pluralität von Ansätzen, Auffassungen und Praxen geführt. In der Lehrplanarbeit bringt dies die Spannung, einerseits die Vielfalt in der Theologie zu

---

18 Biemer, in: Paul/ Stock (Hrsg), 1987, 77-93, 80; vgl. Newman, 1961, 26-68.
19 Beinert, in: ThPQ 122 (1974) 105-117, 116.
20 Vgl. Schütz, in: Biemer/ Knab (Hrsg.), 1982, 27-36.
21 Vgl. Schütz, in: Biemer/ Knab (Hrsg), 27-36, 34f; vgl. auch Werbick, in: KBl 107 (1982) 326-333; Wagner, in: KBl 107 (1982) 384-388.

akzeptieren und vielleicht auch gutzuheißen, und anderseits im Festschreiben bestimmte Richtungen der Theologie allgemeinverbindlich und zur Norm zu machen.

Die Glaubenssprache ist nach Langemeyer[22] neben doxologisch zugleich hermeneutisch, d.h. sie deutet als Sprache unser Leben und unsere Welt. Als Glaubenssprache im Bereich des Christlichen nimmt sie geschichtlich Konkretes ernst, und zielt darin auf das Handeln Jesu und des Menschen (Mk 1,15). In Bezug auf Jesus als den geschichtlich Mensch Gewordenen ist die Glaubenssprache doxologisch und hermeneutisch zugleich, nur darin, ob ausgelegt oder gebetet, nachgedacht oder gefeiert wird, kann sie unterschieden werden.

Was gerade im Zusammenhang von Lehr-Lernplanung oft übersehen wurde, ist die Tatsache, daß Glaubenssprache nur als doxologische eine einheitliche sein kann.

"Die Erfahrungswelt, in die hinein die Glaubenssprache jeweils ausgelegt wird, ist nicht systematisierbar. Folglich ist auch die Theologie, die diese Auslegung wissenschaftlich betreibt und verantwortet, notwendig ein Diskussionsforum verschiedener theologischer Ansätze."[23]

Damit liegt auf der Hand, daß auch bzw. gerade im Bereich von Lehr-Lern-Planung die Pluralität der Theologien aufgegriffen und damit die Pluralität der Erfahrungs- und Lebensfelder bewahrt werden müssen - sowohl bzgl. der Reflexion als auch der Praxis des Glaubens.

Aus dem Gesagten muß gefolgert werden,

"daß christliche Strukturelemente für die Lehr-Lern-Planung rein sachlich-theologisch, d.h. ohne Orientierung an bestimmten Erfahrungsfeldern, nur von der doxologischen Ebene her legitimert werden

---

22 Vgl. Langemeyer, in: Biemer/ Knab, 1982, 37-48, 39f.
23 Langemeyer, in: Biemer/ Knab (Hrsg.), 1982, 37-48, 43.

können."[24]

Die Struktur der doxologischen Glaubenssprache ist die Aneinanderreihung von Namen, Erzählungen, ist das Addieren, das "und". Dennoch ist es nicht beliebig, sondern geschichtlich faßbar und menschlich-konkret: Jesus Christus. Er ist das Zentrum jeder christlichen Glaubenssprache. Nur von ihm ausgehend bzw. um ihn als Zentrum läßt sich eine inhaltliche Lehrplan-Strukturierung ausfalten.

3.2 Elementarisierung der Inhalte

Die Verpflichtung, unabhängig von der Verschiedenheit und Andersartigkeit der Handlungsfelder der Glaubensweitergabe das Zentrum bzw. das Zentrale des Glaubens als Fundament für die Ausfaltung des Ganzen des Glaubens zu formulieren, wird unter Berufung auf eine "Hierarchie der Wahrheiten" (Ökumenismus-Dekret) als Elementarisierung theologischer Inhalte versucht.

Dabei ist und bleibt die zentrale Aufgabe neben der Wissensvermittlung[25] die Ermöglichung der "Zustimmung", das Raum Schaffen für die Antwort des Menschen auf das Angebot Gottes.

All die scheinbaren Gegensätze von kognitivem Wissen und existentiellem Wissen spiegeln den Konflikt wider, der die Kirchen- und Theologiegeschichte prägt: der Glaubensvollzug und das Glaubenszeugnis von Christen in unterschiedlichen Ausprägungen und Formen werden

---

24 Langemeyer, in: Biemer/ Knab (Hrsg.), 1982, 37-48, 45.
25 Vgl. exemplarisch: Stößel, in: KBl 107 (1982) 389-391; Czinczoll/ Miller/ Tugendhat, in: KBl 107 (1982) 391-396.

reflektiert und in sprachlichen Formeln weitergegeben.
Welche der Formen dabei geschichtlich relevant werden,
ist Ergebnis einer Streitgeschichte. "Die existentielle
und institutionelle Spannung zwischen 'fides qua' und
'fides quae'"[26] bleibt.

Das in der Pädagogik schon früh diskutierte Problei.
des Elementaren[27] wurde im religionspädagogischen
Bereich in den 70er Jahren besonders als fachwissenschaftliche Elementarisierung diskutiert.[28]

"Es sind dennoch nicht partielle und nicht in erster
Linie pädagogisch-didaktische Probleme, sondern es
sind letztlich Unsicherheiten über die 'Sache der
Theologie', ihr Selbstverständnis, ihre 'Kompetenz'
im Blick auf gegenwärtige Lebensproblematik, die das
Verlangen nach Elementarisierung und die Frage nach

---

26 Hermanutz, in: Schultze/ Hermanutz/ Merten (Hrsg.), 1984,
    24-41, 35.
27 es war in den 50er und 60er Jahren vor allem die Frage nach dem
    Exemplarischen und Fundamentalen; vgl. bes. Klafki, z.B. in:
    1985, 87-107. Zum Bezug zur Bildungstheorie und ihrem Anliegen,
    statt einer Fülle unüberschaubarer Inhalte Lernen auf typische
    Beispiele mit elementaren Merkmalen und Kennzeichen für einen
    bestimmten Wirklichkeitsbereich und dessen Zusammenhänge zu
    konzentrieren, vgl. Rohrbach, in: everz 35 (1983) 21-39, 34f
    und Emeis, in: KBl 109 (1984) 513-521, 514. Zum Begriff,
    pädagogischen Hintergrund und Zusammenhang vgl. bes.: Stock,
    in: Comenius Institut (Hrsg.), 1975, 8ff; Rohrbach, in: everz
    35 (1983) 21-39, 21-33; vgl. Hemel, in: KBl 111 (1986) 37-42,
    38, der den Transfer von der Theolgie in den
    Religionsunterricht als Elementarisierung bezeichnet; dem
    entgegen betont Stock, in: Comenius Institut (Hrsg.), 1975, 59,
    daß die Elementarisierung von theologischen Inhalten "nicht nur
    ein Interpretationsverfahren, sondern eine Methode der
    Wahrheitsfindung" ist; vgl. auch die Zusammenfassung durch
    Helge Siemers, in: Comenius Institut (Hrsg.), 1975, 56-60.
28 Vgl. Comenius Institut (Hrsg.), 1975 und 1977; vgl. die
    Rezensionen dazu, verwiesen in: Rohrbach, in: everz 35 (1983)
    21-39, 21, Anm. 2; Stock, in: everz 29 (1977) 328-342; vgl.
    Biemer/ Biesinger, 1976; Stachel u.a. (Hrsg.), 1977, wo sich
    die Diskussion im katholischen Bereich auf sehr breiter Ebene
    spiegelt.

Theologisch-Elementarem motivieren."[29]
Diese Herausforderung an die Theologie, bei der es um die "Frage nach der Relevanz des christlichen Glaubens in heutigen Lebens- und Denksystemen überhaupt"[30] geht, muß in der Zusammenarbeit von Theologie und Religions-pädagogik angenommen und bearbeitet werden, denn in der Religionspädagogik kann weder in der Theorie noch in der Praxis etwas gelingen, das nicht in seinem Kern in der Theologie geleistet ist. Die Religionspädagogik ist auf eine "praxisfähige Theologie"[31] angewiesen, die die Anfragen des Glaubens und Lebens ernstnimmt und auf-nimmt. Die Frage nach dem fachwissenschaftlich Elemen-taren ist aber nach wie vor relevant und brennend.[32]

Emeis nimmt zwei Fragerichtungen auf: einerseits kann von den vorgegebenen Inhalten des Glaubens ausgegangen und nach deren fundamentalen inhaltlichen Strukturele-menten und existentiellen Einstellungen und lebenspraktischen Entscheidungen gefragt werden, um sie an einem Thema beispielhaft zu erschließen und einzu-üben. Andererseits können die Themen herausgearbeitet werden, anhand deren heutigen Menschen das "typisch Christliche" erschlossen werden kann. Es bleibt aber die theologische Rückfrage an das Elementare, an die funda-mentale Struktur des Christlichen.[33]

---

29 Zwischenbericht, Vorwort S.3, zit. nach: Stock, in: Comenius Institut (Hrsg.), 1977, 344; vgl. Stock, in: everz 29 (1977) 328-342, 331.
30 Stock, in: Comenius Institut (Hrsg.), 1975, 19; vgl. Bitter, in: Conc 20 (1984) 304-308, 305.
31 Stock, in: everz 29 (1977) 328-342, 329.
32 Vgl. Biesinger/ Schreijäck (Hrsg.), 1989.
33 Vgl. Emeis, in: KBl 109 (1984) 513-521; vgl. den Bezug zu den Kurzformeln als das Elementare des Glaubens bei Stock, in: everz 29 (1977) 328-342, 332ff und in: Comenius Institut (Hrsg.), 1975, 26f und 1977, 358f.

Im Forschungsprojekt des Comenius Instituts wird Elementarisierung theologischer Inhalte einerseits als Konzentration auf das Fundamentale und Einfache und andererseits als eine fortdauernde Konkretion aufgrund der Lebensbewältigung verstanden.[34] Die fach-wissenschaftlichen Elementaria, die entscheidenden Inhalte und Zusammenhänge einer wissenschaftlichen Disziplin allein genügen nicht, zur fachwissenschaftlichen müssen die lebensweltliche und biographische Elementarisierung kommen, d.h. in der Sprache der Curriculumtheorie, die drei Stränge Fachwissenschaft, Gesellschaft und Adressat müssen verbunden werden, damit man zu den vermittelten Inhalten des Religionsunterrichts gelangt.[35]

Im religionspädagogischen Verständnis beinhaltet Elementarisierung nach Karl Ernst Nipkow, der die Hauptarbeit in diesem Bereich geleistet hat[36], vier Aspekte: die elementaren Wahrheiten, die elementaren Strukturen, die elementaren Erfahrungen und die elementaren Anfänge. Die dahinterstehenden Motive sind "das elementare Verlangen nach Gewißheit (1), Einfachheit (2), Überzeugungskraft (3) und Verständlichkeit (4)."[37]

Bei der Frage nach elementaren Strukturen im Sinne wissenschaftlicher Vereinfachung geht es um sach- und textgemäße Konzentration, um die charakteristischen Grundelemente und das grundlegend Einfache eines

---

34 Vgl. Stock, in: Comenius Institut (Hrsg), 1977, 359f und in: everz 29 (1977) 328-342, 337.
35 Vgl. Biesinger, in: Biesinger/ Schreijäck (Hrsg.), 1989, 13-21, 16f; Biesinger, in: CpB 99 (1986) 183-187; vgl. Hemel, in: CpB 99 (1986) 174-182; Hemel, in: KBl 111 (1986) 37-42.
36 Vgl. Rohrbach, in: everz 35 (1983) 21-39, 25ff.
37 Nipkow, Bd. 3, 1982, 191; vgl. zu den folgenden Ausführungen: Nipkow, in: Biemer/ Knab (Hrsg.), 1982, 73-95; Nipkow, in: KBl 111 (1986) 600-608 und Nipkow, Bd. 3, 1982, 191-222.

Sachverhalts zu erschließen und um so das Problem der
Stoffülle zu lösen.

Bei den elementaren Erfahrungen sollen die heutigen
Schülererfahrungen ebenso wie

"die Lebens- und Glaubenserfahrungen (und in dieser
Konkretion die 'Offenbarung' Gottes) hinter und in
den Texten und die Erfahrungen vor und mit den Texten
in eine lebendige Korrelation geraten"[38].

Die Notwendigkeit der Ermöglichung und vertiefenden
Erschließung von menschlichen Grunderfahrungen im
Zusammenhang mit Alltagserfahrungen geht einher mit dem
Problem, schulisch authentische, lebensbedeutsame
Erfahrungen auch wirklich zu ermöglichen. Dies erfordert
das Interesse für situative, individuelle Prozesse in
schulischem Lernen, da Erfahrungen nur als konkret
persönliche, existentiell gefärbte, an Ort und Zeit
gebundene tatsächlich elementare Erfahrungen sind, die
zugleich das Ganze, das Wesentliche beinhalten.[39] Je
nach Zusammenhang können auch "elementare Bedeutungs-
strukturen", wie "Handlungsstrukturen" oder "Sprach- und
Überlieferungsstrukturen", gemeint sein.[40]

Elemetarisierung als Auswahl, die notwendig Priori-
täten ermitteln und werten muß und dadurch umstritten
ist, und Elementarisierung als Vergewisserungsproblem
fragt nach den gewißmachenden Wahrheiten, nach der
unverzichtbaren Essenz des Christlichen. Diese sind
persönlich gefärbt, da Auswahl und Reduktion immer
individuell-existentielle Züge haben. Das Gewißmachende
ist konkret und persönlich, nur so kann es als

---

38 Nipkow, in: KBl 111 (1986) 600-608, 605.
39 Vgl. Nipkow, in: Baldermann/ Nipkow/ Stock, 1979, 35-73, bes.
    45-60.
40 Nipkow, in: Biemer/ Knab (Hsrg.), 1982, 73-95, 75.

umstrittene und erkämpfte Lebenswahrheit existentielle Vergewisserung sein. Wo die Erfahrung elementarer Wahrheit aufgeht,

> "verbinden sich Sache und Schüler nicht nur im Sinne irgendeiner elementaren Betroffenheit (s.o. 'elementare Erfahrung'), sondern in der Kraft einer Erschließungserfahrung, die übergreifenden Sinn mit einem allgemeingültigen Wahrheitsanspruch aufscheinen läßt, die möglicherweise lebensführende Bedeutung erlangen kann."[41]

Den zwei Bedeutungen des Wortes "elementum" entsprechend[42] ist das Elementare auch das zeitlich Anfängliche, worauf anderes im Sinne von Stufungen oder Sequenzen aufbaut. Die elementaren Anfänge beinhalten nicht nur die Ermittlung der Voraussetzungen und das "einmalige" Anfangsstadium in der frühen Kindheit, "sondern die jeweiligen Anfänge in jeder neuen Lebensphase."[43] Jede Entwicklungsphase bringt neue Entstehungsvoraussetzungen und Auffassungen mit sich. Diese sind christentums-, gesellschafts- und lebensgeschichtlich bedingt, d.h. es muß im didaktischen Prozeß auf das "Zusammenspiel von theologischen, pädagogischen und entwicklungspsychologischen Aspekten"[44] geachtet werden.

Elementarisierung meint, zusammenfassend, ein Vereinfachungs-, ein Relevanz-, ein Sequenz- und ein Vergewisserungsproblem, und die Verbindung aller dieser Aspekte[45].

---

41 Nipkow, in: Braunschweiger Beiträge 37 (1986) Heft 3, 3-16, 5.
42 "1. Grundstoff, Grundbestandteil und 2. Anfangsgründe, Anfänge" (Nipkow, in: Biemer/ Knab (Hrsg.), 1982, 73-95, 87 und in: KBl 111 (1986) 600-608, 606).
43 Nipkow, Bd. 3, 1982, 191, Anm. 328.
44 Nipkow, in: KBl 111 (1986) 600-608, 606.
45 Vgl. als konkretes Beispiel die Perikope 1 Kön 18: Nipkow, in: everz 36 (1984) 131-147 und in: Braunschweiger Beiträge 37
Forts. Fußnote

3.3 Sequentialisierung der Inhalte

"Sequentialität bezeichnet die in Kontinuität betriebene Behandlung sachlogisch aufeinanderfolgender Stoffe zur Erreichung von Lernzielen, die erst hintereinander erreichbar sind."[46] Während Sequentialität im pädagogischen Bereich die Folgerichtigkeit, die innere Einheit bis hin zur strengen Abfolge aufeinander aufbauender Unterrichtseinheiten, deren Durchlaufen eine möglichst hohe Effizienz im Lernen anzielt, bedeutet[47], ist religionspädagogisch der Begriff z.T. in die Nähe normierter Glaubenskurse und Katechismen gekommen[48]. Das dahinterliegende Anliegen ist, ausschließlich problemorientierten, zusammenhanglosen Einzelthemen im Unterricht entgegenzuwirken und Überblick und Zusammenschau zu fördern.

Die Bischöfliche Kommission für Erziehung und Schule der Deutschen Bischofskonferenz forderte 1982 die Vermittlung von Glaubenswissen in systematisch aufbauendem, strukturiertem Zusammenhang und anhand der entsprechenden Lernmaterialien in allen Schulstufen.[49]

Forts. Fußnote
> (1986) Heft 3, 3-16, 6-14; Nipkow, in: Z.f.Päd 33 (1987) 149-165, 157-165; vgl. auch in: KBl 111 (1986) 600-608, 606f.
46 Hofmann, in: rhs 26 (1983) 21-24, 22.
47 Vgl. z.B. Jerome Bruner, dessen Ansatz unten genauer ausgeführt wird; vgl. Frey/ Isenegger, in: Frey u.a. (Hrsg.), Bd. 2, 1975, 158-164; in den Standard-Handbüchern der Religionspädagogik (z.B. Feifel u.a. (Hrsg.), 1973-75 und Bitter/ Miller (Hrsg.), 1986) fehlt dieser Begriff.
48 Vgl. Hermanutz, in: Schultze/ Hermanutz/ Merten (Hrsg.), 1984, 24-41, 36; vgl. Langer, in: KBl 110 (1985) 793f, 793: Beim Grundlagenplan wird "das sachlogisch aufbauende Lernen (...) erneut angezielt (Sequentialität), dem entsprechen das Verlangen nach 'Vollständigkeit' der Glaubenslehre und die Aufstellung eines 'Lernkanons'."; vgl. Grundlagenplan, 1984; vgl. dem entgegen Halbfas, 1982, 39ff.
49 Vgl. Läpple, in: rhs 26 (1983) 2-5, 2f. Im Bereich der
> Forts. Fußnote

Die am Beispiel der Rede Ratzingers in Frankreich
1983 ausgefalteten Struktur der Katechese[50] seit Anfang
der Kirche: Apostolisches Glaubensbekenntnis, Vater
Unser, Dekalog und Sakramente können uns Hinweis sein,
was mit Sequentialität der Inhalte gemeint ist: statt
eines additiven Nebeneinanders sollen die Inhalte
strukturell konsekutiv, theologisch folgerichtig,
schrittweise entfaltet, anknüpfend, weiterführend,
verschränkend, wiederholend ... sein.

Primär muß Klarheit darüber bestehen, wovon ausgegangen werden kann, was die Basis für die notwendig
nachfolgenden und weiterführenden Schritte hin zu einer
reifenden Person und ihrem reifenden Glauben ist. Der
Wachstumsprozeß vom kindlichen zum erwachsenen Glauben
ist ein lebenslanges Reifen, es ist die immer wieder neu
zu vollziehende, subjektive Übernahme des Glaubens der
Kirche - in seiner Einheit des Credos der Kirche als
auch in der Pluralität der Theologie und des Glaubens
der Menschen.

Die innere Sequentialität als plausible inhaltliche
Abfolge, sachliche Stimmigkeit, sinnvoller Aufbau des
Lernens von Grundaussagen des Glaubens und Methoden,
konsequente Hinführung zu Selbständigkeit und Verantwortung der Lernenden entspricht der äußeren Sequentialität in ihrem organisatorischen Aufbau: Einführung,
Motivation, Grundlegung, Entfaltung, Erweiterung und
Vertiefung.[51] Doch nicht jedes Thema, sondern allein die
zentralen Kategorien des Religionsunterrichts sind als

Forts. Fußnote
   Religionspädagogik kann in diesem Zusammenhang (verbunden mit
   dem Konzentrationsprinzip und Elementarisierung) auf Johann
   Baptist Hirscher und John Henry Newman verwiesen werden.
50 Vgl. Ratzinger, 1983, 31-39.
51 Vgl. Hofmann, in: rhs 26 (1983) 21-24, 22f.

klare Sequenzen in vertikaler Konsekutivität zu entwer-
fen.[52]

Eine Gefahr des religionspädagogischen Ansatzes, der
Sequentialität und Systematik betont, ist das Zurichten,
Eingrenzen, Anpassen (bewußt und/oder unbewußt) der
Wirklichkeit, um sie normiert wahrnehmbar und schulisch
vermittelbar zu machen. Wirklichkeit kann nur insofern
als Gegenstand aufgefaßt werden, als daran das Ganze des
Menschseins sichtbar und verstehbar wird.[53] Die Problematik der vertikalen Sequentialität bzw. "Längsab-
stimmung"[54], d.h. eine Verwurzelung und aufbauende
Weiterführung von der Unterstufe an, darf gerade im
Religionsunterricht nicht verschwiegen werden. Das
Ernstnehmen existentieller Entscheidungen, Begleitung
der Persönlichkeitsentwicklungen, die persönliche
Glaubenspraxis und der öffentliche "Glaubensschwund"
machen es schwer, unverzichtbare Kernthemen, nach Jahren
noch abprüfbar, festzulegen. Dazu kommen die Störungen
eines kontinuierlichen Aufbaus durch Abmeldungen,
Wahlmöglichkeiten beim Belegen der Kurse u.ä.

Dennoch ist eine Kontinuität der Inhalte und ein
sinnvoller Aufbau bzgl. der theologischen Wissenschaften, der Glaubens- und Lebensorientierung bis hin
zu den persönlichen Faktoren (wie Lerngeschichte,
Lernmilieu u.ä.) anzustreben, nicht nebeneinander,
sondern aufeinanderbezogen und integriert.[55]

---

52 Vgl. den Entwurf von Halbfas für die Grundschule: Religionsbuch
    1-4, 1983-1986 und Handbuch 1-4, 1983-1986, und 1982, 41-43.
53 Vgl. Kühn, in: rhs 26 (1983) 6-10.
54 Renker, in: rhs 26 (1983) 12-15, 12f.
55 Vgl. die Beispiele aus Baden Würtemberg (Renker, in: rhs 26
    (1983) 12-15), Bayern (Kramer, in: rhs 26 (1983) 16f), Hessen
    (Fein, in: rhs 26 (1983) 18-21) und die Zusammenschau der
                                                  Forts. Fußnote

Das Ziel dabei darf nicht ein genauer formaler Fahrplan ohne spontane, improvisierende Abweichungsmöglichkeiten und ohne menschliche Offenheit für personales situationsbezogenes Lernen sein. Theoretisch durchdachte Sequenzen sind nur ein Teil religiösen Lernens, mit denen so umzugehen ist wie der jesuanische Umgang mit dem Sabbat: sie sind für den Menschen da und nicht umgekehrt.

3.4 Formal-religiöse Fähigkeiten: Sprach-, Symbol-, Bibelverständnis[56]

Im Rahmen eines strukturlogischen, konsekutiven Gesamtentwurfs für den Grundschulbereich[57] betont Hubertus Halbfas die Schaffung der Voraussetzungen religiösen Lernens, nämlich den Aufbau von Verstehenskategorien für das Erschließen religiöser Inhalte. Ein konsequenter Aufbau dieser Voraussetzungen im Sinne einer "religiösen Sprachlehre" muß anstelle von mehr oder weniger zufälligen Einzelthemen die Problemstruktur auf der Ebene des Sprach- und Verstehensniveaus kontinuierlich aufgebaut werden. Die systematische Sensibilisierung hermeneutischer Fähigkeiten muß das Verständnis in den drei Bereichen Symbol, Sprache und (auf Symbol und Sprache gestützt) Bibel grundlegen.

Forts. Fußnote
  gymnasialen Oberstufen-Lehrpläne (Kastner, rhs 26 (1983) 30-36).
56 Vgl. zum folgenden Abschnitt Halbfas, 1982, 44-46; vgl. auch Scharer, 1988, 14-16.
57 Vgl. zusammenfassend zum Religionsunterricht in der Grundschule den Überblick von Baltzer, in: Biehl u.a. (Hrsg.), Bd. 4, 1988, 195-210.

Alles Lehren bleibt nutzlos, wenn die Lernenden die Sprache nicht verstehen, in unserem Fall die religiöse Sprache. Die religiöse Sprachlehre ist als durchgängiges Unterrichtsprinzip notwendig, da die christliche Glaubenstradition vom Wort her lebt, das nicht nur aus der Alltagsbegrifflichkeit schöpft: z.B. metaphorische und symbolische Bilder, die bildhafte Sprache des Alltags, analoge Sprachformen, biblische Metaphern und Gleichnisse, Parabeln, Legenden und Paradoxa.[58]

Gleichnisse haben erzählenden Charakter, ihre Relevanz ist nicht in erster Linie eine historische Fragestellung, sondern ihre Verifikation für die heutige Situation und Lebenswelt (Evangelium als "frohe" Botschaft).[59] Sie verlangen zugleich eine persönliche Stellungnahme und Antwort (Nachfolge).

Von analoger Sprache geht der Prozeß weiter zu symbolischen Sprachformen, die eine unabschließbare Vielfalt an Bedeutung in sich tragen, zu Mythen, Märchen, Sagen, Legenden.

"Das Paradox ist immer dann unumgehbar, wenn etwas artikuliert werden soll, was über die Alltäglichkeit hinausstrebt und sie dennoch in Anspruch nimmt."[60] Die

---

58 Vgl. Halbfas, Religionsbuch 1, 1983, 57-60 und Handbuch 1, 1983, 233-252, bes. 241-252; Religionsbuch 2, 1984, 77-80 und Handbuch 2, 1984, 501-510; Religionsbuch 3, 1985, 99-102 und Handbuch 3, 1985, 542-560; Religionsbuch 4, 1986, 97-104 und Handbuch 4, 1986, 550-577.
59 Sie sind erweiterte Metaphern, in denen Bild- und Sachhälfte, Form und Inhalt nicht getrennt und deshalb auch kein tertium comparationis gesucht werden kann. "Vielmehr ist die Basileia nur im Gleichnis und als Gleichnis da." (Halbfas, Handbuch 3, 1985, 547); vgl. mit dieser Interpretation im religionspädagogischen Bereich auch Baudler, [2]1988.
60 Halbfas, Handbuch 4, 1986, 574.

Struktur des Glaubens ist von ihrem innersten Kern her paradox: die Torheit des Kreuzes als Ort von Befreiung und Heil, ein Gott, der mit den Maßstäben der Menschen nicht faßbar ist (die Sehenden sind blind; die Hörenden Taub; die letzten sind die ersten; die ihr Leben verlieren, werden es gewinnen ...). In den verschiedenen Bereichen des Lebens kann das Paradoxon Orientierung gegen die Vereinfachungen der Alltagssprache und der gängigen Meinungen sein.

Die Sensibilisierung für die Formen religiösen Ausdrucks muß ebenso aufbauend und vertiefend gelernt werden wie das Verständnis von Symbolen. Sie sind die ursprüngliche und eigentliche Sprache der Religion. Im Sagbaren für das Unsagbare zu sensibilisieren und in expliziten und impliziten Kursen das Erfassen einer nur symbolisch vermittelbaren Wirklichkeit zu ermöglichen, ist Ziel dieses durchgehenden Prinzips von Unterricht.

Symbole[61] als symbolische Sprach- und Handlungsformen stehen am Anfang jeder Religion. Deshalb ist die Weitergabe des Glaubens an eine ganzheitliche Symbol-

---

61 Vgl. zur Herleitung des Begriffs: Buess, in: Galling (Hrsg.), Bd. 6, [3]1986, 540f, 540 und Schauerte, in: Höfer/ Rahner (Hrsg.), Bd. 9, [2]1986, 1205-1210, 1208; vgl. Baudler, 1982; Biehl, in: Biehl/ Baudler, 1980, 37-121; Heumann, 1983; Scharfenberg/ Kämpfer, 1980; Baudler, 1984, bes. 32ff; Heimbrock, 1984, 176-201; vgl. Bitter, in: KBl 109 (1984) 7-19; Feifel, in: Paul/ Stock (Hrsg.), 1987, 21-32, 29f; vgl. Halbfas, 1982, 84-141; Halbfas, Handbuch 1, 1983, 15 und 255-262; Halbfas, Handbuch 2, 1984, 445f; Halbfas, Handbuch 3, 1985, 512-519; Halbfas, in: Biehl u.a. (Hrsg.), Bd. 1, 1985, 86-94; Halbfas, in: KBl 111 (1986) 907-911; exemplarisch zur Kritik an Halbfas und zu den der Symboldidaktik vorausgegangenen Veränderungen in der Religionspädagogik vgl. Zilleßen, in: everz 36 (1984) 626-642, 627ff und 637-640; zu den theologischen Grundfragen im Zusammenhang mit Symbolen vgl. Zilleßen, 1982, 90-97.

erfahrung gebunden und nicht an ein Einprägen von Lehr-
sätzen. Sie sind im Gegensatz zum eindeutigen Zeichen in
ihrer Struktur vieldeutig, offen und letztlich unabschließbar. Dadurch sind sie notwendig in ihrer geschichtlichen, gesellschaftlichen und politischen
Bindung auf sprachliche Deutung angelegt.

> "Symbole weisen über sich selbst hinaus auf eine
> Wirklichkeit, die nicht unmittelbar ergriffen werden
> kann und der wir auf keinem anderen Weg begegnen
> können als auf dem Weg des Symbols."[62]

Anhand von Bildern, Texten und Handlungsmöglichkeiten
werden zentrale Bereiche religiöser Symbolik erschlossen, ohne sie auf bestimmte Bedeutungen festzuna-
geln (z.B. Licht und Dunkelheit, Tag und Nacht, Sommer
und Winter, Sonne, Herz, Tür, Brot, Wasser[63]). Im
dritten Schuljahr geht es um das grundlegende Verständnis der Sakramente als Symbole[64]: anhand der aufeinander
aufbauenden Elemente der Rose, des Baumes, der inneren
Augen, der Wahrheit der Symbole, der Frage nach dem
Wirklichen u.a. sollen die Schüler "von außen nach innen
sehen" lernen. Darauf aufbauend, wiederholend und
erweiternd, können Sakramente erschlossen werden.[65] Im
aufbauenden Lehrgang werden exemplarisch die Symbole
Labyrinth, Baum und Berg herausgegriffen und vertieft.[66]
Ziel ist dabei, diese Symbole in ihrer Vieldeutigkeit
betrachtend, hörend, erzählend, spielend, feiernd,
gestaltend ... zu erschließen, um hier und heute den Weg

---

62 Halbfas, Handbuch 1, 1983, 256.
63 Vgl. u.a. Halbfas, Religionsbuch 1, 1983, 62-72; Halbfas,
   Handbuch 1, 1983, 263-331; Halbfas, Religionsbuch 2, 1984, 60
   und 67-74; Halbfas, Handbuch 2, 1984, 447-497.
64 Vgl. Zadra/ Schilson, in: Böckle u.a. (Hrsg.), Bd. 28, ²1982,
   85-150; Baudler, 1984, bes. 199f; Halbfas, Religionsbuch 3,
   1985, 89-98; Halbfas, Handbuch 3, 1985, 520-539.
65 Vgl. z.B. Taufe, in: Halbfas, Religionsbuch 4, 1986, 66f;
   Halbfas, Handbuch 4, 1986, 432-438.
66 Vgl. Halbfas, Religionsbuch 4, 1986, 5-7; 41; 47; 52; 87-89;
   92-96; Halbfas, Handbuch 4, 1986, 496-548.

für die Begegnung und Erfahrung Gottes in Jesus Christus
zu bereiten.[67]

Auch die Bibel als die Quelle des jüdisch-
christlichen Glaubens kann nur wirklich verstehend
gelesen werden, wenn die Auffassungskategorien
grundgelegt sind. Der historische, kulturelle und
religiöse Zusammenhang mit Israel und dem Judentum und
verschiedene elementare biblische Sprachformen sollen
bibelkundliches Wissen und hermeneutische Kompetenz
vermitteln. Um die Bibel zu verstehen, muß man möglichst
viel von der Welt der Bibel, ihrer Zeit, ihren Problemen
und ihrer Lebensweise erfahren. Das Rahmenverständnis
für die Arbeit mit der Bibel, Informationen über Land
und Leute in Israel zur Zeit der Bibel werden ebenso
dargestellt wie das kultische Leben in Israel.[68] Darauf
aufbauend ist die Bibel selbst in ihrer historischen
Entstehung und spirituellen Bedeutung Thema eines
Lehrgangs.[69] Eine Einführung in die politische und
religiöse Welt zur Zeit Jesu rundet das Wissen um die
Bibel ab.[70]

---

67 Vgl. bes. Baudler, 1982; Zilleßen, in: everz 36 (1984) 626–642,
    635–637 mit Bezug auf Peter Biehl.
68 Die Arbeit der Bauern, der Fischer, die Tätigkeit des
    Hausbauens, des Spinnens und Webens, das Leben im Dorf und im
    Haus u.a., und Menora, Sabbat, Tempel, Synagoge, vgl. Halbfas,
    Religionsbuch 1, 1983, 74–85; Halbfas, Handbuch 1, 1983,
    335–359; Halbfas, Religionsbuch 2, 1984, 82–87; Halbfas,
    Handbuch 2, 1984. 513–528.
69 Mündliche und schriftliche Überlieferung, Entwicklung der
    Schrift, Schriftlesung, Synagogenschule u.a., vgl. Halbfas,
    Religionsbuch 3, 1985, 103–113; Halbfas, Handbuch 3, 1985,
    562–582.
70 Die Römer und ihre Besatzungspraktiken, Herodes, Steuer- und
    Zollwesen, Zeloten, Priesterschaft, Pharisäer, u.a., vgl.
    Halbfas, Religionsbuch 4, 1986, 105–112; Halbfas, Handbuch 4,
    1986, 580–606.

Diese Beispiele, die Halbfas für seine vier Grundschulbücher vorlegt, seien als Skizze übernommen:[71]

	Sprach- verständnis	Symbol- verständnis	Bibel- verständnis
1. Schul- jahr:	Einfache Metaphern	Einfache Symbole: Licht Herz Tür	Israel – Land und Leute
2. Schul- jahr:	Weitere bildliche Redensarten und Sprichwörter	Sakramentale Grundsymbole: Wasser Brot Die Sonne als Gottes- symbol	`Israel – Kult und Feste
3. Schul- jahr:	Analoge Sprachformen: Das Gleichnis	Symbolische Elementar- formen: Kreis Kreuz	Die Bibel als Buch – Einfache biblische Sprachformen
4. Schul- jahr:	Symbolische Sprachformen: Die Legende Einfache Paradoxa	Komplexe Symbolfelder: Brunnen Labyrinth Lebensbaum Berg Wüste Garten Haus	Biblische Wunder- geschichten Einfache synoptische Lesarten Einfache alttestamentliche Quellen- vergleiche

3.5   Korrelation von Glaube und Leben

Lehr- und Lernplanung als strukturierte, geplante und
überprüfbare muß Glaubens- und Lebenserfahrung bewußt in
Bezug zueinander, miteinander und ineinander setzen. Die
gemeinsame Synode der Bistümer in der BRD nahm dies im

---

71 Halbfas, 1982, 45; vgl. Halbfas, Handbuch 4, 1986, 18f; vgl.
   das Beispiel von Matthias Scharer für die fünfte Schulstufe,
   1988, 57–62.

Zusammenhang des Religionsunterrichts aus theologischer Sicht auf: "Der Glaube soll im Kontext des Lebens vollziehbar, und das Leben soll im Licht des Glaubens verstehbar werden."[72]

Das Korrelationsprinzip als Konsens religionspädagogischen Arbeitens kann mittlerweile wohl vorausgesetzt werden.[73] Langemeyer nennt als theologischen Bezugspunkt für die Korrelation "die überlieferte Glaubenssprache selbst."[74] In Anschluß an Paul Tillich und Karl Rahner ist der Begriff als theologischer von Edward Schillebeeckx herausgearbeitet: die gegenseitige Erschließung von Glauben und Leben, von Offenbarung und Erfahrung als theologisches Problem[75]; inwiefern der Mensch Hörender der Botschaft sein muß, um Glaubender zu werden, wird durch die Auseinandersetzungen mit den

---

72 Gemeinsame Synode, 1976, 136 (2.4.2); vgl. ausführlich bei Moser, 1986, 121-124 und Exeler, 1979, 105f; vgl. Langer, in: Eicher (Hrsg.), Bd. 4, 1985, 58-67, 62; vgl. zur Unterscheidung der verschiedenen Diemensionen der Korrelation: Lange, in: KBl 110 (1985) 790-793, 793: "Theologische Korrelation = Überlieferung als göttliche Offenbarung in menschlicher Erfahrung. Anthropologische Korrelation = Der Mensch auf der Suche nach Sinn begegnet immer schon gedeuteten Erfahrungen. Didaktische Korrelation = Korrelatives Lernen im Vollzug von Unterricht: Dialog zwischen überlieferter und eigener Lebenserfahrung im Kontext der gesellschaftlichen Wirklichkeit."; vgl. dazu auch Hilger, in: KBl 102 (1977) 250-257; vgl. Nocke, in: KBl 105 (1980) 130f.
73 Vgl. z.B. Feifel, der diese Meinung auch vertritt, in: Paul/ Stock (Hrsg.), 1987, 21-32, 27; vgl. aus der Fülle der Literatur z.B. Di Chio, 1975; Lange, in: KBl 105 (1980) 151-155; Bitter, in: KBl 106 (1981) 343-345; Raske, in: KBl 106 (1981) 346-350; Schäffer, 1983; Baudler, 1984.
74 Langemeyer, in: Biemer/ Knab (Hrsg.), 1982, 37-48, 37.
75 Vgl. Tillich, ²1975, 243; Tillich, 1956, 73-80; vgl. exemplarisch: Rahner, in: KBl 105 (1980) 545-547; Schillebeeckx, 1971, 83-109; Schillebeeckx, 1979; Schillebeeckx, in: KBl 105 (1980) 84-95; Schillebeeckx, in: Böckle u.a. (Hrsg.), Bd. 25, 1980, 74-116; vgl. zu Tillich: Clayton, in: KBl 105 (1980) 184-186; vgl. sehr ausführlich zu Tillich und Schillebeeckx: Schäffer, 1983, 319-360.

Fragen der Menschen und den Antworten aus dem Glauben in der Schule zum religionspädagogischen Problem. Doch ist das Korrelationsprinzip eine systematisch-theologische Denkform, die den didaktischen Aspekt nicht nachträglich "aufgestülpt" erhält, sondern bereits im Ansatz selbst enthält. All dem vorausgegangen ist der Paradigmenwechsel der theologischen Denkweise als "anthropologische Wende", d.h. der Frage nach der Bedeutung des Glaubens für den Menschen, deutlich geworden.[76]

Die Fachwissenschaft kann die Glaubensüberlieferung (in Liturgie, Gebet, paränetischen und anderen Texten) nicht repräsentieren, sie ist selbst korrelierte, v.a. "wissenschaftlich reflektierte(n) Welt- und Daseinserfahrung"[77]. Korrelation geschieht als Prozeß in Interaktion und Kommunikation, ihr Gelingen oder Mißlingen kann nicht per Entscheidung festgeschrieben werden, sondern kann nur im Vollzug eingelöst werden. Da lebendiger Glaube in erster Linie in der Begegnung überliefert und weitergegeben wird, muß in schulischem Zusammenhang von überlieferter Sprache des Glaubens gesprochen werden. Diese Glaubenssprache ist in erster Linie doxologisch, über sich hinausweisend mit dem Ziel, in Beziehung zu setzen und die Beziehung zu vollziehen - zu glauben.

Die "Verschränkung von überlieferter Glaubenserfahrung und gegenwärtiger Lebenserfahrung"[78] kann mittels

---

76 Vgl. Schäffer, 1983, 361; zu den theologischen Vorentscheidungen vgl. 363f.
77 Langemeyer, in: Biemer/ Knab (Hrsg.), 1982, 37-48, 38.
78 Lehrplan an Hauptschulen, 1985, 6; vgl. ebenso den Zielfelderlehrplan für die Grundschule, 1982, 53; vgl. exemplarisch: Baudler, in: KBl 102 (1977) 363-370; vgl. die verschiedenen Typen von Korrelation: Hilger, in: KBl 102 (1977)
Forts. Fußnote

eines Strukturgitters bzw. eines Rasters vollzogen und dargestellt werden[79], oder der Lehrplan "bildet den angestrebten religiösen Lernprozeß so gut wie möglich als einen Korrelationsprozeß zwischen gegenwärtigem Leben und überliefertem Glauben ab."[80]

> "Es fällt auf, daß nicht genau definiert wird, was korreliert werden soll. So wird von Korrelation von Lebenssituation und Glaubensinhalt (...), von Glaubensüberzeugung und neuer Erfahrung (...), von Glaube und Situation (...), von menschlicher Existenz und christlicher Botschaft (...) gesprochen. In der Benennung der beiden Pole herrscht wenig Gemeinsamkeit. Übereinstimmung besteht aber darin, daß es zwei Gegebenheiten sind, die einerseits von Gott, andererseits vom Menschen ausgehen."[81]

Glaube und Leben können nicht einfach unreflektiert verbunden werden, sondern müssen sich gegenseitig "schöpferisch in Bewegung bringen."[82] Dieses Sich-in-Bewegung-Bringen ist ein gegenseitiges Filtern und Erhellen auf der konkreten Unterrichtsebene, ein dialogisches Durchdringen, das jedes Funktionalisieren verbietet. Korrelative Theologie bewegt sich in der Spannung von Inhalt und dessen Vermittelbarkeit, von Tradition und Situation, sie ist eine kritische und zugleich produktive Wechselbeziehung, da sich dabei Erfahrungen verändern und Überlieferung neu gesehen werden kann[83]. Dazu gehört aber auch die Betonung des

---

Forts. Fußnote
  250-257; vgl. die kritische Nach-Lese von: Lange, in: KBl 105 (1980) 151-155.
79 Vgl. Blankertz, [11]1980, 178-183; Biemer/ Biesinger, 1976; vgl. auch Moser, 1986, 109-142; Scharer, 1987, 28f, Anm. 33 und 48, Anm. 85 u.ö.
80 Lehrplan an Hauptschulen, 1985, 12; vgl. Scharer, 1988, 3.
81 Moser, 1986, 123; vgl. die zahlreichen Hinweise als Belege: Moser, 1986, 121ff.
82 Fuchs, in: KBl 102 (1977) 371-377, 375.
83 Vgl. Baudler, in: KBl 105 (1980) 763-771, 763; Feifel, in: Paul/ Stock (Hrsg.), 1987, 21-32, 27f; Werbick, in: KBl 110
                                                              Forts. Fußnote

verfremdend Widerständigen, des Anstößigen des Evangeliums und des darin zugleich wahrnehmbaren Selbstver-
ständlichen:

"Nichts ist einfacher und selbstverständlicher als
das Unglaubliche, das kein Auge je gesehen und kein
Ohr je gehört hat und auf das doch jeder ansprechbar
ist: bedingungslose Anerkennung in Tod und Leben."[84]

Wird Korrelation so verstanden, sind christliche Überlieferung und Leben(serfahrung) jeweils für sich ein
"Frage-Antwort-Geschehen (...), so daß die Überlieferung
nicht einfach Lebensfragen beantwortet,...sondern im
Leben neue Frage-Antwort-Prozesse anstößt."[85] Dieser
Prozeß des Korrelierens darf aber nicht eingegrenzt auf
einzelne Themen geschehen, sondern muß mit den Forderungen nach Elementarisierung, Sequentialität, Kontinuität, vertikaler Konsekutivität und horizontalem
Zusammenhang verbunden werden. Für die Lehrplanarbeit
macht dies u.a. nicht einfach das Nebeneinanderstellen
des individuellen, sozialen und theologischen Bereichs,
sondern die Verschränkung vom Ansatz her, eine Begründung der Inhalte im Ernstnehmen beider Pole und eine
religiöse Alphabetisierung, eine formal-religiöse
Bildung und die sprachliche Sensibilisierung notwendig.[86]

Glaubensüberlieferung ist (damit) kein objektiv-
satzhafter Lehrinhalt, sondern "symbolisch-figürlicher

Forts. Fußnote
    (1985), 326-336, 327 und 330 mit Bezug auf Michael Raske, in:
    KBl 106 (1981) 346-350.
84 Fuchs, in: rhs 28 (1985) 84-91, 90; vgl. Fuchs, in: KBl 107
    (1982) 165-181: Die dem christlichen Glauben "entsprechende
    Rede muß deshalb korrelativ und paradox sein (der jeweiligen
    Welt- und Selbsterfahrung entsprechend und widersprechend)."
    (168)
85 Baudler, 1984, 17; vgl. Werbick, in: KBl 110 (1985) 326-336,
    328; vgl. Scharer, 1988, 4f.
86 Vgl. Halbfas, 1982, 49f.

Sinngehalt"[87], und Lebenserfahrung meint das Ganze des Lebens, das Woher und Wohin und die Frage nach dem Sinn dahinter.

> "Nur so ist Korrelation als subjektkonstituierender und also widerständig-freier Dialog möglich, in dem auch ein aus dem Subjekt kommendes und im Subjekt und seiner individuellen Lebenserfahrung begründetes 'Nein' zu bestimmten Glaubenssymbolen (oder deren Aspekten) nicht die objektive Wahrheit (die auch im Glaubenssymbol enthalten ist) als solche in Frage stellt oder 'leugnet'."[88]

Trotz aller Bemühungen bleiben die Schwierigkeiten der Verschränkung von Anthropologie und Theologie bestehen. "Die 'Glaubenskunde' blieb erfahrungsfern, die 'Lebenskunde' glaubensfern."[89] Das Gelingen der Verschränkung hängt davon ab, ob darstellbar wird, daß in den alltäglichen Erfahrungen die Erfahrung der Transzendenz mit eingeschlossen ist und daß Offenbarung als Erfahrung geschieht. Sie ist also an eine erfahrungsbezogene und -stiftende, mehrdimensionale Sprache gebunden, d.h. konkret an analoge und symbolische Sprachformen.

In der Verbindung von Korrelationsdidaktik und Symboldidaktik scheint ein Weg zu liegen, die Spannung von Glaubensüberlieferung und Lebenserfahrung in Balance zu halten: Symbole können Schlüssel zur Erschließung sowohl der christlichen Überlieferung als auch der Lebenswelt der Schüler und gleichzeitig deren gelungene Verdichtungen.[90] "Korrelationsdidaktik ist nur

---

87 Baudler, 1984, 49.
88 Baudler, 1984, 49; vgl. zu den Gefahren des korrelativen Ansatzes: Schäffer, 1983, 364-380.
89 Halbfas, 1982, 48.
90 Vgl. Feifel, in: Paul/ Stock (Hrsg.), 1987, 21-32, 28f.

realisierbar als Symboldidaktik."[91] Leitgedanke bei der Frage nach den Gestaltungsprinzipien des religiösen Lernens, die dieses freie, wechselseitig kritische Spannungsverhältnis in Balance halten, ist

"die Erkenntnis von Paul Tillich, daß ein solches freilassendes und doch den Menschen unbedingt angehendes Glaubensgespräch notwendig in Symbolen erfolgt."[92]

Die konkrete, typische und existentiell verdichtete Lebenserfahrung und die entsprechenden Elemente der Glaubensüberlieferung werden im Lernprozeß zu "repräsentativen Symbolen" ausgestaltet, d.h. sie verweisen jeweils auf das Ganze des Lebens und der Botschaft. Dabei gleichen sich die beiden Pole nicht an, sondern bewahren eine Widerständigkeit, die das Weiterbedenken und Weiterbeschäftigen sowohl mit dem Glauben als auch mit der eigenen Situation anregt.[93] Die Wechselbeziehung ist dadurch keine objektiv gültige, sondern eine subjektiv geäußerte, gemeinsam mit anderen vergewisserte Korrelation und muß auch auf wissenschaftlicher Basis logisch-diskursiv besprochen und verstanden werden.[94]

Sucht man nach einem Konzept, das dem Anliegen der Korrelation in der Praxis gerecht wird, ist der Ansatz der themenzentrierten Interaktion nach Ruth C.Cohn[95] von besonderer Bedeutung. Die Relevanz dieses Konzepts, das Matthias Scharer bzgl. der Konzeptionierung und Erstellung eines Religionsbuches für die 5.Schulstufe (in

---

91 Baudler, in: KBl 112 (1987) 30-35, 34. Vgl. auf Lehrplanebene z.B. Lehrplan an Hauptschulen, 1985, 12 u.ö.; Scharer, 1987, 63ff.
92 Baudler, in: KBl 105 (1980) 763-771, 763.
93 Vgl. Werbick, in: KBl 110 (1985) 326-336, 330f.
94 Vgl. Baudler, in: Biehl/ Baudler, 1980, 123-138; Baudler, in: KBl 105 (1980) 763-771; Baudler, 1982, bes. 49ff; Baudler, 1984.
95 Vgl. grundlegend: Cohn, ⁵1981.

Österreich 1.Klasse Hauptschule)[96] geprüft hat, muß auch in Bezug auf die Erstellung von Lehrplänen ernst genommen werden. Dabei ist u.a. zu beachten:

"- (im Anschluß an R.Cohn) die Auswahl und Formulierung 'zentraler', 'lebenswichtiger' Themen (...);
- (im Anschluß an M.Kroeger) das 'Personalisieren' der (...) Gehalte;
- Themengehalte als Angebot 'religiösen Sprachlernens', das auf eine 'unreduzierte Lebensform' verweist;
- Störungspriorität in der Formulierung der Themengehalte - erkennbar am 'Maß ihrer gestalteten Freiheit';
- (im Anschluß an D.Funke) die Erweiterung des Trennungsbegriffes auf das Symbol."[97]

Korrelationsdidaktik als Symboldidaktik meint eine konsekutiv-aufbauende Hin- und Einführung in Symbole, die das Ganze des Lebens und die Lebenserfahrungen der Betroffenen aufgreifen und verbinden mit den in ihrem Ursprung (auch) korrelativen Symbolen des jüdisch-christlichen Glaubens in Offenbarung und Tradition.
Der Gehalt, in der Sprache der TZI das Es, der Inhalt eines Lehrplans ist nur ein Faktor, der zusammen mit dem "Ich" und dem "Wir" unter Berücksichtigung des "Globe" in dynamischer Balance gehalten werden muß. Die einzelnen Personen ("Ich") und die Gruppe ("Wir") bilden zusammmen mit dem Thema ("Es") ein gleichseitiges Dreieck, womit auch die grundsätzliche Gleichwertigkeit dieser drei Elemente ausgedrückt ist. Diese Eckpunkte des Dreiecks sind bildlich in einer Kugel vorzustellen, im sog. "Globe", dem Umfeld der Gruppe als ihrem situativ konkreten, sozialen und zeitlichen; als

---

96 Vgl. Scharer, 1987, 112-192 und Scharer, 1988, 39-55.
97 Scharer, 1987, 178.

gegenwärtiges Umfeld reicht es mit seinen Aspekten in Vergangenheit und Zukunft.[98]

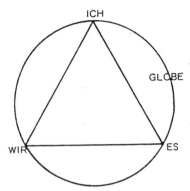

Aufgabe des Leiters ist es u.a., auf die dynamische Balance zwischen diesen einzelnen Elementen zu achten.[99] Dynamisch meint dabei die Art des Prozesses, wie die Balance gewahrt wird, nämlich nicht durch starres Einteilen u.ä., sondern durch aufmerksames und genaues Wahrnehmen und Beobachten des (Gruppen-)Prozesses. In Unterscheidung zu Matthias Scharer[100] verstehe ich das Prinzip der dynamischen Balance bezogen auf die drei Faktoren Ich-Wir-Es, unter Berücksichtigung und im Kontext des Globes; ich sehe den Globe nicht als einen Faktor neben den anderen dreien.

Für die Arbeit auf Lehrplanebene heißt das Ernst-nehmen dieses Ansatzes, daß die "Gesellschaft" als der Globe gesehen werden muß, und daß Thema/ Stoff, die einzelne Person und die Interaktionsebene, die Gruppe in

---

98 Vgl. Cohn, ⁵1981; Farau/ Cohn, 1984; Kröger, ²1976; Stollberg, 1982; Biesinger, in: Biemer/ Biesinger/ Fiedler (Hrsg.), 1984, 94-100; Biesinger, in: CpB 97 (1984) 6-9; 85-95; 223-226; Funke, 1984; Erfahrungen lebendigen Lernens, 1985; Auf dem Weg zur arbeitsfähigen Gruppe, 1988; weitere Literatur zum Thema vgl. auch Scharer, 1987, 112, Anm. 18.
99 Vgl. die Technik des Balancierens besonders für Unterricht: J. Kielholz, zit. nach: Scharer, 1987, 183.
100 Vgl. Scharer, 1987, 191 u.ö.

diesem Globe im dynamischen Gleichgewicht sein müssen. Die Spannungen zwischen den verschiedenen Konkretionsebenen von Unterricht (Lehrplan, Schulbuch, konkreter Unterricht) bleiben; gleichzeitig bleibt aber auch der Anspruch, die verschiedenen Aspekte Ich, Wir, Es, die thematischen Störungen, die Symbolbildungen, die adäquaten Themenformulierungen und das Involvieren der Schüler in diesen Planungs- und Formulierungsprozeß u.a.m. zu beachten. Dabei sind auch die Faktoren für lebendiges, ganzheitliches Lernen: Struktur der Gruppe, Prozeß (als die verschiedenen Phasen des miteinander Arbeitens) und (ein Klima von gegenseitigem) Vertrauen mitzubedenken, wobei für lebendiges Lernen situations- und menschengerechte Strukturen das Hauptaugenmerk verlangen.[101]

3.6 Kritische Würdigung in Hinblick auf die Erstellung eines Gesamtkonzepts

Das Ringen darum, was in einem Lehrplan zu stehen hat und welche Kräfte diesen bestimmen, welche Faktoren für lang- und mittelfristige Planungen zu bedenken sind, und wie fachwissenschaftliche Inhalte, Qualifikationen und die Lebenssituationen der einzelnen und die bestehende Gesellschaft integrierend zu vernetzen sind, wurde ausführlich dargestellt. Dies ist vor allem insofern wichtig, weil es ohne das Wissen um die Entwicklungen, Ansätze und Lernwege in diesem Thema kaum möglich ist, den heutigen Diskussionsstand zu verstehen.

---

101 Vgl. Stollberg, 1982, 33; Scharer, 1987, 128.

Es ist sichtbar, wie schwierig es ist, die Offenheit im methodischen, thematischen und institutionellen Sinn zu verbinden mit den administrativen Vorgaben und Kontrollen, den inhaltlichen Strukturen in ihrem Aufbau und ihrer Fortführung, den kognitiven Strukturen der Lernenden oder den politisch-gesellschaftlichen Interessen.

Die Mehrstufigkeit eines Lehrplans, wie sie Biemer beschreibt[102], und die damit verbundene Diskutierbarkeit von Lehrplänen in der Öffentlichkeit ist dabei besonders hervorzuheben. Die Veränderung von Unterricht durch die Lehrpläne ist ebenso beinhaltet wie die Veränderung der Lehrpläne durch den Unterricht. So schließt sich der Kreis der Spannung von Offenheit und Vorgegebenem, um Lernprozesse zu optimieren und die Vermittlung von Wissen, Kenntnissen und Fähigkeiten zu verbessern.

Was im Zentrum religiösen Lernens zu vermitteln sei und wie dies gelingen könnte, wurde in den vergangenen Jahren in der Religionspädagogik besonders diskutiert. Die Stichworte Konzentration, Elementarisierung (von Inhalten, Strukturen, Erfahrungen und Anfängen), Korrelation, Sequentialität, Symbolen u.a. wollen die verschiedenen Ansprüche verbinden. Glaube als existentieller Glaube ist verbunden mit den jeweiligen Erfahrungen, die von Mensch zu Mensch verschieden sind; er prägt und drückt sich individuell verschieden aus, wird unterschiedlich erlebt und wird auch jeweils anders weitergegeben als der Glaube an die Inhalte, die wir für wahr halten und die von Seiten der Kirche festgelegt und vorgegeben werden. Diese Differenzierungen, eingebunden

---

102 Vgl. 2.8.

in das pluralistische Gesellschaftssystem und die
(letztlich nicht genau beschreibbare) Lebenswelt der
Lernenden, zeigen die Schwierigkeiten an, in denen
religiöses Lernen heute steht.

Abschließend seien nun die einzelnen Elemente im
Blick auf die Entwicklung eines Gesamtkonzepts aufge-
listet, um einen zusammenfassenden Überblick zu schaffen:

- Es muß deutlich sein, welche Bezugswissenschaft(en)
  als Begründung für das Schulfach Katholische Religion
  dient bzw. dienen.

- Die Formulierung von Kurzformeln des Glaubens kann
  die Bündelung der Einzelinhalte und ihre Strukturierung ermöglichen. Auch die Frage nach einer Hierarchie der Glaubenswahrheiten und die Suche nach
  zentralen Begriffen dienen der Konzentration und dem
  klaren Aufbau der Gedanken innerhalb der Pluralität.
  Die Gefahr einer dadurch bedingten Vereinheitlichung
  des theologischen Denkens darf nicht verschwiegen
  werden; Konzentration ist immer subjektiv, zeitverhaftet und dient pastoralen Absichten. Breite Zustimmung muß im Diskurs errungen werden.

- Im Zusammenhang der Konzentration ist das Problem des
  Elementaren ursprünglich zu sehen. Ob von den Fragen
  der Menschen auf das typisch Christliche geschlossen
  wird oder von den vorgegebenen Inhalten des Glaubens
  ausgegangen wird, es geht um die fundamentalen
  (inhaltlichen und existentiellen) Strukturelemente
  des Christlichen.

- Zugleich ist die Theologie als inhaltliche Ebene nur
  ein Teil des Lehrplans; weitere Bezugswissenschaften,

die Orientierung am Menschen und seiner Welt, am
Lehrenden und Lernenden, die Ermöglichung von Erfah-
rung, deren Versprachlichung und von persönlichen
Entscheidungen sind zentrale Bereiche.

- Neben der Frage nach gewißmachenden (und das heißt
  immer individuell erlebten und erkämpften) elementaren Wahrheiten müssen bereits im Lehrplan die
  menschlichen Grunderfahrungen - mit der Offenheit für
  und dem Interesse an persönlichen, existentiell
  gefärbten, an Ort und Zeit gebundenen Prozessen -
  mitbedacht und aufgenommen werden.

- Gerade durch den Anspruch, auch lebensbedeutsame
  Erfahrungen zu ermöglichen und diese in Sprache zu
  fassen, wird die Spannung von kognitivem und exi-
  stentiellem Wissen überwunden, indem die durch
  Betroffenheit bestätigten Inhalte für die eigene
  Lebensführung bedeutsam werden.

- Damit Inhalte konkret und persönlich relevant sind,
  müssen sie verbunden sein mit den jeweiligen Verstehensvoraussetzungen: den Erfahrungen der Kindheit,
  den Betroffenheiten der jeweiligen Lebensphase, den
  Auffassungen und Fragen. Darin liegt die Notwendigkeit der Sequentialisierung begründet.

- Der systematisch aufbauende, strukturierte Zusammenhang von Lerneinheiten auf der Basis der zentralen
  Kategorien des christlichen Glaubens erhöht die
  Effektivität des Lernens. Auch Lebens- und Glaubens-
  orientierung, persönliche Entwicklungen und existentielle Entscheidungen sind in die Kontinuität und
  wachsende Entfaltung der Inhalte zu integrieren.

- Religiöse Sprachbildung geschieht durch den Aufbau von Verstehenskategorien in den Bereichen Symbol, Sprache und (darauf gestützt) Bibel. Die Bindung des Glaubens an das Wort macht die aufbauende und vertiefende Sensibilisierung für die Formen religiösen Ausdrucks notwendig.

- Die Erschließung der Inhalte durch die Erfahrungen und die Deutung von Erfahrungen im Verstehenshorizont des Glaubens muß bereits vom Lehrplan mitbedacht werden. Nur Korrelation als konkrete Interaktion auf Unterrichtsebene entzieht sich als dialogischer Prozeß einer Festschreibung im Lehrplan. Eine solche gegenseitige Erschließung von Glaube und Leben ist an eine erfahrungsbezogene, erfahrungsstiftende, mehrdimensionale, symbolische Sprache gebunden.

- Ein Ansatz zur Realisierung des korrelativen Anliegens findet sich im Konzept der Themenzentrierten Interaktion nach Ruth C. Cohn als der dynamischen Balance zwischen Inhalt/Stoff, den einzelnen Personen und der Gruppe der am Lernprozeß Beteiligten unter Berücksichtigung des gesamten Umfeldes, in dem Lernen geschieht. Die letzte Konkretion dieses Ansatzes kann erst der Unterricht selbst leisten; dennoch bleibt der Anspruch, diese dynamische Balance bereits auf Lehrplanebene zu verwirklichen. Dadurch sind Lehrpläne keine Stoffpläne, sondern eingebunden in den Prozeß lebendigen Lernens, in dem existentieller Glaube mit all den individuell verschiedenen Erfahrungen und Fragen kommunikabel und mit den Inhalten der Theologie in den zentralen Kategorien verbunden wird.

Der Anspruch, daß das Gelernte für die Gegenwart und die Zukunft relevant sein muß, gilt für jedes Lernen.

Das bedeutet auch, daß eine Beliebigkeit der Inhalte verhindert werden muß. Dies kann aber nur geschehen, wenn gemäß der Sequentialisierung ein "roter Faden", d.h. der sachlogische und entwicklungsgemäße Aufbau sichtbar wird. Gerade darin liegt die große Herausforderung gegenwärtiger Diskussionen: es muß gemäß der Lernstufen der Schüler vom Glauben gesprochen werden, ohne immer wieder ihre jeweiligen kognitiven Möglichkeiten und ihre Verstehensvoraussetzungen zu übergehen.

4. LERNPSYCHOLOGISCHE UND ENTWICKLUNGSPSYCHOLOGISCHE ÜBERLEGUNGEN ZUR ERSTELLUNG EINES GESAMTKONZEPTS

4.1 Lernpsychologische Ansätze

4.1.1 David P. Ausubel[1]

Aufgabe der Schule nach Ausubel ist es in erster Linie, das kulturell überlieferte und bereitstehende Wissen weiterzugeben, sodaß in den Schülern ein breiter und umfangreicher Bestand an Wissen aufgebaut werden kann.[2] Ziel der Schule ist also der Aufbau kognitiver Strukturen, einer "cognitive structure", wie Ausubel es nennt, d.h. "ein System von aufeinander bezogenen und untereinander verbundenen sinnvollen Bedeutungen (meanings)."[3]

Dies gilt es näher auszufalten: Ausubels Ansatz des expositorischen oder darstellenden Lehrens, das bedeutungsvolles (rezeptives) Lernen (s.u.) erleichtern soll, geht davon aus, daß das Erlernen von "meanings" (Bedeutungen) einen erheblichen Teil des Lernens einnimmt. Solches Lernen ist nach Ausubel dann "meaningful" (sinnvoll, bedeutungsvoll), wenn das neu zu Lernende auf

---

1 zum ganzen Kapitel vgl. Ausubel, in: Anderson/ Ausubel (Hrsg.), 1965, 103-115; Ausubel, Bd. 1 und Bd. 2, 1974 und Ausubel/ Novak/ Hanesian, 1,[2]1980; Ausubel, [2]1968; Straka/ Macke, [2]1981; 112-130; Macke, 1978, 236-246; Eigler u.a., [4]1979, 62-64 und 71-79; Biesinger, in: Biemer/ Biesinger/ Fiedler (Hrsg.), 1984, 77-80; Biesinger, in: Zisler (Hrsg.), 1988, 23-28, 24f.
2 Zu Ausubels Hintergrund vgl. Ausubel/ Sullivan, 1974, und Ausubel, [6]1979.
3 Eigler u.a., [4]1979, 62; vgl. Ausubel, in: Siegel (Hrsg.), 1967, 207-257, 215ff; Ausubel, in: Anderson/ Ausubel (Hrsg.), 1965, 58-75; Ausubel/ Robinson, 1969, 50ff; Oerter, in: Oerter/ Montada, 1982, 498-505, bes. 504f.

bereits Gelerntes bezogen und damit verbunden werden kann.

Möglich ist dieses untereinander verknüpfte und strukturierte Lernen durch die Fähigkeit des Menschen zur verbalen Kommunikation. Ausubel spricht deshalb von "meaningful verbal learning", von sinn- oder bedeutungsvollem verbalen Lernen.

1968 hat Ausubel seine Theorie erweitert und von "bedeutungsvollem rezeptivem Lernen"[4] gesprochen. Dieser weitere Begriff beschreibt die Art, wie gelernt wird, nämlich rezeptiv, und deutet gleichzeitig auf das Ergebnis des Lernprozesses hin, nämlich Bedeutungen. Dennoch soll damit nicht verschleiert werden, daß schulisches Lernen in erster Linie an sprachlichem Material geschieht.

Sinnvolles Lernen ist also nur dann möglich, wenn das neu zu Lernende im Prozeß des Lernens in die bestehende kognitive Struktur sinnvoll eingeordnet und diese dadurch erweitert wird.

> "Das Wesentliche seines sinnvollen Lernprozesses ist, daß in Symbolen ausgedrückte Ideen in einer gezielten und inhaltsbezogenen Weise (nicht wortgetreu) mit dem in Verbindung gebracht werden, was der Lernende bereits weiß. Unter einer inhaltlichen und gezielten Bezogenheit verstehen wir, daß die Ideen auf einen spezifisch relevanten, bereits vorhandenen Aspekt in der kognitiven Struktur des Lernenden bezogen werden, z.B. auf ein Bild, ein bereits sinnvolles Symbol, einen Begriff oder einen Lehrsatz."[5]

---

4   bzw. in: Ausubel, [2]1980, 150 u.ö.: "sinnvolles rezeptives Lernen"; vgl. Straka/ Macke, [2]1981, 114; Macke, 1978, 239 u.ö.
5   Ausubel/ Novak/ Hanesian, [2]1980, 65; vgl. Ausubel, Bd. 1, 1974, 39.

Sinnvoll oder bedeutungsvoll meint also immer die Zuordnung eines Inhalts zu einem Zeichen, das mitteilbar ist, durch Verknüpfung mit der und durch Einordnung in die bestehende kognitive Struktur. Damit haben Zeichen bzw. Lernmaterial immer nur potentielle Bedeutung[6], insofern ihnen erst durch die Verbindung mit der bestehenden kognitiven Struktur die entsprechende Bedeutung zukommen.

Die zwei entscheidenden Kriterien sinnvollen Lernens sind, wie aus dem Zitat von Ausubel herauszulesen ist, zufallsfrei[7] bzw. gezielt und nicht wörtlich. Zufallsfrei auf die kognitive Struktur beziehbar meint, daß,

"wenn der Stoff selbst genügend gezielt (oder zufallsfrei) ist, (...) er eine adäquate und beinahe selbstverständliche Basis dafür [bietet], ihn wohlüberlegt auf ebenso relevante Ideen auszurichten, die Menschen lernen können."[8]

Unter inhaltlicher Beziehbarkeit wird verstanden, daß das Gelernte unabhängig von der sprachlichen Kodierung mit vorhandenem Wissen verknüpft und angewandt werden kann.

Zentrum Ausubels Theorie ist die kognitive Struktur, die inhaltlich verstandene, hierarchisch aufgebaute Pyramide mit immer allgemeineren Begriffen zur Spitze hin. Von den abstrakten, umfassenden Begriffen wird die Ausdifferenzierung immer breiter bis hin zur Basis, die von konkreten Fakten und Informationen gebildet wird. Auf den verschiedenen Ebenen und zwischen ihnen bestehen Verknüpfungen. Von der Vielzahl und der Art dieser

---

6   Vgl. Ausubel/ Novak/ Hanesian, [2]1980, 62, 66 u.ö.; Straka/ Macke, [2]1981, 115.
7   Vgl. Ausubel, Bd. 1, 1974, 39f.
8   Ausubel/ Novak/ Hanesian, [2]1980, 68; vgl. Ausubel, Bd. 1, 1974, 42.

Vernetzungen, der Menge der verfügbaren Bedeutungen, der Klarheit und Stabilität der Struktur hängt die Qualität dieses sich ständig durch Lernen und Vergessen verändernden Gefüges ab.

Ausubel geht davon aus, daß die kognitive Struktur mit sehr allgemeinen, wenig differenzierten Begriffen vorhanden ist und fragt nach dem Prozeß der Aufnahme und Differenzierung von Bedeutungen, nach Anknüpfungspunkten zur internen Konstruktion neuer Bedeutungen und zur Erweiterung der kognitiven Struktur. Diesen Prozeß des Lernens faßt er vorwiegend als Unterordnung von neuen Bedeutungen unter bereits bestehende "subsuming concepts", die unterschieden werden können in "derivative subsumption" und "correlative subsumption", dazu kommen als mögliche Prozesse die der Überordnung und der Kombination.[9]

Den allgemeineren, abstrakteren Begriffen werden Differenzierungen, Einschränkungen, Präzisierungen, Modifikationen, Beispiele... untergeordnet. Bei der derivativen oder ableitenden Subsumtion sind die neuen Bedeutungen direkt aus den bestehenden allgemeinen Begriffen als Ableitungen, Spezialfälle, Konkretisierungen, Beispiele, Erläuterungen u.ä. ableitbar. Bei der korrelativen Unterordnung sind die neuen Bedeutungen mit den vorhandenen verbindbar als Einschränkungen, Erweiterungen, Vertiefungen, Veränderungen, Verfeinerungen.[10] Die stärkere Beharrlichkeit gegenüber dem Vergessen, die hohe Erklärungskraft und damit

---

9   Vgl. Macke, 1978, 239, bes. Anm. 282, und 240; Straka/ Macke, [2]1981, 117.
10   Vgl. Ausubel, in: Siegel (Hrsg.), 1967, 207-257, 225f; Ausubel/ Novak/ Hanesian, [2]1980, 96.

verbunden die Vielzahl möglicher Anknüpfungspunkte und Vernetzungen machen die übergreifenden Bedeutungen zum "Ankergrund" (anchorage) für die Unter- und Einordnung spezifischer Bedeutungen. Die Assimilation erklärt, wie neue Bedeutungen in Wechselwirkung mit schon gewußten paarweise verknüpft werden und es dadurch allmählich zum Aufbau einer kognitiven Struktur und deren dauerhafte Gesamtorganisation kommt, wobei die Unterscheidung ("discriminability") zwischen Neuerlerntem und subsuming concept bewahrt bleibt.[11]

Im Vorgang der Überordnung ("superordination") entstehen durch das Vernetzen von neu Erlerntem mit vorhandenen Bedeutungen neue übergreifende Bedeutungen; der Prozeß der Kombination beschreibt Verknüpfungen auf der gleichen Abstraktionsebene.[12]

Bedingungen (des bedeutungsvollen verbalen Lernens): Sinnvolles Lernen hängt also von den oben genannten Faktoren der kognitiven Struktur ab, von dem Vorhanden-sein relevanter Bedeutungen, mit denen das neu zu Lernende sinnvoll verknüpft werden kann und von der Motivation des Schülers, sinnvoll lernen zu wollen. Diese Lernmotivation ist einerseits Voraussetzung, andererseits durch das fortschreitende Erkennen von Zusammenhängen Ergebnis bedeutungsvollen Lernens.

Der Prozeß, den der Lernende intern vollzieht, ist in erster Linie rezeptiv: diese Unterordnung, Überordnung oder Kombination von Bedeutungen führt zu einer

---

11 Vgl. Macke, 1978, 241, bes. Anm. 285; Straka/ Macke, [2]1981, 118; Eigler u.a., [4]1979, 74.
12 Vgl. Eigler u.a., [4]1979, 74; Biesinger, in: Biemer/ Biesinger/ Fiedler (Hrsg.), 1984, 78f.

Erweiterung des bestehenden kognitiven Systems, zur dauerhaften Verankerung des Konstruierten und zu einer fortschreitenden flexiblen Verwendung der Anknüpfungs- punkte. Rezeptiv heißt, daß dies in der Interaktion des Lernenden mit dem Lernmaterial geschieht, das aber vom Lehrenden so strukturiert und sequenziert werden muß,

> "daß zwangsläufig beim Lernenden diejenigen Prozesse induziert werden, die er zum erfolgreichen Aufbau des informativen Kodesystems der Kognitiven Struktur vollziehen muß."[13]

Für die Planung von Lehr-Lern-Prozessen sind also sowohl die oben angeführte Verankerung, Stabilisierung und flexiblen Verwendbarkeit des neu zu Lernenden in der vorhandenen kognitiven Struktur zu beachten als auch der schrittweise Aufbau der kognitiven Struktur in einem Bereich durch eine sorgfältig abgestimmte und der Struktur der wissenschaftlichen Disziplin ("structure of discipline") folgende Sequenz von Lehr-Lern-Einheiten.

> "Die Auswahl von Lerninhalten und Lernzielen muß sich dabei auf die wesentlichen Grundbegriffe und Zusam- menhänge beziehen, und zwar solche, die die größte klärende Kraft haben, also in möglichst vielfältigen Situationen zur Lösung von Problemen eingesetzt werden können."[14]

Für den sequentiellen Aufbau und die inhaltliche Orga- nisation müssen

> "die speziellen organisierenden und erklärenden Prinzipien der jeweiligen Disziplin, die die größt- mögliche Allgemeinheit und die besten integrierenden Eigenschaften besitzen"[15],

d.h. die Struktur des jeweiligen Faches, ausfindig und durchsichtig gemacht werden.

---

13 Macke, 1978, 243.
14 Eigler u.a., [4]1979, 63.
15 Straka/ Macke, [2]1981, 122.

Bzgl. der Darbietung des zu Lernenden nennt Ausubel
verschiedene Aspekte, aus denen sich zugleich Bedingungen für die (gelingende) Eingliederung von neuen
Bedeutungen in die kognitive Struktur, für deren langfristiges Behalten, für Verknüpfungen und Transfer
ableiten lassen. In allen Lehr-Lern-Prozessen ist zuerst
zu prüfen, ob die Vorkenntnisse und das Vorwissen zum
Verständnis einer Aussage vorhanden sind. Wenn nicht,
muß das Verständnis durch zusätzliche Hinweise und
Erklärungen unbekannter Begriffe, unklarer Bezüge und
Einordnungen o.ä. ermöglicht werden.

Bei der Anwendung der Erkenntnisse Ausubels sind
folgende Prinzipien festzuhalten und zu berücksichtigen[16]:

Bei der Organisation einzelner Lehr-Lern-Einheiten
sollen "advance organizer", d.h. vorstrukturierende
Organisationshilfen die Verbindung zwischen bereits
bekannten Bedeutungen und den neu zu lernenden schaffen.
"Kurz, die Hauptfunktion einer Organisationshilfe
ist, die Kluft zu überbrücken zwischen dem, was der
Lernende bereits weiß und dem, was er wissen muß,
bevor er erfolgreich die jeweilige Aufgabe lernen
kann."[17]

Da ja die Verankerung des Neuen in der kognitiven
Struktur, d.h. seine Zu- und Einordnung in die entsprechende subsuming concepts, die übergreifenden Vorstellungen, von der Verfügbarkeit relevanter Ankerideen
abhängig ist, sollen die Organisationshilfen bewußt
solche Ankerideen als Verankerungen für das stabile
Eingliedern und Behalten des nachfolgenden Lernmaterials

---

16 Vgl. bes. Ausubel, [2]1968, 76ff.
17 Ausubel, Bd. 1, 1974, 160; dieses Zitat ist in: Ausubel/ Novak/
    Hanesian, [2]1980, nicht mehr enthalten.

bereitstellen. Die Vorausorganisatoren werden vor dem eigentlichen Lernmaterial, das differenzierter und detaillierter ist, auf einem allgemeineren und abstrakteren, begriffsweiteren Niveau eingeführt. Damit erfüllen sie auch die Aufgabe, einen Vorblick auf Thema und Lernziel der Einheit zu geben.

Indem Unterschiede zwischen ähnlichen, sich widersprechenden, bereits bestehenden Bedeutungen betont werden, erhöhen sie zugleich die Diskriminierbarkeit zwischen Bekanntem und zu Erlernendem und fördern dadurch das Behalten.

Für den Aufbau von Lernsequenzen entwickelte Ausubel das Prinzip der progresssiven Differenzierung ("progressive differentiation") und der integrativen Aussöhnung ("integrative reconciliation") oder des integrativen Verbindens, wie es auch genannt wird.

Gemäß der hierarchischen Struktur der kognitiven Struktur "werden zuerst die allgemeinsten und inklusivsten Prinzipien der Disziplin dargeboten und die übrigen dann progressiv differenziert nach ihrer Detailliertheit und Spezifizierung."[18] Durch dieses Fortschreiten vom Umfassenden zum Spezifischen wird der Aufbau eines gedanklichen Bezugssystems und darin die sinnvolle Einordnung und weitere Verknüpfung von neuen Bedeutungen ermöglicht und gefördert. Die mit diesem Prinzip verbundenen Schwierigkeiten liegen meist in der Themenbezogenheit schulischen Lernens unter Mißachtung des Grads an Allgemeinheit, Abstraktion u.ä. und der Notwendigkeit einer Komplexitätsreduktion prinzipieller

---

18 Ausubel/ Novak/ Hanesian, [2]1980, 230f; vgl. Ausubel, Bd. 1, 1974, 164.

Fragestellungen eines Themas, sodaß es bedeutungsvoll ist, ohne verfälschend zu simplifizieren, und als subsuming concept dienen kann.[19] Daß auch das verwendete Lernmaterial diesen Kriterien entsprechend gestaltet sein muß, ist selbstverständlich.

Zur Verbindung isolierten Einzelwissens, ohne Erkennen von wirklichen oder scheinbaren Unterschieden und Gemeinsamkeiten, Ähnlichkeiten und Widersprüchen, ohne Einordnung in das gedankliche Bezugssystem und ohne Vernetzungen, und damit verbunden zur Verhinderung schnellen Vergessens, liegt es nahe, möglichst zahlreiche und vielfältige Verbindungen, explizite und innere Querverbindungen, Differenzierungen und Diskriminierungen aufzuzeigen.

Für die sequentielle Organisation von Lerneinheiten können zur Maximierung der verfügbaren verankernden Ideen die natürlichen Abhängigkeiten der Teilgebiete einer Disziplin benutzt werden. Besonders effektiv ist die Anordnung dann, wenn jedes behandelte Thema und damit jeder Wissenszuwachs wieder Voraussetzung für die nächste Einheit und damit nutzbar ist.

Die Organisation von Lernsequenzen setzt die Verfestigung des neu gelernten Schrittes voraus, d.h., daß eine Einheit bewältigt und beherrscht sein muß, bevor der nächste Schritt eingeführt wird. Bewältigt ist eine Einheit dann, wenn neue Bedeutungen klar und stabil in die kognitive Struktur integriert sind, eindeutig in ihren Merkmalen beschrieben und unterschieden werden können, die verschiedenen und vielfältigen Bezugs-

---

19 Vgl. Ausubel/ Novak/ Hanesian, [2]1980, 231f; Ausubel, Bd. 1, 1974, 165f; Eigler u.a., [4]1979, 77.

möglichkeiten hergestellt sind, wenn sie als subsuming concepts fungieren und Basis für neue Informationen sind.

Konsolidierung kann erreicht werden durch Wiederholungen, Zusammenfassungen, verschiedene Übungen und Anwendungsbeispiele, aktiven Umgang mit dem Gelernten in denselben und veränderten Situationen, Überlernen ("overlearning") durch regelmäßiges Wiederholen und Anwenden. Dieses Durcharbeiten und Verfestigen des Gelernten sichert am ehesten langfristiges Behalten.

Um Ausubels Theorie des bedeutungsvollen Lernens und die entsprechenden Konsequenzen für darstellendes Lehren zusammenzufassen, kann auf Straka[20] verwiesen werden. Als entscheidende Elemente für die Unterrichtspraxis seien folgende herausgegriffen:
Advance organizer sind an den Beginn einer Einheit zu setzen, um die Brücke zwischen Bekanntem und Neuem zu schlagen, die notwendigen Vorkenntnisse zu aktivieren bzw. falls notwendig durch ergänzende Hinweise zu schaffen und eine Vorstrukturierung sowohl auf der Ziel- als auch Inhaltsebene zu ermöglichen. In einer schrittweisen und klar strukturierten Abfolge sind die zu vermittelnden Inhalte fortschreitend differenzierend aufzubauen. Mit verschiedenen Lernhilfen und Zwischenfragen werden bestimmte Merkmale, Unterschiede und Ähnlichkeiten betont und deren Verstehen und Beherrschen gesichert. Daß auch integrierendes Verbinden vollzogen und das neu Gelernte in die vorhandene kognitive Struktur eingebunden wurde, zeigt sich im eigenständigen Umgang mit dem Neuen und in dessen Anwendung. Dies

---

20 Vgl. Straka/ Macke, [2]1981, 126f.

sichert zusammen mit Übungen, Wiederholungen, Zusammenfassungen, aktiven und eigenständigen Anwendungen,
Beispielen u.ä. gleichzeitig gegen das Vergessen.

4.1.2 Jerome S. Bruner[21]

Bruners Theorie geht von der These aus, daß im
Zentrum schulischen Lernens das Entwickeln von Problemlösungsstrategien durch die Schüler selbst steht. Der
zentrale Akt ist das Entdecken, den Bruner nicht auf das
Herausfinden von bisher Unerforschtem eingrenzt, sondern
der "fast alle Formen des Wissenserwerbs mit Hilfe des
eigenen Verstandes"[22] einschließt.

Ausgangspunkt für dieses entdeckende Lernen
("discovery learning" oder "learning by discovery") sind
vorhandene Kenntnisse und Einsichten, die im Blick auf
bestimmte Fragestellungen aktiviert, reorganisiert und
transformiert werden, wodurch neue Verbindungen und
Zusammenhänge erkannt werden. In der Arbeit an Einzelproblemen werden allgemeine Gesetzmäßigkeiten und
grundlegende Prinzipien, also die Struktur des Sachverhalts, offengelegt und verstanden.[23] Dadurch werden
neben dem Erwerb von allgemeinen Erkenntnissen zugleich
auch die notwendigen Strategien des Vorgehens, die

---

21 Vgl. zum ganzen Kapitel Bruner, 1974; Bruner, [5]1980; Bruner,
1973; Bruner, in: Bruner/ Olver/ Greenfield (Hrsg.), 1971,
21-54; Bruner, in: Neber (Hrsg.), [3]1981, 15-29; Bruner, in:
Anderson/ Ausubel (Hrsg.), 1965, 76-86; Straka/ Macke, [2]1981,
131-146; Eigler u.a., [4]1979, 64f und 81-91; Biesinger, in:
Biemer/ Biesinger/ Fiedler (Hrsg.), 1984, 80-84; Biesinger, in:
Zisler (Hrsg.), 1988, 23-28, 26f.
22 Bruner, in: Neber (Hrsg.), [3]1981, 15-29, 16; vgl. Bruner, in:
Anderson/ Ausubel (Hrsg.), 1965, 606-620, 607; Bruner, 1973,
100ff.
23 Vgl. Bruner, [5]1980, 37.

Techniken des Problemlösens und deren Anwendung auf neue
Situationen gelernt.

Ziel des Lernens ist bei Bruner die Fähigkeit,
basierend auf dem bereits Gelernten die sich stellenden
Probleme lösen zu können. Der Weg geht allgemein über
häufiges Problemlösen, doch genauere Hinweise über
mögliche Arten des Lehrens und Lernens fehlen.

Die kognitive Struktur soll aktiv-entdeckend durch
das Lösen von zielgerichteten geplanten und strukturie-
renden Problemen auf- und ausgebaut werden[24], die
Ausgangsbasis für weiteres Lernen ist und selbständige
Orientierung in der Welt ermöglicht. Die kognitive
Struktur wird bei Bruner nicht inhaltlich, sondern
prozeßhaft verstanden und meint den Erwerb von Kennt-
nissen durch eigenes Entdecken, die Fähigkeit der
Transformation von Wissen, des Problemlösens und des
Denkens, und die persönliche Grundeinstellung zu dieser
Art des Lernens.[25] Zur optimalen Organisation der
kognitiven Strukturen schlägt Bruner vor, möglichst früh
die grundlegenden, die Struktur eines Faches prägenden
Elemente zu lehren, ausgehend von seiner Hypothese:
"Jedes Kind kann auf jeder Entwicklungsstufe jeden
Lehrgegenstand in einer intellektuell ehrlichen Form
erfolgreich gelehrt werden."[26]

Diese Grundprinzipien sollen im Verlauf der weiteren
intellektuellen Entwicklung auf den verschiedenen
kognitiven und sprachlichen Niveaus weiterentwickelnd,

---

24 Vgl. Bullens, in: Oerter/ Montada, 1982, 425-474, 431.
25 Vgl. Biesinger, in: Biemer/ Biesinger/ Fiedler (Hrsg.), 1984,
    81; Eigler u.a., [4]1979, 83.
26 Bruner, [5]1980, 44; vgl. Bruner, 1974, 40 u.ö.

vertiefend und differenzierend wieder aufgenommen werden, wobei der spätere Unterricht auf dem früheren aufbaut, ein tieferes Verständnis schafft und die kognitive Entwicklung fördert. Bruner nennt diese Art des Aufbaus "Curriculumspirale".[27]

Die Vorteile liegen nach Bruner in der intrinsischen Motivation, der positiven Einstellung zum Problemlösen und der Bereitschaft, sich künftigen Problemen zu stellen und sie zu lösen, der Bereitschaft zur Selbständigkeit im Fragen und Denken, Risikobereitschaft, intelligentem Vermuten und besseren Gedächtnisleistungen.

Mit drei Prozessen, die simultan, d.h. aufeinander bezogen, ablaufen und dem Erkenntnisakt zugrunde liegen, kann entdeckendes Lernen charakterisiert werden:
- acquisition of knowledge - Erwerb von Wissen
- transformation of knowledge - Transformation von Wissen
- evaluation of knowledge - Bewertung von Wissen.

Die Aneignung neuen Wissens, Informationen, Begriffe u.ä. führt zur Erweiterung und Differenzierung der früheren Kenntnisse, doch ist dies nie Selbstzweck, sondern Anstoß zu neuen Prozessen, Mittel für zukünftiges Problemlösen oder ihr beiläufiges Ergebnis. Prozesse, in denen über das Vorgegebene hinausgegangen und das Wissen erweitert wird, indem einerseits nach den allgemeinen, tragenden Prinzipien und Begriffen, andererseits nach den Folgerungen gefragt wird, nennt Bruner

---

27 Vgl. Bruner, [5]1980, 26f, 44, 61ff; Bruner nimmt gerade in diesem Zusammenhang immer wieder die Frage nach den entsprechenden Lehrplänen auf.

"generalisierendes Lernen" ("generic learning")[28]; geschieht es aktiv und selbständig, bezeichnet er es, wie oben dargelegt wurde, als "discovery learning".

Das Transformieren des neu Gelernten, das durch generalisierendes Lernen mittels Entdeckungslernen hervorgerufen wird, "erfolgt im allgemeinen durch Analyse und Synthese, durch Interpolation und Extrapolation, durch Ordnen und Vergleichen."[29] Durch die dabei gewonnenen Einsichten in die allgemeinen, zugrundeliegenden Ordnungen und Zusammenhänge kommt es zur Umwandlung und Neuordnung der schon vorhandenen Kenntnisse und damit zu dessen optimaler Organisation. Diese Umwandlung von Wissen erhöht die Fähigkeit, Folgerungen aus den gegebenen Informationen zu ziehen, das Wissen in zukünftigen Situationen anwenden zu können und das Gedächtnis effektiv zu organisieren.

Die Bewertung von Wissen als Prüfung des neuen, transformierten Wissens auf ihre Effektivität für das Behalten, auf die Richtigkeit der gezogenen Folgerungen, auf die Reichweite und die Brauchbarkeit der Neuordnung des Wissens für das Lösen zukünftiger Probleme kann nur beim Versuch neuer Problembewältigungen geschehen.

Folgerungen für das entdecken-lassende Lehren:
Diese Art des Lernens als simultane Prozesse kann durch die Weise der Darstellung von Wissen beeinflußt werden. Drei Möglichkeiten der Repräsentation von Wissen unterscheidet Bruner, die die erworbenen Kenntnisse als gelernt manifestieren: bei der enaktiven oder handelnden

---

28 Vgl. Bruner, in: Anderson/ Ausubel (Hrsg.), 1965, 76-86, 76f.
29 Straka/ Macke, ²1981, 134; vgl. Bruner, in: Anderson/ Ausubel (Hrsg.), 1965, 76-86, 77ff.

Repräsentation zeigt sich das erworbene Wissen durch praktisches Tun; bei der ikonischen oder bildhaften durch eine ebensolche Darstellung und bei der symbolischen als der leistungsfähigsten durch die Repräsentation von Wissen als Symbole und Symbolsysteme.[30]

Wie oben bereits gesagt, werden beim Entdecken vorhandene und neu erworbene Kenntnisse neu geordnet und transformiert, sodaß dadurch ein neuer Zusammenhang gelernt wird, indem Hypothesen entwickelt, versuchsweise angewandt und bestätigt bzw. wieder verworfen werden. In schulischem Zusammenhang ist für dieses Entdecken charakteristisch, daß die Problemsituation vorgegeben ist, sie für den Schüler (z.T.) Unbekanntes aufzeigt und daß diese gleichzeitig im Kontext der Sachstruktur dem fundamentalen Verständnis und den allgemeinen Basisprinzipien des Faches, der Struktur der Disziplin im Sinne der Wissenschaftsorientierung des Lernens gemäß ist.

Wichtig sind außerdem die unterstützenden Maßnahmen und Hinweise des Lehrers zur Förderung des erfolgreichen Problemlösens, um Mißerfolg und damit eine negative Grundeinstellung zu verhindern; das Ergebnis des Lernprozesses soll mit dem bereits Gelerntem sinnvoll verknüpft werden und zukünftiges planvolles entdeckendes Lernen erleichtern. Bruner geht davon aus, daß

"durch geeignete Denkimpulse und durch eine altersspezifische Instruktionsdidaktik eine wesentliche Förderung in der kognitiven Entwicklung des Kindes erreicht werden"[31]

---

30 Vgl. Bruner, in: Bruner/ Olver/ Greenfield (Hrsg.), 1971, 21-54, bes. 27ff; Straka/ Macke, [2]1981, 135f; Bullens, in: Oerter/ Montada, 1982, 425-474, 435-445.
31 Bullens, in: Oerter/ Montada, 1982, 425-474, 469f.

könne. Da die Aufgaben dem Alter und der kognitiven Entwicklung gemäß aufbereitet werden sollen, ist die Kenntnis des Eingangswissens des Lernenden wichtig. Dazu gehören Motivation, die bestehende Wissensstruktur, verfügbare Problemlösungsstrategien und der Stand der kognitiven Entwicklung des Lernenden. Die Problemstellungen sollten aufgrund der kognitiven Struktur des Schülers nicht unmittelbar, wohl aber durch die Erstellung von Hypothesen und Alternativen lösbar sein. (In Anschluß an Piaget unterscheidet Bruner drei Stufen der intellektuellen Entwicklung: die präoperationale, die konkret-operative und die formal-operative Phase.[32])

Neben all den erwähnten Möglichkeiten von unterstützendem Entdecken ("guided discovery") sind zwei Arten von Lernhilfen zu unterscheiden, die das erfolgreiche Lernen für alle Schüler gewährleisten sollen und die im fortschreitenden Prozeß des Lernens immer stärker reduziert werden sollen: Prozeßorientierte Lernhilfen sollen dem Lernenden im planvollen Durchdenken und schrittweisen Vorgehen anleiten, sie sollen Hilfestellungen beim Prozeß des Problemlösens geben, ohne Ergebnisse vorwegzunehmen. Definition und Analyse des Problems, Beschaffen notwendiger Informationen, Unterscheiden und Isolieren verschiedener Variablen, Findung, Erstellung, Formulierung und Überprüfung von Hypothesen, Erkunden und Erproben von Alternativen, Bewerten der Lösungen sind prozeßorientierte Hilfestellungen.

Auf inhaltliche Hinweise und Anregungen zielen die ergebnisorientierten Lernhilfen. Sie sind an der Lösung

---

32 Vgl. Straka/ Macke, [2]1981, 137f; vgl. zu Gemeinsamkeiten und Unterschieden zwischen Piaget und Bruner: Bullens, in: Oerter/ Montada, 1982, 425-474, bes. 469ff; s.u. 3.2.1.

interessiert und lenken die Aufmerksamkeit auf Informationen, die dem Lernenden zur Problemlösung nicht zur Verfügung stehen, auf relevante Informationen, auf bestimmte wichtige Vorkenntnisse, auf Zusammenhänge, Teillösungen oder falsche Hypothesen.

Auch zur Bestätigung, Bewertung und Überprüfung verbunden mit eventuellem Korrigieren des Lernens sind Situationen bereitzustellen, durch die der Lernende sich die Richtigkeit seines Arbeitens selbst rückmelden kann; dies entbindet den Lehrenden aber nicht von seinen bestätigenden oder korrigierenden Hinweisen, wenn sie sich der Schüler nicht selbst geben kann.[33]

4.1.3 Ergebnisse aus der lernpsychologischen Diskussion

Es geht hier nicht darum, die Auseinandersetzungen zwischen Ausubel und Bruner[34] oder Mängel der jeweiligen Ansätze[35] zu referieren, sondern aus beiden Ansätzen Ergebnisse für unsere Fragestellung abzuleiten. Die Arten des Lernens und die Fähigkeiten von Menschen sind zu verschieden[36], als daß nicht eine Kombination der

---

33 Vgl. Bruner, 1974, 156ff, bes. seine Verbindung zur Curriculum- und Lehrplantheorie.
Zusammenfassend zum Ansatz von Bruner sei auf den schematischen Überblick bei Straka verwiesen, wo auch – wie in unserer Darstellung – Bruners Ansatz nicht im Gesamten, sondern in erster Linie in Bezug auf seine Ausführungen zum entdeckenden Lernen ausgefaltet werden: vgl. Straka/ Macke, [2]1981, 144f.
34 Vgl. Ausubel/ Novak/ Hanesian, in: Neber (Hrsg.), [3]1981, 33-44; Ausubel, in: Bulletin, 1961, 18-58; Ausubel/ Robinsohn, 1969, 478ff; Ausubel, in: Anderson/ Ausubel (Hrsg.), 1965, 87-102; Ausubel, Bd. 2, 1974, 519ff; Eigler u.a., [4]1979, 66-69, 90f.
35 Vgl. Straka/ Macke, [2]1981, bes. 125-129; Macke, 1978, bes. 244-246.
36 Die Exemplarität der hier dargestellten Ansätze liegt auf der
Forts. Fußnote

beiden Ansätze sinnvoller ist als ihr gegenseitiges Ausspielen.[37]

Die Überprüfung des Eingangswissens und seine Aktivierung hat sowohl das Ziel, Kenntnisse festzustellen und gegebenenfalls bereitzustellen, als auch nötige Voraussetzungen für die Problemlösungen zu schaffen und emotionale Zugänge zu klären. Die Problemvorgabe muß das entsprechende Schwierigkeitsniveau haben, um einen Zuwachs an Wissen und Problemlösungsmöglichkeiten zu gewährleisten und die Lernmotivation zu fördern.

Um Lernen zu ermöglichen und zu begleiten, sind Lernhilfen notwendig: Vorstrukturierende Lernhilfen sollen die vorhandenen Vorstellungen aktivieren, Anknüpfungspunkte bieten und Gemeinsamkeiten bzw. Unterschiede zwischen dem bereits Bekannten und den zu lernenden Bedeutungen hervorheben. Bruners prozeß- und ergebnisorientierte Lernhilfen sollen einerseits den Prozeß des Lernens durch Hilfestellungen bei der Analyse, der Erstellung und Überprüfung von Lösungshypothesen u.ä. fördern, andererseits durch inhaltsbezogene Fragen und Anweisungen die Lernenden (einzeln oder in der Gruppe) auf inhaltliche Ergebnisse hinlenken.

Der Prozeß des Lernens muß gemäß der Struktur der Disziplin als Abfolge von Teilschritten im Sinne von

---

Forts. Fußnote
   Hand; zu zahlreich sind Theorien im Bereich der Didaktik und des Lernens. Dennoch möchte ich zwei weitere zumindest erwähnen, da sie in ihrer breiten Aufnahme anderer Lerntheorien und deren integrative Verarbeitung einserseits und in ihrer überdurchschnittlich weiten Verbreitung andererseits von zentraler Bedeutung sind: H. Aebli, Bd. 1, 1980 und Bd. 2, 1981, und 1983; R. Gagné, [5]1980. Vgl. bzgl. des Religionsunterrichts exemplarisch: Albrecht, in: CpB 100 (1987) 17-21.
37 Vgl. Bruner, [5]1980, 33; Bruner, 1973, 15 u.ö.

Unter- und Überordnung organisiert werden. Die damit ermöglichte progressive Differenzierung geht einher mit integrativen Verknüpfungen von verwandten, zu vernetzenden Inhalten.

Durch die Festigung des Gelernten und den eigenständigen Umgang damit soll der Transfer gewährleistet werden. Rückmeldungen, die direkt aus dem Lernmaterial erschließbar sind oder vom Lehrenden einzelnen oder der ganzen Gruppe in verschiedenen Formen gegeben werden, sind für die gemeinsame Reflexion und Überprüfung der schulischen Arbeit notwendig.

Diese beiden Ansätze, zusammengefaßt als entdeckendes Lernen und darstellendes Lehren bieten "in gegenseitiger Zuordnung und Ergänzung"[38] gerade für religiöses Lernen in der Spannung von existentiell vollzogenem und begrifflich aussagbarem Glauben sehr viele Möglichkeiten. Aufgrund der Struktur der Ansätze sind sie nicht nur auf konkreten Unterricht, sondern auch besonders auf die mittlere Abstraktionsebene anzuwenden. Dennoch bleibt offen, wie die Bedingungen, die für das Gelingen dieser Lernarten sowohl bei Lehrenden als auch bei Lernenden sehr hoch sind (wie oben ausgeführt wurde), und wie die Prozesse des Lernens ganz konkret gestaltet werden müssen, wie all diese Prozesse des Analysierens der Lernvoraussetzungen, des Differenzierens, des Sequenzierens, des Anknüpfens der Notwendigkeit von Hilfestellungen u.ä. konkret verwirklicht werden können. Dies wird im Verlauf der Arbeit noch weiter zu erörtern sein.

---

38 Biesinger, in: Zisler (Hrsg.), 1988, 23-28, 27.

4.2 Entwicklungspsychologische Ansätze und ihre religionspädagogische Transformation

Verschiedene Ansätze und Konzepte wollen die religiöse Entwicklung aufhellen und ihren Prozeß erklären, letztlich mit dem Ziel, sie beeinflußbar zu machen.[39] Auf S. Freud aufbauend wird der psychoanalytische Ansatz im Narzißmus-Konzept von H. Kohut (weiterführend J. Scharfenberg, H. Müller-Pozzi u.a.), von E.H. Erikson im epigenetischen Modell, von A. Lorenzer bezüglich der symbolischen Sinnlichkeit oder von M. Maler bezüglich der psychischen Geburt und der Prozesses der Individuation weitergeführt. Rollentheoretische Konzepte werden von H. Sundén, D. Geulen u.a. vertreten. Im Bereich der Religionspsychologie sind A. Vergote mit seinem Ansatz einer genetischen Religionspsychologie, J. Piaget mit dem kognitiv-strukturgenetischen Ansatz und darauf aufbauend R. Goldman zu nennen. Auf L. Kohlbergs Stufen moralischen Urteilens aufbauend und ursprünglich besonders für den pädagogischen Bereich diskutiert sind J.W. Fowler und F. Oser mit seinen Mitarbeitern mit ihren Stufenkonzepten religiöser Entwicklung hervorzuheben. B. Grom baut auf psychodynamischer Grundlage auf, R. Kegan und J. Loevinger versuchen eine Verbindung der psychodynamischen und kognitiven Entwicklungsaspekte.

Aus der Fülle der Ansätze sollen besonders jene von Piaget, Oser und Fowler herausgegriffen werden, da sie aufgrund ihres konstruktivistischen Ansatzes[40] für

---

39 Vgl. zum folgenden: Mette, 1983, 128ff; Englert, 1985, 219ff; Schmidt, Bd. 2, 1984, 25ff; Schweitzer, 1987, 61ff; Fraas, 1983, 106ff; Grom, 1981, bes. 315ff; Nipkow, Bd. 3, 1982, 46ff.
40 Vgl. Mette, 1983, 214.

unsere Frage nach einem möglichen vertikal-konsekutiven Gesamtaufbau religiösen Lernens relevant sind.

4.2.1 Jean Piaget

Die kognitiv-strukturgenetische Entwicklungstheorie wird in erster Linie mit dem Namen Jean Piaget verbunden.[41] Piaget hat, bei aller Betonung logischen Verstehens, grundlegende Voraussetzungen und Entwicklungen allen Denkens herausgearbeitet. Er hat im Gefolge seiner Arbeiten zur kognitiven Entwicklung auch die strukturelle Entwicklung moralischen und religiösen Denkens behandelt.[42]

Piaget sieht den Menschen als einen Organismus, der sich aktiv mit seiner Umwelt auseinandersetzt, von sich aus eigene Handlungsformen entwickelt und sozusagen die Wirklichkeit konstruiert.[43] Piagets Interesse gilt der kognitiven Entwicklung, die sich von der Geburt (bzw. der embryonalen Phase) bis zum etwa 16. Lebensjahr erstreckt.[44]

Deutlich wird, daß Kinder nicht unvollständige Erwachsene sind, daß sie nicht fehlerhaft, sondern

---

41 Vgl. Seiler, in: Hurrelmann/ Ulich (Hrsg.), 1980, 101–121, 104ff.
42 Vgl. zur emotionalen Entwicklung: Pulaski, 1975, 75ff; zur Einführung in Piagets Theorie vgl. bes. Furth, [2]1981, und Pulaski, 1975; vgl. ausführlich: Steiner (Hrsg.), Bd. 7, 1978.
43 Zur Konstruktion der Wirklichkeit vgl. z.B. Piaget, 1975; zum erkenntnistheoretischen Interesse Piagets vgl. zusammenfassend die Verweise bei: Mette, 1983, 190, Anm. 220, und Englert, 1985, 243, Anm. 323.
44 Vgl. Piaget/ Inhelder, [2]1987, 9.

anders denken.[45] Dem muß im Lernprozeß entsprochen werden. Lernen kann also nicht assoziativ, sondern muß strukturiert vor sich gehen, da auch die Entwicklung in Stufen und diese in einer geordneten Sequenz aufeinander folgen. Sie ist eher reifungsabhängig, weitgehend situationsungebunden, irreversibel und invariant sequentialisiert und hierarchisiert. Dies grenzt die pädagogischen Möglichkeiten der direkten Beeinflußbarkeit ein, da das Kind nicht passiv aufnimmt, sondern in aktiver Weise sich mit den Einflüssen der Umwelt auseinandersetzt[46], und zwar im Modus der Assimilation und Akkommodation. Assimilation meint die Subsumtion der neuen Erfahrungen mit der Umwelt unter die bereits vorhandenen kognitiven Strukturen und Schemata, Akkommodation bezeichnet den konträren Prozeß der Veränderung des Subjekts und seiner Schemata durch die Umwelt. Auf jeder Stufe der kognitiven Entwicklung sind die Strukturen der vorhergehenden Stufe integriert, gleichzeitig wird auf die nächste Stufe vorbereitet; alle Strukturelemente zusammen werden miteinander zu einer Gesamtstruktur verbunden.[47]

An diesem Prozeß des aktiven Aufbaus von immer mehr symbolisch-gedanklich verinnerlichten und beweglichen Denkfähigkeiten sind vier ineinandergreifende Faktoren beteiligt:
"(1) Die neurophysiologische Reifung (als Voraussetzung aller Intelligenzleistung); (2) Übung und

---

45 Vgl. Piaget, 1988, wo dies sehr eindrücklich deutlich wird; vgl. auch Piaget, 1972; Szagun, ³1986, bes. 95ff; als Beispiel für den religionspädagogischen Bereich vgl. Fetz, in: Zweig (Hrsg.), 1985, 111-150 und Bucher, in: KBl 114 (1989) 654-662.
46 Vgl. Piaget/ Inhelder, ²1987, 151; Englert, 1985, 244f; Mette, 1983, 190f; vgl. zu Piagets Skepsis gegnüber Erziehung: Montada, Oerter/ Montada, 1982, 375-424, 421ff.
47 Vgl. Hoppe-Graff, in: Silbereisen/ Montada (Hrsg.), 1983, 55-60, 55; Montada, in: Oerter/ Montada, 1982, 375-424, 410ff.

Erfahrung (vor allem für korrigierende Regulierungen auf der voroperatorischen Stufe); (3) Soziale Interaktion und Unterricht; (4) Äquilibration"[48].

Dabei sieht Piaget als den entscheidenden Faktor die Äquilibration, d.h. das Suchen nach einem Ausgleich, einem Gleichgewicht zwischen Akkommodation und Assimilation, durch immer komplexere, beweglichere und umgreifendere Strukturen.[49]

Piaget unterscheidet hauptsächlich vier Phasen, die er jeweils nochmals unterteilt[50]:

Die erste Phase, bis zum etwa 18. bzw. 24. Lebensmonat ist für die gesamte weitere geistige Entwicklung Grundlage und Voraussetzung. Der Aufbau einer "sensomotorischen Intelligenz" ist

"besonders wichtig, weil das Kind auf dieser Stufe die Gesamtheit der kognitiven Substrukturen aufbaut, die als Ausgangspunkt für seine späteren rezeptiven und intellektuellen Konstruktionen dienen, und ebenso eine gewisse Zahl elementarer affektiver Reaktionen, die zum Teil seine kommende Affektivität bestimmen."[51]

Die angeborenen Reflexhandlungen wendet der Säugling auf neue Situationen an, versucht sie zu assimilieren bzw. seine Handlungen an neue Situationen zu akkommodieren. Durch vier Grundschemata, die das Kind erwirbt, lernt es, die Umwelt zwar noch ichzentriert, doch auch handlungsunabhängig zu erfassen: Objektpermanenz bzw. -konstanz, Raum, Kausalität und Zeit.

---

48 Grom, 1981, 328; vgl. Piaget/ Inhelder, [2]1987, 152-157.
49 Vgl. Hoppe-Graff, in: Silbereisen/ Montada (Hrsg.), 1983, 55-60, 57.
50 Vgl. zum folgenden ausführlich: Piaget, 1985; Piaget/ Inhelder, [2]1987; Pulaski, 1975, bes. 28ff und zusammenfassend: 163f; Englert, 1985, 247ff; Schweitzer, 1987, 108ff; Grom, 1981, 319ff; Nipkow, Bd. 3, 1982, 58ff; Mette, 1983, 191ff; Montada, in: Oerter/ Montada, 1982, 375-424, 376ff.
51 Piaget/ Inhelder, [2]1987, 15.

Im Stadium der voroperatorischen, symbolisch-repräsentativen Intelligenz im Alter von ca. 18 Monaten/ 2 Jahren bis 6/7 Jahren verwendet das Kind (besonders beim Spiel beobachtbar) "symbolische Schemata, von denen es weiß, daß sie dem Realen nur ähnlich sind, es durch etwas anderes darstellen (repräsentieren)."[52] Doch das Kind kann die Außenwelt noch nicht wirklich objektivieren, die Grenze zwischen dem eigenen Ich und den Objekten ist verschwommen. Dieser Egozentrismus ist verbunden mit Finalismus, Animismus und Artifizialismus.[53] Allmählich lernt es, diese symbolischen Schemata zu verinnerlichen und in Vorstellungen und Denkstrukturen zu repräsentieren. Nach dem "vorbegrifflichen Denken" (2-4 Jahre), d.h. Schemata, die zwischen Kollektivbegriffen und einzelnen bezeichneten Elementen nicht unterscheiden können, bildet das Kind im "anschaulichen Denken" (4-6/7 Jahre) seine Vorbegriffe allmählich zu allgemeingültigen, von Wahrnehmungen und Handlungen unabhängigeren Begriffen aus; dies ermöglicht beginnendes Klassifizieren, Vergleichen, Reihenbilden, Zählen. Dennoch bleiben diese kognitiven Denkformen aufgrund von Zentrierung auf einen Aspekt und mangelnde Koordination, aufgrund der Unumkehrbarkeit der gedanklichen Operationen und aufgrund synkretistischen Verstehens, d.h. prälogischer Schlüsse aufgrund sehr unscharfer, umfassender Begriffe und einer intuitiven (im Gegensatz zur diskursiven), ganzheitlichen Art des Erfassens von Prämissen auf einer Vorstufe.

Auf der Stufe der konkret-operatorischen Intelligenz im Alter zwischen 7/8 und 11/12 Jahren kann ein Kind

---

52 Grom, 1981, 321.
53 Vgl. Mette, 1983, 194f; Montada, in: Oerter/ Montada, 1982, 375-424, 383ff.

einen anderen Standpunkt einnehmen und gleichzeitig mehrere Gesichtspunkte berücksichtigen, seine Denkhandlungen sind reversibel und es kann konkret vorstellbare, gleichartige Operationen miteinander verbinden und diese in ein Gleichgewicht bringen.

Ab etwa 11/12 Jahren wird es möglich, unabhängig von Wahrnehmung und Inhalten, aufgrund formaler Bezüge, Schlüsse zu ziehen, ohne diese wiederum an der Erfahrung zu prüfen. Die formal-operatorische (hypothetisch-deduktive) Intelligenz[54] unterscheidet sich vom konkreten Denken "durch eine Wendung der Aufmerksamkeit vom Wirklichen zum Möglichen und Denknotwendigen."[55] Dadurch werden "Operationen zweiter Ordnung", d.h. Gedanken über Gedanken, unabhängig von real bestehenden Dingen, möglich.[56] Das formale Denken ist auch die Grundlage, umfassende moralische Prinzipien, Ideale, Theorien aufzustellen, Ideologien zu übernehmen o.ä.

Nach Piaget ist das Ziel der Entwicklung menschlichen Denkens ein möglichst ausgeglichener, widerspruchsfreier Austausch zwischen Subjekt und Welt. "Er ist erreicht, wenn im logisch-naturwissenschaftlichen Bereich Objektivität und im sprachlich-sozialen Gegenseitigkeit und Kooperation entstanden sind."[57] Um dies zu erreichen, müssen Egozentrismus (d.h. das Fixiertsein auf den unmittelbar eigenen Standpunkt der Wahrnehmung, Handlung u.ä.) und Realismus (d.h. die Tendenz zur Verdinglichung, zur Gleichsetzung der Objekte mit den subjektiv-gedanklichen Vorstellungen) überwunden werden und

---

54 Vgl. Pulaski, 1975, 58.
55 Grom, 1981, 326f.
56 Vgl. Pulaski, 1975, 58ff.
57 Grom, 1981, 329.

präkausale (d.h. Vermischung von menschlichen Absichten und mechanischen Ursachen) in kausale Erklärungen übergehen (d.h. differenzierte, entsubjektivierte, reversible Entscheidungsketten, die von psychologischen Zusammenhängen unterschieden werden).

Zusammenfassend sei dies schematisch dargestellt:[58]

Vorstufe 0 – 1;6/2 J.	1. Hauptstufe 1;6/2 – 6/7 J.	2. Hauptstufe 6/7 – 11/12 J.	3. Hauptstufe ab 11/12 J.
Sensomotorische Intelligenz	Voroperatorische Intelligenz	Konkret-operatorische Intelligenz	Formal-operatorische Intelligenz
Koordinierung und Verinnerlichung von Reflexhandlungen zu Vorstellungen, die eine gedankliche Rekonstruktion von Gegenständen und Ursachen ermöglichen	Denkvorgänge, die starr, irreversibel sind und nur einen Gesichtspunkt berücksichtigen	Denkvorgänge, die reversibel sind und mehrere Gesichtspunkte koordinieren – aber nur in bezug auf anschauliche Aufgaben	Denkvorgänge, die reversibel sind und im Rahmen übergreifender logischer Regeln viele Gesichtspunkte koordinieren – auch in bezug auf hypothetische Aufgaben

Ausgehend vom Menschen als handelndem und gestaltendem Subjekt ist die moralische Entwicklung von der Entwicklung des Denkens und der Interaktion mit Gleichaltrigen abhängig.[59] In drei fließend ineinander übergehenden Stufen entwickelt sich nach Piaget das moralische Urteil des Kindes:

- moralischer Realismus: die Regeln verpflichten heteronom, sind buchstäblich zu erfüllen und ihre

---

58 Grom, 1981, 128.
59 Vgl. zur Rezeption bes. Schweitzer, in: Sozialwissenschaftliche Literatur-Rundschau 9 (1986) Heft 12, 5-19.

Beurteilung geschieht nach dem Grad der Konformität und den Sanktionen.

- kooperativer Gerechtigkeitssinn: durch das Überwinden des Egozentrismus können Gleichheitsbedürfnis, gegenseitiger Respekt und autonome Gerechtigkeit wachsen.
- Bewußtsein autonomer Gerechtigkeit: soziale Regeln für gegenseitig-gleiche Beziehungen werden autonom begründet und unter Berücksichtigung subjektiver Intentionen beurteilt.[60]

Piaget unterscheidet das Stadium der heteronomen und das der autonomen Moral[61]; dieser Bezug zu Autoritäten (als Bindung oder Lösung) ist die bedeutendste Dimension moralischer Entwicklung.

Piaget selbst wandte seine Theorie auch auf religiöse Erziehung an[62]: Bezugnehmend auf P. Bovet übernimmt er dessen Annahme, daß das Kind in seinen ersten eigenständigen religiösen Vorstellungen die Eltern divinisiert (allmächtig, allwissend ... verbunden mit der Vorstellung, alles sei von ihnen bzw. von Menschen gemacht) und später diese Vorstellungen (nach der Desillusionierung bzgl. der Eltern) in artifizialistischer Weise auf Gott überträgt. Im Laufe der Entwicklung gehen Kinder meist dazu über, die Dinge durch sich selbst zu erklären; Religion wird für Piaget dadurch für den Verlauf der Entwicklung additiv, seine Haltung ihr gegenüber, besonders gegenüber religiöser Erziehung, ist skeptisch.

---

60 Vgl. Piaget, 1973; Pulaski, 1975, 66ff; Montada, in: Oerter/Montada, 1982, 633-673, 639ff.
61 Dieser Begriff von Piaget muß abgegrenzt werden von A. Auers Begriff "Autonome Moral": vgl. grundlegend: Auer, 1971.
62 Vgl. bes. Piaget, 1981; vgl. auch Schmidt, Bd. 2, 1984, 31f.

H. Schmidt betont zwei wesentliche Einsichten Piagets: Zum einen sind emotionale Bedürfnisse Anlaß zur Bildung und Übernahme religiöser Vorstellungen, die dann aber den Bedürfnissen und den vorhandenen kognitiven Strukturen entsprechend geformt werden; zum anderen können religiöse Vorstellungen bei der Lösung von Erkenntnisproblemen genutzt werden.[63]

4.2.2 L. Kohlberg, R. Goldman, B. Grom

L. Kohlberg hat Piagets kognitiv-interaktionistischen Ansatz besonders bezüglich der Frage nach den Motivationen und Begründungen der Handlungen verfeinert.[64] Anhand von Dilemmageschichten untersuchte Kohlberg die Argumentation bzgl. moralischer Konfliktsituationen. Dabei geht es ihm um die Analyse der Moralerziehung und ihrer psychologischen Begründung. In seiner Theorie moralischer Entwicklung unterscheidet er drei Ebenen mit je zwei Stufen, die invariant aufeinander folgen, ohne daß eine Stufe übersprungen werden kann, und die die Elemente der jeweils niedereren Stufen integrieren: "Vor-moralisches Niveau": Orientierung an Bestrafung und Gehorsam, naiv-hedonistische Orientierung; "Moral auf der Basis konventioneller Rollenkonformität":

---

63 Vgl. Schmidt, Bd. 2, 1984, 32; vgl zur Kritik an Piaget z.B. Schweitzer, 1987, 106: "Dennoch läßt sich auch für den kognitiv-strukturellen Ansatz eine systematische Grenze benennen: Der eigenständigen Bedeutung sozialer Beziehungen, affektiver Prozesse und lebensgeschichtlicher Ereignisse wird diese Psychologie nicht gerecht."
64 Vgl. Kohlberg, L., The development of modes of moral thinking and choice in the years ten to sixteen. Unveröffentl. Dissertation, University of Chicago, 1958, zit. nach: Grom, 1981; vgl. Kohlberg, in: Kohlberg, 1974, 7-255; Colby/ Kohlberg, in: Steiner (Hrsg.), Bd. 7, 1978, 348-366; Edelstein/ Nunner-Winkler (Hrsg.), 1986.

Orientierung an personengebundener Zustimmung; Orientierung an Recht und Ordnung; "Moral selbstakzeptierter gemeinsamer Normen": Orientierung an einer Sozialvertragsmoral; Orientierung an selbstakzeptierten allgemeingültigen ethischen Prinzipien.[65]

In der Konstruktion einer hypothetischen siebten Stufe will Kohlberg die notwendige Verbindung von höchster Moralität mit einer ausgereiften Antwort auf die Sinnfrage, und damit ihre religiöse Orientierung deutlich machen. Religiöses Denken basiert also auf moralischen Denken, oder umgekehrt formuliert: Moralisches Denken ist zwar eine notwendige Voraussetzung für die Entwicklung religiösen Denkens, aber nicht die hinreichende Bedingung dafür.[66]

R. Goldman wollte durch ausgedehnte Interviews bzgl. biblischer Texte und deren Auslegung nachweisen, daß alles religiöse Verstehen wie nicht-religiöses und somit

---

65 Vgl. Grom, 1981, 335f; vgl. ausführlich bei: Schweitzer, 1987, 112-121; Montada, in: Oerter/ Montada, 1982, 633-673, 663ff; Englert, 1985, 250ff; vgl. 255-258, wo Englert vor allem vier immer wieder gegen Kohlberg vorgebrachte Kritikpunkte nennt: die Diskrepanz zwischen moralischem Urteil und dementsprechendem Handeln; Fragen nach dem logischen Status der Stufen; die Validität der Forschungen; Vernachlässigung emotionaler Motive u.ä.; zur Kritik vgl. auch Schweitzer, in: Sozialwissenschaftliche Literatur-Rundschau 9 (1986) Heft 12, 5-12, 10ff; zur feministischen Kritik vgl. bes. Gilligan, 1984.
66 Vgl. Mette. 1984, 441, Anm. 275: "Die metaphorische 'Stufe 7' soll verdeutlichen, daß religiöses Urteil zwar mit rationalem Wissen und rational begründbarer Moralität vereinbar, aber nicht darauf reduzierbar ist."; zur Weiterführung moralischer Entwicklung im pädagogischen Bereich vgl. z.B. Oser/ Fatke/ Höffe (Hrsg.), 1986. In jüngerer Zeit wird auch der soziale Bezug bzw. Aspekt ("just community") dieses Ansatzes hervorgehoben: vgl. Kohlberg, in: Oser/ Fatke/ Höffe (Hrsg.), 1986, 21-55; vgl. dazu z.B. auch Bucher/ Reich, in: Bucher/ Reich (Hrsg.), 1989, 1-33, 24; Mette, in: KBl 114 (1989) 123-132, 131.

gemäß der Entwicklungsstufen Piagets verläuft[67], nur daß die Begriffe nicht aufgrund der Wahrnehmung, sondern "aufgrund der schon erarbeiteten Erfahrungskonzepte und Worte, die es in einem analogen metaphorischen Sinn verstehen lerne"[68], gebildet werden. Auf der voroperatorischen Stufe ist lt. Goldman nur ein irreligiöses Verstehen des Redens über Gott und seine Taten möglich, zu stark sind die anthropomorphen und artifizialistischen Vorstellungen und ein ausschließlich wörtliches Verständnis der Erzählungen. Da die Stufen religiösen Verständnisses sich erst im Anschluß an die allgemeine Entwicklung ausbilden, kommt es erst zwischen ca. 6 bis 9 Jahren zu einem mehr symbolischen Verstehen, zwischen 9 und 12/13 Jahren sind die gröbsten anthropomorphen Gottesvorstellungen abgelegt, biblische Aussagen können sinnvoll verbunden werden, das Interesse an Faktenwissen in biblischem und religiösem Zusammenhang ist stark ausgeprägt. Erst mit etwa 12/13 Jahren wird religiöses Verstehen als symbolisches möglich aufgrund der Ausbildung des formal-operatorischen Denkens auch im religiösen Bereich.[69] Erst diese formal-logische und sprachliche Entwicklung ermöglicht eine vollständige Unterweisung im Glauben.

---

67 Vgl. Goldman, 1972, 35ff; Schweitzer, 1987, 111f; Schmidt, Bd. 2, 1984, 32f; Nipkow, Bd. 3, 1982, 58ff; Mette, 1983, 196ff; zu Goldman und den Untersuchungen im Anschluß an seine Arbeiten vgl. Slee, in: Nipkow/ Schweitzer/ Fowler (Hrsg.), 1988, 124-143, 139: "Die Untersuchungen sind sich weitgehend darüber einig, daß das religiöse Denken seinem Wesen und seiner Natur nach entwicklungsbezogen ist, und zwar in dem Sinne, daß es von Erwerb und Entwicklung grundlegender kognitiver Fähigkeiten abhängt und sich, in Übereinstimmung mit den allgemeinen Prinzipien der psychologischen Entwicklung, in einer geordneten, sequentiellen und vorhersagbaren Ordnung oder Reihe von altersabhängigen Veränderungen entwickelt."
68 Grom, 1981, 131f.
69 Vgl. Goldman, 1972, 61 und 156ff.

Bereits 1965, als das Original in der ersten Auflage erschien, forderte Goldman nicht nur eine Revision, sondern eine Reform der Lehrpläne.[70] Im Mittelpunkt müssen die Fähigkeiten und Bedürfnisse des Kindes, seine jeweilige Erfahrung, Sprach- und Denkfähigkeit stehen; im engeren Sinn christliche (theologische) Erziehung und Bibelunterricht sind - wie bereits gesagt - erst auf der Sekundarstufe möglich, wenn die kognitiven und entwicklungsmäßigen Voraussetzungen vorhanden sind; die nötige Information, Exemplarität, die strukturelle Einordnung und klare thematische Zuordnung müssen mitbedacht werden.

Goldmans Interesse ist in erster Linie ein didaktisches.[71] Seine didaktischen Folgerungen vergessen die affektive Ebene, die inneren Bilder und Erlebnisse u.ä.[72] Nipkow nimmt die Gedanken Goldmans auf und zieht didaktische Konsequenzen, die die Imaginationsfähigkeiten jüngerer Kinder aufnehmen.

"Die äußere und innere erfahrene Welt in eindrücklichen Bildern zusammenzufassen und zu symbolisieren, ist die Gabe und Stärke dieses Stadiums, birgt aber auch die entscheidende Gefahr in sich."[73]

Religionspädagogisch folgt daraus laut Nipkow gerade die Bedeutung biblischer und religiöser Geschichten, die Begleitung und Korrektur destruktiver Bilder, Hilfestellungen bei der kognitiven Deutung der Bilder,

---

70 Vgl. Goldman, 1972, 188ff.
71 Vgl. sein "Programm entwicklungsgerechter religiöser Erziehung" im Pflichtschulalter: Goldman, 1972, 81ff, zusammenfassendes Schema: 210. Dort unterscheidet Goldman die Phasen: Vorreligiöses Denken, Subreligiöses Denken, Persönliches religiöses Denken; aufgrund der mangelnden Druckqualität des Originals konnte diese gesamte "Schautafel für ein Programm entwicklungsgerechter religiöser Erziehung für die ganze Schulzeit" nicht als Abbildung übernommen werden.
72 Zur Kritik vgl. Schmidt, Bd. 2, 1984, 33; Mette, 1983, 198f.
73 Nipkow, Bd. 3, 1982, 65.

Gedanken, Erzählungen. Auch in der weiteren Entwicklung des Kindes bleibt die Gabe der Imagination und des Narrativen in geordneteren Formen erhalten.[74]

B. Grom belegt, daß metaphysisch-religiöses Denken, verbunden mit der Erfahrung des Grundvertrauens, einer positiven Lebenseinstellung und des prosozialen Empfindens, unter günstigen Bedingungen bereits zwischen dem 4. und 5. Lebensjahr angeregt werden kann.[75] Wenn relativ klare Personschemata vorhanden sind, kann die Egozentrik bzgl. Personen früher abgebaut werden als im Verhältnis zu Dingen. Das Kind lernt u.a., sich zu erinnern, anzuknüpfen, zu antizipieren, vergleichend zu werten und dies alles sprachlich mitzuteilen. Auf dieser Basis kann es existentiell eine Wertschätzung ahnen, die irgendwie über menschliche Autorität hinausgeht, in kausaler Hinsicht erwacht das Interesse am Woher der Dinge und Menschen.

Eine Zunahme der begrifflich-logischen Fähigkeiten ist notwendig, soll das Kind seinen Glauben denkend einholen und metaphysisch-religiöses Verstehen sich weiter entwickeln hin zu symbolisch-analogem Verstehen, reflexiv-logischem Begründen und eigenständig begründeten Überzeugungen.

Religiöse Unterweisung muß gezielte Anregungen geben, um die Weiterentwicklung religiösen Verstehens - sowohl der kognitiven Denkstrukturen als auch der sozialen Interaktionsstrukturen und der Übung - zu fördern.[76] Die

---

74 Vgl. Nipkow, Bd. 3, 1982, 62-68.
75 Vgl. Grom, 1981, 134ff; vgl. den Einfluß von interessierten Eltern, Sonntagsschule u.ä.: 142 und die dort angeführten Belege; vgl. Schmidt, Bd. 2, 1984, 48-51.
76 Vgl. Grom, 1981, 141; vgl. die praktischen Anleitungen 142f.

in den drei "Erfahrungsansätzen erlebnisverwurzelter reifer Religiosität" (Grundvertrauen, positive Lebenseinstellung, prosoziales Empfinden) enthaltenen religiösen Einsichten (religiöses Vertrauen auf unbedingtes Bejahtsein, dankbare Zustimmung zu einer umgreifenden Güte und Größe, altruistisches Mitlieben mit einer unbedingten Zuwendung zu allen) sollten "den kognitiven Entwicklungsstufen gemäß" erarbeitet und formuliert werden.[77] Grom faßt dies schematisch zusammen:[78]

Entsprechend der voroperatorischen Intelligenz	Entsprechend der konkret-operatorischen Intelligenz	Entsprechend der formal-operatorischen Intelligenz
Als globale Intuition	Als einfache Begründung	Als zusammenhängender Aufweis
Aufbauend auf anschaulichen Begriffen, erster Ich-Du-Unterscheidung und der undifferenzierten Frage nach einem irgendwie übermenschlichen Bejahen und Bewirken (Woher)	Aufbauend auf genauerer Begriffsbildung, -klassifizierung, Kausalanalyse und Schlußfolgerung	Aufbauend auf abstrakter Begriffsbildung, Kausalanalyse und dem logischen Schluß vom Bedingten auf das Unbedingte

4.2.3 James W. Fowler

Mit Bezug auf Piaget, Kohlberg (bzgl. der moralischen Entwicklung), R.L. Selman (bzgl. der Stufen der Rollenübernahme), Loevinger (bzgl. der Ich-Entwicklung) und unter Berücksichtigung kognitiver und affektiver, individueller und sozialisationsbedingter Faktoren[79]

---

77 Grom, 1981, 142.
78 Grom, 1981, 143.
79 Grom kritisiert, daß dieser ganzheitliche Ansatz übersieht, daß die Entwicklung meist in Teilstrukturen vor sich geht und
                                        Forts. Fußnote

arbeiten Fowler und (eingegrenzter) Oser jeweils sechs
Stufen religiöser Entwicklung heraus, die jeder Mensch
zumindest zum Teil in invarianter Reihenfolge durch-
läuft.

Seit Mitte der 70er Jahre entwickelt J. Fowler[80],
ausgehend von der Frage, "ob es, in Parallele zu qualitativen Stadien von kognitiven und moralischen Denkpro-
zessen, nicht auch Glaubensstadien gibt"[81], seine Stufen
der Glaubensentwicklung. Nicht die Inhalte der Entwicklung des Glaubens, sondern das Wie dieser Entwicklung
sind in erster Linie Gegenstand seiner Forschungen. Sein
Ziel ist die Beschreibung von Sinn- und Glaubenssuche
möglichst vieler Menschen in einer pluralen Gesellschaft.[82]

Beeinflußt besonders von Piaget, Kohlberg und
Erikson, theologisch bezogen auf H.R. Niebuhr, P.
Tillich und W.C. Smith, versteht er Glaube als
Angewiesensein auf Sinn. "Faith is a person's way of
seeing him- or herself in relation to others against a
background of shared meening and purpose."[83] Demnach
lebt der Mensch in einer Welt, die sowohl deutungsfähig
als auch deutungsbedürftig ist, d.h. er muß ihr erst
Sinn geben.[84] Erfahrung von Sinn meint die Erfahrung von

Forts. Fußnote
    gerade deren integrierende Zusammenschau in umfassende
    Grundmuster kaum gelingt; vgl. Grom, 1981, 134; Bußmann, in:
    RpB 21/1988, 30-49.
80 Vgl. Mette, 1983, 441ff, Anm. 276; Schmidt, Bd. 2, 1984, 37ff;
    Englert, 1985, 268ff; Schweitzer, 1987, 137ff; Mette, in: KBl
    114 (1989) 123-132, bes. 126f.
81 Fowler, in: Conc 18 (1982) 444-447, 444.
82 Vgl. Fowler, 1981, 98; vgl. auch Fowler, in: Nipkow/
    Schweitzer/ Fowler (Hrsg.), 1988, 29-47, bes. 35 und 45.
83 Fowler, 1981, 4.
84 Vgl. Schweitzer, 1987, 138. Ob es sich dabei um das Schaffen im
                                                 Forts. Fußnote

Vertrauen, ein ganzheitlicher Akt, der Denken, Erleben und Handeln bestimmt und qualifiziert. Ihm entspricht die Loyalität, die der Mensch dem entgegenbringt, dem er vertraut; dies vollzieht sich im Medium "übergeordneter Wertzentren"[85]. Die Deutungsprozesse der Wirklichkeit geschehen in einem notwendig vorausgesetzten Hintergrund übergeordneter Werte, in Interaktion mit anderen, d.h. relational. Nipkow schlägt für diesen Begriff des Glaubens "Lebensglauben"[86] vor, da jeder Mensch als Mensch auf Sinn verwiesen ist und als solcher Glauben besitzt.

Religion als die Ansammlung von Traditionen im Laufe der Geschichte hat noch nicht die persönliche Qualität, die den Glauben ausmacht.[87] Vier theologische Grundvorstellungen sind bestimmend: Neben dem Vertrauen als der Struktur des Glaubens und damit verbunden der bundestheologische Charakter, sind Glaube als Prozeß fortwährender Umkehr, der radikale Monotheismus und Reich Gottes als Umschreibung des Ziels der Glaubensentwicklung zentral.[88]

Methodisch arbeitet Fowler mit halb-offenen Interviews, die einerseits nach den Entwicklungsstufen

---

Forts. Fußnote
  Sinn von Erzeugen oder um das Erschließen von Sinn handelt, bleibt unklar; vgl. Nipkow, Bd. 3, 1982, 47ff; Van der Lans, in: Fraas/ Heimbrock (Hrsg.), 1986, 103-119, 114ff.
85 Vgl. Fowler, 1981, 16, vgl. 3ff, 16ff und bes. die Skizze: 17.
86 Nipkow, Bd. 3, 1982, 51; vgl. dazu Schweitzer, 1987, 140.
87 Vgl. Fowler, 1981, 9ff.
88 Vgl. Fowler, in: Nipkow/ Schweitzer/ Fowler (Hrsg.), 1988, 29-47, 29ff; vgl. Nipkow/ Schweitzer/ Fowler, in: Nipkow/ Schweitzer/ Fowler (Hrsg.), 1988, 7-26, 13; Nipkow/ Schweitzer, in: Biehl u.a. (Hrsg.), Bd. 4, 1988, 225-231, 227.

Eriksons, andererseits unter sieben Aspekten (mit verschiedenen Bezügen) ausgewertet werden:[89]
- Form des Denkens
- Rollenübernahme
- Form des moralischen Urteils
- Grenzen des sozialen Bewußtseins
- Verortung von Autorität
- Form zusammenhangsstiftender Deutung im Selbst-Welt-Bezug
- Symbolfunktion.

Durch die Beiordnung einer leitenden Deutungsperspektive legt Fowlers Konzept den Eindruck einer einheitlichen Gesamtentwicklung nahe, "wobei die einzelnen Stufenkonzeptionen jeweils Aspekte des Gesamtprozesses beschreiben."[90]

Mit Hilfe dieser Aspekte der Glaubensstufen, die strukturierende Elemente für eine Logic of conviction (Logik der Überzeugung) darstellen, beschreibt Fowler sechs bzw. sieben Stufen, die in ihrer Vielschichtigkeit und Breite jeweils als dynamische Einheit eine Ganzheit bilden.[91]

---

89 Vgl. Fowler, 1981, 244f; Mette, 1983, 141f, Anm. 276; Schmidt, Bd. 2, 1984, 38f; Schweitzer, 1987, 142f.
90 Schmidt, Bd. 2, 1984, 37.
91 Vgl. zu den Stufen u.a.: Fowler, 1981, 117-213; Fowler, in: Conc 18 (1982) 444-447, 444ff; Fowler, in: Conc 20 (1984) 309-315, 312; Fowler, in: Journal of Empirical Theology 1 (1988) 29-42, 30-32; Mette, 1983, 442-444, Anm. 276; Schmidt, Bd. 2, 1984, 40-43; Englert, 1985, 273-276; Van der Lans, in: Fraas/ Heimbrock (Hrsg.), 1986, 103-119, 107f; Schweitzer, 1987, 144-153; vgl. zur Altersverteilung der Stufen: Fowler, 1981, 322; Fowler, in: Journal of Empirical Theology 1 (1988) 29-42, 31; Schweitzer, 1987, 153; vgl. die Darlegung der Stufen mit Bezug auf R. Keagan bei Fowler, 1987, 53-77: - Primal Faith and the incorporative self, - Intuitive-Projective Faith and the impulsive self, - Mythic-Literal Faith and the imperial self, - Synthetic-Conventional Faith and the interpersonal
Forts. Fußnote

Stufe 0: Erster Glaube bzw. undifferenzierter Glaube: In dieser Vorstufe, in der vorsprachlichen Zeit des Kindes, bilden sich Vertrauen, Liebe, Autonomie, Hoffnung und andere affektive Grundstimmungen, die die spätere Glaubensentwicklung beeinflussen und mitprägen.

Stufe 1: Intuitiv-projektiver (entwerfender) Glaube: Im Alter von 2 bis 6 Jahren, während der Zeit des Spracherwerbs und der Ausbildung des Vorstellungsvermögens (präoperationales und egozentrisches Denken), ist das Kind für Beispiele, Symbole, Stimmungen, phantasievolle Erzählungen u.ä., aber auch Ängste und negative Vorstellungen empfänglich.

Stufe 2: Mythisch-literaler bzw. buchstäblicher Glaube: Zwischen 7 und 12 Jahren übernehmen Kinder den Glauben, Vorstellungen, Geschichten und Regeln eindimensional und wortgetreu für sich und beginnen gewöhnlich, ihre Glaubensvorstellungen zu hinterfragen und an ihren Wahrnehmungen zu überprüfen. Das Verhältnis zu Gott wird als Reglement gegenseitiger Fairneß gesehen, die Gottesvorstellung ist anthropomorph.

Stufe 3: Synthetisch-konventionaler Glaube: Ab ca. 12 Jahren bis (z.T.) ins Erwachsenenalter (frühes formal-operationales Denken) versucht das Selbst in Konflikt mit den verschiedenen Rollenerwartungen und -bildern zu einer neuen Identität zu finden. Reflexion, auch über die eigene Geschichte, wird möglich, Glaube und Wissen werden verbunden, doch bleibt die Selbstsicht geformt im

---

Forts. Fußnote
self, - Indivduative-Reflective Faith and the institutional self, - Conjunctive Faith and the inter-individual self, - Universalizing Faith and the God-grounded self; vgl. zur Entwicklung des Fowler'schen Ansatzes: Fowler, in: Nipkow/ Schweitzer/ Fowler (Hrsg.), 1988, 29-47, 29ff.

Vertrauen auf und mit anderen, Konventionen, äußere Autoritäten und die Meinung der anderen sind wichtig und prägend.

Stufe 4: Individuativ-reflexiver Glaube: Mit etwa 18 bis 20 Jahren kann sich die Fähigkeit herausbilden, die verschiedenen Vorstellungen, die andere von einer Person haben, mit dem nur sich selbst zugänglichen Selbst in einen Dialog treten zu lassen und so ein wahres Selbst, eine Autorität in der eigenen Person auszubilden.

Stufe 5: Konjunktiver bzw. Paradox(es)-verbindender Glaube: Bei manchen Erwachsenen (ab ca. 30 bis 40 Jahren) beginnt die klare Sicht über sich selbst zu verschwimmen, Wahrnehmungen der Kindheit werden neu aufgearbeitet, und es entsteht ein neues Bewußtsein für die Paradoxien, Polaritäten und Doppeldeutigkeiten des Selbst, die zur Revision von Vorstellungen über das eigene Selbst und zu deren erneuerter Integration führen. Sinn liegt nicht mehr im eigenen Ich, radikalere Öffnung für andere wird möglich.

Stufe 6: Universalisierender Glaube: Dies ist ein laut Fowler seltenes Stadium, ein Stadium der Erleuchtung und der mystischen Entwicklung. Sein und Selbst sind eins geworden, das Identifikationsvermögen ist entschränkt, das dadurch ermöglichte unmittelbare Handeln ist herausfordernd und revolutionär. Als Beispiele nennt Fowler Gandhi, Martin Luther King, Mutter Theresa u.a.

Im Prozeß der Reifung können einzelne Aspekte durch Störung des Gleichgewichts Übergänge zur nächsten Stufe vorbereiten und provozieren. Diese Entwicklung geht nicht automatisch vor sich[92], sondern ist mit Krisen, neuen Anforderungen und neuen Erfahrungen verbunden.

Fowler versteht die Stufen des Glaubens normativ; "each new stage expands the capacities of the person or community of faith."[93] Gleichzeitig ist mit der Vorstellung der Höherentwicklung und Überlegenheit höherer Stufen vorsichtig umzugehen.[94]

An fast alle Darstellungen und Rezeptionen des Ansatzes schließen sich kritische Würdigungen, wo verschiedene Anfragen und offene Probleme diskutiert werden; einzelne seien herausgegriffen: Neben wissenschaftlicher Kritik an Begriffen, methodischen Implikationen, Stufenaufbau u.ä., wird vor allem die Gefahr der Vernachlässigung sozialer, gesellschaftspolitischer und geschichtlicher Einflüsse verstärkt betont.[95] Parks faßt die nordamerikanische Kritik an Fowler (von 1981 bis 1987) zusammen; Widerspruch und Bedenken beziehen sich vor allem auf fünf Schwerpunkte:

"1. die Definition von Glaube; 2. die Beschreibung der Stufe 6 - Fowlers Vision eines "reifen Glaubens"; 3. die Angemessenheit der Theorie im Blick auf einzelne religiöse Glaubensinhalte; 4. die Angemessenheit der Darstellung von Affekt, Prozeß und Bewegung, des Unbewußten und der Einbildungskraft; 5.

---

92 "Allein mit dem Alter werden höhere Stufen gerade nicht automatisch erreicht. Vielmehr leben die kognitiv-strukturellen Entwicklungstheorien geradezu von der Erkenntnis (...), daß höhere Stufen zwar später im Leben auftreten, weil sie die früheren Stufen voraussetzen, daß aber jederzeit ein Entwicklungsstillstand selbst auf den ersten Stufen möglich ist." Nipkow/ Schweitzer/ Fowler, in: Nipkow/ Schweitzer/ Fowler, 1988, 7-26, 8.
93 Fowler, 1981, 300.
94 Vgl. Fowler, 1981, 101.
95 Vgl. Nipkow, Bd. 3, 1982, 77 u.ö.; Nipkow/ Schweitzer/ Fowler, in: Nipkow/ Schweitzer/ Fowler (Hrsg.), 1988, 7-26; Mette, in: KBl 114 (1989) 123-132, 127ff.

die Angemessenheit der Theorie aus der Sicht einer
kritischen sozialpolitischen Analyse, besonders einer
geschlechtsbezogenen Analyse."[96]

Schweitzer nennt "die Frage der emotionalen und
unbewussten Aspekte in der religiösen Entwicklung", "des
Untersuchungsgegenstandes", "des normativen Gehalts der
Stufen", "die Frage nach der theologischen Bewertung der
Glaubensstufen" und "nach dem Rationalitätsverständ-
nis"[97] als die am stärksten diskutierten Bereiche der
Theorie Fowlers.

4.2.4 Fritz Oser

Nimmt man ernst, daß Kinder anders denken, Erlebnisse
anders verarbeiten und Fragen anders beantworten, daß
sie im moralischen und sozialen Bereich anders denken,
dann muß dies auch für den religiösen Bereich vermutet
werden. In dem 1975 erstmals erschienenen Band zum
Aufbau kognitiver Strukturen im religiösen Lernen[98]
nennt Oser als Merkmale einer kognitiven Struktur die
selbsttätige Aktivität, das ständige (Neu-)Setzen von
Beziehungen zwischen Strukturelementen, deren andauernde
Umwandlung bzw. Transformation, Ganzheit und Selbstre-
gulierung im Erkennen der Grenzen des Lernens. Sinnvoll
ist dieses Lernen dann, wenn es für die Schüler potentiell bedeutungsvoll ist.[99]

Voraussetzung für den Aufbau theologischer Strukturen
ist das Herausarbeiten der theologischen Sachstruktur,

---

96 Parks, in: Nipkow/ Schweitzer/ Fowler (Hrsg.), 1988, 91-107,
   95.
97 Vgl. Schweitzer, 1987, 154-159 - im Original kursiv gedruckt.
98 Vgl. Oser, 1975.
99 Vgl. Oser, 1975, 81ff im Anschluß an Ausubel.

das Festlegen der inhaltlichen Voraussetzungen, um die nötigen Denkschemata zu aktivieren, das Erkennen der "Aufbau- und Koordinations- bzw. Elaborationsprozesse durch vorgenommene antizipierte Operationen"[100] und das Bestimmen der Repräsentationsformen. Mit Rückbezug auf Bruner nimmt Oser die Bedeutung der Bildung von Sequenzen auf: Neben den diesen Prozeß erleichternden "traditionellen Lernregeln vom Leichten zum Schweren, vom Konkreten zum Abstrakten, von der Eigenwelt zur Fremdwelt usw."[101] werden

> "Lerngeschwindigkeit; Merkfähigkeit; Transferierbarkeit des Gelernten auf neue Bereiche; Darstellungsform, in der das Gelernte ausgedrückt werden soll; Ökonomie des Gelernten dafür, inwieweit das Gelernte zu neuen Hypothesen und Kombinationen anregt."[102]

Anhand von Unterrichtsbeispielen versucht Oser nicht nur, seine Theorie zu erläutern, sondern auch mögliche Vorwürfe gegen seinen strukturalistischen Ansatz zu entkräften. Strukturen, in Wechselseitigkeit entwickelt aus persönliche Erfahrung und übernommen von vorgegebenen Denkmustern, sind lebendig und niemals abgeschlossen. Schritt für Schritt soll in der Anordnung des Unterrichts die Grundstruktur immer wieder auftauchen, transformiert werden und gleichzeitig struktural transparent bleiben.[103]

Im Zentrum des strukturgenetischen Ansatzes von Oser u.a. (bes. P. Gmünder) steht das religiöse Urteil, "Prozesse aktiv-denkerischer Symbolerschließung unter

---

100 Oser, 1975, 95.
101 Oser, 1975, 106.
102 Bruner, 1974, 54.
103 Vgl. Oser, 1975, 141ff.

Bezugnahme auf Gottesvorstellungen"[104]. Mit der Entwicklung des religiösen Urteils ist gemeint,

"daß Personen im Laufe ihrer Lebensgeschichte je anders, je qualitativ differenzierter persönliche und soziale Erfahrungen unter dem Gesichtspunkt eines 'Religiösen' verarbeiten."[105]

Verarbeiten meint ein rationales Durchdringen, das "zu einer je adäquaten Integration dieser expressiven Phänomene in eine kommunikative Wirklichkeit führt"[106]. Integration ist zu verstehen als das interpretative Eingehen auf die erfahrene Wirklichkeit mit religiösen Schemata, wodurch das religiöse Regelsystem verändert wird.

Um kognitiv-religiöse Strukturen zu erfassen, konstruierte Oser, sehr in Anlehnung an Kohlberg (und damit auf der Basis von Piaget)[107], Dilemmageschichten

---

104 Heimbrock, in: Fraas/ Heimbrock (Hrsg.), 1986, 139-152, 141; vgl. Oser/ Gmünder, 1984, 26ff; Oser/ Gmünder/ Fritzsche, in: Wege zum Menschen 32 (1980) 386-398; Oser, 1988; Oser, in: RpB 21/1988, 12-29; Mette, 1983, 201ff; Schmidt, Bd. 2, 1984, 34ff; Englert, 1985, 259ff; Schweitzer, in: Wege zum Menschen 37 (1985) 316-325; Schweitzer, 1987, 121ff; Mette, in: KBl 114 (1989) 123-132, bes. 126; zum geistesgeschichtlichen Hintergrund vgl. Bucher, in: Christliches ABC, Nr. 4 (1986) 161-210, 161ff. Vgl. zusammenfassend bes. Bucher/ Reich, in: Bucher/ Reich (Hrsg.), 1989, 1-33.
105 Oser/ Gmünder, 1984, 19.
106 Oser/ Gmünder, 1984, 21; vgl. Schweitzer, in: Wege zum Menschen 37 (1985) 316-325, 316.
107 "Unsere Theorie ist Kohlberg deutlich verpflichtet. Erstens haben wir von ihm die Methode übernommen; zweitens ist das religöse Urteil wie bei ihm das moralische in die Interaktionssituation eingebettet, drittens geht es uns in der jeweiligen Stufenbeschreibung um die innere Logik der Entwicklung (...); viertens rufen wir Kompetenz und nicht - was auch möglich wäre - Performanz ab, und fünftens nehmen wird die gleichen strukturalen Merkmale wie Ganzheit, Sequenzialität, Nichtüberspringbarkeit und Regressionsresistenz an." (Fetz/ Oser, in: Edelstein/ Nunner-Winkler (Hrsg.), 1986, 443-469, 453); vgl. Oser/ Gmünder, 1984, 82; Gmünder, in: KBl 104 (1979) 629-634; Mette, 1983, 205; Schmidt, Bd. 2, 1984, 36;
Forts. Fußnote

bezüglich der Beziehung Gott-Mensch, wertet die Entscheidungen und deren Begründungen aus und entwickelt daraus seine Stufen des religiösen Urteils. Religiosität wird als Beziehung zu einem Letztgültige, dem Ultimaten bzw. als Kontingenzbewältigung verstanden.[108]

"Kognitivreligiöse Muster sind Weisen der Konstruktion des Verhältnisses Transzendenz-Mensch innerhalb spezifisch religiöser Operationselemente als Kontigenzbewältigungspraxis: Es entsteht eine Assimilation der Wirklichkeit, die darauf hinausläuft, an Transformationssystemen, deren Produkt man ist, zu partizipieren, d.h. auf diese Ereignisse religiös einzutreten, indem man auf sie interpretierend einwirkt."[109]

Sie ermöglichen die Bewältigung von Wirklichkeit angesichts von Glück, Leid, Scheitern etc.[110] Sie

"sind Weisen des Beurteilens, Wertens und Sinnerschließens von Ereignissen, die mit den gängigen Mitteln der Objektbewältigung nur ungenügend erschlossen und integriert werden können."[111]

Die religiöse Entwicklung beinhaltet eine entsprechende Intelligenz- und Sozialentwicklung, die drei Bezugsfelder Subjekt-Objekt, Subjekt-Subjekt, Subjekt-Transzendenz bedingen sich gegenseitig.[112]

Forts. Fußnote
  Schweitzer, in: Wege zum Menschen 37 (1985) 316-325, 318; vgl. auch die sog. semi-klinischen Interviews: Oser/ Gmünder, 1984, 122ff.
108 Vgl. Oser/ Bucher, in: Unterrichtswissenschaft 15 (1987) 132-156, 133-135.
109 Oser/ Gmünder/ Fritzsche, in: Wege zum Menschen 32 (1980) 386-398, 391.
110 Vgl. dazu die Anfragen von Döbert, in: RpB 14/1984, 98-118; vgl. die Diskussion um die Frage, ob Religiosität im Verständnis von Oser nur Kontingenzbewältigung sei, was Oser selbst zurückweist: vgl. Oser, in: Bucher/ Reich (Hrsg.), 1989, 239-256; Bucher/ Reich, in: Bucher/ Reich (Hrsg.), 1989, 1-33.
111 Oser/ Gmünder/ Fritzsche, in: Wege zum Menschen 32 (1980) 386-398, 390.
112 Vgl. Oser/ Gmünder/ Fritzsche, in: Wege zum Menschen 32 (1980) 386-398, 392f; Oser/ Gmünder, 1984, 75; Schweitzer, in: Wege zum Menschen 37 (1985) 316-325, 318; Englert, 1985, 259.

Dabei können natürlich aufgrund dieser Methoden nur
Elemente religiöser Konflikte beschrieben werden, die in
diesen Dilemmageschichten[113] erfragt werden: die Gott-
Mensch-Beziehung wird durch eine moralische Verpflichtung definiert; durch angeschlossene Fragen muß die
moralische Autorität Gott mit der anderer Menschen,
sozialer Gruppen und sittlicher Prinzipien verbunden
werden.[114]

Der Spannungsbogen wird bestimmt vom Maß göttlichen
Eingreifens und Handelns in der Welt und dem Stellenwert
menschlicher Freiheit.
"Das religiöse Urteil erscheint als moralisches
Urteil im Kontext eines religiös definierten Abhän-
gigkeits- bzw. Freiheitskonzepts, also des Herr-
schafts-/ Autonomieproblems."[115]

Oser u.a. versuchen, fundamentale kognitive Strukturen zu benennen, die Basis aller anderen sind, aber
selbst nicht mehr aufeinander rückführbar sind. Dahinter
steht die Frage, ob es nach Abzug aller anderen Bereiche
einen geschlossenen, spezifisch religiösen Bereich gebe;
er wird besonders beschrieben mit "Kontingenzbewältigung" und "Sinnfrage", die nicht mehr reduzierbar
sind.[116] Eine Systematik dieser "religiösen Mutterstrukturen"[117], die in erster Linie forschungsstrate-
gisch wichtig sind, läßt sich (noch) nicht angeben.

---

113 Vgl. Oser/ Gmünder, 1984, 183-186, vgl. 129ff: am bekanntesten
und bewährtesten ist das Paul-Dilemma.
114 Damit sind die Stufen moralischer Entwicklung nach Kohlberg
bereits eingebaut; vgl. dazu die Untersuchung II, in: Oser/
Gmünder, 1984, 223-258; vgl. Schmidt, Bd. 2, 1984, 34f.
115 Schmidt, Bd. 2, 1984, 35; vgl. weiterführend Nipkow, in: RpB
21/1988, 95-114.
116 Vgl. Oser/ Gmünder, 1984, 162f.
117 Vgl. Oser/ Gmünder, 1984, 65-72; Mette, 1983, 202-204;
Schweitzer, in: Wege zum Menschen 37 (1985) 316-325, 318.

"Nach Oser u.a. spricht aber einiges dafür, daß zu
ihren kognitiven strukturalen Elementen Kategorien zu
zählen sind wie Sinn, Negativbewältigung, Freiheit,
Kausalität, Transzendenz, Personal-Aktualität
(Gottes), Institutionalisierung, Katharsis-Wandel,
Kult/ Ritualisierung."[118]

In Anschluß an Piaget wird auch das religöse Urteil
erklärt als die (Wieder-)Herstellung des Gleichgewichts
zwischen zwei Polen. Sieben solcher Gleich- bzw. Un-
gleichgewichtsdimensionen dienen "einer differenzierten
Beschreibung und Interpretation der religösen Entwicklung"[119]:

"Heiliges vs. Profanes
Transzendenz vs. Immanenz
Freiheit vs. Abhängigkeit
Hoffnung (Sinn) vs. Absurdität
Vertrauen vs. Angst
Dauer (Ewigkeit) vs. Vergänglichkeit
Unerklärliches (Magisches) vs. funktional Durch-
schaubares."[120]

Diese konfligierenden Dimensionen sind in jeder religiösen Mutterstruktur und in jeder Dilemmageschichte
latent vorhanden; in der konkreten Entscheidungssitua-
tion werden die Dimensionen subjektiv miteinander
verbunden, um das kognitive Gleichgewicht wieder herzustellen.[121]

"Das religöse Urteil ist die Rekonstruktion einer
Wirklichkeit unter diesen angegebenen Polen, wobei
das jeweilige Gleichgewicht - je nach Entwicklungsstufe - qualitativ verschieden artikuliert ist. Die
höchste Stufe bringt diese Dimensionen in das voll-

---

118 Mette, 1983, 203; zu den Konsequenzen dieser religösen
   Mutterstrukturen gerade auch in Bezug auf die atheistische
   Position vgl. Mette, 1983, 203f; Schweitzer, 1987, 122f;
   Bucher, in: RpB 21/1988, 65-95, bes. 69-82.
119 Schweitzer, in: Wege zum Menschen 37 (1985) 316-325, 317.
120 Oser/ Gmünder, 1984, 32; vgl. Oser, in: Nipkow/ Schweitzer/
   Fowler (Hrsg.), 1988, 48-88, 50ff.
121 Vgl. die Aufnahme jeweils aller und die gleichzeitige
   Akzentuierung der einzelnen Dimensionen in den standardisierten
   Fragen zum Paul-Dilemma: Oser/ Gmünder, 1984, 134ff.

kommenste Gleichgewicht."[122]

Diese Dimensionen sind induktiv aus Interviews erworben, gehen also auch nicht von einem definierten Religions- begriff, sondern vom für den einzelnen Menschen subjek- tiv absolut Gültigen aus.

Die Entwicklungsstufen sind nicht durch den Inhalt, sondern durch die Art der Begründungen der religiösen Entscheidungen gekennzeichnet. Osers Interesse gilt der

"Überprüfung der Hypothese, daß im Bereich religösen Denkens tatsächlich vom Vorhandensein inhaltlich übergreifender kognitiver Strukturen gesprochen werden kann;"[123]

es muß also das konkrete Regelsystem eines Menschen herausgearbeitet werden. Die Beschreibung der Stufen geschieht in erster Linie deduktiv; für die tiefsten Denkmuster wurden einerseits die Arbeiten von Goldman, L.H. Eckensberger, D. Elkind, Kohlberg und Fowler, andererseits Untersuchungen "primitiver" religiöser Kulturen herangezogen. Die höchste Stufe wurde mit Hilfe theologischer und philosophischer Experten beschrieben. Empirische Untersuchungen waren Anlaß zur Überarbeitung und Korrektur des Stufenmodells. So ergab sich zusam- menfassend folgendes Stufenmodell[124]:

---

122 Oser/ Gmünder, 1984, 32.
123 Englert, 1985, 260.
124 Vgl. Oser/ Gmünder/ Fritzsche, in: Wege zum Menschen 32 (1980) 386-398, 396f; vgl. Gmünder, in: KBl 104 (1979) 629-634, 632ff; Oser/ Gmünder, 1984, 87ff; Oser, 1988, 45ff; Oser, in: RpB 21/1988, 12-29, 14; Oser, in: Nipkow/ Schweitzer/ Fowler (Hrsg.), 1988, 48-88, 52ff; Oser/ Bucher, in: Unterrichtswissenschaft 15 (1987) 132-156, 136ff; Mette, 1983, 205f; Schmidt, Bd. 2, 1984, 35f; Englert, 1985, 262f; Schweitzer, in: Wege zum Menschen 37 (1985) 316-325, 318; Schweitzer, 1987, 124ff; Bucher, in: Christliches ABC, Nr. 4 (1986) 161-210, 169ff, tabellarisch vgl. 209f; zur Alters- verteilung der Stufen vgl. z.B. Oser, in: Nipkow/ Schweitzer/
Forts. Fußnote

- 178 -

Stufe 1: Sicht einseitiger Macht und Autorität des Ultimaten (Deus ex machina) bzw. Orientierung an absoluter Heteronomie: Die jenseitige Macht, der sich der Mensch letztlich verpflichtet, ist unerreichbar, unbeeinflußbar, willkürlich; die Beziehung ist ein einseitiges Abhängigkeitsverhältnis, der Mensch ist nur reaktives Vollzugsorgan unter dem Aspekt von Gehorsam und Ungehorsam, Strafe und Lohn.

Stufe 2: Sicht der Beeinflußbarkeit alles Ultimaten durch Riten, Erfüllungen, Gebete etc. Erste Subjektivität bzw. Orientierung 'do ut des': Das Tauschverhältnis ist als solches beeinflußbar, obwohl die unmittelbar kausale Wirkung Gottes im Schema Gehorsam-Ungehorsam bestehen bleibt; die Differenz Gott-Mensch wird erkannt.

Stufe 3: Autonomie der Person durch Abtrennung des Ultimaten vom genuin humanen Bereich (Deismus) bzw. Orientierung an Selbstbestimmung: Die absolute Differenz zwischen dem Ultimaten und dem Menschen läßt kein direktes Einwirken Gottes in die Welt zu; der Mensch betont seine Selbstverantwortlichkeit und ihre Nichtübertragbarkeit; diese Freisetzung des Ich führt zum Konflikt mit dem Ultimaten als einer kontrafaktischen Größe; betont wird das "Daß" Gottes.

Stufe 4: Autonomie der Person durch Annahme apriorischer Voraussetzungen aller menschlichen Möglichkeiten durch Ultimates (Apriorität) bzw. Orientierung an Autonomie und Heilsplan: Das Autonomiestreben des Menschen und die Differenz zu Gott wird formal vermittelt, Gott wird zur Bedingung der Möglichkeit menschlichen Handelns

---

Forts. Fußnote
  Fowler (Hrsg.), 1988, 48-88, 56ff; Oser/ Bucher, in: Unterrichtswissenschaft 15 (1987) 132-156, 138ff.

überhaupt und will das Beste für die Menschen, doch er bleibt transzendental und nicht direkt geschichtswirksam. Die Handlungen des Menschen bleiben selbst entschieden und selbst verantwortet, aber innerhalb des Heilsplans Gottes.

Stufe 5: Sicht einer kommunikativ-religiösen Praxis, in der Ultimates in jedem Handeln Voraussetzung und Sinngebung bildet. Höchste menschliche Autonomie (Kommunikativität) bzw. Orientierung an Intersubjektivität: Das Verhältnis Gott-Mensch ist intersubjektiv vermittelt, es hat den Menschen zum Ziel. In der absoluten Freiheit liegt die Ermöglichung endlicher Freiheit; in ihrer unbedingten Anerkennung des anderen liegt die Erfahrung von Sinn. Das Ultimate scheint in der unbedingten Dimension intersubjektiven Handelns auf, impliziert ist eine Verantwortung in Freiheit für die Welt.

Stufe 6: Orientierung an universeller Kommunikation und Solidarität: Kommunikative Praxis mit dem Ultimaten wird vermittelt durch zwischenmenschliches Verhalten. Gott wird zum Grund und zum Ziel der Geschichte und der Wirklichkeit überhaupt. Unbedingte Anerkennung geht dem Imperativ voraus; Gott wird erfahren "als die Ermöglichung und Erfüllung absoluten Sinnes - vermittelt durch endliche Freiheit im fragmentarischen Geschehen von Ohnmacht und Liebe."[125]

---

125 Oser/ Gmünder, 1984, 104; hier sprechen die Autoren nur von Bemerkungen zu Stufe 6; in: Oser, 1988, 45f, fehlt die sechste Stufe völlig. Vgl. zu den höchsten Stufen: Zwergel, in: Bucher/ Reich (Hrsg.), 1989, 51-63.

Die Untersuchungen von Oser u.a. bestätigen das Vorhandensein dieser hierarchisch-sequentiellen Stufen-Entwicklung des religiösen Urteils; Argumentationsstrukturen über die vierte Stufe hinaus wurden kaum gefunden. Im Bereich der Religionspädagogik hat religiöses Lernen davon auszugehen, daß die den Kindern auf ihrer jeweiligen Entwicklungsstufe eigenen religiösen Denkstrukturen das Aufnehmen von Informationen, Inhalten, Handlungssystemen u.a. prägen. "Daraus leitet sich die These von der Nichtlehrbarkeit religiösen Denkens ab"[126], da für das Kind jeder Wandel seiner Denkstrukturen entwicklungsbedingt ist und selbständig durch aktives Neuordnen der Erfahrungen, angeregt durch Konflikte und Krisen geschieht.[127]

"Denn wenn wir akzeptieren, daß eine höhere Stufe ein tieferes Gottesverhältnis, ein höheres Gleichgewicht der Persönlichkeitsstruktur in bezug auf die Gott-Mensch-Differenz sowie größere Freiheit und Toleranz besagt und ferner komplexer und beweglicher ist, dann ist der vorgezeichnete Weg klar: Entwicklung muß zum Ziel der religiösen Erziehung gemacht werden."[128]

---

126 Oser/ Gmünder/ Fritzsche, in: Wege zum Menschen 32 (1980) 386-398, 397; vgl. Schmidt, Bd. 2, 1984, 36; Englert, 1985, 265f.

127 Vgl. zu den didaktischen Konsequenzen: Oser/ Gmünder, 1984, 263ff; Bucher, in: Christliches ABC, Nr. 4 (1986) 161-210, 186ff, religionsdidaktische Konsequenzen: 188ff; Bucher/ Oser, in: Z.f.Päd 33 (1987) 167-183: erreicht werden soll die je höhere religiöse Stufe bzw. Autonomie, erweiterte adaptive Fähigkeiten im Umgang mit Texten und die schrittweise Auseinandersetzung der Schüler mit den Texten; Nipkow, Bd. 3, 1982, 52; vgl. zum Einfluß der Eltern und des Familienklimas: Niggli, in: Unterrichtswissenschaft 15 (1987) 177-189; Klaghofer/ Oser, in: Unterrichtswissenschaft 15 (1987) 190-206. Daß religiöse Entwicklung und religiöse Bildung nie abgeschlossen sind, sondern sich lebensphasengemäß weiterentwickeln können, führt Englert für den Bereich von Erwachsenenbildung mit den möglichen didaktischen Konsequenzen aus: Englert, in: RpB 21/1988, 115-138.

128 Oser/ Gmünder/ Fritzsche, in: Wege zum Menschen 32 (1980) 386-398, 398.

Entwicklung ist nicht direkt lehrbar, sondern kann nur unterstützt werden, indem Denkanstöße der nächsthöheren Stufe vorgegeben werden. Dabei wird mit der Integration einer neuen Stufe gleichzeitig die alte differenziert.[129]

> "Die Nichtabgeschlossenheit der religiösen Entwicklung bedingt, daß alle Wisseneinheiten traditioneller (z.B. biblischer), kultischer und aktuell interpretierender Handlungen in jeder Entwicklungsstufe neu bearbeitet, integriert und externalisiert werden müssen."[130]

Hauptziel ist die Erziehung zu religiöser Autonomie. Die jeweils äußeren Merkmale und die innere Seite dieses Prozesses der Transformation bestehender Strukturen läßt sich zusammenfassend in folgende Schritte gliedern, die für Erziehungszwecke operationalisiert werden müssen.

> "- Verunsicherung, Grenzerfahrung
> - Erkennen neuer Elemente
> - Auflösung der alten Struktur
> - Einbau neuer Elemente
> - Zusammenbau und Anwendung der neuen Struktur"[131].

Auf curricularer Ebene bietet das strukturell klare Stufenkonzept die Möglichkeit des inhaltlichen Aufbaus mit je neuen, entwicklungsgerechten Aktualisierungen. Es ermöglicht das Verständnis der Argumentation der Schüler (und natürlich darüber hinaus der Menschen, mit denen wir zu tun haben) und die Beschreibung der Eingangsvoraussetzungen, des Wissens- und Verstehensstandes. Zugleich erleichtert es die Verknüpfung neuer Lern-

---

129 Vgl. Oser/ Gmünder, 1984, 105ff; Oser, in: RpB 21/1988, 12-29, 19ff.
130 Oser/ Gmünder, 1984, 264f.
131 Oser, 1988, 54 - im Original kursiv gedruckt; vgl. das Modell einer solchen Stimulierung zur nächsthöheren Stufe des religiösen Urteils: Oser u.a., 1988, 69-190; Caldwell/ Berkowitz, in: Unterrichtswissenschaft 15 (1987) 157-176.

erfahrungen mit bestehenden kognitiv-religiösen Strukturen und die relevanten Vernetzungen. Besonders die Krisensituationen des Übergangs von einer Stufe zur nächsten, die meist mit der Ablehnung der eigenen vorhergehenden Struktur bei den anderen einhergeht, können benannt und unterstützend begleitet werden.

Das religiöse Urteil ist eine Glaubensmeinung, eine Stellungnahme bis hin zum Verarbeiten von Grenzsituationen, und betrifft dadurch immer den ganzen Menschen als Person, nicht nur seine rein kognitiven, emotionalen oder motivationalen Aspekte. Dies im Rahmen der Theologie ernstnehmen heißt auch, in den einzelnen theologischen Disziplinen den Entwicklungsgedanken bzw. die unterschiedlichen Stufen mit zu berücksichtigen, um so bei allen gegenseitiges Mißverstehen, Diskrepanz und Ungleichzeitigkeit[132] zwischen dem faktischen "Ist" religiöser Urteilskompetenz und ihrem theologischen "Soll" abzubauen bzw. um folgenlose Appelle auf abstrakt spekulativer Ebene zu verhindern. Für die praktische Theologie als Handlungstheorie geht es um Analysen und Strategien, "wie also etwas tatsächlich ist und wie es wird"[133], um darauf aufbauend sinnvolles, konsekutiv vernetzendes Lernen zu ermöglichen.

"Die Voraussetzungen mitzubedenken heißt daher z.B. unterschiedliche Stufenaussagen voneinander abzuheben, dann zu vereinfachen, bei denjenigen Stufen zu beginnen, auf der vermutlich Personen stehen und mögliche Transformationen mit darzustellen usw."[134]

Zur kritischen Würdigung, Rückfragen und Einwänden an den Ansatz Osers u.a. sind die Ausführungen bzgl. der

---

132 Vgl. Englert, 1985.
133 Oser/ Gmünder, 1984, 271.
134 Oser/ Gmünder, 1984, 273.

Universalität, der religiös-kognitiven Denkmuster, der Notwendigkeit inhaltlicher Kriterien und einer Ergänzung durch tiefenpsychologische Konzepte für die frühe Kindheit[135]; bzgl. des Religionsbegriffes und der hierarchischen Stufen des religiösen Urteils und der damit verbundenen Wertung[136]; bzgl. der Vernachlässigung des sozialen Kontextes und der Umwelteinflüsse, der ungeklärten Frage des individuellen Motivationsgrundes für die Abfolge der verschiedenen Phasen[137]; bzgl. der unscharfen Begrifflichkeit, der methodischen Ausgrenzung auf Ausnahmesituationen aufgrund der Dilemmageschichten und Fragen, der Trennung zwischen Struktur und Inhalt, und auch bzgl. des Rationalitätsbegriffes und der Sicht des Kindes[138] zu nennen. Die Anfrage von R. Döbert sei

---

135 Vgl. Mette, 1983, 210ff.
136 Vgl. Schweitzer, in: Wege zum Menschen 37 (1985) 316–325, 320–325; Schweitzer, 1977, 134f.
137 Vgl. Fraas, 1983, 105f und 154f, Anm. 5.
138 Vgl. Englert, 1985, 266–268; Heimbrock, in: Fraas/ Heimbrock (Hrsg.), 1986, 137–152, 143ff; Schmidt, Bd. 2, 1984, 36f; Mette, in: KBl 114 (1989) 123–132, 127ff; vgl. auch Fetz/ Bucher, in: Biehl (Hrsg.), Bd. 3, 1987, 217–230; Bucher, in: Christliches ABC, Nr. 4 (1986) 161–210, 192ff; vgl. dagegen zur Widerlegung: Oser, in: RpB 21/1988, 12–29, 15ff; vgl. die sehr ausführliche Widerlegung der Kritiken: Oser, in: Nipkow/ Schweitzer/ Fowler (Hrsg.), 1988, 48–88, 73–87: Oser diskutiert folgende Vorwürfe: die Theorie vernachlässigt die affektiven Aspekte persönlicher Religiösität und die Dimension des Unbewußten; der Begriff des "Ultimaten" ist nicht exakt genug bestimmt; das Paul-Dilemma provoziert moralische Urteile, wodurch auch das Stufenmodell zu einem moralischen wird; nicht jede "höhere" Stufe ist auch eine "bessere"; das Struktur-Inhalt-Problem und damit die Frage der universellen Gültigkeit ist nicht gelöst; der Theorie fehlt die Integration der sozialen Dimension von Religion; religiöses Denken mit logischen Denkmustern zu beschreiben, ist nicht adäquat, dem Religiösen entsprechen symbolische u.ä. Formen; die sechste Stufe ist problematisch; religiöses Denken lehrt uns, die Polaritäten und Widersprüche des Lebens gerade nicht zu harmonisieren; christlicher Glaube muß Sinn nicht schaffen, sondern seine Quelle ist die Offenbarung; die Theorie ist nicht umfassend genug, sie bezieht nicht den ganzen Menschen mit ein;
Forts. Fußnote

eigens hervorgehoben: Die religiöse Entwicklung scheint
im Gegensatz zu all den anderen Bestandteilen der
Ich-Entwicklung, die keiner besonderen Curricula bedür-
fen und die sich nur in Extremfällen nicht entwickeln,
nur zu gelingen, wenn explizit religiöse Traditionen und
Inhalte vermittelt werden, "Inhalte, denen zunächst und
im Normalfall keine Erfahrungen entsprechen, die sich im
sozialen Verkehr unvermeidlich aufdrängen"[139].

4.2.5 Karl E. Nipkow

Der Zusammenhang von Gotteserfahrungen, menschlichen
Grundsituationen und -erfahrungen und deren Einbettung
in Alltagssituationen und -erfahrungen muß im Lebenslauf
aufgesucht werden.[140]

> "Alles zusammen erst macht den ganzen Umkreis des
> religionspädagogischen hermeneutischen Orientie-
> rungsrahmens aus (...): Er hat
> - eine strukturell-genetische und lebensgeschicht-
>   liche Perspektive (Lebenslauf);
> - eine inhaltliche, erfahrungsbezogene (Lebensall-
>   tag);
> - eine auf Tradition und ihre gegenwärtige Leben-
>   digkeit bezogene (Glaubensüberlieferung und ihre
>   Wirkungsgeschichte) und in allem
> - die umgreifende Ausgangsperspektive auf die
>   Generationen und ihren geschichtlich-
>   gesellschaftlichen Weg in Kirche und Gesellschaft

Forts. Fußnote
   die definitorischen Elemente der Theorie beschreiben nur funk-
   tionale Aspekte der Theorie.
139 Döbert, in: RpB 14/1984, 98-118, 104; vgl. Döbert, in: Nipkow/
   Schweitzer/ Fowler (Hrsg.), 1988, 144-162; vgl. dagegen: Oser,
   1988, 8f u.ö., bes. 65ff.
   Diese Anfrage muß im Laufe weiterer Arbeiten zu diesem Thema
   stärker bedacht und diskutiert werden.
140 Vgl. Nipkow, 1987; Nipkow, in: Journal of Empirical Theology 1
   (1988) 43-53; Nipkow, Bd. 3, 1982, 79; vgl. dazu die
   Pünktlichkeit religiöser Lernprozesse, als zeit- und
   entwicklungsgerechtes Zusammenspiel all dieser Faktoren in
   gelingenden Glaubensgeschichten.

(gemeinsam leben und glauben lernen)."[141]

Der dreifache Bezugsrahmen Gesellschaft, Kirche und der einzelne muß Basis, Bedingungs-, Verwendungs- und Bewährungsfeld religiöser und christlicher Erziehung sein. Dies beinhaltet drei Grundformen von Religion bzw. Christentum: Gesellschaftsreligion, kirchliche Religion und persönliche bzw. Privatreligion.[142]

Glaubensentwicklung als der Prozeß persönlich-individualisierter Sinnsuche steht im Zentrum der Theorien Fowlers und Osers, dies zeigen der jeweils zugrundegelegte Begriff von Glaube bzw. Religiosität, Autonomie, Pluralität u.ä.. In den letzten Jahren wurde der Stellenwert der Theorie individueller Glaubensentwicklung begrenzt. Damit sind diese Stufentheorien im Überschneidungsbereich von Psychologie und Theologie[143], sie sind nicht inhaltsfrei, neutral und wertfrei, sondern enthalten bestimmte Botschaften, Ziele, normative Annahmen und Implikationen.

Die Sicht des Menschen in diesen Stufentheorien (theologisch wie pädagogisch) als Person, das Subjekt ist mit eigener Würde, mit kritischem Bewußtsein und Selbstverantwortung, erfordert u.a., daß "schon das Kind als aktiver und kritischer Partner in allem pädago-

---

141 Nipkow, Bd. 3, 1982, 81; zur Ausfaltung dieses Ansatzes vgl. 82ff.
142 Vgl. Nipkow, in: Nipkow/ Schweitzer/ Fowler (Hrsg.), 1988, 270-289, 271; Nipkow, in: Biehl u.a. (Hrsg.), Bd. 3, 1987, 3-35, 4-7; vgl. Englert, 1985, mit Bezug auf Preul, 1980.
143 Vgl. Nipkow, in: Biehl u.a. (Hrsg.), Bd. 3, 1987, 3-35; Nipkow/ Schweitzer, in: Biehl u.a. (Hrsg.), Bd. 4, 1988, 225-231, 226; Nipkow, in: Nipkow/ Schweitzer/ Fowler (Hrsg.), 1988, 270-289, 279ff.

gischen Tun ernstgenommen"[144] wird, und vor allem, daß
die entwicklungspsychologischen Forschungsergebnisse bei
der Erstellung von Lehrplänen und Curricula, der Unterrichtsvorbereitung und der Lehrplanung integriert
werden. Die auf den einzelnen und seine Entwicklung
eingeschränkte Perspektive der Stufentheorie kritisiert
Nipkow auf der Basis ökonomischer, politischer und
sozialer Analysen der gegenwärtigen Gesellschaft.[145]

Doch Ausgangspunkt der entwicklungspsychologischen
Stufentheorien ist das Subjekt, der Mensch als aktiver,
sinngebender Gestalter seiner Lebensgeschichte. Die
Stufenmodelle wollen helfen, besonders die Konflikte und
Krisen in der religiösen Lebenslinie und Glaubensentwicklung zu unterstützen, entweder begleitend nachgehend
oder geplant vorausgehend, ohne aber solche Konflikte
absichtlich pädagogisch herbeizuführen.[146] Dem entgegen
darf nicht übersehen werden, daß es gleichzeitig pädagogisch sinnvoll sein kann, solche Konflikte absichtlich herbeizuführen, vor allem wenn es darum geht, die
Entwicklung zur jeweils nächsten Stufe bewußt zu unterstützen.

---

144 Nipkow, in: Nipkow/ Schweitzer/ Fowler (Hrsg.), 1988, 270-289,
    275; vgl. Nipkow, in: Z.f.Päd 33 (1987) 149-165, 155; vgl.
    dabei auch den Bezug zur Elementarisierung und didaktischen
    Analyse.
145 Vgl. Nipkow, in: Nipkow/ Schweitzer/ Fowler (Hrsg.), 1988,
    270-289, 277; Nipkow, in: Biehl u.a. (Hrsg.), Bd. 4, 1988,
    225-231, 230f; Oser, in: Nipkow/ Schweitzer/ Fowler (Hrsg.),
    1988, 48-88, 57; vgl. die Artikel von Hull, in: Nipkow/
    Schweitzer/ Fowler (Hrsg.), 1988, 211-227, und Durka, in:
    Nipkow/ Schweitzer/ Fowler (Hrsg.), 1988, 228-241.
146 Vgl. Nipkow, in: Biehl u.a. (Hrsg.), Bd. 3, 1987, 3-35, 34.

4.3 Kritische Würdigung in Hinblick auf die Erstellung eines Gesamtkonzepts

Zahlreiche Elemente traten im Verlauf dieses Kapitels als wichtig hervor: der Aufbau kognitiver Strukturen im Sinne von aufeinander bezogener, miteinander verbundener Inhalte, die gerade durch die Einordnung in die bereits bestehende kognitive Struktur ihre Bedeutung erhalten.

Im Prozeß des Lernens sollen vorhandene Kenntnisse unter einer bestimmten Fragerichtung aktiviert und transformiert werden, sodaß an einzelnen Beispielen die Struktur eines Sachverhalts und dessen allgemeine Gesetzmäßigkeiten deutlich werden. Dadurch soll diese Struktur weiter ausgebaut, vertieft und zugleich vernetzt werden; dies geschieht als progressive Differenzierung und als integratives Verbinden im Sinne von Über- und Unterordnung.

Zur Förderung des Lernprozesses müssen vorstrukturierende Lernhilfen eingesetzt werden, die die Verankerung von Neuem in der vorhandenen Struktur erleichtern sollen. Es sind auch vom Lehrenden Lernhilfen einzubringen, die prozeß- oder ergebnisorientiert sind. Notwendig dafür ist, daß die Problemstellung der Denkform des Lernenden entspricht, sodaß die Aufgabe genügend Herausforderung und Motivation enthält, aber zugleich für den Schüler lösbar bleibt. Festigung, Wiederholung und Transfer des Neugelernten sollen langfristiges Behalten und selbständigen Umgang mit den Inhalten ermöglichen.

Soll Lernen sinnvoll sein, muß Neues auf bereits Bekanntes bezogen weden können, sodaß sich dadurch allmählich eine Struktur im Denken entwickelt, in der

Neues eingeordnet und verknüpft werden kann. Ein solches Lernen ist (meist) an Sprache geknüpft; dies zeigt die Notwendigkeit der schrittweisen Übernahme religiöser Sprachformen als Voraussetzung bedeutungsvollen Lernens.

Die stetig wachsende Differenzierung bzw. Abstraktion, immer häufigere Vernetzungen, Vertiefungen, Verfeinerungen, stärkere Stabilität der Struktur und größere Flexibilität in der Anwendung auf Neues sind Ziel dieser Art des Lernens. Lerninhalte und -ziele müssen der Struktur der wissenschaftlichen Disziplin entsprechend strukturiert und aufgebaut werden, sodaß der Lernende mit Hilfe vorstrukturierender Organisationshilfen Verankerungen für das Eingliedern und Behalten neuer Inhalte bereit hat.

Während Ausubel von Allgemeinem ausgeht, forciert Bruner das Entdecken von Gesetzmäßigkeiten und Strukturen durch die Arbeit an Einzelproblemen. Dabei steht der Aufbau flexibler Problemlösungsstrategien im Mittelpunkt. Die altersgemäße Aufbereitung und unterstützende Maßnahmen während des Lernprozesses sind Aufgabe des Lehrers.

Beide Ansätze sind in gegenseitiger Ergänzung unverzichtbare Basis jedes Lernens. Die Aspekte des religionspädagogischen Diskussionsstandes, vor allem Elementarisierung, formalreligiöse Fähigkeiten, Sequentialisierung und Korrelation, sind durch diese lernpsychologischen Erkenntnisse bestätigt.

Die Notwendigkeit, auch religiöses Lernen klar zu strukturieren und schrittweise aufzubauen, erfordert die Arbeit an Lernvoraussetzungen im Bereich von religiöser Sprache, Erfahrungen und Wissen, an vorstrukturierenden und prozeßorientierten Lernhilfen, an der Organisation des Lernens in Teilschritten, an der Festigung und am Transfer des Gelernten. Besonders deutlich wird dadurch, daß auch religiöses Lernen als kognitives und existentielles sinnvoll ist, als strukturiertes Lernen dem Lösen von Problemen im weitesten Sinn dient und so für den Menschen bedeutsam wird.

Die entwicklungspsychologischen Ansätze bringen u.a. den wichtigen Gedanken ein, daß die Entwicklung des Kindes nach eigenen Gesichtspunkten abläuft und nicht unreflektiert vom Erwachsenen her gedacht werden darf. Denken, Religiosität, moralisches und religiöses Urteilen geschieht aktiv und in Interaktion, es entwickelt sich strukturiert, invariant und irreversibel sequentialisiert.

Strukturiertes Lernen geht aktiv vom Schüler aus durch Unterordnung des Gelernten unter bereits vorhandene kognitive Strukturen und zugleich durch Anpassung seiner Denkschemata an die Umwelt. Gerade für religiöses Lernen muß die schrittweise Entwicklung hin zu abstrakt-formalem Denken beachtet werden; religiöse Vorstellungen werden verändert und dem Denken so angepaßt, wie es der Entwicklung entspricht: Ichzentrierung, Anwendung symbolischer Schemata, Animismus, allmähliches Entstehen von differenzierten Begriffen und umkehrbaren gedanklichen Operationen. Die moralische und religiöse Entwicklung steht mit der des Denkens in Verbindung. Die Untersuchungen über die der Entwicklung entsprechenden Möglichkeiten symbolischen Verstehens und religiöser Sprachbildung sind noch nicht abgeschlossen; die vorhandenen Modelle (u.a. Goldman, Grom, Fowler, Oser) bieten Anhaltspunkte, aber keine fertigen Lösungen.

Das Einbringen nicht nur der Denkentwicklung (in Anschluß an Piaget), sondern auch der Ansätze erlebnisverwurzelter Erfahrung im religiösen Bereich hebt die korrelative Verschränkung religiösen Lernens hervor. Die Bedeutung der Stufenmodelle von Fowler und Oser wird besonders durch Nipkow bewußt: Sie bieten einerseits Kriterien zur Analyse und Zielbeschreibung des Lernprozesses, zur Sequentialisierung, deren Aufbau und schrittweisen Unterstützung, andererseits geben sie Anhaltspunkte für die Elementarisierung vor allem der Strukturen, Erfahrungen und Anfänge, und für die Korrelation.

Religiöse Entwicklung ist (diesen Ansätzen entsprechend) notwendig prozeßorientiert; die im weiteren Sinn affektiven Faktoren sind dadurch den inhaltlichen Faktoren gleichwertig. Die aktive Erschließung religiöser Vorstellungen erfordert einen schrittweisen Aufbau von Strukturen, die wechselseitig aus persönlicher Erfahrung entwickelt und von vorgegebenen Denkstrukturen übernommen sind, in ihrer Grundstruktur immer wieder auftauchen und angewandt, verändert, verknüpft, geprüft werden. Zugleich bleibt religiöses Lernen ungleichzeitig, lebensgeschichtlich unabgeschlossen und entzieht sich direkter Lehrbarkeit.

Diese Einbettung religiöser Erfahrungen in die Alltagssituationen im Verlauf des Lebens verstärkt die Schwierigkeit der Anwendbarkeit durch die Ausweitung der Faktoren: Nicht nur individualisierte Sinnsuche, sondern gesellschaftliche und kirchliche "Religiosität" bzw. "Religion" sind bei der Beschreibung vor allem von Konflikten und Krisen in der (religiösen) Lebensgeschichte zu beachten.

Natürlich liegen in diesen Stufen auch die Gefahren von Verallgemeinerungen, Undifferenziertheiten und Mißachtung individueller Prozesse; dennoch können diese

Stufenmodelle neben Möglichkeiten des Einordnens auch wertvolle Hilfen für religiöse Lernprozesse, deren Verstehen und deren Strukturierung bieten.

Im Zentrum steht die Erkenntnis, daß religiöses Lernen nicht im eigentlichen Sinne lehrbar ist, sondern durch eigene Erfahrungen, Konflikte und Krisen geschieht. Ziel religiöser Erziehung ist die Entwicklung, die aber unterstützt werden kann durch (Denk-)Anstöße der nächst höheren Stufe. Diese Entwicklung ist eine ganzheitliche (d.h. gesellschaftlich, religiös, kirchlich, individuell, lebensgeschichtlich und alltäglich), deren Ziel der religiös autonome Mensch ist.

Dabei soll besonders der Aspekt hervorgehoben werden, daß Religiosität als "Beziehung zu einem Ultimaten, die Hoffnung über den Tod hinaus verbürgt"[147], nicht von den Sozialerfahrungen zu trennen ist. Verbunden damit ist die Notwendigkeit, eine offene, herrschaftsfreie Atmosphäre zu schaffen, in der die Inhalte der Offenbarung bzw. deren Auslegung von allen gemeinsam für die eigene Lebenssituation erarbeitet werden.

Nach dieser ausführlichen Darlegung der formalen Kriterien für Lehrplanarbeit im Sinne eines strukturierten, vertikal aufgebauten, begründeten Gesamtentwurfs ist im nächsten Teil eine inhaltliche Darstellung dieser Kriterien notwendig. Die wesentlichen Grundbegriffe und Zusammenhänge der Fachwissenschaft müssen genau beschrieben werden, um die Ergebnisse der didaktischen und religionspädagogischen Überlegungen inhaltlich zu füllen. Erst durch die fachwissenschaftliche

---

147 Bucher/ Reich, in: Bucher/ Reich (Hrsg.), 1989, 1-33, 25.

Beschreibung von zentralen Kategorien, wie sie nachfolgend geschieht, kann die Verbindung aller einzelnen Ergebnisse im Blick auf einen Gesamtaufbau möglich werden. Auf dieser Basis wird deutlich, daß basic concepts die inhaltliche Grundlage für einen vertikal-konsekutiven Gesamtentwurf darstellen müssen. Diese klare Trennung zwischen formalen und inhaltlichen Aspekten mag vielleicht mühsam erscheinen, ist aber für die Darstellung vor allem auch der Komplexität begründeter Lehrplanarbeit unverzichtbar.

5. INHALTLICHE ÜBERLEGUNGEN ZUR ERSTELLUNG EINES GE-SAMTKONZEPTS

5.1 Vorüberlegungen und Anknüpfungen

Im Rahmen des Forschungsprojektes der theologischen Fakultät der Universität Freiburg - angeregt durch den "Gesprächskreis Juden und Christen beim Zentralkomitee der deutschen Katholiken" - verfolgte die Projektgruppe unter der Leitung von Günter Biemer, Albert Biesinger, Peter Fiedler, Karl-Heinz Minz und Ursula Reck von 1977 bis 1982 das Ziel, Leitlinien und religionsdidaktische Entwürfe für eine Verbesserung der Darstellung des Judentums bzw. des Verhältnisses Christentum - Judentum zu erarbeiten. Basierend auf den Aussagen des Zweiten Vatikanischen Konzils vom 26.10.1965 (Artikel 4 der Konzilserklärung "Nostra aetate")[1], der vatikanischen "Richtlinien und Hinweise für die Durchführung der Konzilserklärung 'Nostra aetate' Art. 4 vom 3.1.1975"[2] und der "Erklärung der deutschen Bischöfe 'Über das Verhältnis der Kirche zum Judentum' vom 28.4.1980"[3] ging und geht es um die Aufarbeitung eines der wesentlichen unbewältigten christlichen Probleme.[4]

---

1 Nostra aetate, in: Rahner/ Vorgrimler (Hrsg.), [17]1984, 355-359, 357-359.

2 Richtlinien, in: Richter (Hrsg.), 1982, 80-87; vgl. als Kommentar z.B. Eckert, in: Emuna 10 (1975) Nr. 1/2, 1-6, aus jüdischer Sicht z.B. Levinson, in: Emuna 10 (1975) Nr. 1/2, 6-9.

3 Deutsche Bischofskonferenz 1980, in: Richter (Hrsg.), 1982, 122-150.

4 Das Verhältnis zwischen den beiden Religionen ist auch sichtbar in den seit Jahrhunderten bestehenden Religionsgesprächen (vgl. zur Geschichte des jüdisch-christlichen Gesprächs bes. Schoeps, [4]1984, dessen erste Auflage 1937 erschien und nach wie vor höchst aktuell ist; vgl. die wissenschaftliche Erforschung ihrer Geschichte zusammenfassend bei Kremers in: Kremers/
Forts. Fußnote

Zwei Aussagen seien stellvertretend für all die Fragen zitiert, die auch und gerade eine Generation beschäftigen, die die Zeit ihrer Eltern und die Geschichte der eigenen Kirche nicht vergessen darf.

"Am Tag des Synagogensturms hätte die Kirche schwesterlich neben der Synagoge erscheinen müssen. Es ist entscheidend, daß dies nicht geschah."[5]

Dies bleibt die Schuld, an der wir nicht vorbeigehen können ohne aufzuschrecken. Aus jüdischer Sicht sagt Elie Wiesel:

"Falls ich versuchen könnte zu verstehen - aber das wird mir nicht gelingen - weshalb mein Volk zu Opfern wurde, so werden andere Leute verstehen müssen, oder den Versuch machen müssen zu verstehen, warum die Mörder Christen - sicher schlechte Christen, aber doch Christen - waren."[6]

Das Urteil über die Geschichte macht niemanden lebendig und nichts ungeschehen; es geht, wie es im Synodenbeschluß "Unsere Hoffnung" der Gemeinsamen Synode der Bistümer der BRD formuliert ist, um die

"Bereitschaft, aus dieser Schuldgeschichte unseres Landes und auch unserer Kirche schmerzlich zu lernen: Indem gerade unsere deutsche Kirche wach sein muß gegenüber allen Tendenzen, Menschenrechte abzubauen und politische Macht zu mißbrauchen, und indem sie allen, die heute aus rassistischen oder anderen ideologischen Motiven verfolgt werden, ihre besondere Hilfsbereitschaft schenkt, vor allem aber, indem sie besondere Verpflichtungen für das belastete Verhältnis der Gesamtkirche zum jüdischen Volk und seiner

---

Forts. Fußnote

Schoeps (Hrsg.), 1988, 9-20), die seit dem zweiten Weltkrieg als Dialog geführt werden - mit verschiedenen Schwierigkeiten im politisch-religiösen Kontext (vgl. Wyschograd, in: Kremers/ Schoeps (Hrsg.), 1988, 210-225); zur neueren Entwicklung vgl. Ben Chorin, in: Emuna 10 (1975) Nr. 1/2, 14-17; vgl. auch Thoma, in: Judaica 38 (1982) 108-114; Ehrlich, in: CpB 93 (1980) 268-280; König, in: Weinzierl (Hrsg.), 1988, 115-125; Ehrlich, in: Weinzierl (Hrsg.), 1988, 127-135. Zum Dialog Juden und Judenchristen in Israel vgl. Rufeisen, in: Judaica 38 (1982) 24-31.

5 Reinhold Schneider, zit. nach: Biemer, 1981, 13.
6 Elie Wiesel, zit. nach: Biemer, 1981,6.

Religion übernimmt."[7]

Bei dem Versuch, basic concepts für die Darstellung von Christentum - Judentum zu finden, kann auf die Grundkategorien des Freiburger Projekts zurückgegriffen werden. Auch die Vermittlung der theologischen Dimension mit der anthropologischen in didaktischen Strukturgittern wurde in den Freiburger Leitlinien geleistet. Die Ebene der Konkretisierung von Unterricht für die Sekundarstufe II ist von Albert Biesinger erarbeitet und in der Unterrichtspraxis erprobt. Dies kann kritisch nachvollzogen und zum größten Teil übernommen werden. Was noch aussteht und von der vorliegenden Arbeit geleistet werden soll, ist eine vertikal-konsekutive Ausfaltung und Vernetzung der Grundkategorien als basic concepts, die in ihrer wissenschaftlichen Struktur dem Alter und der Entwicklung der Lernenden entsprechend aufgebaut werden.[8]

Das Freiburger Forschungsprojekt begann mit einer Analyse der katholischen Lehr- und Lerntexte (Lehrpläne, Schulbibeln, Religionsbücher und Lehrerhefte, verschiedene Unterrichtsmodelle, ...) zum Bereich Judentum-Christentum seit dem Zweiten Vatikanum und ging der Frage nach, wie weit das Erschrecken und Umdenken innerhalb der Kirche auch die Erziehung der nächsten Generation prägt.[9] In interdisziplinären Experten-

---

7 Unsere Hoffnung 1975, in: Gemeinsame Synode, 1976, 84-111, 108f.
8 Vgl. den Ausblick von Biemer für eine künftige Orientierung von der frühen Kindheit bis zur Erwachsenenbildung in: Biemer, 1981, 127-133; und die Hinweise von Biemer in: FrRu 31 (1979) 8-15 bzw. in: KBl 105 (1980) 819-830.
9 Vgl. Fiedler, 1980; vgl. auch Fiedler, in: Jochum/ Kremers (Hrsg.), 1980, 117-125; vgl. Stöhr (Hrsg.), 1983; Maisch, in:
                                                          Forts. Fußnote

gesprächen (aus Exegese und Dogmatik, Judaistik und Judentum) wurden "hermeneutische Analyse-Kriterien"[10] erstellt, an denen die Erstellung und Beschreibung allgemeiner Kategorien anknüpfte.

Zwei Grundsätze werden vorausgesetzt, nämlich daß das Judentum als eigenständige Weltreligion zur Geltung kommt und sachgemäß dargestellt wird, und daß zugleich das exklusive Nahverhältnis der Christen zum Judentum besteht, da das Christentum theologisch an das Judentum gebunden und verwiesen bleibt.

Die daraus erarbeiteten Dimensionen, d.h. "jene allgemeinen Kategorien (...), welche einzelne, voneinander logisch abhebbare Aspekte der interpretationsleitenden Theorie kenntlich machen"[11], wurden mit Hilfe engerer Kategorien differenziert durch Schlüsselbegriffe jüdischen Selbstverständnisses und durch inhaltliche Ausfaltung des Judeseins Jesu und des Verhältnisses Christentum Judentum.[12]

Forts. Fußnote
   FrRu 28 (1976) 44f; Gollinger, in: FrRu 28 (1976) 46-50;
   Maisch, in: FrRu 29 (1977) 38-40; Gollinger, in: FrRu 29 (1977)
   40-46; vgl. bes. im evangelischen Bereich: Jochum, in: Henrix/
   Stöhr (Hrsg.), 1978, 12-29; Jochum, in: Jochum/ Kremers
   (Hrsg.), 1980, 7-22; Kremers, in: Jochum/ Kremers (Hrsg.),
   1980, 23-35 und 37-54; Kremers, in: Stöhr (Hrsg.), 1983, 32-53;
   Brocke/ Jochum, in: Jochum/ Kremers (Hrsg.), 1980, 55-74;
   Caspers, in: Jochum/ Kremers (Hrsg.), 1980, 127-154; Kremers,
   in: Stein/ Schallenberger (Hrsg.), 1976, 137-149; vgl. den sehr
   frühen Beitrag von Molin, in: Thoma (Hrsg.), 1965, 193-215;
   vgl. auch Rijk, in: CpB 86 (1973) 191-198, bes. 194ff; Ehrlich,
   in: CpB 86 (1973) 198-200.
10 Vgl. Fiedler, 1980, 14.
11 Ritsert, 1972, 50.
12 Vgl. Biemer, in: FrRu 30 (1978) 38-40. Die im folgenden
   zitierten Schemata sind entnommen aus: Fiedler, 1980, 37f. Vgl.
   die Kategorien mit den jeweiligen Indikatoren zum Erfassen der
   Informationen über Juden, Judentum und Staat Israel in den
   Religionsbüchern bei: Caspers, in: Jochum/ Kremers (Hrsg.),
                                                      Forts. Fußnote

1.0 Gott	*2.0 Bund*	*3.0 Land*	*4.0 Volk*	*5.0 Hoffnung/ Zukunft*
(Schöpfer, Vater, Erlöser, Offenbarung, Glaube)	2.1 Tora (jüdische Tradition)	3.1 David	4.1 Gottesdienst (Sabbat, Feste, Psalmen, Gebete, Synagoge)	(messianische Erwartungen)
(A)	2.2 Abraham	3.2 Jerusalem und der Tempel		5.1 Geschichte Israels (bis 70 bzw. 135)
			4.2 Lebenspraxis (Umwelt)	
1.1 Geistige Strömungen im mittelalterlichen und neuzeitlichen Judentum	2.3 Exodus			
	2.4 Mose		4.3 Diaspora	5.2 Epochen der jüdischen Geschichte (Mittelalter und Neuzeit; Verfolgungen)
	2.5 Propheten			
(B)				
1.2 Probleme des (religiösen) Judentums der Gegenwart		3.3 Staat Israel (Zionismus)	4.4 Leben im heutigen Israel	5.3 Verfolgung im „3. Reich" („Antisemitismus")
				5.4 Die christlich-jüdischen Beziehungen im 20. Jahrhundert

Forts. Fußnote

1980, 127-154, 149, die als Vergleich zu Fiedler erwähnt seien:
"1. Juden als unsere Zeitgenossen (...)

2. Leben und Geschichte des jüdischen Volkes in der Zeit von der Rückkehr aus dem Exil bis vor dem Auftreten Jesu

3. Juden und Judentum im Zusammenhang mit Jesus und der

1.0 Jüdische Herkunft Jesu

1.1 Wirken im Horizont des zeitgenössischen Judentums
(Verkündigung der anbrechenden Gottesherrschaft; Vaterunser; religiöse Gruppen und Bewegungen)

1.2 „Ethik" Jesu im alttestamentlich-jüdischen Horizont
(„Bergpredigt", Nächsten- und Feindesliebe, Stellung zur Tora und zur Tradition; Verhalten zu Sündern)

1.3 Jesus und (die) Pharisäer (ihr Selbstverständnis; wechselseitiges Verhältnis Jesus – Pharisäer; Vergleichsmöglichkeit Hillel – Jesus)

2.0 Autorität Jesu (Entscheidungsforderung; Gottesnähe)

2.1 „Messianischer" Anspruch Jesu

3.0 Verantwortung für Jesu Tod (Gegner, Passion[sdarstellungen])

1.0 Wurzel des Christentums im Judentum

1.1 Gottesglaube
1.2 Gottesdienst/Liturgie
1.3 Ethik (und Lebenspraxis)
1.4 Heilige Schrift

2.0 Unterschiede

2.1 Ostern (Christusglaube)
2.2 Schema „Verheißung/Erfüllung"
2.3 Schema „Alter/Neuer Bund"
2.4 Paulinischer Gegensatz „Christus oder Gesetz"
(„Evangelium/Gnade oder Gesetz")

3.0 Beziehungen Urchristentum – Judentum

3.1 Verhältnis Paulus – Judentum

Forts. Fußnote
    ältesten Christenheit (NT und NT-Zeitgeschichte)
  4. Leben und Geschichte des jüdischen Volkes von der Zeit nach
     dem Auftreten Jesu bis zur Gegenwart (1948)
  5. Textkomplexe des AT, der Bibel der Juden und Christen, –
     einschließlich deren Kommentierungen."

Durch inhaltliche Beschreibungen dieser Kategorien werden sie zu "Bewertungskriterien"[13], die wesentliche Gesichtspunkte und Anweisungen für die qualitative Analyse geben und die angelegten Beurteilungsmaßstäbe offenlegen.

Während für die Dimension I der Gesichtspunkt der Kontinuität des Judentums bis in die Gegenwart in Hinblick auf sein Selbstverständnis und seine Deutungen im Vordergrund stehen, kommt es bei der Dimension II besonders auf eine klare Unterscheidung zwischen historischen Aussagen und der Sicht und Deutung der Geschichte Jesu im Licht des Glaubens nach Ostern an. Bei der Dimension III ist wichtig, daß die Unterschiede zwischen Judentum und Christentum auf der Basis der Glaubensentscheidung zu sehen sind. Ihren Grund haben diese Unterschiede im Glauben an Jesus als den Christus (wobei dies in der Zeit der frühen Kirche nicht ausschließend war). Es ist in einer ausführlichen Diskussion der Dimensionen und ihrer Kategorien zu klären, ob eine Erweiterung oder Veränderung dieser erforderlich ist.

Die Ergebnisse Fiedlers aus seiner sehr genauen Analyse und Auswertung der Lehrpläne, Schulbücher und Unterrichtsmaterialien seien im folgenden zusammenfassend dargestellt.[14]

---

13 Fiedler, in: Jochum/ Kremers (Hrsg), 1980, 117–125, 118.
14 Vgl. Fiedler, 1980, 17–25; Fiedler, in: FrRu 31 (1979) 3–8; Machalet, in: EvErz 34 (1982) 175–179; vgl. auch Fiedlers Resümée, daß man zwar vergleichsweise wenigere offene, aber nach wie vor zahlreiche versteckte Antijudaismen findet, z.B. im Zusammenhang mit Jesus Christus, "den Pharisäern", "den Juden", "Alten" Bund, Gesetz ..., in: KBl 105 (1980) 831–837. Vgl. neuerdings Reck, Ursula, Das Judentum im katholischen

Forts. Fußnote

Die Würdigung des heutigen Judentums nimmt in den Schulbüchern und Unterrichtsmodellen zu, doch das talmudische, mittelalterliche und neuzeitliche Judentum mit seinen wissenschaftlichen Leistungen und auch die Verfolgungen in der Geschichte fehlen meist. Das neutestamentliche Judentum ist fast immer nur Negativfolie für Jesus und das Urchristentum, zur Verdeutlichung der Größe des Wirkens und des Leidens Jesu (dies findet sich besonders auch in einer Reihe von Liedern). Die theologische Begründung des neutestamentlichen Judentums (z.B. auf der Basis von Röm 9-11) ist kaum präsent. Auch dort, wo bestimmte Themen des "alttestamentlichen" Judentums zu finden sind, sind diese

> "durchgehend in heilsgeschichtlicher Perspektive auf 'die' Erfüllung in Jesus Christus hin ausgerichtet oder übergehen zumindest das Fortleben/-wirken im nachneutestamentlichen Judentum"[15].

Im Bereich der Schulbibeln fällt das Ergebnis sehr negativ aus. Juden und Pharisäer erscheinen als Gegner, Übereinstimmungen und Verbindungen werden ausgelassen. Besonders Überschriften spiegeln gerade im Bereich messianischer Erwartung und ihrer Erfüllung in Jesus auch die Vermischung von historischer und kerygmatischer Sichtweise und die Ausgrenzung des Judentums als ungläubig.

Auch bei den Lehrplänen zeigen sich immer wieder Abgrenzungen und v.a. Abwertungen des neutestamentlichen Judentums, um Jesu Botschaft klarer herauszustellen. Christologische Engführungen, ausschließlich heilsgeschichtliche Ausrichtung auf Jesus, eine teilweise Ignoranz gegenüber der Verwurzelung des Christentums im

---

Forts. Fußnote
  Religionsunterricht. Wandel und Neuentwicklung, Freiburg/ Basel/ Wien 1990.
15 Fiedler, 1980, 18.

Judentum und der eigenständigen nachneutestamentlichen jüdischen Entwicklung bleiben bestehen trotz der Bemühungen, an der Verständigung der beiden Religionen im Religionsunterricht mitzuwirken. Der positiven Aufmerksamkeit gegenüber dem heutigen Judentum fehlt meist eine solide Basis.

Die Liste der Defizite ist lang und zeigt die Mängel in der Behandlung und der Präsenz des Judentums: Im exegetischen Bereich geht es um eine deutlichere Integration der jesuanischen Botschaft in die jüdische Lebenswelt und den jüdischen Glauben, der Person Jesu und des Verkündigungsweges bis hin zu Paulus. Systematische Fragen beziehen sich auf die Verhältnisbestimmung zwischen den beiden Religionen, jüdische Voraussetzungen für und Einflüsse auf das Christentum im Bereich der Bibel, des Gottesglaubens, der Ethik, der Liturgie und auf die Anfrage, was Auschwitz für christliche Theologie und Verkündigung bedeutet. Kirchengeschichtlich kaum aufgearbeitet ist sowohl die Zeit der Urkirche, die Anfänge der Mission und die beginnende Entfremdung zwischen Christen und Juden als auch einerseits die Verbindungen und jüdischen Beeinflussungen und andererseits die Geschichte des christlichen Antisemitismus bzw. Antijudaismus bis in die Gegenwart.[16]

Daß all diese Inhalte religiösen Lernens unter dem Vorzeichen der Vorurteilsproblematik stehen, haben die diesbezüglichen Arbeiten im Rahmen des Freiburger Forschungsprojektes und darüberhinaus gezeigt.[17]

---

16 Vgl. sehr knapp: Adam, in: Forum Religion (1983) Nr. 3, 2-6; vgl. exemplarisch zum Antisemitismus: Poliakov, Bd. 1-8, 1977-1988.
17 Vgl. Biemer, 1981, bes. 82-99; Biesinger, in: Biemer/ Forts. Fußnote

5.2 Verhältnisbestimmungen Christentum Judentum

Johannes Paul II. sagte bei seinem Besuch in der
römischen Synagoge im April 1986 über das Verhältnis von
Judentum und Christentum:

> "Zu ihr [d.h. jüdischen Religion] haben wir (...)
> Beziehungen wie zu keiner anderen Religion. Ihr seid
> unsere bevorzugten Brüder und, so könnte man gewis-
> sermaßen sagen, unsere älteren Brüder."[18]

Die Nähe des Christentums zum Judentum ist eine vielfältige: die Verwurzelung in einer gemeinsamen Vergangenheit, die Grundverbindung im Juden Jesus und den
ersten, die an ihn als den Messias glaubten, der Ausblick auf die Vollendung ... In dieser Nähe liegt
gleichzeitig auch die spezifische Unterschiedenheit: das
Zentrum ist Jesus Christus.

Die Modelle zur Beschreibung des Verhältnisses müssen
der Mitte der Schrift und den Aussagen des Zweiten
Vatikanums verpflichtet sein, ohne die Unterschiede zu
nivellieren oder abwertend auszugrenzen. Die Frage nach
der Mitte der Schrift muß in ihrer Tragweite betont
werden. Das Verhältnis zwischen Juden und Christen
schwingt bei den Versuchen einer neutestamentlichen und
alttestamentlichen bzw. einer gesamtbiblischen Theologie
mit: Trotz aller Unterschiede zwischen Judentum und

Forts. Fußnote
  Biesinger/ Fiedler (Hrsg.), 1984, 86-94 u.ö.; Fiedler/ Reck/
  Minz (Hrsg.), 1984, 129-139; vgl. auch zur richtigen
  Unterweisung in den verschiedenen Bereichen besonders die
  offiziell-kirchlichen Aufforderungen, z.B. "Hinweise für eine
  richtige Darstellung von Judentum in der Predigt und in der
  Katechese der katholischen Kirche" vom 26.4.1985: Vatikanische
  Kommission, 1985, 45-58 und die ausführliche Einleitung und
  Analyse von Henrix, in: Vatikanische Kommission, 1985, 12-44;
  die Diskussion um die "Theologie nach Auschwitz" bzw.
  "Holocaust-Theologie" sei nur erwähnt.
18 Johannes Paul II., in: Berliner Bischofskonferenz u.a., 1988,
  8; vgl. auch: Berliner Bischofskonferenz u.a., 1988, 9f.

Christentum ist innerhalb der biblischen Theologie diese
Frage nach wie vor ungeklärt.

Westermann bezieht klar Position: "Dem Ganzen hat die
Theologie zu dienen, und in der Bibel geht es um das
Ganze."[19] Biblisch wird die Mitte der Schrift oft in
Gott bzw. in Gottes Einzigartigkeit gesehen[20]; wenn auch
inhaltlich nicht einheitlich, scheint der Gedanke selbst
ein gewisser bibeltheologischer Konsens zu sein.[21] In
diese Diskussion eingebunden ist sowohl die Betonung der
Eigenständigkeit des Alten und Neuen Testaments[22] als
auch die Suche nach möglichen Modellen des Bezugs[23].

---

19 Westermann, in: Baldermann u.a. (Hrsg.), 1986, 13-30, 29; vgl.
    Schackenburg, in: Baldermann u.a. (Hrsg.), 1986, 31-47, und die
    dort angegebene Literatur. Dieses Bemühen spiegelt sich auch in
    der Theologie bzw. den Theologien selbst: vgl. exemplarisch
    Cobb jr., in: Bauer (Hrsg.), 1985, 15-40; Ebeling, in: Bauer
    (Hrsg.), 1985, 71-93; Metz, in: Bauer (Hrsg.), 1985, 209-233;
    Moltmann, in: Bauer (Hrsg.), 1985, 235-257. Als biblische
    Ansätze vgl. exemplarisch: Oeming, 1985; Klein, in: Merk
    (Hrsg.), 1984, 76-93; Reventlow, in: Merk (Hrsg.), 1984,
    94-102.
20 Vgl. Schackenburg, in: Baldermann u.a. (Hrsg.), 1986, 31-47, 47
    und Anm.41 mit zahlreichen Literaturhinweisen; Seebass, 1982;
    Oeming, in: Baldermann u.a. (Hrsg.), 1986, 48-70, 48f und
    Anm.2.
21 Dies kann auch als Bestätigung der grundlegenden Kategorie
    "Gott", die nur im weiteren Sinn als Kategorie bezeichnet
    werden kann, angesehen werden: siehe unten 5.4.
22 "Im Horizont rein geschichtlicher Betrachtung erweisen sich
    viele christliche Interpretationen eher als Hineinlegungen denn
    als Auslegungen. Die alttestamentlichen Texte haben keinen
    Tiefensinn oder verborgenen Hintersinn als Weissagungen auf
    Jesus von Nazareth hin; in ihrem inner-alttestamentlichen
    Verstande sind sie zunächst vielgestaltige Zeugnisse
    vorchristlicher, nicht-christlicher Glaubens- und Lebensweisen.
    Mag dieser Pluralismus die kirchliche Lehre belasten, aus
    wissenschaftlich-intellektueller Redlichkeit muß er zunächst
    zur Kenntnis genommen werden." Oeming, in: Baldermann u.a.
    (Hrsg.), 1986, 48-70, 51.
23 Vgl. christologische, typologische, heilsgeschichtliche,
    komplementäre und wertbezogene Exegese: Oeming, in: Baldermann
    u.a. (Hrsg.), 1986, 48-70, 55-70 mit ausführlichen
    Literaturverweisen; Reventlow, 1983.

Eine anerkannte Möglichkeit, die Vielfalt biblischer Themen zu einem "Fundamentalgedanken"[24] als die Mitte der Schrift zu bündeln, besteht in der Suche nach umgreifenden Zentralbegriffen. Dieser Weg wird auch in dieser Arbeit beschritten, der im folgenden biblisch fundiert und differenziert werden muß.

Röm 9-11 kann als "gültige Zusammenfassung der Verhältnisbestimmung von Juden und Kirche"[25] herangezogen werden, als "hermeneutischer Schlüssel für die Aussagen des Neuen Testaments über das Judentum"[26].

Das Bild, das Paulus für die Verwurzelung der Kirche im Judentum zeichnet, macht die Abhängigkeit der Heidenkirche von der Wurzel, die (zumindest für Paulus) dadurch unmögliche Überheblichkeit der Heidenkirche und die bleibenden Verheißungen (Röm 9,4f; 11,29, 1 Kor 2,4 u.ö.)[27] an Israel deutlich[28]. Am Ende steht als Ziel die Rettung von ganz Israel (Röm 11,25ff u.ö.)[29].

---

24 Oeming, in: Baldermann u.a. (Hrsg.), 1986, 48-70, 62.
25 Biemer, 1981, 135; vgl. Biemer, 1981, 40-52; Deutsche Bischofskonferenz 1980, in: Richter (Hrsg.), 1982, 122-150, 132-136 und die Kommentare von Minz, in: KBl 105 (1980) 859-862; Mußner, in: FrRu 32 (1980) 15f und Levinson, in: FrRu 32 (1980) 16f; vgl. Lohfink, 1989, bes. 75ff; vgl. zur Ekklesiologie: Mußner, in: Mußner, 1987, 153-159.
26 Hemmerle, in: Biemer, 1981, 145-150, 146.
27 Vgl. Röm 11, 33-36: Die einzige Doxologie bei Paulus ohne jedes christologische Element.
28 Vgl. zur Ausfaltung der Gaben Israels: Osten-Sacken, 1982, 39-67; Mußner, in: Lapide/ Mußner/ Wilckens, 1978, 40-71, bes. 47f.
29 Vgl. auch Röm 5, 8-10; 2 Kor 5, 17-21; vgl. Deutsche Bischofskonferenz 1980, in: Richter (Hrsg.), 1982, 122-155, 132; Mußner, in: Mußner, 1987, 39-64, bes. 62-64; Mußner, 1979, 327-333; von der Osten-Sacken, 1987, 294-314; bzgl. der Literatur zu Röm 9-11 vgl. exemplarisch Mußner, 1979, 67, Anm. 119; zum Bild des Ölbaums und dessen Deutung vgl. Levinson, in: Biemer, 1981, 239-242; vgl. auch Stendahl, 1978, 13f: "Es geht
Forts. Fußnote

Neutestamentlich finden wir die Verhältnismodelle "Alter Bund - Neuer Bund", "Verheißung - Erfüllung", "Gabe - Überbietung"; das Modell "Verwerfung -Erwählung" ist aufgrund der paulinischen Texte unhaltbar (vgl. z.B. Röm 11,29). Lk 14,16-24 par schließt mit der Drohung, die die Verwerfung Israels unter heilsgeschichtlicher Perspektive auszusagen scheint.[30] Exegetisch muß diese Formulierung als lukanische Rückdatierung des heidenchristlichen Standpunktes gewertet werden. Den historischen Daten, anderen neutestamentlichen Stellen (z.B. Eph 2,14-18) und auch dem Apostelkonzil (sowohl in paulinischer als auch lukanischer Schilderung) widerspricht diese heidenchristliche Überheblichkeit. In welcher Kombination und Deutung auch immer bleibt die Anmaßung des Richtens, denn das Urteil über Verwerfung und Erwählung steht Menschen nie zu.

Die Einsicht des Bundesbruchs auf der Seite Israels bei gleichzeitiger Treue Gottes zu seiner Heilszusage und dem damit verbundenen Ruf zur Umkehr ist innerjüdisch bekannt und bezeugt[31]. Während in Jer 31,31 der Neue Bund nicht wie bei Ex 24,8 mit einem Blutritus verbunden ist, geschieht dies im Neuen Testament (1 Kor 11,25; Lk 22,20). In 2 Kor 3 und Hebr 8-10 finden sich Abgrenzungsaussagen, die in die heutige Situation korrektiv weitergeschrieben werden müssen.

Forts. Fußnote
[in Röm 9-11] um die Beziehung zwischen Kirche und jüdischem Volk (...). Es geht um das Verhältnis von zwei Gemeinschaften und um ihre Koexistenz im geheimnisvollen Plan Gottes."; vgl. Maier/ Petuchowski/ Thoma, 1980, 127-168; Lapide/ Rahner, ²1984, bes. 65ff; Düppe, 1986.
30 Vgl. Vögtle, 1971, 195f, 215. Diese Stellen können auch so verstanden werden, daß weder Lk 14,16-24 noch Mt 22,1-14 ein Urteil über Verwerfung und Erwählung ist.
31 Vgl. Biemer, 1981, 42.

Das Modell Verheißung - Erfüllung, das sowohl in der
Bibel der Juden in der Deutung des Exodus und der
Landnahme als der Erfüllung der Verheißungen Abrahams
und Moses mit der bleibenden Offenheit für neue Verheißungen zu finden ist, als auch z.T. im Anspruch Jesu und
vor allem in der nachösterlichen gläubigen Deutung
seiner Person als Erfüllung der Verheißungen im Messias
gegenwärtig ist. Dennoch bleibt im christlichen Verständnis der eschatologische Vorbehalt, d.h. das Wissen
um die in Jesus Christus antizipierte, aber letztlich
noch nicht erfüllte Erfüllung, oder in der paulinischen
Formulierung: "Aber auch wir, obwohl wir als Erstlings-
gabe den Geist haben, seufzen in unserem Herzen und
warten darauf, daß wir mit der Erlösung unseres Leibes
als Söhne offenbar werden." (Röm 8,23)[32]

Auch das Verhältnismodell Gabe - Überbietung birgt
die Gefahr der Abwertung Israels in sich, wenn in Jesus
Christus die heilsgeschichtliche Zuwendung Gottes zu
Israel überboten wird. Paulus geht es nicht um die
Abwertung der Tora, sondern um die Ermöglichung eines
Heilsweges für Heiden und um die Legitimation seiner
Mission: in Jesus Christus können Heiden am Heil Israels
teilhaben[33]. Jesus wurde und wird als Erfüllung der
messianischen Verheißung, als Überbietung aller früheren
Selbstoffenbarungen Gottes - mit dem Vorbehalt noch
ausstehenden letzten Erfüllung - verkündet[34].
    "Die Behauptung der 'Unüberbietbarkeit' der den
    Christen zuteil gewordenen 'Gabe' der Inkarnation
    enthält die Beweislast. Können Christen die Probe
    auf's Exempel ablegen für die von ihnen geglaubte

---

32 Vgl. Schottroff, in: Schottroff, 1990, 275-283.
33 Vgl. wiederum das Bild des Ölbaums Röm 9-11; vgl. Stendahl,
    1978.
34 Vgl. Heinz, in: Biemer, 1981, 211-214.

Wende in der Zuwendung Gottes, in der Heilsgeschichte? Das ist die nur durch Praxis von Glaube und Liebe
und Hoffnung beantwortbare Frage."[35]

Die systematisch-theologischen Verhältnismodelle basie-
ren auf den im Rahmen des Freiburger Forschungsprojekts
erarbeiteten Überlegungen[36]. Bei allen Gemeinsamkeiten
und letztlichen Differenzen in Jesus, den die Christen
als den Christus bekennen, bleibt die Christologie offen
für die Zukunft, in der sich, wie es in 1 Kor 15, 28
heißt, dann "auch er, der Sohn, sich dem unterwerfen
[wird], der ihm alles unterworfen hat, damit Gott
herrscht über alles und in allem."[37]

B. Klappert unterscheidet negative und positive
Modelle, wobei er als Kennzeichen ansieht,

"inwieweit die von ihm sogenannte 'Israelitische
Denkstruktur' (...) des fortwährenden Bundesge-
spräches Gottes mit seinem Volke und über Israel
hinaus endzeitlich mit der ganzen Welt, von der
Kirche vergessen oder aber im Sinne der paulinischen

---

35 Biemer, 1981, 48; vgl. dazu die dort angeführte Fußnote.
    Zugleich muß festgehalten werden, daß zu diskutieren bleibt, ob
    der Anspruch der Realisierung der Zuwendung Gottes im Handeln
    der Christen mit der "Gabe" der Inkarnation direkt verbunden
    werden kann. Das von Biemer erwähnte Beispiel läßt sich als in
    der Tradition Israels verwurzelte Sichtweise verstehen.
36 Vgl. bes. Biemer, 1981, 134-157.
37 Vgl. Biemer, 1981, 56; Mußner, 1979, 387; vgl. Kremers, in:
    Gespräche in Israel 6 (1988) Nr. 1, 3-20; Gräßer, in: Müller/
    Stenger (Hrsg.), 1981, 411-429, der dies für eine
    "christologische Ausdünnung (...) bis in die Eschatologie
    hinein" (Gräßer, 423) hält und dagegen anführt, daß hier der
    Gott zur Geltung kommt, der "Christum aus den Toten erweckt hat
    (V.20) und nun bis zum Eschaton herrschen läßt (V.25)."
    (Gräßer, 423) Dem entgegen legt auch Thoma, 1978, 199-201 in
    Anlehnung Oskar Cullmann (Die Christologie des Neuen
    Testaments, Tübingen 1957) und Franz Rosenzweig (Briefe, Berlin
    1935) 1 Kor 15,20-28 als die unangetastete einzige Herrschaft
    Gottes des Vaters aus, die in der paulinischen Christologie nie
    angegriffen wird; vgl. auch Osten-Sacken, 1982, 139f.
    Wegen der den griechischen Text verzerrenden Wiedergabe dieser
    Stelle in der Einheitsübersetzung sei auf das Novum Testamentum
    Graece verwiesen.

Israeltheologie neu beherzigt wird."[38]
Während das Substitutions- oder Ersatzmodell, bei dem
die Kirche Israel, das verworfen ist, ersetzt, das
Integrationsmodell, das die Integration der Juden-
christen in die heidenchristliche Kirche beschreibt, das
Typologiemodell, das Israel als Vorausdarstellung auf
die überlegene Kirche sieht, das Illustrationsmodell,
nach dem Israel die exemplarische Negativfolie darstellt
und das Subsumtionsmodell, bei dem die Sonderrolle
Israels eingeordnet wird in das für alle Menschen
geltende Allgemeine, als nicht akzeptierbar abgelehnt
werden müssen, werden das heilsgeschichtliche, das
personalistische, das eschatologische Bezugs-, das
christologische Dependenz-, das Transzendierungs- und
das Latenzmodell als dialogbezogene Modelle beschrieben,
"die die Wiedergewinnung der israelitischen Kontur des
einen Volkes Gottes anzeigen."[39]

Die Geschichte des Heils, die Offenbarung am Sinai
(jüdisch) und in Jesus Christus (christlich) als die
Fülle und Vorwegnahme einer prinzipiell unumkehrbaren
Geschichte Gottes mit den Menschen, ist im jüdischen und
christlichen Selbstverständnis analog, wobei der Stellenwert der einzelnen heilsgeschichtlichen Ereignisse
unterschiedlich interpretiert wird.[40]

---

38 Salberg, in: KBl 106 (1981) 35-39, 36f. Vgl. zum folgenden:
    Klappert, in: Henrix/ Stöhr (Hrsg.), 1978, 107-153, 107ff, vgl.
    Mußner, 1979, 73f; Biemer, 1981, 61f; Jochum, in: KBl 105
    (1980) 880-888, 883-887.
39 Klappert, in: Henrix/ Stöhr (Hrsg.), 1978, 107-153, 110; vgl.
    Biemer, 1981, 58-61.
40 Vgl. Thoma, 1982, 62-95; vgl. zur biblischen Hermeneutik z.B.
    Schmid, 1971; Serge, in: Conc 12 (1976) 120-126; Mayer, 1962,
    15ff; zur Hermeneutik und zum Umgang mit der Bibel der Juden
    und der Christen vgl. auch z.B. Osten-Sacken, 1982, 198-220; De
    Quervain, 1966, 13-15.

Das personalistische Modell deutet das Verhältnis als eines von Geschwistern mit verschiedenem Schicksal,

"da Gott der Eine ist, für Juden sowohl als auch für Christen, und da beide von sich zu Recht sagen können, daß sie von ihm berufen und zu Söhnen gemacht worden sind (Hos 11,3; Röm 8,14-17)"[41].

Im Blick auf die eschatologische Zukunft sind Juden und Christen aufeinander verwiesen und bezogen; die letzte Hoffnung auf Gottes Herrschaft an "jenem" Tag verbindet beide.[42]

Die Menschwerdung Gottes in Jesus Christus geschah in konkreten gesellschaftspolitischen, soziokulturellen und religiösen Zusammenhängen; dafür, daß Jesus nicht nur Jude war, sondern sein mußte, bietet das NT bedeutende Lösungen in Röm 15,7-12; Gal 3,16; 4,4f; Lk 1,54f; 2,32 u.a.

"'Das Heil ist aus den Juden' (Joh 4,22), weil der Heilbringer Jesus aus dem Judentum kam (...). Zur Rechten des Vaters sitzt nicht irgendeiner, sondern 'der ewige Jude' Jesus von Nazareth!"[43]

Das Transzendierungsmodell sieht im Christentum den gelungenen Selbstüberstieg des Judentums hin auf seine universale Verheißung, auf alle Völker.

Das Erkennen des Christusgeschehen in der Hl. Schrift der Juden und deren damit verbundene Hochschätzung, wie es im Latenzmodell verstanden wird, enthält die Gefahr, das Ereignis von Ostern und die damit verbundene Glaubenserfahrung und -entscheidung zu übersehen und das Christusgeschehen logisch aus der Hebräischen Bibel

---

41 Biemer, 1981, 57.
42 Vgl. Ehrlich, in: Biemer/ Biesinger/ Fiedler (Hrsg.), 1984, 291-301.
43 Mußner, in: Mußner, 1987, 89-92, 92; zu Jesus als dem Messias vgl. Mußner, in: Mußner, 1987, 75-88; Volken, [2]1985, bes. 98ff; Lapide, in: ru 7 (1977) 57-60.

herleiten zu wollen. Thoma schlägt neben Röm 9-11 und
Eph 1-2 für die Christen die Formulierungen "das Volk
des Neuen Bundes" oder "das Volk Christi" vor, da diese
Ausdrücke "auf das eine Israel in seiner Zweigestalt -
die Gemeinschaften der Christusjünger und die Gemeinschaften des Judentums - hinzielen"[44].

Biemer/ Fiedler schlagen als Kurzformel "'Werdende
Gottesherrschaft' (jüdisch) - 'Werdende Gottesherrschaft
durch werdende Christusherrschaft' (christlich)"[45] vor,
wobei es ihnen dabei um die nicht qualifizierende
Beachtung von Gemeinsamkeiten und Unterschieden zwischen
Juden und Christen geht. Aus jüdischer Perspektive zeigt
sich in den Gebeten Sch'ma Israel und im Kaddisch sowohl
die Bitte um die endgültige Ankunft der Herrschaft
Gottes als auch das Leben hier und jetzt gemäß seiner
Herrschaft durch das Befolgen seiner Weisungen. Christlich wird das Kommen der Gottesherrschaft in und durch
Jesus als den Christus geglaubt und gleichzeitig ihre
letzte, noch ausstehende Vollendung am Ende der Zeiten
erhofft. Die Bitte um das Kommen seines Reiches -
jüdisch erwartet, christlich in Jesus gegenwärtig und
zukünftig zugleich - ist verbunden mit dem Ausrichten
des jetzigen Lebens nach den Weisungen Gottes, und zielt
auf die eschatologische Aufhebung der Trennungen[46].

Was bleibt, ist das Deutlichwerden der Probleme bis
hin zu den sich daran anschließenden Verbrechen, die
u.a. durch die Verabsolutierung zeitbedingter neutesta-

---

44 Thoma, 1978, 267.
45 Biemer, 1981, 33; vgl. 33-35; Minz, in: Biemer, 1981, 67-78,
    77f.
46 Vgl. Nostra aetate, Nr. 4, in: Rahner/ Vorgrimler (Hrsg.),
    [17]1984, 355-359, 357-359; Deutsche Bischofskonferenz 1980, in:
    Richter (Hrsg.), 1982, 122-150, 137 und 149f.

mentlicher Aussagen ohne Beachtung derer Kontextbezogen-
heit verursacht wurden. Alle Modelle zur Deutung des
Verhältnisses außer dem von Biemer/ Fiedler vorgeschlagenen, dem ich mich hier anschließe und das im weiteren
Sinn zum personalistischen Modell gezählt werden kann,
verharren letztlich in einer (zumindest) latent apolo-
getischen Haltung: Es bleibt bei der Sicht des Über-
bietens und damit beim Anspruch des größeren Maßes an
Wahrheit und Heil.[47]

Auch wenn beispielsweise das Erfüllungsdenken des
Matthäus-Evangeliums oder die paulinische Lehre von
Christus als dem beendenden Ziel des Gesetzes im Kontext
des Judeseins Jesu biblisch aufgewiesen werden kann,
bleibt - vor allem bedingt durch die Wirkungsgeschichte
- die Gefahr der latenten Apologie. Die Erfahrungen der
Geschichte zwingen uns zur Schärfung des Blicks und zur
Vorsicht, ohne dadurch den biblischen Befund zu verzer-

---

47 Dies wird bereits an der Schwierigkeit des Sprachgebrauchs AT –
NT deutlich. In etwas polemisch-pointierter Sprache, aber das
Problem treffend, sei Adolf Holl zitiert: "Die 'alten' Teile
sollen die Judenbibel kennzeichnen, die 'neuen' die
Christenbibel. Die Christen verwenden die Judenbibel in ihren
Gottesdiensten und Unterweisungen ganz selbstverständlich und
unbefangen, als wären die göttlichen Worte darin an sie
gerichtet (...). Gleichzeitig werten sie die Sprüche Jesu als
wirkliches Novum, womit dann eben gar alles, was sich vorher
zwischen dem Gott Abrahams und dem kleinen Volk im Lande Kanaan
abgespielt hat, den Charakter des Vorläufigen erhält. (...) Wer
wie die Juden an diesem 'Alten' festhält, ohne das 'Neue' zu
akzeptieren, dem ist eben ein bestimmtes Licht noch nicht
aufgegangen, nämlich das Licht des Evangeliums Christi" (Holl,
[2]1982, 23); vgl. Vatikanische Kommission, 1985, 48, Anm. 1;
vgl. auch Minz, in: KBl 105 (1980) 859-862, 860 mit Hinweis auf
D.Arenhoevel, Das Verhältnis zwischen Altem und Neuem Testament
nach der Dogmatischen Konstitution über die göttliche
Offenbarung, in: FrRu 18 (1966) 10-12. Bzgl. der Gefahr der
Vereinnahmung des Alten Testaments durch den Standpunkt des
christlichen Glaubens aus bibeltheologischer Sicht vgl.
Schnackenburg, in: Baldermann u.a. (Hrsg.), 1986, 31-47, 33 und
Anm.5; Oeming, in: Baldermann u.a. (Hrsg.), 1986, 48-70, 51.

ren. Der Anspruch der Ausschließlichkeit des Heils wird gemäß des Zweiten Vatikanischen Konzils, das die Wahrheit in allen Religionen aufscheinen sah, aufgegeben und die Gefahr eines solchen verhindert werden müssen, soll ein ehrlicher Dialog nicht nur mit dem Judentum, sondern mit den Religionen dieser Erde möglich werden.

5.3 Theologische Beziehungen

Als Hauptthemen der kirchlichen Äußerungen (allein zwischen 1948 und 1980 sind es über 50) nennt Thoma: den Antijudaismus und die Schuld der christlichen Kirchen an den damit verbundenen Verbrechen; die Reform der Theologie und Verkündigung bezüglich des Judentums; das Bibelverständnis und das Verhältnis von Kirche und Judentum; Jesus als Jude; Erwählung des Christentums und seine Weltverantwortung, z.T. zusammen mit dem Judentum; die Frage der Mission und des Dialogs mit den Juden; den Staat Israel und die gegenwärtige politische Situation.[48]

Der Konzilstext "Nostra aetate"[49], Art. 4 betont als Wurzel der Kirche Christi besonders das Hineingenommensein in den Bund und die Verheißungen der Juden ("eingepfropft" Röm 11,17-24). Die Erklärung der deutschen

---

48 Vgl. Thoma, 1982, 19-44; zu den Herausforderungen und notwendigen Veränderungen in der theologischen Diskussion dieser Hauptthemen vgl. Maier/ Petuchowski/ Thoma, 1980, 127-168; Henrix, in: Henrix/ Stöhr (Hrsg.), 1978, 188-236; Dequeker, in: FrRu 28 (1976) 13-16 und Henrix, in: FrRu 28 (1976) 16-27.
49 Vgl. Nostra aetate, in: Rahner/ Vorgrimler (Hrsg.), [17]1984, 355-359, 357-359; vgl. zur Entstehungsgeschichte: Oesterreicher, in: Brechter u.a. (Hrsg.), Bd. 13, [2]1986, 406-478, und Mußner, 1979, 388ff.

Bischöfe von 1980 faltet "das geistliche Erbe Israels für die Kirche"[50] weiter aus: die Hl. Schrift Israels als gemeinsame Quelle des Glaubens, in der der Gott der Offenbarung spricht, der auch der Gott Jesu ist; der Glaube der jüdischen Religion an den einen Gott, der auch der Glaube Jesu ist (vgl. Mk 12,29f bezogen auf das "Urcredo" Dtn 6,4); der Glaube an diesen Gott als den Schöpfer der Welt; Gesicht des Menschen als Abbild Gottes mit der Konsequenz seiner unantastbaren Würde und dem entsprechenden mitmenschlich-sozialem Verhalten; der Bund Gottes mit Israel und die damit verbundene unbedingte und unverbrüchliche Erwählung; die Weisung Gottes, die Tora, mit dem Zentrum des Dekalogs als die innere Ordnung des menschlichen Lebens; die Hoffnung auf den Messias und die Ausrichtung der Geschichte auf ein von Gott gesetztes Ziel als Wende zum Heil; das Gebet, das in seinen zentralen christlichen Formen aus dem Gebetsschatz Israels lebt und davon geprägt ist (Vater Unser, Benediktus, Magnifikat, Psalmen ...) ebenso wie die christlichen Grundhaltungen von den Grundhaltungen Israels vor Gott übernommen sind;[51] die geschichtlichen Ereignisse des Heilshandeln Gottes (bes. Exodus,

---

50 Deutsche Bischofskonferenz 1980, in: Richter (Hrsg.), 1982, 122-150, 123; vgl. 123-132; für Österreich vgl. den Text der Pastoralkommission 1982, in: Kath.Aktion Österreichs (Hrsg.), 1986, 83-96, und den Kommentar von: Ehrlich, in: FrRu 35/36 (1983/84) 21-27; zu den gemeinsamen Wurzeln vgl. von evangelischer Seite bes. die Studie "Christen und Juden" des Rats der Evangelischen Kirche in Deutschland 1975, in: Rendtorff/ Henrix (Hrsg.), 1987, 558-578: der eine Gott, die Heilige Schrift, das Volk Gottes, der Gottesdienst, Gerechtigkeit und Liebe, Geschichte und Vollendung; vgl. Rendtorff (Hrsg.), ²1980, 31-108.

51 Vgl. Thoma, 1978, 144-162; vgl. die Rezension dazu von Mußner, in: FrRu 30 (1978) 56-58; vgl. Mußner, in: FrRu 35/36 (1983/84) 69-72; z.B. Brocke/ Petuchowski/ Strolz (Hrsg.), ²1980.

Pessach, Leiden Jesu, Gericht, Auferstehung[52]) sind ohne den Zusammenhang mit der jüdischen Tradition und ihrer Verwurzelung im Gedenken und Feiern Israels für Christen unverständlich und ohne Boden.

Das Zentrum all dieser Verbindungen liegt im Juden Jesus: "Wer Jesus Christus begegnet, begegnet dem Judentum."[53]

An einer exemplarischen Deutung des Leidens und Sterbens Jesu nach dem Text Mk 15, bes. 33f von Klappert sei dies dargestellt[54]: Jesus wird in seinem Sterben von Gott zum Repräsentanten Israels und aller Völker gemacht; in seinem Schrei erleidet er das Schicksal der Propheten und ist so Repräsentant Jahwes und zugleich des Gerichts und der Leiden Israels, und als solcher aller Armen und Entrechteten. Der Frondienst des Simeon von Zyrene (Mk 15,4), die Kreuzigung, zusammen mit den Männern, die Klappert[55] als Zeloten sieht (Mk 15,26), das Ablehnen des Tranks von römischen Soldaten (Mk

---

52 Vgl. Deutsche Bischofskonferenz 1980, in: Richter (Hrsg.), 1982, 122-150, 130-132.
53 Deutsche Bischofskonferenz 1980, in: Richter (Hrsg.), 1982, 122-150, 122; vgl. Ben Chorin, [3]1970, 12; Ben Chorin, 1970; Flusser, 1968, z.B. 63 u.ö.; Klausner, [3]1952; Lapide, 1974; Pesch, in: Pesch (Hrsg.), 1970, 29-37; Lapide/ Lutz, [2]1980; u.a.; vgl. Thoma, 1978, 164-170 und 171ff; Thoma, in: Blank/ Hasenhüttel (Hrsg.), 1980, 145-154 bzw. in: Zugänge zu Jesus, 1978, 149-176; Fiedler/ Reck/ Minz (Hrsg.), 1984, 81; Rendtorff (Hrsg.), [2]1980, 109ff; Vermes, in: Judaica 38 (1982) 215-228; Osten-Sacken, 1982, 68ff; Volken, [2]1985; Kohn, 1986, 80ff; Goldstein (Hrsg.), 1979, darin bes.: Levinson, 44-57; Wahle, 1980, 9ff.
54 Dabei muß sehr betont werden, daß es hier nicht um eine umfassende exegetische Diskussion dieser Stelle gehen kann, sondern nur um ein Beispiel möglicher Auslegung. Für einen Überblick vgl. Gnilka, 1979, bes. 309ff.
55 Vgl. Klappert, in: Henrix/ Stöhr (Hrsg.), 1978, 107-153 bzw. in: FrRu 29 (1977) 21-33.

15,23) u.a. verbinden das Leiden Jesu mit dem Leiden Israels. Eine Interpretation der Menschensohn-Logien (z.B. Mk 2,10.28; Mt 8,20; 11,19; 8,31a; 9,31a; 14,1) vom gegenwärtigen und leidenden Menschensohn als Gemeindebildung läßt den Bezug zwischen der Leidensgeschichte Israels und des Menschensohns und die Öffnung hin auf alle Völker (aufgrund des Gerichts und) aufgrund des dadurch ermöglichten Heils und Versöhnung für alle erkennen. Ebenso zielen das Paschamahl Jesu und sein Prozeß in ihrer israelitischen Kontur auf die Erlösung Israels und die Verheißungen für Israel und die Einbeziehung aller Völker.[56]

Der Erklärung der Bischöfe voraus, legt Mußner den Monotheismus, die Schöpfungsidee, den Mensch als Abbild Gottes, die Grundhaltungen vor Gott, den Bund, die messianische Idee, die Entdeckung der Zukunft, die Sehnsucht nach einer gerechten Welt, Sühne und Stellvertretung, das Gewissen und den Dekalog, das Gedenken, den Sabbat und die Auferweckung der Toten als das große Glaubenserbe, durch das Israel die bleibende Wurzel des Christentums und der Kirche ist.[57]

Fiedler nennt als Wurzeln den Gottesglauben, den Gottesdienst/ Liturgie, die Ethik (und Lebenspraxis) und die Hl. Schrift.[58] Da der Jude Jesus eigens thematisiert

---

56 Vgl. Klappert, in: Henrix/ Stöhr (Hrsg.), 1978, 107-153 bzw. in: FrRu 29 (1977) 21-33.
57 Vgl. Mußner, 1979, 88-175; vgl. die Rezension dazu von Thoma, in: FrRu 31 (1979) 37-39; vgl. auch van Buren, 1988, dessen erster Band seiner auf vier Bände konzipierten Theologie des jüdisch-christlichen Gesprächs in deutscher Sprache erschien.
58 Vgl. Fiedler, 1980, 38 und 69ff; vgl. Wahle, 1980, 9ff; Gubler, 1981, 12ff; vgl. auch die beiden Thesen von: Lentzen-Deis, in: FrRu 27 (1975) 12f, in denen er das Christliche erst von der Praxis, dann von der dahinterliegenden Grundeinstellung her zu
Forts. Fußnote

ist und dabei die mit Jesus verbundenen Leitbegriffe (messianische Idee, sein Anspruch, Ethik, Reich Gottes als Hoffnungs- und Heilsaspekt) herausgegriffen sind, bleibt nur die Frage offen, ob die Kategorie "Bund" nicht auch z.T. den Wurzeln und Gemeinsamkeiten zuzuordnen ist.

Mit den Wurzeln sind z.T. auch die Gemeinsamkeiten angesprochen: der Gottesglaube, der "Bruder Jesus", die Bibel, die Liturgie, das Gebetsleben und die Haltungen vor Gott, die Ethik, das gemeinsame Zeugnis und das gemeinsame Handeln in der Welt, die Erwartung der noch ausstehenden Zukunft.[59] Die Gemeinsamkeiten haben zugleich die Zielrichtung von gemeinsamen Aufgaben[60], das Tun ist sowohl in der Bibel Israels als auch in der der Christen von ganz zentraler Bedeutung[61]: gemeinsames ethisches Handeln gemäß den Weisungen, Protest gegen Ungerechtigkeit und Unterdrückung im Sinne der Propheten, Schalomisierung der Welt als Heilen der Welt, als Verantwortung für die Welt im politischen, sozialen Sinn, hin auf die alleinige Herrschaft Gottes bzw. das Reich Gottes[62] bei gleichzeitigem Wissen um den escha-

---

Forts. Fußnote
beschreiben versucht: "I. Jesu 'Gesetzesauslegung' und die 'Ethik' der Christen sind letztlich jüdisch" und "II. Die prophetische, eschatologisch-endgültige Deutung Jesu 'Christi' ist wesentlich 'jüdisch'." (12)
59 Vgl. Fiedler/ Reck/ Minz (Hrsg), 1984, 85-92; Zentralkommitee 1979, in: Richter (Hrsg.), 1982, 110-121, bes. 116-121; vgl. auch Lohse, in: Lohse, 1982, 57-69.
60 Vgl. Deutsche Bischofskonferenz 1980, in: Richter (Hrsg), 1982, 122-150, 148-150; Fiedler/ Reck/ Minz (Hrsg.), 1984, 140-142; Mußner, 1979, 383-386; Rendtorff (Hrsg.), [2]1980, 247-253; vgl. Goldschmidt, 1975, 16ff; Flusser, in: Gespräche in Israel 4 (1986) Nr. 3, 3-20.
61 Vgl. Zuidema, 1983, der diesen Gedanken als das zentrale Anliegen seines Buches in den Mittelpunkt stellt; vgl. Breuning/ Heinz (Hrsg.), 1985.
62 Eine weltlose Erlösung der Seele steht im Gegensatz zum
Forts. Fußnote

tologischen Vorbehalt der Absage an innerweltlich endgültige Heilbringer, und bei Bewahrung der Hoffnung auf das letzte Ziel der Geschichte, die Überwindung des Todes und Heil für alle.[63] Aufgrund des Gemeinsamen in einer größtenteils Gott-losen Welt "sollen wir uns, der Haufen von Juden und Christen, als Söhne des Tages bewähren und uns untereinander ermahnen und erbauen (vgl. 1 Thess 5,4-11)."[64]

In den Gemeinsamkeiten darf aber gerade das Trennende nicht verschwiegen werden. Ein langfristig sinnvoller

---

Forts. Fußnote

Judentum: vgl. Lohfink, 1987, 48ff; im Zusammenhang mit Reich Gottes schreibt Lohfink, 1987, 102: "Und eine Kategorie des 'rein Religiösen' hat es vor Jesus im Judentum nicht gegeben, und Jesus hat sie mit Sicherheit nicht eingeführt."

63 Vgl. Klappert, in: FrRu 30 (1978) 67-82, der in sechs Punkten seine Perspektiven einer gemeinsamen gerechten Weltgesellschaft nennt: "Gottesherrschaft und Weltgemeinschaft" (67): die Basis einer gerechten Weltgesellschaft muß von der biblischen Bestimmung des Menschen und der Geschichte Gottes mit den Menschen ausgehen; "Reich Gottes und Menschensohn - Hoffnung und Vorwegnahme" (69): Jesu Verkündigung und Praxis ist die Vorwegnahme und Bekräftigung der kommenden Gottesherrschaft und der Verheißungen Israels; "Israel und die Kirche als Vortrupp des Reiches der Gerechtigkeit" (72): die volkhafte Gottesgemeinschaft Israel und die Kirche als ökumenisches Gottesvolk bezeugen die Hoffnungsperspektiven von Gerechtigkeit und Freiheit und ihre Vorwegnahme; "Die Identität der beiden sozialen Rechtsgemeinschaften in ihrer Bedeutung für den Aufbau einer gerechten Weltgesellschaft" (74): die unverzichtbaren Kennzeichen dieser Vorboten der Herrschaft Gottes müssen sich konkretisieren und erweisen - in den unverzichtbaren Kennzeichen Einzigkeit, universale Bestimmung, Besonderheit und parteiliche Solidarität; "Formen der gesellschaftlichen Assimilation von Kirche und Gesellschaft" (78): nationale Legitimation und religiöse Privatisierung zeigen sich als die Formen von Säkularisierung und gesellschaftlicher Fremdbestimmung; "Die Bedeutung von Israel und Kirche für den Aufbau einer gerechten Weltgemeinschaft" (80): die Grundweisungen der biblischen Tradition von Gerechtigkeit, Befreiung und einer konkreten gerechten Ordnung der Welt, basierend auf der notwendigen Verbindung von Schalom und Exodus, von Heil und Befreiung.

64 Flusser, in: Thoma, 1978, 6-32, 32.

Dialog ist nur möglich, wenn auch die Unterschiede ohne
Ausgrenzungen und Abwertungen benannt werden und die
jeweils eigene Identität nicht angetastet wird.[65]
Hemmnisse des Dialogs gibt es auf beiden Seiten: Neben
den zahllosen Streitigkeiten und Diskussionen, Abgrenzungen und Verengungen innerhalb der christlichen
Kirchen beeinflussen auch die immer umstritten gewesene,
auch intern widerstreitende jüdische Tradition, Miß-
trauen nach außen aufgrund der geschichtlichen Erfah-

---

65 Gerade in diesem Zusammenhang ist das den Dialog belastende
Missionsinteresse des Christentums zumindest zu erwähnen, auch
wenn im Rahmen dieser Arbeit eine differenziertere
Auseinandersetzung unmöglich ist; die zahlreichen Angaben an
dieser Stelle können dennoch eine erste Hilfe sein. Bis in die
Gegenwart scheint dieser Streit um die sog. "Judenmission"
nicht ausgefochten (vgl. Osten-Sacken, 1982, 155-163; Kremers,
in: Kremers/ Schoeps (Hrsg.), 1988, 9-20, 16-18; Kremers, 1979;
Thoma, 1982, 36-38; Gollwitzer/ Rendtorff, 1978, 22-27;
Kremers, in: Kremers/ Lubahn (Hrsg.), 1985, 65-91; Lubahn, in:
Kremers/ Lubahn (Hrsg.), 1985, 92-103; Baumann, in: Judaica 38
(1982) 3-13; Ehrlich, in: Judaica 38 (1982) 14-23; Gräßer, in:
Müller/ Stenger (Hrsg.), 1981, 411-429, 424, bes. Anm. 43; vgl.
auch Rendtorff (Hrsg.), ²1980, 254ff, und die Synode der
evangelischen Kirche 1980, in: Rendtorff/ Henrix, 1987,
593-596, 595). Im Arbeitspapier des Gesprächskreises des
Zentralkommitees (Zentralkommitee 1979, in: Richter (Hrsg.),
1982, 110-121) wurde klar formuliert: "Die gegenseitige
Wertschätzung des je anderen Weges geht also untrennbar ineins
mit erheblichen Divergenzen in der Einstellung zu Jesus, ob er
der Messias Gottes sei. Dies nötigt aber weder Juden noch
Christen, die fundamentale inhaltliche Klammer des einen
rufenden Gotteswillens aufzulösen. Von daher ist es Juden und
Christen grundsätzlich verwehrt, den anderen zur Untreue
gegenüber dem an ihn ergangenen Ruf Gottes bewegen zu wollen.
(...) Der tiefste Grund liegt vielmehr darin, daß er derselbe
Gott ist, von dem Juden und Christen sich berufen wissen."
(117) Vor Juden Christus zu bekennen, kann also nicht die
Konversion zu einer christlichen Gruppe zum Ziel haben, sondern
heißt "mit den Juden zusammen um die Anerkennung Gottes und den
Schutz des Volkes Gottes zu ringen." (Thoma, 1978, 268; vgl.
auch 30; Federici, in: FrRu 29 (1977) 3-12); Aring, 1980;
Aring, 1987; Goldschmidt, in: Marsch/ Thieme (Hrsg.), 1961,
232-250, 245ff. Vgl. auch den Standpunkt von Gräßer, in:
Gräßer, 1985, 271-289, 279ff und die kritische Diskussion dazu:
von der Osten-Sacken, 1987, 239-255.

rungen, die politischen Konflikte auf nationaler und internationaler Ebene, soziale und religiöse Spannungen im eigenen Land, das Bewußtsein und die Erfahrung als Minderheit mit einzigartiger Geschichte das jüdisch-christliche Gespräch[66]; die Shoa bleibt im Zentrum.

Fiedler nennt als Unterschiede den Christusglauben (Ostern), die Schemata "Verheißung/ Erfüllung" und "Alter/ Neuer Bund" und den paulinischen Gegensatz "Gesetz oder Christus/ Evangelium/ Gnade"[67]. Das Schema Alter Bund - Neuer Bund muß differenziert werden: Mußner greift aus der Fülle der "Bundestheologie"[68] zwei Dinge heraus:

> "Daß 'der Bund' nach alttestamentlicher Verkündigung eine bleibende Institution darstellt und daß in dieser 'Institution' ein Dauerverhältnis zwischen Gott und Israel bzw. zwischen Gott und der Welt zum Ausdruck kommt"[69].

Nach Jes 42,6 ist der Gottesknecht (individuell und kollektiv)[70] der Garant für den Bund. Der Bund sagt uns,

---

66 Vgl. Thoma, 1982, 45-61; Schaeffler, in: Henrix/ Stöhr (Hrsg.), 1978, 166-187.
67 Fiedler, 1980, 38 u.ö.; vgl. Mußner, 1987, 140-150; Thoma, 1982, 96-161; Text der Pastoralkommission 1982, in: FrRu 35/36 (1983/84) 18-21.
68 Zur Literatur vgl. Mußner, 1979, 120, Anm. 84; vgl. auch Lohfink, 1989; Gräßer, in: Gräßer, 1985, 1-134.
69 Mußner, 1979, 120; vgl. Fiedler/ Reck/ Minz (Hrsg.), 1984, 28-42; vgl. Biemer, 1981, 222-256, darin bes. Fiedler, 222-236 und Uhde, 248-256.
70 Vgl. Mußner, 1979, 87 und 148-153; zur kollektiven Interpretation des Gottesknechtes vgl. Thoma, 1982, 147; Gräßer, der der Ansicht Mußners, daß Israel auch nach Christus nicht aufgehört hat, sühnender Knecht Gottes zusammen mit Christus für die Sünden der Welt zu sein, klar widerspricht. Für ihn ist Christus gemäß 1 Tim 2,5f der einzige Mittler als Lösegeld für alle. Juden haben nach Christus weder bedeutende Heilsfunktion in der Welt noch sind sie (wie die Christen) Zeuge Gottes vor der Welt. Deshalb widerspricht er auch einer strikten Ablehnung der Judenmission, da - belegt durch Röm 9-11 - für die Rettung kein Weg am Evangelium vorbeiführt. Der
Forts. Fußnote

daß Gott als der Schöpfer und Erlöser der Welt seine
Schöpfung nicht vergessen wird. Im Zusammenhang der
Frage: "Ist dieser Bund Gottes mit Israel (...) von Gott
gekündigt worden oder besteht er immer noch weiter ?"[71]
legt Mußner anhand der Stellen Apg 3,25 und Röm 11,26f
dar, daß der "Alte Bund" weder relativiert noch gar
aufgehoben ist, sondern Gott hält an seinem Bund mit
Israel für sie (zu ihren Gunsten - vgl. Röm 11,27) fest,
um seine Verheißungen am Ende an ganz Israel zu erfüllen
(Apg 1,6-8; 3,19-21 ...).[72]

Auch die offiziellen Aussagen der katholischen Kirche
nehmen diesen Gedanken, daß die Juden unsere bevorzugten
älteren Geschwister sind[73], auf. "Aus dem Alten im Sinne
des veralteten Bundes ist der Ältere Bund geworden im
positiven Sinn einer Anerkennung von Gemeinsamkeiten bei
aller Verschiedenheit."[74] Der "Neue Bund" Jer 31,31ff
darf nicht ausschließlich von der christlichen Tradition
beansprucht werden. Er ist in 1 Kor 11,25 und Lk 22,20
mit einem Blutritus verbunden; 2 Kor 3 und Hebr 8-10
sind Aussagen zur Abgrenzung[75]. Als endgültige Erneuerung der Zusage Gottes in Jesus Christus und die damit
verbundene Öffnung zu den Nichtjuden ist der "Neue Bund"
eine christliche Glaubensaussage. Insofern ist er eine
theologische Reflexion auf das Heilsgeschehen in Jesus

Forts. Fußnote
   Vorzug Israels liegt für ihn in Anschluß an E. Dinkel im
   zeitlichen "früher" gemäß Röm 1,16 (Gräßer, in: Müller/ Stenger
   (Hrsg.), 1981, 411-429). Siehe oben die Verweise zur
   Judenmission.
71 Mußner, 1979, 35.
72 Vgl. Mußner, 1979, 64-67. Zur Frage der Erwählung und Erlösung
   vgl. auch Schubert, in: Kairos N.F. 22 (1980) 1-33. Zur Frage
   eines Heilsweges für Juden ohne Christus siehe oben; vgl. auch
   von der Osten-Sacken, 1987, 256-271.
73 Siehe oben.
74 Biemer, in: KBl 113 (1988) 629-637, 629.
75 Siehe oben.

Christus unter Herausarbeitung des spezifisch Christlichen.[76] Es zeigt sich die Nähe zwischen Verbindendem
und Trennendem, als Schema "Alter/ Neuer Bund" ist es
(ähnlich wie das Schema Verheißung-Erfüllung) unter-
scheidend christlich und bezogen auf den Glauben an
Jesus als den Christus.

Die Erfüllung der Zeit und die unmittelbare Nähe des
Reiches Gottes (vgl. Mk 1,15) in Jesus als den Messias,
Jesus Christus "als der wesensgleiche Sohn Gottes"[77] und
der paulinische Gegensatz von Evangelium, Gnade, Christus oder Gesetz sind gemäß der Deutschen Bischöfen das
zentral Unterscheidende zwischen Juden und Christen.

Das paulinische Verständnis von Gesetz und Gnade hat
zu vielen "Mißverständnissen" geführt: Die Spannung vom
Angewiesensein auf die Barmherzigkeit Gottes und dem
Versuch, den Weisungen entsprechend zu leben, verbindet
beide Religionen ebenso wie Gefahren der Werkgerechtig-
keit. Ohne die Freude am Gesetz, die am Ende des Laub-
hüttenfestes gefeiert wird, und an der sich der Christ
lt. Röm 7,12 mitfreut, ohne die Freude an der Tora, den
Weisungen Gottes, die als Gabe Gottes und als logische
Konsequenz des Glaubens an Gott verwirklicht werden[78],
ist das Judentum nicht verständlich. Deshalb darf auch
Paulus nicht aufgrund seiner z.T. polemischen Abgrenzungen gegen den damaligen Streitpunkt, ob alle Christen

---

76 Vgl. Zentralkommitee 1979, in: Richter (Hrsg.), 1982, 110-121,
    115.
77 Deutsche Bischofskonferenz 1980, in: Richter (Hrsg.), 1982,
    122-150, 142.
78 Vgl. die kurze, aber differenzierte Darstellung von: Feiniger,
    in: Biemer/ Biesinger/ Fiedler (Hrsg.), 1984, 237-266; Ehrlich,
    in: FrRu 29 (1977) 86-88; Thoma, 1978, 95f und 152-156;
    Fiedler/ Reck/ Minz (Hrsg.), 1984, 43-63; Zuidema, 1983, 13-26
    und 120-155; Mußner, 1987, 13-26, bes. 13-20.

(auch die Heidenchristen) das Gesetz zu halten haben, als Bekämpfer des Gesetzes und Feind der Tora verstanden werden[79]. Dieser Konflikt wurde zwar durch die Entscheidung, daß jüdische Christen die Tora, nichtjüdische nur die Noachidischen Gebote einhalten sollten, geklärt ("Apostelkonzil" Apg 15 und Gal 2), aber immer wieder war er virulent bis hin zur Infragestellung des Missionsweges des Paulus (zuerst in Antiochien, später in seiner gesamten Praxis).[80] Jesu Freiheit im Umgang mit der Tora (Antithesen bei Mt, Sabbatgesetze, Reinheitsgesetze ... [81]) darf nicht verdecken, daß er beschnitten (Lk 2,21-24), unter dem Gesetz erzogen, im jüdischen Gebets- und Festzyklus lebend, Respekt vor und Gehorsam gegenüber dem Gesetz predigte (Mt 5,17-20; 8,4 u.ö.) und sich selbst dem Gesetz unterwarf (Gal 4,4).[82]

Damit hängt auch das Verhältnis von Paulus (und der Urchristen) zum Judentum zusammen.[83] Jesu Leben und sein Sterben vollzogen sich in Israel, seine Botschaft war an sein Volk gerichtet (Mt 15,24; Mk 7,27; Apg 2,39 u.ö.; Röm 1,16 u.ö.). Auch das frühe Christentum war ganz innerhalb des Judentums. Dies wurde an ihren Bezügen zum synagogalen Leben (z.B. Apg 2,43-47), an ihren Verbin-

---

79 Vgl. Wilckens, in: Lapide/ Mußner/ Wilckens, 1978, 72-96.
80 Vgl. bei Paulus auch die Einheit von Person und Theologie, seiner Persönlichkeitsstruktur und seiner Botschaft: Osten-Sacken, in: FrRu 29 (1977) 82-86; Wyschograd: in: Kremers/ Schoeps (Hrsg.), 1988, 210-225, 222-225; Mußner, 1979, 370-374; Mußner, in: Mußner, 1987, 27-38; vgl. auch Lapide, in: rhs 23 (1980) 227-232.
81 Vgl. Mußner, in: Mußner, 1987, 93-103; Luz, in: everz 34 (1982) 111-124.
82 Vgl. Vatikanische Kommission, 1985, 45-58, 51f; Volken, ²1985, 137ff.
83 Vgl. zentral am Beispiel Röm 9, 1-5: Osten-Sacken, 1982, 39-67; vgl. Deutsche Bischofskonferenz 1980, in: Richter (Hrsg.), 1982, 122-150, 132-136; Fiedler, 1980, 78-80.

dungen und Auseinandersetzungen mit offiziellen Vertretern des Judentums (z.B. Apg 5,34ff), an den Beziehungen
der (im Diaspora-Judentum entstehenden) heidenchristlichen Gemeinden zur Wurzel Jerusalem (z.B. Kollekte),
ihren Rückbindungen z.B. bei der Grundsatzfrage über die
Verbindlichkeit der Tora für nichtjüdische Christen und
ihren Abmachungen für das Zusammenleben (z.B. Apg 15,29
und 21,25; Gal 2) deutlich. Dies ist - über die frühe
Zeit hinaus - besonders im Epheserbrief (Eph 2, 11-22)
präsent[84]. In der Zeit der harten Konflikte zwischen 70
und 100 n.Chr., verstärkt durch die Zerstörung Jerusalems und des Tempels und die sich ausbreitenden nichtjüdischen (d.h. ohne Beschneidung und Beobachtung des
Gesetzes) Christengemeinden, entstanden zahlreiche
Schriften des Neuen Testaments, v.a. die Evangelien und
die Apostelgeschichte mit einem sich steigernden polemischen Judentumsbild. Manches der paulinischen "Polemik"
muß auch im Zusammenhang der Konflikte (vgl. 2 Kor
11,24-26; Apg 13,15; 14,5.19; 17,5-8; 18,12; 23,12 u.ö.)
gesehen werden.[85] Sehr vieles aber, was gegen "die
Juden" gerichtet scheint, entstand in Konflikten mit
rigorosen Judenchristen, die unter Hinweis auf die
notwendige Beachtung von Gesetz und Beschneidung den
paulinischen Weg der Verkündigung unter dem Anspruch der
jesuanischen Öffnung des Heils für alle Menschen in
Frage stellen und verhindern wollten. Man darf nicht
übersehen, daß Paulus selbst vor der Christuserfahrung
die Heidenmission der Judenchristen bekämpfte (Gal 1,23;
Apg 13,1) und daß für Judenchristen aufgrund ihrer Treue
zur Tora ein Konflikt blieb (vgl. Gal 2,1 - Antioche-

---

84 Vgl. Osten-Sacken, 1982, 100ff.
85 Vgl. Wilckens, in: Lapide/ Mußner/ Wilckens, 1978, 72-96; vgl.
    Mußner, 1979, 212-241; Zuidema, 1983, 39-45; zu Paulus und
    Israel vgl. die Literatur bei Mußner, 1979, 212f, Anm. 1.

nischer Zwischenfall und die Auseinandersetzungen mit
Petrus und Barnabas).

Auch die theologische Frage des Paulus nach der
Rechtfertigung kreist um die Legitimation des Heils für
alle unter Bewahrung der Erwählung Israels. Wieder mit
Bezug auf Röm 9-11 (bes. 11) oder prägnant z.B. Gal 2,21
wird dies deutlich: Wie ist Gerechtwerden vor Gott
möglich ? Der Weg ist für ihn (vgl. das Bild des Abraham
Röm 3-4) im Glauben an Jesus als den Messias. Er selbst,
ein pharisäisch gebildeter Diasporajude (vgl. Phil 3,5),
blieb dies bis zu seinem Tod und war stolz darauf (vgl.
2 Kor 11,22 u.ö.). Sein erster Ort des Verkündigens sind
die Synagogen, er selbst lebt als toratreuer Jude (vgl.
Apg 21,23-26), akzeptiert die synagogalen Strafen (vgl.
2 Kor 11, 23ff) und läßt sich von pharisäischen Schriftgelehrten verteidigen (vgl. Apg 23,6ff).

Dennoch - die Spannung bleibt: Obwohl Röm 7,7.12-14
und auch Gal 5,14; Röm 13,8-10; 12,17.20 u.ö. das Gesetz
nicht aufgehoben, sondern heilig, gut und gerecht (vgl.
Röm 7,12) ist, ist die Tora dennoch in Jesus Christus
aufgehoben (Gal 2,19-21; 3,12ff; Röm 10,4; 1,18-8,39
u.ö.). Abschließend kann mit Fiedler gesagt werden:

> "Sachgemäß ist es, zu sagen, (...) daß mit der
> Ablehnung des 'Gesetzes' als Heilsweg von Paulus
> keineswegs eine Abschaffung der sittlichen Forde-
> rungen der Tora für Christen verbunden ist; vielmehr
> steht Paulus in der Zentrierung des Gotteswillens auf
> das Liebesgebot (vgl. Gal 5,14 und Röm 13,9) grund-
> sätzlich auf derselben Linie wie Jesus und der
> jüdische Schriftgelehrte bei ihrem Gespräch in Mk
> 12,28-34."[86]

---

86 Fiedler, 1980, 77; auch hier muß auf eine breite theologische
Diskussion einer allfälligen Aufhebung der Tora verwiesen
werden.

"Nicht Erzählungen über den vorösterlichen Jesus sind den Juden ein Ärgernis, sondern der christliche Glaube an Jesus Christus"[87]. Aus zwei Gründen ist es für Juden unglaubhaft, "daß Gott wirklich - eben in Jesus Christus - Mensch geworden sei"[88], nämlich da dies in der jüdischen Glaubenstradition nicht bezeugt ist und da die Früchte dieser Menschwerdung für Juden vorwiegend schlechte Früchte waren. Eine Lehre aber, die sich gegen das Volk Gottes und seine Offenbarung richtet, kann im jüdischen Verständnis nicht wahr sein.

Jesu Auftreten als Prophet (seine Berufung, sein Reden, sein Handeln und sein Sterben) und die Tatsache, daß das Volk ihn für einen Propheten hielt[89], führte zur Propheten-Christologie. In der Identifizierung des Redens und Handelns Jesu mit Wort und Tat Gottes, in der Erfahrung Jesu als faktisch deckungsgleich mit Gott, wurde er zur Nachahmumg Gottes, in der sich der Erstgeborene manifestiert.[90] So entwickelte sich in der nachösterlichen Reflexion die Kulmination der Selbst-

---

87 Thoma, 1978, 186; vgl. z.B. Ben Chorin, [3]1970, 12; Lapide, 1974; Dembowski, in: Brocke/ Seim (Hrsg.), 1986, 25-45; Wilckens, in: Lapide/ Mußner/ Wilckens, 1978, 72-96, 74; Klausner, [3]1952, 545ff, vgl. auch seine Ausführungen bzgl. des "Unjudentums" (546), das sich aus Jesus entwickelte; vgl. dazu auch Lindeskog, in: Judaica 6 (1950) 190-229 und 241-268, bes. 252f; Rendtorff (Hrsg.), [2]1980, 109ff; Goldstein (Hrsg.), 1979; Ruether, 1978; Passelecq, in: Judaica 38 (1982) 32-46; Kohn, 1986; vgl. zu den jüdischen Ursprüngen der Christologie: Flusser, in: Flusser, 1984, 54-65; vgl. Mußner, 1979, 337f; Gräßer, in: Gräßer, 1985, 271-289, 275ff.
88 Thoma, 1982, 111.
89 Er selbst hat sich zwar nie als Prophet bezeichnet: vgl. Friedrich, in: Friedrich (Hrsg.), Bd. 6, 1959, 829-863, 847-849; vgl. ebenso exemplarisch: Höfer/ Rahner (Hrsg.), Bd.8, [2]1986, 804; Kürzinger, in: Haag (Hrsg.), [3]1982, 1414-1417, bes. 1415f.
90 Vgl. Mußner, 1979, 347-357, in Anlehnung an U. Mauser, Gottesbild und Menschwerdung. Eine Untersuchung zur Einheit des Alten und des Neuen Testaments, Tübingen, 1971.

entäußerung Gottes in die Welt hinein, zwar in der
Verbindung der Propheten und Sohneschristologie, aber
unter Betonung des Sohnesprädikats für Jesus. Hinzu
kommt die Beschränkung und Zentrierung der Evangelien
auf Jesus, durch die frühjüdische Überlieferungen
isoliert und nicht rezipiert wurden.[91]

Worin aber bestand nun dieser Anspruch Jesu, in dem
das spezifisch Christliche gründet und aus dem es
erwächst ? Jesu Herkunft aus dem Judentum und seine
Verwurzelung darin, die in all den Wurzeln und Gemeinsamkeiten deutlich wurde (vgl. Verkündigung der anbrechenden Gottesherrschaft; Leben vor Gott gemäß der Tora
im Handeln (Ethik) und im Beten), sind Voraussetzung und
Hintergrund seiner Person, seines Wirkens und seiner
Lehre.[92] Davon hebt sich Jesu Anspruch ab, in seinem
"spontanen Wissen (...) um Gottes Denkart und um das
Wesen der Gottesherrschaft"[93] angesichts ihres Anbruchs

---

91 Vgl. Mußner, 1979, 363-370; Osten-Sacken, 1982, 72f; vgl. die
interessanten Parallelen besonders im rabbinischen Judentum:
Flusser, in: Thoma, 1978, 6-32, 22-28.
92 Vgl. die Kategorien 1.0. bis 1.3. der Dimension II bei Fiedler,
1981, dabei muß die nachösterliche Glaubenssicht noch stärker
betont und differenziert werden, um der Gefahr des "Übersehens"
und erneuten Vermischens vor- und nachösterlicher Überlieferung
zu verhindern; vgl. Fiedler, in: Biemer/ Knab (Hrsg.), 1982,
49-54; Fiedler, in: Biemer/ Biesinger/ Fiedler (Hrsg.), 1984,
22f; vgl. mit Bezug auf Röm 1,3f: Theobald, in: Müller/ Stenger
(Hrsg.), 1981, 376-392; vgl. die 57 Thesen zur Entstehung des
Christentums aus dem Judentum von Flusser, in: FrRu 27 (1975)
181-184 bzw. Gespräche in Israel 4 (1986) 21-39; vgl. auch
Konrad, in: Henrix/ Stöhr (Hrsg.), 1978, 154-165, 165:
"Christlich-theologische Kommentatoren des Neuen Testaments
sollten sich endlich dazu bequemen, gegen die Intention der
Evangelisten das radikale Neon, Jesu Lebenswirklichkeit in
Streit und Liebe, als jüdische Lebenswirklichkeit klipp und
klar herauszustellen."
93 Mußner, 1979, 339; vgl. 245-251 und die dort angeschnittene
Diskussion um sein teilweises Scheitern; vgl. Lk 13,34f; Mt
8,11f; 21,33-46 u.ö., die ganz im Rahmen der prophetischen
Forts. Fußnote

unter Aufhebung der üblichen jüdischen Trennung in "rein
- unrein", ganz Israel zu sammeln.[94] Seine Legitimation
ist sein eigenes, autoritatives Wort ohne Bezugnahmen
nach Art der Propheten oder der Schriftgelehrten (vgl.
z.B. Mk 1,21).

Im Reden und Handeln des "historischen Jesus" (soweit
er sich fassen läßt[95]) und der glaubenden nachösterlichen Deutung seines Lebens und Sterbens versuchte
Biemer das spezifisch Christliche auf höchster Abstraktionsebene mit der "Reduktivformel" Freiheit/ Sinn -
Liebe - Hoffnung zu fassen.[96] Jesu unerhörtes Selbstbewußtsein bezüglich seiner Person, seines Anspruchs
(z.B. Herr über den Sabbat zu sein und Sünden zu ver-
geben) und seines Sendungsbewußtseins, daß mit ihm das
Reich Gottes anbreche, und zwar in erster Linie als
Gottesherrschaft der Gnade, Güte und Vergebung (ohne die
Gerichtsaspekte ganz zu eliminieren)[97], und daß damit
die Entscheidung für oder gegen seine Botschaft gefordert ist - dies alles gehört - bei aller wissenschaftlich notwendigen Diskutierbarkeit und Relativierung -
zum Anspruch Jesu.[98] Die geschenkhafte Nähe der anbre-

Forts. Fußnote
  Kritik sind; vgl. auch Lapide/ Lutz, [2]1980, 88-123, daß Jesus
  sein Volk nie verworfen habe. Die Gottesvolk-Dimension und die
  Ausrichtung auf Israel bleibt bei Jesus (und bei Paulus)
  bestehen, ohne Gegensatz zur Universalisierung, die ja auch im
  jüdischen Denken ausgeprägt ist (vgl. Lohfink, 1987, 57-69);
  vgl. Düppe, 1986.
94 Vgl. u.a. Osten-Sacken, 1982, 81ff.
95 Vgl. z.B. Kertelge (Hrsg.), 1974.
96 Vgl. Biemer/ Benner, in: Pädagogische Rundschau 27 (1973)
   798-822, 805-810; Biemer/ Biesinger, 1976, 24-28.
97 Vgl. Lohfink, 1987, 71: die Basileia tou theou Jesu ist kein
   Neuentwurf, was als Reich Gottes kommen wird, sondern daß es
   kommt (und in Jesus als dem Christus da ist), ist Jesu
   Botschaft, und sie ist spezifisch verändert durch die Öffnung
   für alle Menschen.
98 Dabei darf nicht übersehen werden: "Erst Ostern machte für die
                                                      Forts. Fußnote

chenden Gottesherrschaft setzt den Menschen frei "zu sich selbst und zu seinem letzten (unverfügbaren, vorgegebenen) Sinn"[99] über die Enge des Lebens und den Tod hinaus. Sie fordert und befähigt zur Weitergabe dieser Nähe Gottes an alle Menschen und zur Geschwister-lichkeit (Liebe) aufgrund des jetzigen Anbruchs der Gottesherrschaft und begründet durch die Befreiung von Schuld die Hoffnung auf eine neue Solidarität und eine noch ausstehende letzte Zukunft.[100]

Neben dem obigen Hinweis auf die notwendige Unter-scheidung zwischen historischen Aussagen über Jesus (soweit sie überhaupt möglich sind) und kerygmatischen Aussagen nach Ostern, muß auch die Differenzierung zwischen Jesus - Israel/ seinem Volk und dem Problem Judentum - Christentum beachtet werden.[101] Mit letzterem Problem ist die Loslösung der Kirche von der Gemein-schaft Israels aufgrund ihrer Ablehnung des Gesetzes im Laufe der frühen Entwicklung hin zur Erstarkung und Ausbreitung des heidenchristlichen Teils der Kirche gemeint. Erst in diese Zeit der Trennung von Synagoge und Kirche aufgrund der Heidenmission und der damit einhergehenden Abwertung jüdischer Gesetze und aufgrund der Katastrophe von 70 n.Chr., der ausschließlichen Vereinnahmung von Jesus durch die Kirche und der Ent-wicklung eines eigenen christlichen Selbstverständnis-

---

Forts. Fußnote
    Kirche endgültig den Weg frei für eine klare und positive
    Antwort auf die Frage: 'Wer ist also dieser?'" (Mußner, in:
    Mußner, 1987, 104-124, 124); vgl. Konrad, in: Henrix/ Stöhr
    (Hrsg.), 1978, 154-165, 158ff; vgl. zur Diskussion um Jesus als
    den Messias: Thoma, 1978, 87-95 und 206-209; Rendtorff (Hrsg.),
    ²1980, 114-121; Thoma, 1982, 141-150; Osten-Sacken, in: FrRu 34
    (1982) 42-46; Marquardt, in: FrRu 34 (1982) 46-50.
 99 Biemer/ Biesinger, 1976, 26.
100 Vgl. Fiedler, in: Biemer/ Biesinger/ Fiedler (Hrsg.), 1984, 31.
101 Vgl. Mußner, 1979, 242-253, auf der Basis von Jules Isaac,
    Jesus und Israel, Wien/ Zürich, 1968.

ses, fällt die Schriftwerdung der Evangelien und die (identitätsfördernden) antijüdischen Ausgrenzungen.[102]

Auch wenn mittlerweile Jesu Nähe zu den Pharisäern und sein "Bruderstreit" mit ihnen theologisch rezipiert wurde, so ist es dennoch, fürchte ich, noch nicht ins allgemeine Bewußtsein der Christen übergegangen.[103] Deshalb ist die Beibehaltung dieser Kategorie 1.3. der Dimension II[104] auch in Hinblick auf Vorurteilsabbau nach wie vor wichtig. Bei genauer Durchsicht des "Feindbildes" Pharisäer zeigt sich eine stetige Zunahme des Feindbildes von Mk bis Joh.[105] "Die Pharisäer", die mit großer Aufmerksamkeit die Tora (und Halacha, bes. Reinheits- und Zehentvorschriften) beachten, um damit den Alltag zu heiligen und der Assimilationsgefahr zu entgehen, wurden redaktionell zum Typus der Gegner Jesu

---

102 Vgl. Rendtorff (Hrsg.), ²1980, bes. 163ff; Schottroff, in: Conc 20 (1984) 406-412; vgl. auch die Skizze bei Mußner, 1979, 252, wobei im Gegensatz zur Skizze direkt nach Ostern Kirche außerhalb Israels wohl kaum existent war; vgl. Mußner, in: Mußner, 1987, 164-171; Markus, in: Sanders (Hrsg.), 1980, 1-15; vgl. die Hinweise im NT auf die Trennung: Furcht vor einem möglichen Ausschluß aus der Synagoge, Pharisäierung des Judenchristentums in den Auffassungen und Gemeindestrukturen, und die Konkurrenz im Volk Gottes verbunden mit der Herausbildung einer eigenen Identität der frühen Christen (vgl. Thoma, 1978, 217-223).
103 Vgl. allgemein die Schwierigkeit der Veränderung: Klein, 1975, 124-137 bzw. in: Bibel und Kirche 44 (1989) 65-70 (mit einem Nachwort von Luise Schottroff: 71); Ehrlich, in: CpB 93 (1980) 268-280, 272; vgl. als Beispiel: Jochum, in: FrRu 30 (1978) 47-51.
104 Fiedler, 1980, 65f.
105 Vielleicht auch bedingt durch die Tatsache, daß die Gruppe der Pharisäer nach der Katastrophe von 70 n.Chr. zum normativen Judentum wurden; vgl. Deutsche Bischofskonferenz 1980, in: Richter (Hrsg.), 1982, 122-150, 144; Beilner, 1959 (mit ausführlichen Literaturhinweisen); Beilner, in: Biblische Zeitschrift, N.F. 3 (1959) 235-251; Thoma, 1978, 96-99 u.ö.; Mußner, 1979, 257-275; Ehrlich, in: Biemer, 1981, 265-277; Lang, in: Biemer, 1981, 277-279; Luz, in: Judaica 38 (1982) 229-246; zur Literatur vgl. Mußner, 1979, 253f, Anm. 22.

hochstilisiert. Die Konfrontation, zu der es zwischen
Jesus und den Pharisäern kam[106], ist allgemein als
historisch akzeptiert. Grund war wohl der Anspruch Jesu:
Das mit ihm neu Angebrochene ist die Herrschaft des
Heils statt der Tora, und damit verbunden ist die Kritik
an den Reinheitsgesetzen und am Sabbatgebot.[107]

Ähnlich der Pauschalierung der Pharisäer müssen auch
"die Juden" im Johannesevangelium differenziert werden:
Die Richtlinien zu Nostra aetate schlagen als Übersetzung "die Führer der Juden" oder "die Feinde Jesu"[108]
vor, denen im Johannesevangelium die Tötung Jesu ange-
lastet wird.[109] Im Dualismus der johanneischen Theologie
hat der Evangelist dennoch Israel nicht abgeschrieben
(z.B. Joh 10,15f; 11,39-52). Das bedrückende Feindbild
mit all seinen Konsequenzen ist aber dadurch nicht
ungeschehen gemacht.

Die Frage nach der Verantwortung für Jesu Tod ist in
Abgrenzung gegen antijüdischen Mißbrauch sehr zentral;[110] Fiedler nennt den römischen Statthalter Pontius

---

106 wobei Jesus der Angreifer gewesen zu sein scheint, vgl.:
Mußner, 1979, 280, Anm. 97; vgl. auch 276f.
107 Wobei die Art der jüdisch-üblichen Streitgespräche, wie es sie
eben auch zwischen Jesus und den Pharisäern gab, zu bedenken
bleibt, vgl. Thoma, 1978, 175.
108 Richtlinien 1975, in: Richter (Hrsg.), 1982, 80-87, 84, Anm. 1;
Mußner, 1979, 281-293; Hahn, in: Müller/ Stenger (Hrsg.), 1981,
430-438; Leistner, 1974; Trilling, in: Goldstein (Hrsg.), 1979,
190-210; Porsch, in: Bibel und Kirche 44 (1989) 50-57, vgl. die
dort angegebene Literatur.
109 Vgl. Kastning-Olmesdahl, 1981; Kastning-Olmesdahl, in: Jochum/
Kremers (Hrsg.), 1980, 91-105; Kremers, in: Kremers/ Jochum
(Hrsg.), 1980, 75-90; Beutler, in: Henrix/ Stöhr (Hrsg.), 1978,
75-93. Selbstverständlich ließen sich an dieser Stelle eine
Fülle exegetischer Überlegungen anschließen.
110 Vgl. die Zusammenfassung des neutestamentlichen
Diskussionsstandes seit 1945 von Schottroff, in: Schottroff,
1990, 324-357.

Pilatus den Hauptverantwortlichen und auf jüdischer Seite "am ehesten Angehörige der sadduzäischen Führungsschicht in Jerusalem"[111]. Aufgrund der nachösterlichen Erzählungen der Evangelien läßt sich der genaue historische Verlauf (unter strikter Ausscheidung aller nachösterlichen Theologie, wie z.B. Sühne für uns, für unsere Sünden) nicht rekonstruieren. Dies und die Vermischung von religiösen und politischen Belangen, die Angst vor Volksbewegungen im besetzten Land und die spätere Entlastung der Römer unter Beschuldigung der Juden macht es schwer, die Schuldfrage zu stellen oder gar lösen zu wollen[112]. Theologisch unverrückbar ist jedenfalls, daß Jesus nach 1 Tim 2,6 als Lösegeld für alle starb. Auch bezogen auf Mt 27,25 müssen Christen ihre eigene Verkündigung ernst nehmen: "Wenn Jesu Blut über die Kinder Israels kommt, kommt es über sie als Erlöserblut."[113]

5.4 Jüdisches Selbstverständnis

Die Kategorien des biblischen und nachbiblischen Judentums in seinem Selbstverständnis[114] sind in den

---

111 Fiedler, 1980, 68; vgl. Mußner, 1979, 293ff, vgl. die dort angegebene Literatur; Mußner, in: Mußner, 1987, 125-136; Thoma, 1978, 180-183; Kastning-Olmesdahl, in: Henrix/ Stöhr (Hrsg.), 1978, 45-50; Kremers, in: Henrix/ Stöhr (Hrsg.), 1978, 51-74; Dormeyer, in: Goldstein (Hrsg.), 1979, 211-238; Mayer, in: Licharz (Hrsg.), 1982, 5-30; Gubler, 1981, 22-37; Sanders, 1987; vgl. aus jüdischer Sicht: Lapide, in: Henrix/ Stöhr (Hrsg.), 1978, 94-106; Lapide, in: Goldstein (Hrsg.), 1979, 239-255.
112 Vgl. z.B. Kertelge (Hrsg.), 1988.
113 Mußner, 1979, 310; vgl. zur Vorurteilsthematik in diesem Zusammenhang: 305-310; vgl. Pfisterer, in: Marsch/ Thieme (Hrsg.), 1961, 19-37.
114 Fiedler, 1980, 37; vgl. Biemer, 1981, 63ff; Fiedler/ Reck/ Minz (Hrsg.), 1984.

verschiedenen Rezensionen nie entscheidend angefragt oder gar verändert worden[115]. Deshalb erscheint es mir in der Aufnahme und logischen Weiterführung dieses Projekts sinnvoll zu sein, diese Kategorien für einen vertikal-konsekutiven Gesamtentwurf zu übernehmen.

Auf jeweils eigene Weise sind Juden und Christen aufgrund ihrer gemeinsamen Glaubensurkunde die zentralen Inhalte ihres Glaubens, zugespitzt im Glauben an den Einen und Einzigen gemeinsam.[116] Deshalb sind die "Grundkonstanten des jüdischen Glaubens, wie ihn die Hebräische Bibel und die vor allem im Talmud gesammelte autoritative Tradition bezeugt"[117], auch im christlichen Glauben als fundamentale Inhalte anzutreffen.[118] Die fünf Grundkonstanten sind:

> "Der Glaube an den Einen und Einzigen (Gott), an seinen Bund, mit dem er sich das Volk erwählt und ihm ein konkretes Land fest zusagt, sowie an seine Verheißung/ Zukunft."[119]

Die folgenden, von Biemer, Biesinger, Fiedler, Minz und Reck der Genauigkeit wegen wörtlich übernommenen

---

115 Vgl. dazu die Rezensionen zu Biemer/ Biesinger/ Fiedler (Hrsg.), 1984, als die Konkretisierung auf didaktischer Ebene; vgl. u.a. Fiedler, in: FrRu 34 (1982) 60; Pöggeler, in: Erwachsenenbildung 31 (1985) 183f; Wahle, in: Diakonia 16 (1985) 428-430; Gahlen, in: Theologische Revue 82 (1986) 316f; Assel, in: FrRu 35/36 (1983/84) 166f; Katechetisches Institut des Bistums Aachen (Hrsg.), 1989, bes. 21-67.
116 Zu den Wurzeln, Gemeinsamkeiten und zentralen Unterschieden siehe oben.
117 Biemer/ Fiedler, in: Biemer/ Biesinger/ Fiedler (Hrsg.), 1984, 37.
118 Vgl. exemplarisch als Legitimation Mysterium Salutis: Feiner/ Löhrer (Hrsg.), Bd. 1-5, 1965-1976; vgl. Biemer, 1981, 70, Anm. 88.
119 Biemer/ Fiedler, in: Biemer/ Biesinger/ Fiedler (Hrsg.), 1984, 37.

Definitionen der elementaren Kategorien dienen der Strukturierung in Hinblick auf Lehr-Lern-Prozesse:

"I. Gott (Gottesbild, Gottesverständnis)
jüdisch:
Gott wird geglaubt als der Eine und Einzige, der Schöpfer, Erlöser und Vollender der Welt, der sich aus reiner Gnade und unüberbietbar Israel, dem Volk der Erwählung, geoffenbart hat für alle Menschen.
christlich:
Gott wird verstanden als der Eine und Einzige, der als der Dreieinige der Schöpfer, Erlöser und Vollender der Welt ist. Der Vater hat sich aus reiner Gnade endgültig geoffenbart: in der Sendung seines Sohnes Jesus Christus und in der Sendung des Heiligen Geistes, der die Offenbarung in der Kirche Christi durch alle Zeiten für alle Menschen unversehrt bewahrt.

II. Bund
jüdisch:
Bund ist die Heilszusage Gottes an Israel, das für alle Völker erwählt wird (Exodus, Tora, Talmud) und der Glaubensgehorsam des Volkes (Mose, Propheten, Synagoge).
christlich:
Bund ist die geschichtlich wirksame Ausdehnung der Heilszusage Gottes an Abraham durch Jesus Christus auf alle Völker und die Antwort der Getauften im Glaubensgehorsam (Ekklesia).

III. Volk
jüdisch:
Das Volk Israel ist die von Gott bleibend erwählte Lebens- und Glaubensgemeinschaft, die ihre Abstammung auf Abraham zurückführt und in besonderer Weise durch das Ereignis des Exodus aus Ägypten und den Bundesschluß am Sinai geprägt worden ist, und das trotz heftiger Anfeindungen durch viele Jahrhunderte (Antisemitismus, Auschwitz) seiner Sendung, "Zeichen der Völker" (Jes 11,10) zu sein, gehorcht.
christlich:
Volk ist die Gemeinschaft derer, die durch Jesus Christus zum Heil Israels hinzuberufen sind und als "wanderndes Gottesvolk" (Kirche) ihren universalen Heilsauftrag als Zeichen für die Völker in der Kraft des Heiligen Geistes wahrnehmen.

IV. Land
jüdisch:
Land ist als Zeichen der Erwählung Israels Bundesgabe Gottes, die das Volk zur Treue verpflichtet und in der Heilszeit als endgültiger Besitz erhofft wird.

christlich:
Die Erde ist das den Menschen von Gott anvertraute
Gut, durch dessen Verwandlung in eine neue Schöpfung
erst die endgültige Heimat zum Vorschein kommt.

V. Hoffnung/ Zukunft
jüdisch:
Hoffnung (Glaube an Zukunft) ist das Feststehen in
den Verheißungen Israels, die Gott durch seine
Machttaten am Anfang der Geschichte des Volkes
begründet hat und die sich auch in Zeiten der Katastrophe durch das Überleben des Volkes bewährt haben
und bewähren.
christlich:
Hoffnung (Glaube an Zukunft) ist das Feststehen in
den durch das Christusereignis grundgelegten
Verheißungen Gottes, die die Kirche in allen Wech-
selfällen der Geschichte tragen und leiten."[120]

Die Begründung der einzelnen Kategorien basiert auf
der gemeinsamen heilsgeschichtlichen Perspektive[121]:

I. Gott: Die gemeinsame Basis beider Religionen ist
ihr gemeinsamer Glaube an den einen und einzigen Gott;
die überkommene Christologie und Trinitätslehre trennen.[122]

II. Bund: Die konkrete Heilsgeschichte mit Heilsin-
dikativ und -imperativ, d.h. mit Zusage Gottes und
entsprechender Lebensgestaltung als Leben in der von
Gott geschenkten Wirklichkeit ("Gnade") gilt jüdisch

---

120 Biemer, 1981, 66f bzw. Biemer/ Fiedler, in: Biemer/ Biesinger/
Fiedler (Hrsg.), 1984, 39f; ad II. vgl. als Grundlage für den
Bund die genannten Ereignisse und Personen, von denen die
jüdische Religion bis heute geprägt ist; ad III. vgl. die
hierzu gehörenden drei Bezugsbereiche: Gestaltung des Lebens,
Gottesdienst (Sabbat, Feste, Gebete und Psalmen, Ethos) und die
Situation der Diaspora; ad IV. vgl. die Bezugsbegriffe: David
und sein Königtum, Jerusalem/ Zion, Tempel und der heutige
Staat; vgl. Biemer, 1981, 63f; vgl. auch Fiedler, 1980, 39f:
Die Kategorien A und B greifen besonders Probleme für das
Judentum aus den Erfahrungen unseres Jahrhunderts auf.
121 Vgl. Biemer, 1981, 70-76.
122 Vgl. Uhde, in: Biemer/ Biesinger/ Fiedler (Hrsg.), 1984,
266-273; vgl. Brosseder, in: Biemer, 1981, 201-211; Falaturi/
Petuchowski/ Strolz (Hrsg.), 1976; vgl. Wiederkehr, in: Thoma/
Wyschogrod (Hrsg.), 1984, 131-155.

(vgl. Tora als die Befähigung zu einem Leben in diesem Bund) wie christlich (vgl. Mk 12,29-33).[123]

III. Volk: Die Erwählung Israels im Bund als Zeugnis in der Welt hat Parallelen im Christentum: die Kirche Jesu Christi ist berufen zur Diakonie und Martyrium in der Welt.[124]

IV. Land: Das Land ist gemäß der Hebräischen Bibel der Ort, an dem Heil vermittelt wird, und hat somit sakramentalen Charakter. Die Fragen nach der Schöpfung, der Arbeit, der Erhaltung des Landes in Frieden mit der Offenheit für ein "Neues Jerusalem" gehören hierher.[125]

V. Hoffnung/ Zukunft: Alle bisherigen Kategorien beinhalten in sich das transzendierende Element, den Glauben an Zukunft. In der Spannung des werdenden Reiches Gottes, des "schon und noch nicht" liegt die Dynamik der konkreten Heilsgeschichte (individuell und universal) und die verbindende Hoffnung und Verantwortung für die Welt.[126]

---

123 Vgl. Fiedler/ Reck/ Minz (Hrsg.), 1984, 28-42; Levinson, in: Biemer, 1981, 236-239.

124 Vgl. den Aufbaukurs "Volk" von Biesinger, in:, Biemer/ Biesinger/ Fiedler (Hrsg.), 1984, 184-198 und die dazugehörenden Materialien, in: Fiedler/ Reck/ Minz (Hrsg.), 1984, 148-222; vgl. auch Minz, in: Biemer/ Biesinger/ Fiedler (Hrsg.), 1984, 273-281.

125 Vgl. den Aufbaukurs "Land" von Biesinger, in: Biemer/ Biesinger/ Fiedler (Hrsg.), 1984, 199-213 und die dazugehörenden Materialien in: Fiedler/ Reck/ Minz (Hrsg.), 1984, 223-269; vgl. Maisch, in: Biemer, 1981, 258-264; Kickel, 1984; vgl. die Verbindung von Land und Volk z.B. bei Flusser, in: Thoma, 1978, 6-32, 17f; zur Haltung Israels vgl. exemplarisch: Neher, in: FrRu 28 (1976) 56-59; der Zionismus sei nur erwähnt.

126 Vgl. Minz, in: Biemer/ Biesinger/ Fiedler (Hrsg.), 1984, 303-311.

Die Ausfaltung in Strukturgittern spiegelt bereits
eine Vermittlung von Fachrepräsentanz und Lebensrelevanz
auf der Ebene der Legitimation der Inhalte wider.[127]

5.5 Kritische Würdigung in Hinblick auf die Erstellung eines Gesamtkonzepts

Die Sicht der Juden als unsere älteren Geschwister
muß in den Verhältnisbestimmungen des Christentums zum
Judentum seine Konsequenzen haben. Um sowohl alle
Wertungen und Absolutheitsansprüche als auch bereits die
Gefahr solcher zu verhindern, bietet sich als Modell zur
Beschreibung des Verhältnisses der Ansatz von Biemer und
Fiedler an: Werdende Gottesherrschaft (jüdisch) –
Werdende Gottesherrschaft durch werdende Christusherr-
schaft (christlich)[128].

Im Kontext des personalistischen Modells ist der
zentrale Gedanke die Verbindung der beiden Religionen in
Gott als dem Einen. In der Einheit und Einzigartigkeit
Gottes findet die Bibel der Juden und Christen ihre
Mitte; in ihr sind beide als Geschwister miteinander
verbunden und gegenwärtig und zukünftig aufeinander
verwiesen. Biblisch wird dies in Röm 9-11 als gültige
Konzentration des Verhältnisses von Juden und Christen
deutlich.

Die vielfältigen inhaltlichen Bereiche sind im
vorigen unter Aufnahme der Gefahren und unsachgemäßen
Deutungen beschrieben. Gemeinsamkeiten und Unterschiede
bestimmen die Diskussion; biblische und nachbiblische

---

127 Vgl. Biemer, 1981, 110-113.
128 Vgl. 5.2.

Zeit sind einbezogen. Die Vielzahl der Inhalte konzentriert sich in den zentralen Kategorien (Gott, Bund, Volk, Land, Hoffnung/ Zukunft) als der Mitte der Bibel in ihrer jüdischen und christlichen Ausprägung. Aufgrund der Geschichtlichkeit der Offenbarung bleibt jede fachwissenschaftliche Beschreibung vereinfachend gegenüber der Lebendigkeit der menschlichen Erfahrungen mit Gott.

Das Judentum als die Wurzel des Christentums wird anhand des Römerbriefs ins Zentrum der Aufmerksamkeit gerückt. Die vielfältigen Beziehungen täuschen aber nicht darüberhinweg, daß einige Themen nach wie vor theologisch nicht umfassend aufgearbeitet sind: z.B. die Rettung Israels und die Frage nach dem Heilsweg für die Juden in Verbindung mit dem Anspruch der Kirche als Weg zur Erlösung; die antijüdischen Stellen im Neuen Testament und der Umgang damit; das Verhältnis der beiden Religionen zueinander, beginnend mit dem systematisch-theologischen und biblischen Austausch bis hin zur religiös-praktischen Ebene. Vor allem aber Jesus Christus und das durch ihn angebrochene "Neue" wird immer noch teilweise abgrenzend und abwertend formuliert.

Dies trifft ins Zentrum des Christentums: es ist die Frage nach der positiven Identität, nach dem Neuen, dem positiv Unterscheidenden des Christlichen. Die Spannung, Jesus als Juden ernstzunehmen und gleichzeitig seinem Anspruch der Verkündigung des Anbruchs des Reiches Gottes und der Entscheidungsforderung, seine "Auslegung" Gottes als heilsentscheidend zu akzeptieren, findet sich in zahlreichen neutestamentlichen Texten. Jesu "spontanes Wissen"[129] von Gott und sein Selbstbewußtsein, die Trennungen zwischen Menschen aufzuheben und ganz Israel in der Gottesherrschaft v.a. der Gnade und Barmherzigkeit zu sammeln, zählen ebenso zum Unverzichtbaren der Botschaft Jesu, wie die damit verbundene Freisetzung des Menschen durch die Nähe des anbrechenden Reiches Gottes über die bestehende Wirklichkeit hinaus hin zur Befreiung von Schuld und zu geschwisterlicher Solidarität mit allem Lebendigen.

Aus der Sicht der frühen christlichen Gemeinden ging es um Glaube oder Ablehnung, um Heil oder um Verderben. Dennoch blieb das Bewußtsein wach, daß die Zusagen Gottes an die Juden ungekündigt bestehen bleiben, und daß die christliche Herkunft aus dem Judentum und die Verwurzelung darin jede Überheblichkeit verbietet. Die theologischen Kategorien Gott, Bund, Land, Volk und Hoffnung/ Zukunft sind deshalb für jüdisches und christliches Selbstverständnis zentral.

Durch die inhaltlichen Festschreibungen der Kategorien können im weiteren Verlauf der Arbeit Impulse gesetzt werden zur Verbindung der didaktischen, lernpsychologischen und entwicklungspsychologischen Ergebnisse mit dem grundlegenden Themenbereich Christen Juden für die Lehrplanarbeit. Doch diese Vernetzung erfordert noch weitere Vorarbeiten: Unverzichtbar ist die Frage nach Vorurteilen und Antijudaismus; der Zielpunkt liegt selbstverständlich auf den Möglichkeiten ihres Abbaus bzw. ihrer Verhinderung durch schulisches Lernen. Erst dann ist die inhaltliche Basis gelegt, auf der nach einer Analyse des Ist-Standes der gegenwärtigen deutsch-

---

129 Vgl. Mußner, 1979, 339.

sprachigen Lehrpläne für Grundschule und Gymnasium
Schwerpunkte für einen vertikal-konsekutiven Gesamtentwurf nennbar werden.

6. VORURTEILE IM BEREICH CHRISTENTUM JUDENTUM

6.1 Zum Begriff "Vorurteil"

Im Themenbereich Judentum - Christentum läßt sich nicht arbeiten, ohne die Frage nach dem Antijudaismus und den Möglichkeiten eines Abbaus bzw. einer Verhinderung durch schulisches Lernen zu stellen.

Vom Lateinischen "praejudicium" stammend ist Vor-Urteil ursprünglich ein wertneutraler Begriff und beinhaltet ein aufgrund von früheren Erfahrungen und Entscheidungen zustande gekommenes Urteil.[1] Im alltäglichen Gebrauch ist "Vorurteil" nicht wertneutral. Sozialpsychologisch wird ein vorgefaßtes und negatives Urteil über eine Gruppe von Menschen (oder eine unpersönliche Wesenheit, eine Idee, eine Situation, ein Verhalten) darunter verstanden, das gefühlsmäßig unterbaut ist und nicht mit der Wirklichkeit übereinstimmt.[2] Ebenso werden Vorurteile eine Antipathie genannt, die sich auf fehlerhafte und starre Verallgemeinerungen gründen. Es wird auch ein entsprechendes positives Urteil zu den Vorurteilen gerechnet, z.B. das Akzeptieren von Menschen oder Dingen lediglich deshalb, weil sie zu einem Kollektiv gehören, das gebilligt wird, was andererseits zur Ablehnung derjenigen führt, die nicht zu dieser Gruppe gehören.

> "Erst wenn man Fehlurteile und vorgefaßte Meinungen trotz besseren Wissens festhält oder die Fehlurteile aus gefühlsmäßigen Motiven (...) nicht aufgibt, sprechen wir von Vorurteil"[3].

---

1   Vgl. zum folgenden: Biesinger, in: Biemer/ Biesinger/ Fiedler (Hrsg.), 1984, 87ff und Van Vugt, 1982.
2   Vgl. Karsten, in: Karsten (Hrsg.), 1978, 120-138, 122.
3   Karsten, in: Karsten (Hrsg.), 1978, 120-138, 123; vgl.

Forts. Fußnote

Es muß differenziert werden zwischen Fehlurteil, Voraus-Urteil und Vorurteil.

"Vorurteile bedingen einen Wahrnehmungszirkel: ihre selektive Wirkung bei der Wahrnehmung läßt nur in Erscheinung treten, wozu von vornherein Bereitschaft besteht. Infolge dieser eingeschränkten Lernbereitschaft ist eine differenzierende und widersprechende Wahrnehmung schwer möglich. Wo dieser Wahrnehmungszirkel nicht mehr durch Lernimpulse durchbrochen werden kann, besteht ein Vorurteil im eigentlichen Sinne (...)."[4]

Soziale Vorurteile beziehen sich auf Vorurteile gegen Menschen oder Gruppen; sie sind nicht vom Individuum her allein zu erklärende Einstellungen, sondern "immer nur verstehbar im gesellschaftlichen Zusammenhang, in dem sie sich ausbilden und artikulieren."[5] Obwohl sich keine genaue Definition des Begriffs Vorurteil geben läßt, kann man doch eine Reihe von Merkmalen aufzeigen:

- Sie sind meist von anderen übernommene,
- emotional gefärbte Urteile (Werturteile); sie sind meist
- Verallgemeinerungen des Tatbestandes aufgrund unvollständiger oder falscher Informationen; und sie sind meist
- unflexible, unreflektierte Urteile von großer Resistenz gegenüber Änderungen[6]

Forts. Fußnote
  ausführlich: Schäfer/ Six, 1978, 13ff; Biesinger, in: Biemer/ Biesinger/ Fiedler (Hrsg.), 1984, 87; Heine, in: everz 34 (1982) 153-170, 160; Brunner, in: Z.f.Päd 23 (1977) 465-474, 469f; vgl. in anderem Zusammenhang mit Bezug auf Gadamer: Englert, in: RpB (1988) Nr.22, 105-117, 114f.
4 Biemer, 1981, 94; vgl. auch die Unterscheidung von 'Einstellung' und 'Stereotyp'bei Van Vugt, 1982, 4ff und Biesinger, in: Biemer/ Biesinger/ Fiedler (Hrsg.), 1984, 88f; vgl. auch Tworuschka, 1982, 27-29; Davis, in: Hartmann (Hrsg.), 1975, 41-61, 41-43; Weiss, 1983, 29ff.
5 Ostermann/ Nicklas, ²1982, 16.
6 Vgl. Van Vugt, 1982, 8; Biesinger, in: Biemer/ Biesinger/ Fiedler (Hrsg.), 1984, 89; Tworuschka, 1982, 28.

Zusammenfassend läßt sich sagen, daß Vorurteile, vom Lateinischen her als vorausgehende Urteile beschrieben, Haltungen und Einstellungen sind, die keine adäquate Grundlage haben und häufig stereotyp sind, d.h. von ganzen Gruppen akzeptiert, verbalisiert und emotional geladen sind.[7]

"Man könnte Vorurteile definieren als stereotype Perzeptions-, Interpretations- und Bewertungsmuster, die es den Menschen erlauben, intrapsychische Bedürfnisse auf gesellschaftlich vorgegebene Weise zu befriedigen."[8]

Im positiven Sinn dienen sie der Orientierung in der sozialen Umwelt, ermöglichen Bewältigung neuer Situationen, machen die Welt überschaubar, helfen zur Einordnung von Daten und deren Beurteilung. Sie sind besonders wichtig für die Orientierung in Bereichen, in denen wir uns kein eigenes unmittelbares Urteil bilden können, die unserer unmittelbaren persönlichen Erfahrung entzogen sind.

6.2 Zum Erwerb von Vorurteilen

Laut Allport beruht

"etwa die Hälfte aller vorurteilshaften Einstellungen nur auf dem Bedürfnis der Anpassung an die Sitten (...), die man nicht anrühren möchte, um die kulturelle Ordnung zu erhalten."[9]

---

7   Vgl. Davis, in: Hartmann (Hrsg.), 1975, 41-61, 43; Mitscherlich, in: Hartmann (Hrsg.), 1975, 9-18; Heine, in: everz 34 (1982) 153-170, 160; Brunner, in: Z.f.Päd 23 (1977) 465-474, 466f; Biemer, 1981, 94; Leitner, in: Schulfach Religion 2 (1983) 247-286, 249ff; Ostermann/ Nicklas [2]1982, 15ff.
8   Ostermann/ Nicklas, [2]1982, 366.
9   Allport, 1971, 292.

Davis nennt als Faktoren, die aufgrund der Forschungen
"mit an Sicherheit grenzende(r) Wahrscheinlichkeit"[10]
Vorurteile (mit)bedingen, im allgemeinpsychologischen
Bereich die Tendenz von Menschen, Erfahrungen zu ver-
allgemeinern, zu vereinfachen und zu kategorisieren,
ohne diese zugleich dennoch offen und flexibel zu
halten; er nennt als tiefenpsychologische Faktoren die
Diskussion um die 'Autoritäre Persönlichkeit', besonders
von Adorno und seinen Mitarbeitern beschrieben; und als
sozialpsychologischen Faktor führt er den Bezug zur
sozialen Gruppe in Unterscheidung zu anderen an.[11]
Vorurteile werden erlernt, nicht vererbt, sie sind
soziale Einstellungen, d.h. in der sozialen Umgebung
vorherrschende Einstellungen und Haltungen. Das kleine
Kind muß die Wertordnung der Eltern übernehmen, um zu
überleben.

> "Der in diesem Zusammenhang zumeist genannte Prozeß
> ist die Identifikation. (...) Und nicht nur die
> äußeren Handlungen, sondern auch die geäußerten
> Gedanken - inklusive der Feindschaften und Abnei-
> gungen - sind Thema für die Nachahmung."[12]

Die ersten sechs Lebensjahre sind für die Entwicklung
aller sozialen Einstellungen wichtig.[13] Ablehnende,
vernachlässigende und wechselhafte Erziehungsziele
führen verstärkt zur Entwicklung von Vorurteilshaftigkeit. Kinder übernehmen die Haltungen und Einstellungen,
die in ihrer sozialen Umgebung vorherrschen; Vorurteile
werden also nicht durch die Eltern direkt gelehrt,

---

10 Davis, in: Hartmann (Hrsg.), 1975, 41-61, 47.
11 Vgl. Davis, in: Hartmann (Hrsg.), 1975, 41-61, 47f; vgl.
    ausführlich zu den theoretischen Konzeptionen des
    Vorurteils-Erwerbs: Schäfer/ Six, 1978, 115-127.
12 Allport, 1971, 298f.
13 Vgl. in Bezug auf Möglichkeiten zur Verhinderung von
    antijüdischen Vorurteilen im Bereich religiöser Erziehung:
    Biemer, 1981, 127f.

sondern die Kinder nehmen sie durch die Atmosphäre des Elternhauses auf. Sozialpsychologisch ist die Phase der Entdeckung des Ich und der eigenen Gruppe für die Bildung von Vorurteilen von großer Bedeutung. In diesem, von starker Egozentrik begleiteten Entwicklungsprozeß entsprechen sich das Bedürfnis, von einer Gruppe akzeptiert zu werden und zu ihr zu gehören, und als Konsequenz daraus die Übernahme der Normen, die in der Gruppe herrschen. Eine extrem starke Isolation von Gruppen oder eine starke Einbindung in eine Gruppe prädestinieren für die Übernahme und Aufrechterhaltung von Vorurteilen. "Zur Vorurteilsbefangenheit neigen also besonders jene Gruppenmitglieder, die ein unausgeglichenes Verhältnis zur Gruppe haben."[14]

Etwa ab dem dritten bis vierten Lebensjahr entsteht das Ingroup-Outgroup-Phänomen. Diese Entdeckung des Ich

"ist eine Voraussetzung für seine [des Kindes] Identifikation als Mitglied dieser oder jener Gruppe und auch dafür, daß andere als anderen Gruppen zugehörig erkannt werden."[15]

Erst mit der Ausbildung von Bezugsgruppen, denen sich ein Mensch zugehörig fühlt und deren Normen er akzeptiert, wird die Definition der Fremdgruppen wichtig.[16] Bezüglich der kognitiven Entwicklung des Vorurteils sind drei Aspekte hervorzuheben: Differenzierung, Identifikation und Wertung. Differenzierung meint die Fähigkeit, die bereits bei ganz kleinen Kindern zu beobachten ist, nämlich Unterschiede zwischen Menschen als solche

---

14 Biemer, 1981, 97 (im Original kursiv gedruckt); vgl. Horkheimer, in: Hartmann (Hrsg.), 1975, 19-24, 21; Allport, 1971, 303ff; Schäfer/ Six, 1978, 118-121.
15 Davis, in: Hartmann (Hrsg.), 1975, 41-61, 44; in Bezug auf Vorurteile bei Vorschulkindern vgl. die empirische Untersuchung von Wegener/ Spöhring, in: Z.f.Päd 21 (1975) 535-545.
16 Vgl. Leitner, in: Schulfach Religion 2 (1983) 247-286, 254.

überhaupt wahrzunehmen. Die Fähigkeit, sich selbst in eine der unterschiedenen Kategorien einzuordnen, entwickelt sich später und wird als Identifikation bezeichnet. Während diese beiden Prozesse notwendige Schritte in der Entwicklung darstellen, ist es fraglich, ob es als Folge daraus zu Werturteilen kommen muß. "Wertung heißt, den wahrgenommenen Unterschieden oder dem Bewußtsein der eigenen oder fremden Gruppenzugehörigkeit Werturteile zuzuordnen."[17]

Zerstörung oder Aufbau von Ichstärke erzeugt jeweils Autoritätshörigkeit oder autonomes Verhalten. Mangelnde Ichstärke führt zur Suche nach Schutz innerhalb einer starken Gruppe, die Angst wird verschoben. Als sichtbare Äußerungsformen von vorurteilsgebundenen Menschen nennt Heine folgende:

"starkes Denken in in-group/out-group Mustern
Starrheit in Lebens- und Äußerungsformen (Stereotypien)
affektgeladen
verzerrte Wahrnehmung
Tendenz zur subjektiven Prestigeerhöhung (als Gegenseite der Ich-Schwäche)
autoritär gebunden durch ein an gesellschaftlicher Konvention orientiertes Gewissen
dogmatisches Denken
Unfähigkeit, Schuld einzugestehen
im Krisenfall Suche nach Schuldigen (Sündenböcken)
Unfähigkeit, zu leiden
Intoleranz Schwachen gegenüber
Unterwürfigkeit Autoritäten gegenüber"[18].

Mit "linguistischer Präzedenz im Lernen"[19] beschreibt Allport, daß das mit Gefühlen besetzte Wort eine Wirkung

---

17 Taijel, in: Hartmann (Hrsg.), 1975, 71-75, 71.
18 Heine, in: everz 34 (1982) 153-170, 161f; zur Bedeutung auf politischer Ebene vgl. Heine, in: everz 34 (1982) 153-170, 162f.
19 Vgl. Allport, 1971, 311ff.

hat, bevor das, worauf es bezogen ist, gelernt wird.
Später verbindet sich das Gefühl mit dem vom Wort
Gemeinten; d.h., daß die feindliche Einstellung gelernt
wird, bevor das vom Begriff Gemeinte verstanden ist.
Diese erste Stufe nennt man "vorverallgemeinertes
Lernen"[20]. Die Struktur der Sprache formt das Denken in
seiner Struktur vor. Das bedeutet auch, daß in jedem
Wort aufgrund seines denotativen und konnotativen
Charakters sein Bedeutungsfeld mitschwingt. Was nicht in
das Verständnisschema paßt, wird oft ausgeschieden bzw.
gar nicht in den Sprachschatz aufgenommen.[21] Die zweite
Stufe im Lernen von Vorurteilen wird "Periode der
totalen Ablehnung"[22] genannt, etwa mit zehn bis elf
Jahren. Danach setzt eine Periode der Differenzierung
ein. Das Kind braucht die ersten sechs bis acht Jahre
seines Lebens, um totale Ablehnung zu erlernen, und
weitere sechs Jahre, um sie abzuändern. Im Alter von
etwa acht Jahren wird an der vorurteilshaften Sprech-
weise von Kindern deutlich, daß Ablehnung erlernt wurde;
diese Ablehnung ist aber hauptsächlich von sprachlicher
Art. Setzt nun in diesem Alter die Wirkung der Belehrung
in der Schule ein, lernt das Kind eine neue, nämlich
demokratische Sprachregelung. Daher können wir im Alter
von ca. zwölf Jahren verbale Freundlichkeit und zugleich
Ablehnung im Verhalten finden.

> "Kein Kind wird mit Vorurteilen geboren. Seine
> Vorurteile sind immer erworben. Hauptsächlich werden
> sie zur Erfüllung seiner eigenen Bedürfnisse gebil-
> det. Aber die inhaltliche Ausfüllung dieses Lernens
> geschieht immer durch die soziale Struktur, in der
> sich die Persönlichkeit entwickelt."[23]

---

20 Vgl. Allport, 1971, 314.
21 Vgl. Leitner, in: Schulfach Religion 2 (1983) 247-286, 255.
22 Vgl. Allport, 1971, 314.
23 Allport, 1971, 329.

Als Ursachen dafür, daß das Objekt des Vorurteils sich scheinbar oder tatsächlich so verhält, wie es das Vorurteil will, sind drei Mechanismen zu nennen:

1. Die Wahrnehmung wird durch das Vorurteil gesteuert.
2. Das Vorurteil erhält den Charakter einer sich selbst erfüllenden Prophezeihung (self fullfilling prophecy).
3. Das Objekt des Vorurteils paßt sich an das Vorurteil an.[24]

Zu den Abwehrmechanismen von Vorurteilen zählen Rationalisierung, Frustrations-Aggressions-Verschiebung (Sündenbocktheorie)[25], Aggression und Haß, Angst und Furcht, verzerrte Selbst- und Fremdwahrnehmung, Projektion[26]. Kulturelle Überlieferung, soziale Normen, Vorbild der Eltern, semantische Verwirrung, Unwissenheit über Gruppenunterschiede u.a. spielen zur Erklärung des Vorurteils eine Rolle.

"Am wesentlichsten ist jedoch, wie der Einzelmensch alle diese Einflüsse zusammen mit seinen unbewußten Konflikten und seinen psychodynamischen Reaktionen in seinem gesamten Lebensstil zusammenfügt."[27]

---

24 Vgl. Ostermann/ Nicklas, [2]1982, 34-40.
25 Sündenbockphänomene gelten als Teil der Frustrations-Aggressions-Theorie von Dollard u.a. (1939): vgl. Nolting, in: Gruppendynamik 9 (1978) 197-207, 197ff; zum Sündenbockmechanismus im Zusammenhang mit ausländischen Arbeitern vgl. Fleckenstein, 1989, 585ff.
26 Vgl. Allport, 1971, 353ff und 384ff; Van Vugt, 1982, 26ff; Leitner, in: Schulfach Religion 2 (1983) 247-286, 254; Nolting, in: Gruppendynamik 9 (1978) 197-207, bes. 201ff.
27 Allport, 1971, 393.

6.3   Vorurteile gegen Juden

Die Untersuchungen zum gegenwärtigen Stand des Bewußtseins in der BRD und in Österreich sind zahlreich,
die Literatur über Entstehung, Hintergünde und geschichtliche Entwicklung unübersehbar.[28] Dennoch bleibt
- gerade angesichts neuerer politischer Entwicklungen -
die Angst, daß wir noch immer nicht gelernt haben, ohne
Vorurteile, Feindbilder und Sündenböcke zu leben. Trotz
"Wiedergutmachung", Aufklärungsarbeit und öffentlicher
Ächtung des Antisemitismus[29] konnte die Tabuisierung der
Thematik nicht wirklich aufgebrochen werden. Die Provo-
kationen und Ausschreitungen rechtsradikaler Gruppen
stellte Ino Arndt in seiner Tafel "Zur Chronologie des
Rechtsradikalismus"[30] zusammen, die sich besonders seit
1954 häuften. Zwei Hauptrichtungen antisemitischer
Argumentation sind zu nennen: einerseits die Verharmlo-
sung und Verniedlichung bis hin zur Leugnung national-
sozialistischer Verbrechen an Juden, die in abgeschwäch-
ter Form nicht nur im radikalen Lager anzutreffen ist[31];
andererseits gibt es bereits Gruppen,

> "die ohne alle Beschönigung und Interpretation an den
> Antisemitismus Hitlers und des Nationalsozialismus
> anknüpfen, sich offen dazu bekennen und ihn fortset-

---

28 Zur Geschichte des Antisemitismus in Österreich vgl. Bunzl, in:
Bunzl/ Marin, 1983, 9-88; zur Situation in Österreich vgl.
Weiss, 1983, 29ff bzw. 43ff (Ergebnisse); Marin, in: Bunzl/
Marin, 1983, 89-169; Marin, in: Bunzl/ Marin, 1983, 197-224;
Marin, in: Bunzl/ Marin, 1983, 225ff (ohne Seitenangaben);
bzgl. der Analyse der gesellschaftlichen Situation im Hinblick
auf Juden-Christen in der BRD vgl. Reck, in: Biemer, 1981,
82-86.
29 Vgl. Greive, 1983, 172ff mit zahlreichen Hinweisen und
weiterführender Literatur; Bunzl, in: Bunzl/ Marin, 1983, 9-88,
69f.
30 Arndt, in: Benz (Hrsg.), 1980, 239-261.
31 Vgl. z.B. Bauer, in: Gespräche in Israel 3 (1985) Nr.2, 17-30,
20.

zen und vollenden wollen."[32]

Die Zahl der Neonazis ist umstritten, Ginzel nennt 1981 zwischen 1400 und 3 Millionen[33], was die Unsicherheit und Ungeklärtheit dieser Entwicklung zeigt. Laut Greive zählt

"der organisierte Rechtsradikalismus, soweit er vom Bundesinnenministerium erfaßt ist, nach dem am 29. September 1982 veröffentlichten Verfassungsschutz-Bericht für 1981 nur etwa 20300 Anhänger;"[34]

Alphons Silbermann nennt als Ergebnis seiner Befragungen von 1976 in der BRD 15% bis 20% der Bevölkerung mit ausgeprägten, weitere 30% mit mehr oder weniger starken, latent vorhandenen antisemitischen Vorurteilen.[35] Laut Badi Panahi können aus seinen Untersuchungen von 1977/78 die Schlußfolgerungen gezogen werden,

"daß etwas weniger als die Hälfte der Bevölkerung gegenüber den Juden negative Gefühle, verbunden mit einer Tendenz zur sozialen Distanz, entwickelt und daß aber mindestens ein Drittel sehr stark ausgeprägte antisemitische Vorstellungsklischees erkennen läßt."[36]

Die Prüfung der Zuverlässigkeit dieser Untersuchungen ist Aufgabe der Sozialwissenschaften[37]; doch neuere Wahlergebnisse aus der BRD auf politischer Ebene strafen jeden Versuch Lügen, diese Daten einfach unter den Tisch wischen zu wollen. "Wenn wir heute von Antisemitismus sprechen, so meinen wir latente Tendenzen und nicht

---

32 Greive, 1983, 180; vgl. Ginzel, 1981.
33 Vgl. Ginzel, 1981, 17.
34 Greive, 1983, 182.
35 Vgl. Silbermann, 1982, 73; Silbermann, in: Bild der Wissenschaft (1976) Nr.6, 68-74, 74; zum selben Ergebnis kommt Sallen, 1977, 236ff bzw. 268ff.
36 Panahi, 1980, 66; vgl. sehr ausführlich bzgl. der Zusammenhänge zwischen Antisemitismus, Alter, Beruf, Schulausbildung und Einkommen: 70ff; und bzgl. Religion und Vorurteil: 127ff.
37 Vgl. z.B. Sallen, 1977, 134ff.

faktische Diskriminierungen."[38] Nach wie vor existiert der Antisemitismus als latenter in "negativen Vorstellungssystemen"[39], die aus der Tradierung sozial-kultureller Vorurteile herrühren. Auch heute noch wurzelt der Antisemitismus in der Bereitschaft, Vorurteile anzunehmen, auch heute besteht die Gefahr, daß die intrapersonelle Disposition sich durch faktische Diskriminierung äußert. Das "Neue" an dieser Situation ist der Antisemitismus ohne Juden, d.h. die Tatsache, daß die Vorurteile weiterleben, obwohl der Bevölkerungsanteil der Juden verschwindend gering ist.

> "Gerade die faktische Nichtexistenz eines sichtbaren jüdischen Bevölkerungsanteils scheint ein geeigneter Nährboden für die Perpetuierung der Vorurteile aus vergangenen Zeiten zu sein."[40]

Der nachfaschistische Antisemitismus, d.h. nach dem Zweiten Weltkrieg, ist nicht nur ein Antisemitismus ohne Juden[41], er ist zugleich ein Antisemitismus ohne Antisemiten.

> "Dieser Begriff bezeichnet ein Massenvorurteil ohne Legitimation, ohne öffentliches Subjekt, ohne propagandistische Träger, ohne das Selbstbewußtsein und das Selbstverständnis einer Ideologie"[42].

Gesellschaftlich diffamiert, tabuisiert und verboten, wobei diese Leugnung oder Beschönigung der unbewältigten Probleme nochmal geleugnet und beschönigt wird, ist er nicht verschwunden, sondern ist "durch kulturelle Verfestigung ins 'kollektive Unbewußte' abgesunken"[43]

---

38 Panahi, 1980, 67; vgl. Sallen, 1977, 13ff; vgl. Adorno, der diese Erscheinung "Krypto-Antisemitismus" nennt: Adorno, in: Karsten (Hrsg.), 1978, 222-246, 225.
39 Sallen, 1977, 17; vgl. 228ff zum Beleg seiner Thesen.
40 Sallen, 1977, 268; vgl. Marin, in: Bunzl/ Marin, 1983, 171-192, 177.
41 Vgl. Marin, in: Bunzl/ Marin, 1983, 171-192, 177: "Der jüdische Bevölkerungsanteil sank von 2,8% im Jahre 1934 (Wien: 10,8% im Jahre 1923) auf nunmehr etwa 0,1% (Wien: 0,5%)."
42 Marin, in: Bunzl/ Marin, 1983, 171-192, 177.
43 Marin, in: Bunzl/ Marin, 1983, 171-192, 177.

und taucht so unbewußt und ungewollt wieder auf in alltäglichen Zusammenhängen.[44]

6.4   Zum Begriff "Antisemitismus"

Den Begriff Antisemitismus gibt es erst seit 1879; Wilhelm Marr prägte ihn in seiner Flugschrift "Der Sieg des Judentums über das Germanentum" und meinte damit feindselige Einstellung und feindseliges Verhalten gegenüber Juden als einzelnen und gegenüber den gesamten Juden.[45] Ester 3,8 nennt der jüdische Historiker Simon Dubnow die klassische Form eines Judenhasses. Die religiös motivierten Anteile des modernen Antisemitismus (alle Semiten im Sinne einer Sprachgemeinschaft betreffend) lassen sich präziser im Begriff des "Antijudaismus" fassen. Da jedoch Menschen nicht nur durch den religiösen, sondern auch durch den ökonomischen, rassischen und politischen Antisemitismus bestimmt werden, trifft auch der Begriff Antisemitismus das Phänomen. Die wichtigsten Theorien zur Erklärung des Antisemitismus beziehen sich auf die Bereiche der gesellschaftlichen Strukturen, der wirtschaftlichen und sozialen Prozesse, auf das Verhältnis von Mehrheiten und Minderheiten aus sozialpsychologischer Sicht, auf Erklärungen aus der Individualpsychologie über die einzelnen Persönlichkeitsstrukturen, auf die Sündenbock-Theorie und auf kognitive Prozesse wie soziale Orientierung, Personenwahrnehmung und Attribution, d.h.

---

44 Vgl. für Österreich exemplarisch: Schmiederer, in: profil 18 Nr.12 (1989-03-23) 20f; Schwindel, in: profil 18 Nr.12 (1989-03-23) 22f.
45 Vgl. Van Vugt, 1982, 35; Biesinger, in: Biemer/ Biesinger/ Fiedler (Hrsg.), 1984, 89f.

Zuschreibungen von Eigenschaften u.ä. anderen Personen gegenüber aufgrund der eigenen Einstellungen.[46]

Antisemitismus erwächst aus der Tradierung soziokultureller Einstellungen, aus einer Verinnerlichung umgebender Kultur.[47] Als religiöses Problem spielt das Gottesbild und das religiöse Klima eine große Rolle, restriktive religiöse Erziehung verbindet sich mit rigider und autoritärer Erziehung und führt zu einem vorurteilsbehafteten Persönlichkeitsbild.

Auch die Definitionen über Neonazismus und Neofaschismus gehen auseinander; zugrundegelegt wird die offizielle Rechtsextremismus-Definition, wobei zu betonen ist, daß dennoch zwar jeder Neonazi rechtsextrem, nicht aber jeder Rechtsextremist ein Neonazi ist.
"Neonazismus ist eine Steigerungsform des Rechtsextremismus. Wenn aus Abneigung Haß wird, wenn der Einsatz von Gewalt im Kampf gegen die Demokratie, gegen die Bundesrepublik befürwortet und eine Führerdiktatur auf der Basis eines völkischen Rassismus angestrebt wird, dann haben wir es mit einer neonazistischen Gesinnung zu tun."[48]

Der Antisemitismus bzw. Antijudaismus[49] ist häufig der Einstieg zum Neonazismus. Der klassische Antisemitismus wird von Silbermann[50] als eine Art sozio-religiöser beschrieben, der bedingt war durch ein Anwachsen der

---

46 Vgl. Weiss, 1983, 9-27; vgl. auch Cohn, 1988, 13ff.
47 Zu den geschlechtsspezifischen Grundlagen des Antisemitismus aus psychoanalytischer Sicht vgl. Mitscherlich, in: Psyche 37 (1983) 41-54,
48 Ginzel, 1981, 20.
49 Vgl. Czech u.a., 1978, 95: "Obwohl aber zu den Semiten viele Völker zählen, zielte auch der Antisemitismus fast ausschließlich auf die Juden." Vgl. Holsten, in: RGG, Bd. 1, ³1986, 456-459; zu den Schwierigkeiten der Definition vgl. auch: Sallen, 1977, 69ff.
50 Vgl. Silbermann, 1981, 8; Sallen, 1977, 32ff; Ginzel, 1981, 84.

Diaspora und die Integration der Juden in die beherrschende Hellenisierung. Religiöses und kulturelles Unverständnis für die Lebensweise der Juden, der politisch verdächtige Monotheismus und das Bemühen, als Minderheit zu überleben, verbunden mit ökonomischen Schwierigkeiten, führten zum antiken Antisemitismus, der bis zum Ende des 18. Jahrhunderts und der Verbreitung der Menschenrechte durch die Amerikanische Unabhängigkeitserklärung und die Französische Revolution andauerte. Nach einem politischen und sozialen Emanzipationsprozeß entstand erneut, ca. ein Jahrhundert später, der sogenannte moderne Antisemitismus.

Einteilungsversuche, Rationalisierungen, Beschreibungsversuche sollten nach der gesellschaftlichen und historisch-genetischen Funktion des Antisemitismus geschehen; die zahlreichen Aspekte dieses verzweigten Problems machen zusammen das Phänomen Antisemitismus greifbar und deutlich. Vorurteilsforschung muß interdisziplinär arbeiten, sozialpsychologische, individualpsychologische, psychoanalytische, sozialisationstheoretische und soziologische Aspekte müssen bedacht werden. Greive nennt Religion, Politik und Wirtschaft

"einen Angelpunkt der Interpretation; (...) als organisiertes und institutionalisiertes Gruppen-gefüge, dem sich der einzelne nur schwer und jedenfalls nicht folgenlos entziehen kann."[51]

Als Typen von Antijudaismen, die besonders im christlich geprägten Abendland sich ausbreiteten und immer wiederkehr(t)en, seien folgende erwähnt: der Antijudaismus aus theologischen Gründen, dessen Grundlagen besonders im Neuen Testament liegen und dessen

---

51 Greive, 1983, 8; vgl. Sallen, 1977, 42ff.

Wirkungsgeschichte bis ins 20. Jahrhundert reicht; aus
ökonomischen, aus politischen, nationalistischen und
rassistischen Gründen.[52]

Für den wirtschaftlichen Antisemitismus sind vier
grundlegende Faktoren zu nennen: Neid und Haß durch
berufliche Konkurrenz; Ressentiment gegenüber denen mit
ökonomischer Macht; "Ausnutzung dieses Klassenhasses
durch Regierungen oder mächtige Konkurrenten"[53]; und
"bewußte oder unbewußte Ambivalenz gegenüber denjenigen,
die Geld besitzen"[54].

Rassischer und kultureller Antisemitismus sieht nur
das Blut als "rassebildenden"[55] Faktor und legitimiert
so ein Überlegenheitsprinzip. Politischer Antisemitismus
dient in erster Linie der Unterstützung bestimmter
politischer Ziele und der Verstärkung von Stereotypen
zur Abschiebung politischer Probleme. Der religiöse
Antisemitismus fußt besonders auf religiöser Intoleranz
und exklusiver Machtsicherung.

Diese Erscheinungsformen führten zur Frage der
Soziologie und Psychologie nach der antisemitischen
Persönlichkeit, wobei Persönlichkeit in diesem Zusam-
menhang

"die mehr oder weniger integrierte Gesamtheit von
Gewohnheiten, Attitüden, Zügen und Ideen einer Person
[meint], so wie sie äußerlich in spezifischen und
allgemeinen Rollen und im Status organisiert sind,
innerlich um Selbstbewußtsein, Selbstauffassung sowie
um Ideen, Werte und Zwecke sich gruppieren, die mit

---

52 Vgl. Czech u.a., 1978, 95-115; Trutwin/ Wischmann (Hrsg.),
    1971; Hoffmann/ Passier (Hrsg.), 1986; Oomen/ Schmid (Hrsg.),
    1978; Uhde (Hrsg.), 1978, 59f u.ö.
53 Silbermann, 1981, 22.
54 Silbermann, 1981, 22.
55 Vgl. Silbermann, 1981, 23.

Motiven und Rollen in Beziehung stehen."[56]
Die Persönlichkeitstheorien gehen von einer stabilen
Struktur der vorurteilsbehafteten Persönlichkeit,
besonders von der autoritären aus.[57] Die Verbindung von
Ich-Schwäche mit Autoritarismus und Konventionalismus
aufgrund einer unvollständigen Integration des Über-Ich
hebt besonders die psychoanalytische Theorie hervor.[58]
Psychodynamische Ansätze erklären Vorurteile im Zusammenhang von Aggressionstheorien, wobei Aggression als
Reaktion auf erlebte Frustration erscheint und als
"feindselige Haltung auf irgendein geeignet erscheinen-
des Objekt, auf einen Sündenbock (...) gelenkt"[59] wird.
Der gruppensoziologische Erklärungsversuch zielt auf die
Werte und Normen der eigenen Gruppe im Gegensatz zur
anderen. Damit werden diese Vorurteile im Sozialisati-
onsprozeß als Bestandteil allgemeiner Vorstellungen
akzeptiert;

> "die kognitiven Inhalte von Vorurteilen und Stereo-
> typen gegenüber Juden [bilden] die Grundlage kollek-
> tiv gleichförmiger, aber individuell erlebter sozi-
> aler Distanzgefühle"[60];

sie sind für die Auswahl der Sozialbeziehungen wichtig
und sind so sowohl Voraussetzung gesellschaftlicher
Differenzierungen als auch in ihrer Konsequenz wiederum
mit ein Grund für die Verstärkung antisemitischer Vorurteile.

Exemplarisch sei der Systematisierungsversuch von
Silbermann genannt, der vier Kategorien von Antisemiten
unterscheidet:

---

56 Silbermann, 1981, 33.
57 Siehe oben; vgl. sehr ausführlich: Sallen, 1977, 93ff; zu deren
    spezifischen Charakterzügen: Silbermann, 1981, 41.
58 Vgl. Panahi, 1980, 19ff.
59 Sallen, 1977, 91.
60 Sallen, 1977, 85.

- die "sich in einer objektiven Konfliktsituation mit der jüdischen Gruppe befinden, wobei ihre Reaktionen durchaus auf pathologischen Grundlagen beruhen können"[61] und die deshalb antijüdisch sind;
- die ohne tiefere eigene Überzeugung aus Konformismus und aus Anpassung an die Meinung, die sie für herrschende halten, antijüdisch sind;
- die antijüdisch sind, weil sie sich demagogisch verführt dem Antisemitismus als einem wirksamen politischen, sozialen oder kulturellen Agitationsmittel anschließen;
- extreme Antisemiten, "deren Feindschaftsmotive gegenüber den Juden durch gewisse Einstellungen in der Struktur ihrer Persönlichkeit bedingt sind"[62].

Um antisemitische Vorurteile bekämpfen zu können, müssen die Ursachen analysiert und bekannt sein: persönliche Vorteile, Unkenntnis oder stereotype falsche Vorstellungen über andere Bevölkerungsgruppen, Überlegenheitskomplex, sozio-kultureller Hintergrund (sozialer, religiöser, politischer, ökonomischer Art) Alter, Erziehung, soziale Mobilität, Einfluß der Massenmedien u.a. Auch die mangelnde Einlösung des Anspruchs einer offenen, demokratischen Gesellschaft mit gleichen Chancen für alle, materielle und soziale Unterprivilegierung, Informations- und Bildungsdefizit, religiöser Dogmatismus, starke soziale Kontrolle, "vordemokratische Strukturen in Primär- und Sekundärgruppen"[63] u.a. steigern die Gefahr antisemitischer Tendenzen und ihr Ausbrechen in faktisches Verhalten.

---

61 Silbermann, 1981, 44.
62 Silbermann, 1981, 45.
63 Vgl. Sallen, 1977, 269.

Das Schlagwort "Antisemitismus ohne Juden" macht deutlich, daß heute der Antisemitismus nur eines unter den Vorurteilen der mitteleuropäischen Gesellschaften ist.

Die Verbreitung neonazistischen Denkens und ebensolcher Propaganda in der Schule läßt sich schwer genau bezeichnen, da die Zahl der Mitglieder in rechtsextremen Organisationen[64] nichts über das Ausmaß rechtsextremer Denkungsart aussagt. Tatsache ist, daß nach wie vor engagierte Nazi-Gegner die größten Schwierigkeiten haben, seien es Lehrer oder Schüler; die "Strategie" der Schulen ist oft Hilflosigkeit gegenüber rechtsradikalen Schülern, Verschweigen und Vertuschen, bis hin zum Schutz rechtsradikaler Lehrer durch die Schulbehörden.[65] Die Frage wird sein, wie gerade die Schule zum Abbau vorhandener Antisemitismen bzw. zum Aufbau demokratischen und mitmenschlichen Verhaltens beitragen kann.[66]

6.5   Antisemitische Vorurteile verlernen

Um die Aufgaben und Möglichkeiten pädagogisch-didaktischen Tuns zum Abbau von (antisemitischen) Vorurteilen bzw. zu deren Verhinderung des Aufbaus beim Lernen deutlich werden zu lassen, seien im folgenden Elemente

---

64 Vgl. Ginzel, 1981, 111 und Anm.1.
65 Vgl. Ginzel, 1981, 111ff u.ö.
66 Zur Rolle der Eltern vgl. exemplarisch: Ginzel, 1981, 119ff;
    vgl. als negatives Beispiel die Streichung des Leitungskurses
    "Das Verhältnis von Mehrheit und Minderheit in Altertum,
    Mittelalter und Neuzeit (Beispiel: Christentum, Judentum und
    Antisemitismus)" im Fach Geschichte an der gymnasialen
    Oberstufe in Baden-Württemberg: Peinlich betroffen, in: Der
    Spiegel 37 Nr.15 (1983-04-11) 39f.

davon hervorgehoben.[67] Neben der theologischen Aufarbeitung des Judentums und des Verhältnisses Christentum
Judentum, neben der Darstellung des Themenkreises im
Religionsunterricht und den dafür zur Verfügung stehenden Unterrichtsmaterialien müssen besonders die päda-
gogisch-psychologischen Konsequenzen ins Blickfeld der
Beschäftigung rücken.

Adorno unterscheidet zwei Grundtypen von Möglichkeiten des Abbaus von Vorurteilen: "Long-term-programs"
und "Short-term-programs"[68], auf lange Strecken hinge-
plante Maßnahmen und solche, die unmittelbar praktiziert
werden. Adorno sieht das Problem in der Erziehung
weniger in einer autoritären Haltung als in einer
bestimmten Art von Kälte und Beziehungslosigkeit den
Kindern gegenüber, in einem Mangel an Affekt. Deshalb
muß seiner Meinung nach einerseits mit den Eltern
Kontakt aufgenommen werden, andererseits ist auf die
individuellen Nöte der Kinder einzugehen und deren
Verhärtung zu lockern.[69]

---

67 An Kursentwürfen und Unterrichtsmodellen für verschiedene
    Altersstufen vgl. exemplarisch: Themenhefte: Röhm (Hrsg.), in:
    entwurf (1978) Nr.2, 1-69; Trutwin u.a., in: ru 8 (1978) Nr.3,
    77-111; Boettge u.a. (Hrsg.), Forum Religion (1983) Nr.2, 2-40;
    Korherr (Hrsg.), in: CpB 100 (1987) 3-16; Noormann u.a., in: ru
    18 (1988) Nr.2, 41-78; Patsch, in: ru. Informationen 8 (1976)
    Nr.2, 1-10; Trutwin, in: FrRu 30 (1978) 41-47; Carmon, in: FrRu
    30 (1978) 52-55; Schmid, in: Judaica 35 (1979) 5-11;
    Hindriksen, in: ru. Informationen 11 (1979) Nr.4, 9-14; Böhlke,
    in: KBl 105 (1980) 863-872; Gouders, in: KBl 105 (1980)
    873-879; Jochum, in: KBl 105 (1980) 880-888; Heine, in: everz
    34 (1982) 153-170, bes. 163ff; Konrad, in: everz 34 (1982)
    170-175; Lähnemann, in: Adam/ Lachmann (Hrsg.), 1984, 323-339,
    bes. 334ff; Jedliczka, in: Schulfach Religion 5 (1986) 501-537.
68 Vgl. Adorno, in: Karsten (Hrsg.), 1978, 222-246, 233ff.
69 Vgl. Adorno, in: Karsten (Hrsg.), 1978, 222-246, 233ff.

Weder reine Informationsvermittlung noch das Unterrichten gegen etwas mit dem Ziel, einen Anti-Antisemitismus zu erreichen[70], kann ausreichen; nur in der Verbindung von kognitiven und affektiven Lernprozessen liegt ein Lernweg zum Abbau von Vorurteilen. Die Notwendigkeit genauer Information wird immer wieder betont, wobei, da sich die Information nur im Gespräch und im Dialog bewähren kann, die Qualität des Gesprächsklimas in der Klasse und der Führungsstil des Lehrers ausschlaggebend sind.

"Nur dort, wo gegenseitige Respektierung und Partnerschaft innerhalb der Lerngruppe selbst konativ das Lernziel spiegeln, sind die Voraussetzungen für dessen Erreichung in einer Dialogbefähigung von Christen und Juden gewährleistet."[71]

Bei autoritär erzogenen Personen oder Gruppen wird erst schrittweise ein sozial-integrativer Stil eingebracht und damit allmählich eine Veränderung der bestehenden Einstellungen des Verhaltens und des Umgangsstils erreicht werden können.[72] Dabei sind besonders ausschließende Gruppenbildungen innerhalb der Klasse zu beachten, die meist dadurch zusammengehalten werden, daß sie sich gegen andere richten.

Für die Verbindung von kognitiven und affektiven Elementen des Unterrichts bieten sich Möglichkeiten identifikatorischen Lernens an. Nicht die lexikalische Aufzählung des Leidens und der Verfolgungen, des Grauens

---

70 Vgl. Gamm, 1966, 71f; Van Vugt, 1982, 106ff u.ö.; Biemer, 1981, 98; Biesinger, in: KBl 105 (1980) 840–845, 840; Biesinger, in: Biemer/ Biesinger/ Fiedler (Hrsg.), 1984, 91f; Reck, in: Stöhr (Hrsg.), 1983, 102–107; vgl. andererseits die positive Verzerrung der Einstellung in Form des Philosemitismus, die wiederum nicht das wirklichkeitsgerechte, ausgewogene Bild des Judentums und des Verhältnisses zum Christentum fördert bzw. bewirkt (vgl. Biemer, 1981, 99; Klein, 1975, 21).
71 Biemer, 1981, 98, mit Verweis auf Gamm, 1966, 27f.
72 Vgl. Adorno, in: Karsten (Hrsg.), 1978, 222–246, 242ff.

und der Pogrome kann Lernenden einen thematischen Zugang verschaffen; zu groß ist die Gefahr, durch Verkleinerung, Verniedlichung bis hin zur Bestreitung die Auseinandersetzung abzuwehren und sich zu distanzieren. Das Nachempfinden ist nur durch Identifikation mit dem Schicksal einzelner Menschen möglich, das exemplarisch die Geschichte und das kollektive Leiden verdeutlicht und näherbringt. "Über Identifikationsprozesse lassen sich affektive Veränderungen im Sinne von Solidarität und Abbau negativer Einstellungen erreichen."[73].

Rollenspiele mit verschiedenen Strukturiertheitsgraden, Stegreifspiele, Ausdrucksgestaltungen mit verschiedenen Medien (sprachlich, visuell, darstellend, pantomimisch ...) betonen die affektive Seite des Lernens und ermöglichen ein Nachempfinden und ein Verstehen der Ängste, Hoffnungslosigkeit, der Motive und Projektionen. Auch stellvertretende Erfahrungen durch z.B. Filme, Schauspiele, Erzählungen ermöglichen Identifikation und damit ganzheitliches Lernen für den Abbau von Vorurteilen. Vor allem aber der Aufbau zwischenmenschlicher Beziehungen und gemeinsames Handeln in Kontakt- und Bekanntschaftsprogrammen[74] können interkulturelles Lernen ohne Vorurteile fördern, wenn sie ein eindeutiges, gemeinsames Ziel haben, ein Gefühl der Gleichheit im sozialen Status vermitteln, Künstlichkeit vermeiden und möglichst von der Umgebung sanktioniert werden.

---

73 Biesinger, in: KBl 105 (1980) 840-845, 840f; vgl. Van Vugt, 1982, 109ff; Biemer, 1981, 98f; Biesinger, in: Biemer/ Biesinger/ Fiedler (Hrsg.), 1984, 92; Reck, in: Stöhr (Hrsg.), 1983, 102-107, 106.
74 Z.B. Versöhnungsprogramme: vgl. Allport, 1971, 476-496.

Bei den erwähnten Methoden wurde bereits deutlich, daß indirekte Methoden, d.h. Verfahren, die nicht direkt auf das Problem von Vorurteilen und Minderheiten abzielen, meist den direkten Methoden vorzuziehen sind, da gegen sie weniger Widerstände mobilisiert werden.

"Jedoch ist die Entscheidung für eher direkte oder indirekte Methoden sehr differenziert zu hinterfragen, da die Zusammensetzung der Gruppe, insbesondere deren Altersstruktur und Motiviertheit, ein wichtiges Kriterium für die Veränderungen sind. Ältere Schüler können sehr wohl auch durch direkte Methoden sehr intensiv zu einer Änderung ihrer Vorurteile veranlaßt werden."[75]

Von zentraler Wichtigkeit ist die grundlegende Beziehung zwischen Lehrern und Schülern, das Vertrauen und die Wahrung der Freiwilligkeit.[76] Die Funktionen von Vorurteilen müssen mitbedacht werden, wenn es um Möglichkeiten von deren Abbau geht; fünf Hauptfunktionen lassen sich unterscheiden:

- die Anpassungsfunktion, die soziale Angleichung und Stabilität innerhalb der Gruppe ermöglicht;
- die utilitaristische Funktion, die den Nutzeffekt der Anpassung z.B. als soziale Anerkennung, Beachtung u.ä. in den Vordergrund stellt;
- die Selbstdarstellungsfunktion, die die Darstellung der persönlichen Identität und Selbstprofilierung innerhalb der Gruppe meint, ohne mit den Einstellungen der Gruppe zu kollidieren;
- die Orientierungsfunktion, die das Erkennen, Strukturieren, Einordnen und widerspruchsfreie Verstehen von verschiedensten Situationen in komplexer Umwelt mit Hilfe von Stereotypen und Vorurteilen ermöglichen soll;

---

75 Biesinger, in: KBl 105 (1980) 840-845, 841.
76 Vgl. Van Vugt, 1982, 110f.

- die Selbstbehauptungsfunktion, die dem einzelnen zur Absicherung gegen Ängste, Bedrohungen und eigenen Fehlern dient.[77]

Die dahinterliegenden Emotionen wie Angst vor Konkurrenz und Prestigeverlust, Verunsicherung u.ä. dürfen weder tabuisiert noch im Lehr-Lern-Prozeß ausgeblendet werden.[78]

Zwar sollen nicht empirische Untersuchungen referiert werden[79], dennoch sind zwei Ergebnisse der Vorurteilsforschung bedenkenswert:

- Je mehr Ähnlichkeiten zwischen der eigenen und einer anderen Gruppe wahrgenommen werden, desto geringer wird das Vorurteil.
- "Je günstiger die Selbsteinschätzung einer Person, desto größer die Anzahl der akzeptablen ethnischen Zielobjekte und desto positiver die Einstellung der Person ihnen gegenüber."[80]

Während also einerseits im Lehr-Lern-Prozeß die Betonung der Verwurzelung des Christentums im Judentum und die Ähnlichkeiten zwischen beiden sinnvoll ist, muß andererseits Selbstbeurteilung und die Identität gestärkt werden, indem das jeweils Spezifische des Christentums und des Judentums dargestellt wird.

Damit wird auch deutlich, wie sehr Inhalt und Lernwege im Zusammenhang stehen. Appelle und Belehrungen bringen keine Änderung; die Möglichkeit, sanktionslos zu

---

77 Vgl. ausführlich: Van Vugt, 1982, 31-34; vgl auch: Tworuschka, 1982, 32f; Leitner, in: Schulfach Religion 2 (1983) 247-286, 259.
78 Vgl. Van Vugt, 1982, 114-116.
79 Vgl. z.B. Biesinger, in: KBl 105 (1980) 840-845, 842f; Biesinger, in: Biemer/ Biesinger/ Fiedler (Hrsg.), 1984, 93.
80 Ehrlich, 1979, 185.

werten, selbst Stellung zu beziehen und Einstellungen
zum Ausdruck zu bringen, erhöht die Wahrscheinlichkeit
des Abbaus und verhindert die Übertragung der Vorurteile
auf andere Gruppen. D.h. auch, daß vorhandene Vorurteile
im Unterrichtsprozeß aufgegriffen, thematisiert und auf
ihre Funktionen analysiert werden müssen. Informationen
sind zwar wichtig, genügen aber nicht. Die Reduzierung
des Unterrichts auf kognitive Ziele und Inhalte, um eine
bessere Überprüfbarkeit des Erfolgs zu gewährleisten,
"ist eine Sache für kühle Köpfe, reicht aber für Themenbereiche, die den Menschen betreffen, nicht aus."[81]
Durch Identifikation mit Einzelschicksalen werden
Empathie möglich, die Folgen vorurteilsverhafteten
Handelns erfahrbar und Information mit Empfindungen und
existenziellen Erfahrungen verbunden. Möglichkeiten im
psychomotorischen Lernbereich sind neben den bereits
erwähnten Versöhnungsprogrammen z.B. direkte Beziehungen
durch den Besuch der Synagoge, Teilnahme am Gottesdienst, Gespräche mit jüdischen Jugendlichen u.a.[82]

6.6   Kritische Würdigung in Hinblick auf die Erstellung
       eines Gesamtkonzepts

Die Entstehung von Vorurteilen aus der Übernahme von
Haltungen und Wertvorstellungen der Eltern, der sozialen

---

81 Biemer, in: KBl 113 (1988) 629-637, 634; vgl. Biesinger, in:
    KBl 105 (1980) 840-845, 844; Biesinger, in: Biemer/ Biesinger/
    Fiedler (Hrsg.), 1984, 94.
82 Einwände, daß aufgrund des geringen jüdischen
    Bevölkerungsanteils in Mitteleuropa solche Kontakte kaum
    möglich sind, mögen für manche Regionen stimmen, sollen aber
    nicht zum Alibi mangelnden Interesses an solchen Begegnungen
    werden. Vgl. Sorge, in: Gollwitzer/ Rendtorff, 1978, 105-124.

Umgebung und der Bezugsgruppe muß ernst genommen werden als ein Grund für die Schwierigkeiten in deren Abbau bzw. Verhinderung. Da sprachliches Verhalten allein kein Indikator für die Vorurteilshaftigkeit ist, wird die Thematisierung und Bearbeitung von Vorurteilen stark erschwert durch die Diskrepanz von verbaler Freundlichkeit und Ablehnung im Verhalten. Zentrales Ziel muß die Verhinderung des Aufbaus von Vorurteilen sein.

Auch die Phänomene eines Antisemitismus ohne Juden und ohne Antisemiten, die Leugnung antisemitischer Tendenzen trotz Widerlegung in zahlreichen Untersuchungen, eine Unmenge an möglichen Ursachen, eine Vielzahl von Bezugswissenschaften und Erklärungsversuchen steigern die Probleme in der Behandlung dieses Themas. Die in Kapitel 5 beschriebenen basic concepts müssen im Lehrplan bereits die Gefahr von Vorurteilen thematisieren und alle Nuancen und Schattierungen der inhaltlichen Verzerrungen hervorheben.[83]

Die vorgeschlagenen ganzheitlichen Lernwege sind in die methodische Planung miteinzubeziehen, wobei vor allem die gruppenspezifischen Bedingungen für Vorurteile bezogen auf die jeweilige Schulklasse bedacht werden müssen. Gesellschaftlich tabuisierter latenter Antisemitismus ohne konkrete Erfahrungen und Begegnungen mit Juden machen die Aufarbeitung besonders schwierig: diese Widersprüche können durch kognitives Lernen allein nicht aufgearbeitet werden, sondern erfordern ganzheitliche Lernschritte, wie sie in den obigen Ausführungen vorgeschlagen sind.

---

83 Vgl. exemplarisch: Katechetisches Institut des Bistums Aachen (Hrsg.), 1989, 21-67.

Doch alle inhaltlichen und methodischen Hinweise fruchten nicht, wenn die Lehrenden selbst in ihrer Persönlichkeit Vorurteilen verschiedenster Art verhaftet bleiben. Nur ein schrittweises Aufnehmen genauer Informationen zusammen mit Impulsen und Lernmöglichkeiten kann die Dialogfähigkeit wachsen lassen.

Zugleich müssen auch die Ergebnisse besonders der Lernpsychologie integriert werden: Das aktive Lernen verhindert die direkte Machbarkeit; die Anpassung der Inhalte zur Integration in die bereits vorhandenen Strukturen gefährdet den Lernzuwachs; die individuellen Verstehensvoraussetzungen und die Ungleichzeitigkeit des Lernens in der Gruppe erschweren die Planbarkeit des Vorurteilsabbaus. Hinzu kommen emotionale und lebensgeschichtliche Blockaden in der Wahrnehmung und im Lernen.

Neben all diesen Faktoren bleibt die Notwendigkeit im inhaltlichen Bereich, sowohl die Gemeinsamkeiten als auch das Spezifische des Christentums und des Judentums darzustellen, ohne damit Ansprüche oder Wertungen zu verbinden. Es ist nicht leicht, die Identität des Christentums so zu formulieren, daß das Unterscheidende nicht zur negativen Abgrenzung führt. Erst Identifikation, Empathie und die Fähigkeit, das Eigene im Dialog bewahren zu können, ermöglichen Toleranz im Sinne gegenseitigen Verständnisses und Anteilnahme.

Um diesem Thema gerecht zu werden, muß es neben seiner ständigen Beachtung immer wieder auch expliziter Unterrichtsschwerpunkt sein. Dadurch kann es über den Bereich Judentum und Antisemitismus hinaus auch bezogen auf andere Themen für den Abbau vorurteilsverhafteter Strukturen bei Schülern wirksam werden.

7. LEHRPLANANALYSE FÜR GRUNDSCHULE UND GYMNASIUM IN ÖSTERREICH, IN DER BRD UND DER SCHWEIZ

7.1 Beschreibung der Methode

"Die Inhaltsanalyse ist eine empirische Methode zur systematischen und intersubjektiv nachvollziehbaren Beschreibung inhaltlicher und formaler Merkmale von Mitteilungen"[1].
Die methodischen Untersuchungsschritte der Inhaltsanalyse sind folgende:

"1. Forschungsansatz/ Hypothesenbildung
2. Charakterisierung des Untersuchungsmaterials
3. Operationalisierung
4. Festlegung der Meßeinheiten
5. Pretest/ Datenerhebung
6. Auswertung der Daten
7. Kontrolle über Reliabilität und Validität
8. Überprüfung der Hypothesen"[2].

Eingangs müssen die Erkenntnisinteressen offengelegt und Hypothesen gebildet werden. Dabei wird zwischen den Objekten als den unabhängigen Variablen, den Eigenschaften von Objekten (abhängigen Variablen) und Werten dieser Eigenschaften und Objekte unterschieden; das Untersuchungsmaterial muß genau eingegrenzt und beschrieben sein; Objektivität kann nicht in der Eliminierung persönlicher Vorentscheidungen und Urteile liegen, sondern nur in deren Offenlegung und Explikation.[3]

Die Qualität der Inhaltsanalyse hängt in erster Linie von den Kategorien ab, die operationalisiert werden

---

1 Früh, 1981, 23; im angelsächsischen Raum wird sie "content analysis" genannt; zum Begriff: vgl. Bessler, [2]1972, 29ff.
2 Koch, in: Stein/ Schallenberger (Hrsg.), 1976, 9-20, 14; vgl. Caspers, in: Jochum/ Kremers (Hrsg.), 1980, 127-154, 128.
3 Vgl. Fleckenstein, 1989, 15; Fiedler, 1980, 13.

müssen, da die Dimensionen zu allgemein sind.[4] Die dabei zu berücksichtigenden Kriterien sind folgende: Der Untersuchungszweck muß erfaßt werden; die Kategorien müssen umfassend und erschöpfend sein, sich gegenseitig ausschließen, voneinander unabhängig sein und "von einem Klassifikationskriterium her expliziert werden."[5]

Aufgrund des lerntheoretischen Ansatzes wird bei der Operationalisierung eine Systematik verwendet, die von zentralen Begriffen und deren Beziehungsgefüge hergeleitet ist. Die geschichtlich-chronologische Systematik wird anhand der zentralen Begriffe ("Schlüsselbegriffe") eingebaut.[6] Damit aus einem empirischen Raster ein Soll-Raster wird, müssen die drei Determinanten Fachrepräsentanz, Gesellschaft, Adressat berücksichtigt werden. Gleichzeitig gehört dieses (Voraus-)Wissen schon im Zusammenhang der Hypothesenbildung thematisiert.[7]

Beim Festlegen der Meßeinheiten werden die inhaltlichen Aussagen in kleinste Sinneinheiten zerlegt, die weiterführenden Kontexte werden bei den qualitativ-hermeneutischen Analysen berücksichtigt. Beschreibung des Schemas der Datenerhebung, Ordnen der Daten und die Beseitigung von Unzulänglichkeiten der Inhaltsanalyse durch den Pretest sind die Voraussetzungen für die Auswertung der Daten. Die Kontrolle erfordert eine Überprüfung des Instrumentariums auf Validität (Gültigkeit) und Reliabilität (Zuverlässigkeit)[8], ab-

---

4 Vgl. Ritsert, 1972, 50f; Fleckenstein, 1989, 12f.
5 Koch, in: Stein/ Schallenberger, 1976, 9-20, 16; vgl. Ritsert, 1972, 51ff.
6 Vgl. Caspers, in: Jochum/ Kremers (Hrsg.), 1980, 127-154, 129f.
7 Vgl. Kastning-Olmesdahl, 1981, 113.
8 Vgl. Bessler, ²1972, 37ff u.ö.; Koch, in: Stein/ Schallenberger (Hrsg.), 1976, 9-20, 17.

schließend ist eine Verifizierung oder Falsifizierung der Hypothesen und eine Interpretation der Ergebnisse vorzunehmen.

Als Grundlage für diesen methodischen Zugang der Sichtung der inhaltlichen Konkretionen und der Aufmerksamkeitsverteilungen kann die Arbeit von Peter Fiedler dienen[9].

"Bei der Content-Analyse (...) wird nicht nur gemessen, <u>ob und wie oft</u> relevante Aussagen begegnen"[10], sondern auch, wie sie das Thema behandeln. Aufgabe der quantitativen Inhaltsanalyse ist die Bestimmung von Häufigkeiten der Bestandteile, Einheiten etc. eines Textes. Die Häufigkeit des Auftretens bestimmter Inhalte sagt nicht notwendig etwas über die darin sichtbaren Einstellungen aus, weder über deren Richtigkeit (Valenz) noch über deren Grad (Intensität), sondern nur über den Grad der Aufmerksamkeit auf einen bestimmten Inhalt.[11] Die qualitative Inhaltsanalyse soll Zusammenhänge rekonstruieren und "die 'multiplen Konnotationen', die verschiedenen Interpretationsmöglichkeiten bzw. latenten Sinnstrukturen"[12] herausarbeiten. Denn häufig ist es erst der Zusammenhang, der die Valenz des Gesamttextes angibt.

---

9 Vgl. Fiedler, 1980, bes. 28-35; seine Methode ist auch in thematisch und strukturell ähnlichen Arbeiten geprüft und bewährt: vgl. Fleckenstein, 1989, 10.
10 Fiedler, in: Jochum/ Kremers (Hrsg.), 1980, 117-125, 117; vgl. Fiedler, 1980, 12.
11 Vgl. Fiedler, 1980, 31.
12 Koch, in: Stein/ Schallenberger (Hrsg.), 1976, 9-20, 12; vgl. auch Fleckenstein, 1989, 15.

Darüber hinaus muß die Frage nach den Wirkungsab-
sichten zwischen den verschiedenen Beteiligten (Personen
und Texten) hinzukommen.

"Die Content-Analyse befaßt sich mit Produkten
menschlichen Handelns; dabei kann das Produkt selbst
Untersuchungsobjekt sein. Das Produkt kann aber auch
als Eigenschaft des Objektes, also des Produzenten
angesehen werden."[13]

Quantifizierende und qualifizierende Verfahren werden
nicht gegeneinander abgewogen, sondern miteinander
verbunden.[14] Es erscheint

"sinnvoll, Quantität und Qualität als zwei gleichbe-
rechtigte Aspekte einer Analysetechnik zur Einstel-
lungsmessung in Texten zu betrachten, die zu Anwendung auf das Untersuchungsmaterial sinnvoll kombi-
niert werden können"[15].

Die Inhaltsanalyse mit ihren quantifizierenden und
qualifizierenden Aspekten fördert methodische Vielfalt.[16]

Die Skala der Bewertungen, die Fiedler in seinen
Analysen im Themenbereich "Verhältnis Christentum
Judentum" anlegt, entspricht den "Richtlinien und
Hinweise für die Durchführung der Konzilserklärung
'Nostra aetate' Art.4" von 1975 und reicht von sachgemäß
über unausgewogen und tendenziös bis sachlich falsch.[17]
Neben der quantitativen Analyse sind besonders beim
Thema Christentum-Judentum die Aspekte qualitativer
Analyse, nämlich die Beachtung singulärer Fälle, la-
tenter Sinnstrukturen und die Rekonstruktion des Kon-

---

13 Schrader, [2]1973, 80.
14 Vgl. dagegen den Exkurs bei: Bessler, [2]1972, 57-64, der eine
    Unterscheidung zwischen qualitativen und quantitativen Analysen
    für "weder notwendig noch zweckmäßig" (64) hält; vgl. dazu
    auch: Ritsert, 1972, 14ff.
15 Fiedler, 1980, 28.
16 Vgl. die Literaturhinweise bei: Caspers, in: Jochum/ Kremers
    (Hrsg.), 1980, 127-154, 128, Anm.5.
17 Siehe oben.

textes bedeutsam.[18] Es ist notwendig, "anstelle einzelner Schlüsselworte/-terme Inhalte in umfassenden
Kontexten kategorial zu ordnen und zu bewerten."[19]
Sowohl Häufigkeit als auch inhaltliche Qualität müssen
als Kriterium ernst genommen werden.

Außerdem muß gemäß der Kriterien der Unausgewogenheit
bis hin zu sachlich falschen Aussagen das Nicht-Erwähnen
oder nur Streifen verschiedener Inhaltsbereiche mitbe-
rücksichtigt werden ("Präsenz").[20] Es gibt also auch ein
negatives Kriterium im Sinne der Nicht-Beachtung sachlich notwendiger Dimensionen und Kategorien. Die Klas-
sifikation geschieht durch die fachwissenschaftlich
begründeten Schlüsselbegriffe Gott, Bund, Land, Volk,
Hoffnung/ Zukunft mit all ihren Verknüpfungen und
Differenzierungen. Diese fachwissenschaftlich begründeten und abgesicherten Inhaltskriterien sind Kategorien,
die durch die inhaltliche Beschreibung zu Bewertungskriterien werden. Bewertungskriterien sind keine Definitionen, sondern Urteilsmaßstäbe und Gesichtspunkte für
die qualitative Analyse.

Die Zuordnungen und Unterscheidungen der Kategorien,
wie sie in Kapitel 5 dargelegt sind, müssen flexibel
verstanden werden. Die im Sinne der Validität notwendigen Überprüfungen und überlegten Korrekturen wurden an
nach dem Zufallsprinzip ausgewählten exemplarischen
Untersuchungsmaterial vorgenommen. Diesen drei allgemeinen Kategorien (Dimension I: Das biblische und
nachbiblische Judentum in seinem Selbstverständnis;

---

18 Vgl. bes.: Ritsert, 1972, 21ff und 32ff, der die drei Punkte
   Kontext, Latenz und Singularität ausführlich behandelt.
19 Fiedler, 1980, 30.
20 Vgl. Ritsert, 1972, 29 u.ö. in Anschluß an Adorno; Fiedler,
   1980, 30.

Dimension II: Jesu Judesein; Dimension III: Verhältnis (Ur-)Christentum-Judentum)[21] sind die Annahmen zugrundegelegt, daß das Judentum als eigenständige Größe in Kontinuität zur Hebräischen Bibel und seiner Tradition lebt, und daß die Beziehung des Christentums zum Judentum für sein Selbstverständnis maßgebend ist.

"Meßobjekt ist prinzipiell jeder Gegenstand, der das Produkt menschlichen Handelns ist."[22] Auch visuelle und akustische Dokumente können neben schriftlichen Texten analysiert werden, wobei unterschieden werden muß, wer was wie zu wem mit welcher Absicht und mit welchem Effekt sagt.[23] Die Reliabilität inhaltsanalytischer Messungen ist gegeben, wenn keine zufälligen Fehler vorkommen; geprüft wird dies durch Wiederholungsverfahren.[24] Ihre Validität ist bei Ausschaltung der systematischen Fehler gewährleistet; die Durchsicht der operationalen Anweisungen auf Inhaltsvalidität, d.h. die fachliche Beurteilung, "ob und in welchem Ausmaß die einzelnen Meßinstruktionen bzw. die Gesamtheit aller operationalen Anweisungen dem Inhalt der zu messenden Variablen entsprechen"[25], verhindert krasse systematische Fehler.

---

21 Vgl. Fiedler, 1980, 36ff; vgl. die Kategorien mit den jeweiligen Indikatoren zur Erforschung der Informationen über Juden, Judentum und Staat Israel in den Religionsbüchern bei: Caspers, in: Jochum/ Kremers (Hrsg.), 1980, 127-154, 149ff; vgl. auch Kastning-Olmesdahl, 1981, 112ff, bes. 116ff, die ihre Untersuchung auf Grundschulbücher bezieht; für den Themenbereich Außenseiter vgl. Fleckenstein, 1989, 12f.
22 Schrader, [2]1973, 81.
23 Vgl. Schrader, [2]1973, 82; Bessler, [2]1972, 35ff.
24 Vgl. Bessler, [2]1972, 43ff; Schrader, [2]1973, 83; Ritsert, 1972, 55ff.
25 Bessler, [2]1972, 49; vgl. Ritsert, 1972, bes. 71ff.

Die der Analyse zugrundeliegende interpretations-
leitende Theorie ist ja bereits ausführlich dargelegt:
Lernen (exemplarisch an diesem zentralen Themenbereich)
geschieht nach wie vor zufällig, ausschnitthaft, ohne
besonders die didaktischen und religionspädagogischen
Erkenntnisse und Forschungsergebnisse wirklich ernstzunehmen. Diese Annahme ist an exemplarischen Voraus-
Analysen von Lehrplänen erhärtet. Das Problem der Auswahl ist in unserem Fall durch das Material, d.h. die
Lehrpläne selbst, gelöst.[26]

Das untersuchte Material beeinhaltet die derzeit
gültigen Lehrpläne der BRD, Österreichs und der deutschsprachigen Schweiz für katholische Religion an der
Grundschule[27] und an Gymnasien[28]. Diese Auswahl legt
sich insofern nahe, als es ja nicht um die Frage der
Entwicklung über einen längeren Zeitraum[29] geht, sondern
um den gegenwärtigen Stand einer Entwicklung, die
(zumindest) mit dem durch das Zweite Vatikanische Konzil
innerkirchlich ausgelösten Umdenkprozeß anzusetzen ist.
Zugleich ist das zentrale (theoretisch in den vorange-
gangenen Kapiteln ausgefaltete) Interesse, die Grundlagen für einen veränderten lehrplantheoretischen Ansatz
im Sinne eines inhaltlich gefüllten, thematisch auf das
Verhältnis Christentum Judentum bezogenen, vertikal-
konsekutiven Gesamtaufbaus zu schaffen.

---

26 Falls nötig, wird das Problem der Auswahl des
   Unterrichtsmaterials grundsätzlich durch
   Wahrscheinlichkeitsauswahlen gelöst.
27 Volksschule, Primarstufe oder andere Ausdrücke für die Schule
   der ca. 6-10Jährigen sind mitgemeint; im folgenden beschränke
   ich mich im allgemeinen auf den Ausdruck "Grundschule".
28 Andere Ausdrücke für diese Schulform sind mitgemeint; im
   folgenden beschränke ich mich im allgemeinen auf den Ausdruck
   "Gymnasium".
29 Für die sich die Längsschnittmethode nahelegt, vgl.
   Fleckenstein, 1989, 11.

Anstelle einer erneuten Beschreibung der Analysekriterien sei auf Kapitel 5 verwiesen.[30]

7.2 Analyse der österreichischen Lehrpläne

Während für alle Schultypen ab der 5. Schulstufe neue Lehrpläne vorliegen, gilt im Bereich der Volksschule nach wie vor der Plan von 1969, der 1977 wiederverlautbart wurde.[31] Die durch eine solche Vorgangsweise provozierten Fragen liegen auf der Hand: Wie ist ein Aufbau über alle Schulstufen hinweg möglich, wenn die grundlegenden Stufen der Volksschule fehlen?[32] Dennoch aber müssen die Lehrpläne weiterführender Schulen notwendig auf dem Volksschul-Lehrplan aufbauen, da ja in den ersten Jahren das elementare religiöse Verstehen grundgelegt wird. "Wenn das aber so ist, wird sich ein neuer VS-Lehrplan in seinen inhaltlichen Schwerpunkten nicht allzuweit vom alten Lehrplan unterscheiden dürfen."[33] Der gültige Lehrplan für die Volksschule ist verbunden mit einem Rahmenplan, der als Durchführungsbestimmung den Lehrplan näher konkretisiert, und einem Lektionsplan, der nicht verpflichtend, sondern praktische Hilfe zur Anwendung des Lehrplans sein soll. Durch diese Aufteilung mit fortschreitender Konkretisierung bleiben einerseits für den versierten Lehrer genügend Freiräume in der Gestaltung des konkreten

---

30 Vgl. zu den Dimensionen: Fiedler, 1980, 36-38; zu den Kategorien: Fiedler, 1980, 47-80.
31 Vgl. Österreichischer Rahmenplan, 1969; Grundschulen (Österreich), 1977, 2f; vgl. allgemein zur Entwicklung: Appesbacher, 1988, 230-259.
32 Vgl. Wuchse, in: CpB 99 (1986) 114-116, 114.
33 Wuchse, in: CpB 99 (1986) 114-116, 114.

Unterrichts und zugleich andererseits für den uner-
fahrenen Lehrer mögliche Hilfen.

Der Rahmenplan nimmt die später von Catechesi
Tradendae[34] formulierten Anliegen weitgehend auf, die
Wechselbeziehung zwischen Stoff und Adressat, zwischen
Gott und dem Menschen, die speziellen existenziellen
Fragen der jeweiligen Altersstufe, die Balance zwischen
kognitiven, emotionalen und pragmatischen Zielrichtungen
werden bereits vom Ansatz mitbedacht. Biblische Erzählungen mit Jesus Christus im Zentrum bilden die Struktur
des Planes. Kirchenjahr und Hinführung zu den Sakramenten machen den Bezug zur Gemeinde deutlich, ebenso
wichtig ist die Zusammenarbeit mit den Eltern. In
Hinblick auf eine Überarbeitung und Neufassung des
Volksschullehrplans fragt Jäggle nach "verschwundenen
Themen" und fordert eine inhaltliche Überarbeitung
aufgrund des Fortschritts im fachlichen Bereich; "Juden,
Dritte Welt, Mission, Caritas..."[35] nennt er explizit
als Beispiele dafür.

Analysiert man den Lehrplan, finden wir nicht einen
Hinweis auf den Bezug und die Verwurzelung des Christentums im Judentum. Im Rahmenplan mit eingebundenem
Lektionsplan ist die Situation ebenso: in keinem Zusammenhang wird auf das Judentum verwiesen. Darüberhinaus
ist gerade die Passionsgeschichte ein Beispiel, wie
Vorurteile aufgebaut werden können; ein exemplarischer
Punkt sei herausgegriffen: "Die bösen Menschen sagen,
daß Jesus sterben muß."[36] Der Schluß daraus wird sein,
"die bösen Menschen" mit Juden zu identifizieren. Auch

---

34 Vgl. Catechesi Tradendae, 1979.
35 Jäggle, in: CpB 99 (1986) 119-121, 121.
36 Österreichischer Rahmenplan, 1969, 30.

bei der Passion nach Johannes fehlt jeder Hinweis auf die Gefahr antijüdischer Vorurteile.[37] Die alttestamentlichen Erzählungen, vor allem die Exodus-Perikopen, werden direkt auf Jesus und das Christentum bezogen, ohne auch nur zu erwähnen, welchen zentralen Stellenwert gerade das Exodus-Ereignis für das Judentum hat.[38]

Bei dieser so negativ ausfallenden Bestandsaufnahme darf das Alter des Lehrplans und die Tatsache, daß in nächster Zeit ein neuer Volksschul-Lehrplan erscheinen soll, nicht übersehen werden.

Der Lehrplan für AHS[39], erarbeitet auf der Grundlage der damals neuesten kirchlichen Dokumente und dem Österreichischen Katechetischen Direktorium[40], trat mit Beginn des Schuljahres 1983/84 aufsteigend in Kraft, d.h. der Lehrplan stammt aus einer Zeit, in der die grundlegenden Arbeiten sowohl auf der Ebene des Bewußtmachens als auch der inhaltlichen Vertiefung des Themenbereichs Judentum-Christentum zumindest bekannt waren.

Der AHS-Lehrplan unterscheidet bei jedem Themenbereich zwischen verbindlichem Kernstoff und möglichem, frei auszuwählendem Erweiterungsstoff; die Inhalte werden in einem didaktischen Strukturgitter (Raster) dargestellt und sollen so jeweils die 3 Dimensionen (die theologische, die anthropologische und die schulisch-institutionelle) aufnehmen und verbinden.[41] Dieser

---

37 Vgl. Österreichischer Rahmenplan, 1969, 63.
38 Österreichischer Rahmenplan, 1969, 54, 56 u.ö.
39 Vgl. AHS-Lehrplan, 1983.
40 Vgl. die Liste der Dokumente bei: Moser, 1986, 109; zum Prozeß der Lehrplanerarbeitung bzw. -erneuerung vgl. ausführlich: Korherr, in: Schulfach Religion 3 (1984) 345-365, 345ff.
41 Vgl. AHS-Lehrplan, 1983, 8; Korherr, in: Schulfach Religion 3 (1984) 403-445, 416ff.

Raster entspricht aber nicht dem, was Blankertz mit
einem didaktischen Strukturgitter meint[42], sondern
entstand aus anderen, damals vorliegenden Lehrplänen.[43]
Ausgehend von der Verpflichtung zur doppelten Treue
gegenüber Glaube und Leben[44] soll der Raster gewährleisten, daß die Lehrinhalte bei der konkreten Gestaltung
von Unterricht

"I. im Licht der theologisch-glaubensmäßigen
     Richtziele (...);
II. in der Korrelation zu jenen menschlichen
     Erfahrungen und Grundanliegen, die in den
     anthropologischen Richtzielen zum Ausdruck
     kommen (...);
III. unter steter Beachtung jener religionspädagogi-
     schen und schulischen Anliegen, die in den
     'Unterrichtsprinzipien' und 'Erziehungsauf-
     gaben' "[45]

gesehen werden. Diese drei Ebenen werden weiter differenziert, sodaß Themen konkreter zugeordnet werden
können und ihre jeweilige Zielrichtung deutlicher
hervortritt.[46]

Durch ein zu jedem Themenbereich ausformuliertes
Grundanliegen wird die Zielrichtung und der Schwerpunkt
des Themas erneut hervorgehoben. Ausgehend vom Unterrichtsprinzip der Christozentrik stellt Krisper die
christologisch relevanten Themenfelder in verschiedenen
Kategorien zusammen. Dabei betont Krisper zusammenfassend,

"daß das Bild von Jesus dem Christus - der Intention
des Lehrplanes folgend - sehr wesentlich auch durch
jene Themenfelder mitgeprägt werden soll, die nicht
in erster Linie Christologie, Rede von Jesus sein

---

42 Vgl. Baumann, in: KBl 101 (1976) 306-319 und 373-384, 316;
    Moser, 1986, 109ff.
43 Vgl. Moser, 1986, 112ff.
44 Vgl. Catechesi Tradendae, 1979, Nr. 55, siehe oben.
45 AHS-Lehrplan, 1983, 8.
46 Vgl. AHS-Lehrplan, 1983, 4.

wollen."[47]

Dies gilt natürlich nicht nur für die Christologie. Ein Lehrplan, der sich in seiner Struktur der Korrelation verpflichtet weiß, muß die gegenseitige Bezogenheit von Lebensbedeutsamkeit und Glaube in allen Themenbereichen aufnehmen. Die Schwierigkeit, daß nur ungenau beschrieben ist, was zu korrelieren ist, gilt auch für diesen Lehrplan.[48]

Grund- und Leitsätze für die Unterrichtsplanung und -gestaltung werden in den Unterrichtsprinzipien dargelegt.[49] Die Breite dieser Prinzipien, das Einbeziehen der Person des Lehrers und des Schülers, die Integration in die Schule durch die Aufnahme der schuldidaktischen Prinzipien aller Fächer und die Verbindung allgemeinschulischer und spezifisch religionspädagogischer Bildungsaufgaben sind positiv hervorzuheben.[50] Offen und als Schwierigkeit bleibt die Verwirklichung dieser Anliegen im konkreten Unterricht, sei es als Aufnehmen und Einfließenlassen in die verschiedenen Themen, sei es als sinnvolle und reflektierte Schwerpunktsetzung.

Die Gliederung in Kern- und Erweiterungsstoff macht, wie oben gesagt, den Grad an Verbindlichkeit deutlich; daran anschließend werden Querverbindungen zu anderen Themenfeldern der verschiedenen Jahrgänge der Stufen 1-4

---

47 Krisper, in: CpB 98 (1985) 435f, 436.
48 Zur kritischen Diskussion der einzelnen Dimensionen vgl. Moser, 1986, 124-133.
49 Vgl. AHS-Lehrplan, 1983, 5-7; Korherr, in: Schulfach Religion 3 (1984) 403-445, 405ff; Korherr, in: Schulfach Religion 3 (1984) 368-401, 375ff.
50 Vgl. Korherr, in: Schulfach Religion 3 (1984) 368-401, 394: "Erstmals in einem europäischen Lehrplan finden wir ein eigenes Unterrichtsprinzip der Lehrergemäßheit im neuen österreichischen Lehrplan."

und 5-8 eingebracht, um Zusammengehörigkeit, Verknüpfungen und Abgrenzungen bewußt zu machen.[51] Dies ermöglicht zwar, Bezüge herzustellen, doch kann dies nur ein
erster kleiner Schritt in Richtung aufbauender Sequenzen
sein, da dadurch die Aufsplitterung in unzählige anein-
andergereihte Themenfelder nicht überwunden werden kann.

Auch wenn betont wird, daß die Nennung von Zielen,
Inhalten, Medien, Methoden und Literatur (für die Stufen
5-8) "eine enorme Weiterentwicklung gegenüber den bis-
herigen Stoffplänen"[52] darstellt, so besteht nach wie
vor der Wunsch nach einer fundierten Theorie, auf deren
Basis die Lehrpläne erstellt werden können. Neben der
Kritik am Lehrplan von Moser, der u.a. das bloße Aufli-
sten im Gegensatz zu einem stringenten Durchdenken der
Angaben von Zielen, Methoden u.a., das Fehlen von
Beurteilungen der genannten Unterrichtsmittel und das
Fehlen von exemplarischen Möglichkeiten im Umgang damit
kritisiert[53], sei auf den Lehrplan selbst verwiesen.

Trotz des Anspruchs eines korrelativen Ansatzes sind
Titel und Sprache der Lehrstoffangaben "inhaltsorien-
tiert und verbleiben in der sachlichen Ebene theologischer Aussagen."[54] Die Diskrepanz entsteht, sobald die
Fülle der gesammelten Themen verbunden werden sollte mit
den Unterrichtsprinzipien. Es ist für den einzelnen
Lehrer kaum möglich, z.B. Sprachbildung als Verstehen
der verschiedenen religiösen Sprachgestalten von biblischen über dogmatischen Äußerungen bis hin zum Kult
und zum privaten Gebet als Verbalisieren-Können eigener

---

51 Vgl. AHS-Lehrplan, 1983, 9.
52 Moser, 1986, 141; Vgl. Appesbacher, 1988, 389f.
53 Vgl. Moser, 1986, 142.
54 AHS-Lehrplan, 1983, 9.

religiöser Erfahrungen neben all den anderen Unterrichtsprinzipien und Erziehungsanliegen bei den verschiedenen
Themenkreisen zu beachten, wenn der Lehrplan keine
konkreten Hilfen und Aufbaumöglichkeiten anbietet.

Die Formulierungen des AHS-Lehrplanes der Unterstufe
sind zu abstrakt und zu allgemein, als daß alle inhaltlichen Kriterien der Analyse in ihrer Differenziertheit
verwendbar und kontrollierbar sind; Singularität und
Präsenz müssen mitbeachtet werden.[55] Bei biblischen
Themen findet sich zwar immer wieder das Judentum als
weiteres Anliegen des Themenfeldes und als Bezugsreli-
gion[56], doch Jesu Judesein tritt an keiner Stelle bewußt
ins Blickfeld[57]. Offen bleibt auch bei der Rede von
Gott, Gottesbild o.ä., ob Gott in seiner Kontinuität als
jüdisch-christlicher gesehen wird.[58]

Die einseitige Interpretation des Alten Testaments
hin auf das Neue Testament und damit seine heilsgeschichtliche "Verzweckung" unter Mißachtung des Eigen-
wertes des Alten Testaments wird nicht immer überwunden.[59] Das Thema "Die frohe Botschaft der Bergpredigt"[60] ist auch Beispiel für die Gefahr, zur Betonung des spezifisch Christlichen das Jüdische abzugren-
zen und abzuwerten.

Bei Themen, die nicht direkt das Judentum betreffen,
finden sich nur wenige explizite Bezüge, weder die
jüdische Auslegung von Bibelstellen noch der Zusammen-

---

55 Vgl. Biemer, 1981, 30f.
56 Vgl. AHS-Lehrplan, 1983: 1.11, 2.4, 4.2.
57 Vgl. AHS-Lehrplan, 1983: 1.8, 2.6, 3.11, 3.12, 3.13, 4.5.
58 Vgl. AHS-Lehrplan, 1983: z.B. 1.12, 3.10.
59 Vgl. AHS-Lehrplan, 1983: z.B. 4.7, 4.8, 4.9.
60 AHS-Lehrplan, 1983: 4.7.

hang der Gebete und Feste[61] ist präsent. Außer beim
Themenkreis "Judentum"[62] wird das Judentum nicht als
heute verbreitete Religion, geschweige denn als heutige
Schwester-Religion des Christentums dargestellt. Weder
die Geschichte Israels über die biblische Zeit hinaus
noch ihre heutige Theologie und Praxis und auch nicht
die Beziehung zwischen Christentum und Judentum werden
außerhalb des Themenfeldes "2.5 Das Judentum" so ernst
genommen, daß es über die neutestamentliche Zeit hinaus
deutlich greifbar wäre.[63]

Die Schwierigkeit bei dieser Art knapper Stoffpläne
liegt gerade auch darin, daß nicht deutlich wird,
welches die Zielrichtung und die Aussagespitze bei den
einzelnen Themen sind. Dabei soll nicht die Chance
verschwiegen werden, die Konkretisierungen in der Verantwortung des Lehrers zu belassen, sodaß sie je nach
ihren Bedingungen die entsprechenden Schwerpunkte setzen
können. Dennoch fehlen Impulse und Hinweise, auch die
besonders vorurteilsbehafteten Themen wie "Pharisäer",
"die Juden", "Jesu Tod" u.a. mit dem notwendigen Problembewußtsein und den entsprechenden inhaltlichen
Differenzierungen zu behandeln.

---

61 Vgl. AHS-Lehrplan, 1983: 1.15, 3.8, 3.9, 3.10, 3.15, 3.16, 4.2,
    4.3, 4.14.
62 "Judentum (2.5) und Islam (2.14) sind nichtchristliche
    Religionen, deren Bekenner - im Gegensatz etwa zu Hindus - dem
    Schüler, vor allem in größeren Städten als Mitschüler begegnen
    können. Das Themenfeld 'Judentum' soll zudem bewußt machen, daß
    das Alte Testament 'kein bloßes Dokument der Vergangenheit,
    sondern heute noch gelebte Wirklichkeit' (Kardinal A. Bea)
    ist." (AHS-Lehrplan, 1983, 23)
63 Dies kann auch nicht dadurch geschehen, daß bei Themen wie "Das
    Werden des Neuen Testamentes", "Das Wirken Gottes im Leben
    Davids", "Das Werden Israels und des Alten Testaments"... diese
    unter dem Anliegen "Teilaspekte jüdischen Glaubens und Lebens"
    gesehen werden. (Vgl. AHS-Lehrplan, 1983, 26f)

Da der Lehrplan der AHS-Oberstufe die Themenfelder ausführlicher darstellt, indem zu Kernstoff, Erweiterungsstoff und den weiteren Anliegen des Themenfeldes auch die Grundanliegen der Einheit, exemplarische Ziele und Intentionen, methodische Hinweise und Medien genannt werden, lassen sich auch präzisere Schlüsse aus dem vorhandenen Untersuchungsmaterial ziehen.

Um andere Religionen kennen und die eigene besser verstehen zu lernen[64], werden in der 9. Schulstufe die außerchristlichen Weltreligionen aufgenommen[65], zwar mit einem allgemeinem Hinweis auf das Konzilsdekret Nostra aetate[66], aber ohne Hervorhebung des Judentums oder Betonung seiner besonderen Stellung innerhalb der Weltreligionen. Ähnlich wird in der 12. Schulstufe zwar "Kirche und Judentum" genannt, doch ohne daß ein besonderes Grundanliegen oder Ziel genannt würde, außer Dialogbereitschaft und Toleranz allen Religionen gegenüber.[67] Ähnlich wie in den Lehrplanausschnitten für die Unterstufe wird auch für die Schulstufen 9-12 deutlich, daß christlicher Glaube nicht in Bezug auf das Judentum, also nicht als jüdisch-christlicher Glaube gesehen wird.

Das Alte Testament wird nicht als Hl. Buch der Juden und Christen gesehen, sondern nur "als Buch der Kirche und Dokument unseres Glaubens"[68]. Dem entgegen geht es im Rahmen des Prophetismus auch um die prophetische Aufgabe Israels, des Judentums und des Christentums.[69]

---

64 Vgl. AHS-Lehrplan, 1983, 59.
65 Vgl. AHS-Lehrplan, 1983: 5.4.
66 Siehe oben.
67 Vgl. AHS-Lehrplan, 1983: 8.7.
68 AHS-Lehrplan, 1983, 63; vgl. 5.8, 5.9, 6.6, 8.3, 8.4.
69 Vgl. AHS-Lehrplan, 1983: 7.3.

Jesus Christus wird nicht explizit als Jude[70] gesehen, auch vor den vorurteilsbehafteten Themen wird nicht gewarnt. Im Rahmen des Matthäus-Evangeliums soll das Verhältnis Synagoge - Kirche damals und heute und das Verhältnis Altes - Neues Testament behandelt werden. Wieder wird nicht explizit das Alte Testament als Hebräische Bibel in ihrem Eigenwert neben der Ausrichtung auf den Messias erwähnt[71]. Beten und Feiern wird ohne seine Herkunft aus dem Judentum thematisiert, auch die Eucharistiefeier wird zwar in Bezug zur biblischen Tradition, nicht aber in die jüdische Praxis und deren Deutung gestellt.[72]

Im Bereich der Kirchengeschichte wird die Verwurzelung des Christentums im Judentum und die Trennung vom Judentum als Kernstoff genannt.[73] Hingegen wird in der kirchlichen Zeitgeschichte die Rolle der Kirche während der NS-Zeit nicht explizit genannt.[74]

Der österreichische Lehrplan für die AHS gibt folgendes Bild: das Judentum kommt zwar vor, doch sehr eingeschränkt und undifferenziert; keine der Dimensionen bzw. Kategorien werden in allen Punkten sachgemäß aufgenommen. Auch fehlt eine bewußte Aufnahme von Vorurteilsstrukturen im Verhältnis Christentum Judentum bzw. Hinweise auf deren Beachtung oder Ziele zu deren Abbau. Deutlich wird bereits an diesem Lehrplan, wie schwer es ist, die Ergebnisse der Theologie und des gesellschaftspolitischen Umdenkens in den Lehrplan aufzunehmen. Sei es das Bibelverständnis, sei es das

---

70 Vgl. AHS-Lehrplan, 1983: 5.10, 6.7, 6.8, 7.5, 8.5.
71 Vgl. AHS-Lehrplan, 1983: 6.7.
72 Vgl. AHS-Lehrplan, 1983: 6.12, 6.15.
73 Vgl. AHS-Lehrplan, 1983: 5.11.
74 Vgl. AHS-Lehrplan, 1983: 8.1.

Gottesbild, sei es die Person Jesu Christi, sei es die Verantwortung der Kirche in der Geschichte und die Shoa - das Judentum wird noch nicht als Schwesterreligion des Christentums verstanden.

7.3 Analyse der bundesdeutschen Lehrpläne

1973 wurde der Zielfelderplan für die Stufen 5-10[75] durch den Beschluß der Bischöflichen Kommission für Schule und Erziehung in allen Diözesen der BRD, außer in Bayern, zur Erprobung veröffentlicht.[76] 1977 wurde der Zielfelderplan für den Religionsunterricht in der Grundschule[77] der Öffentlichkeit übergeben. Mit Hilfe des didaktischen Strukturgitters sollen Themen und die menschlichen Erfahrungsbereiche "Eigenes Leben", "Leben mit anderen", "Religion und Religionen" und "Kirche" miteinander verschränkt werden. Zielorientierung anstelle von Inhaltsorientierung soll zur Bewältigung von Lebenssituationen qualifizieren. Die Entfaltung der Themen und Ziele geschieht in zehn Zielfeldern, die vom 5.-10. Schuljahr im Sinne eines offenen Curriculums je nach Schülersituation behandelt werden sollen.

Der Grundschulplan stellt zwei Bereiche ins Zentrum: "Ich-Du-Wir" und "Der Glaube der Kirche". Damit ist

---

75 Vgl. Zielfelderplan 5-10, 1973.
76 Vgl. Fox, 1986, 132ff; Simon, 1983, 221-234; vgl. aus der Fülle der Literatur zum Zielfelderplan exemplarisch: Ott/ Miller (Hrsg.), 1976; Fox, 1986; Miller, in: Biemer/ Knab (Hrsg.), 1982, 101-113; Fischer/ Müller, in: Schultze/ Hermanutz/ Merten (Hrsg.), 1984, 73-100, bes. 74ff; Ott, in: Schultze/ Hermanutz/ Merten (Hrsg.), 1984, 116-145, bes. 124ff; vgl. ausführlich zum Bereich Judentum - Christentum im Zielfelderplan: Gollinger, in: FrRu 28 (1976) 46-50; Reck, 1990, 111ff.
77 Vgl. Zielfelderplan für die Grundschule, 1982.

deutlich, daß auch er der Korrelation verpflichtet ist.[78] Fünf Zielfelder prägen den Plan, wobei diese Intentionen und Themen beinhalten. Die Schwierigkeit gelungener wechselseitiger Verschränkung, und als Rahmenplan dennoch konkrete Anhaltspunkte, Akzentsetzungen und Grundstrukturen vorzugeben, konnte auch in diesem Plan nicht befriedigend aufgelöst werden. Auch wenn der Zielfelderplan in der Zwischenzeit nur mehr in Berlin in der Grundschule und der Klassen 5-10 verwendet wird, so hat er dennoch die Lehrplanarbeit in fast allen Bundesländern sehr nachhaltig geprägt. Einzig Bayern ging einen anderen Weg und entwickelte die "Curricularen Lehrpläne" für den Religionsunterricht ab der 5. Schulstufe "in Kontinuität zum Rahmenplan von 1967"[79] bzw. für den Religionsunterricht an Grundschulen im Anschluß an die Würzburger Synode.[80]

1984 wurde im Grundlagenplan für das 5.-10. Schuljahr die Revision des Zielfelderplanes vorgelegt. Vier Jahre lang wurde in einer breit gefächerten Arbeitsgruppe[81] an diesem Plan gearbeitet mit dem Ziel, Rahmenrichtlinien für die jeweils konkreter ausgefalteten Lehrpläne in den einzelnen Bundesländern vorzugeben.[82]

---

78 Vgl. zugleich diesen Kritikpunkt am Zielfelderplan, "daß der Korrelationsansatz zwar propagiert, jedoch nicht eingelöst wurde." (Albrecht, in: Schultze/ Hermanutz/ Merten (Hrsg.), 1984, 146-158, 147)
79 Fox, 1986, 134.
80 Vgl. Fox, 1986, 137.
81 Zu deren Mitgliedern vgl. Grundlagenplan, 1984, 5; vgl. bzgl. des Hintergrunds sehr genau: Albrecht/ Kurz, in: KBl 109 (1984) 664-675; Albrecht, in: KBl 108 (1983) 713-718; Albrecht, in: Schultze/ Hermanutz/ Merten (Hrsg.), 1984, 146-158.
82 Vgl. das Vorwort im Grundlagenplan von: Degenhardt, 1984, 3; Degenhardt, in: rhs 28 (1975) 77-79, 79; Hermanutz, in: KBl 109 (1984) 659-663, 661f; Lange, in: KBl 110 (1985) 790-793; vgl. in diesem Zusammenhang die kritischen Anfragen von: Albrecht, in: KBl 110 (1985) 804-806.

Eine Tabelle der Revisionsergebnisse sei übernommen, um in möglichst komprimierter Form den Prozeß mit seinen wichtigsten Veränderungen festzuhalten:[83]

Kritik am Plan von 1973	Revision 1980–1984
a) Überfülle von Stoffen und Themen	Begrenzung und klare Zuordnung der Themen
b) Fehlen eines »roten Fadens«	Vernetzung in horizontaler und vertikaler Konsekutivität ausgewiesen
c) Theologisches Profil unscharf	Erarbeitung einer theologischen Grundkonzeption: Ausweisung theologischer Akzente und Inhalte in jedem Thema
d) Theologische und anthropologische Themen unvermittelt nebeneinander; bei einseitiger Auswahl Vorwurf des Horizontalismus, der »Sozialkunde«	Theologische und anthropologische Akzente innerhalb jedes Themas formuliert; Verschränkung bei zentralen Inhalten und Intentionen
e) Relative Beliebigkeit der Themen	Aufzeichnung von sechs unverzichtbaren »Kernthemen« pro Schuljahr
f) Inhalte bei den Einzelthemen offen	Zentrale Inhalte bei jedem Thema ausgewiesen
g) Lernen, Lernstoffe, Lernzuwachs kaum reflektiert	Lernsequenzen aufgezeigt und Mindestanforderungen bei jedem Thema formuliert
h) Schülerbezug unterrichtsdidaktisch nicht im Plan, erst in den Themenfeldskizzen artikuliert	Schülerbezug in jeder »Didaktischen Erschließung« reflektiert und in den »Planungsskizzen« der Kernthemen konkretisiert
i) Tendenz: Angebot, Offenheit	Tendenz: Verpflichtung im Kernbereich; Angebot bei den »Wahlthemen«
j) nicht schultypspezifisch	Gemeinsame Grundkonzeption mit schultypspezifischen Kriterien und Ausformungsbeispielen

Reduktion der Kernthemen auf je sechs pro Schuljahr und insgesamt 35 Wahlthemen, deutlich theologische Ausrichtung und eine doppelte Vernetzung (horizontal und vertikal) sind u.a Kennzeichen des Planes.

"Der Grundlagenplan strebt danach, insgesamt einen klaren und begründeten Zusammenhang des Lernens im Religionsunterricht aufzuweisen. Dabei geht es ihm um vertikale (vgl. Lernfelder) und um horizontale (vgl. Leitmotive) Verknüpfungen gleichermaßen."[84]

Die theologisch und anthropologisch formulierten Leitmotive für jedes Schuljahr sollen die Themen innerhalb eines Jahres vernetzen. Zugleich soll mit Hilfe der fünf

---

83 Albrecht/ Kurz, in: KBl 109 (1984) 664–675, 667; vgl. Bartholomäus, in: KBl 109 (1984) 377–383, bes. 381f; Fox, 1986, 137; Kurz, in: rhs 28 (1985) 80–83.
84 Grundlagenplan, 1984, 14.

theologisch und der fünf anthropologisch begründeten Lernfelder Lernen vertikal-konsekutiv aufgebaut sein, der Zusammenhang und fortschreitende Aufbau sichtbar werden. Auch wenn "das im Religionsunterricht vermittelte Wissen (...) eher ein Orientierungs- oder Existenzwissen und weniger ein Verfügungswissen"[85] ist, so muß dennoch Lernen im Religionsunterricht "einen kontinuierlich fortschreitenden Lernzuwachs ermöglichen"[86]. Um dies zu tun, sind Wiederholung und Vertiefung notwendig.

Die didaktische Erschließung nimmt die Einordnung und Begründung des Themas, Intentionen und zentrale Inhalte auf der Basis der Korrelation, Mindestanforderung und Hinweise auf sachverwandte Themen auf; Planungsskizzen zu den unverzichtbaren Themen werden genauso aufgenommen wie Beispiele für schulartspezifische Planungsskizzen und eine religionspädagogische Erläuterung des Planes.[87]

Die Kritik an diesem Plan blieb natürlich nicht aus: Fragen an den Anspruch, theologische und anthropologische Akzente zu korrelieren, die Lebens- und Glaubenssituation der Schüler ernstzunehmen, Inhalte zu reduzieren und zu konzentrieren, sie sequentiell aufzubauen und ein Mindestmaß an Wissen zu sichern u.a.[88], sind wohl Ansprüche, die nicht völlig eingelöst werden können.

---

85 Grundlagenplan, 1984, 250.
86 Grundlagenplan, 1984, 14.
87 Vgl. Grundlagenplan, 1984, 16f, 131, 215 und 239; Albrecht/ Kurz, in: KBl 109 (1984) 664-675, 673-675; Albrecht, in: KBl 108 (1983) 713-718, 717; Albrecht, in: Schultze/ Hermanutz/ Merten (Hrsg.), 1984, 146-158; Günzel, in: KBl 110 (1985) 800; Hermanutz, in: KBl 110 (1985) 801.
88 Vgl. exemplarisch: Ott, in: rhs 28 (1985) 91-95; Kampschulte/ Bamming, in: KBl 110 (1985) 464f.

Auffallend fundiert und ausführlich wird für die 6. Schulstufe die Herkunft des Christentums aus dem Judentum, die Gemeinsamkeiten (auch auf theologischer Ebene) bis hin zu den Konflikten und dem Trennenden zwischen diesen beiden Religionen vorgegeben.[89] Ausgehend von der Ausarbeitung eventueller antijüdischer Vorurteile wird das Thema ausgefaltet; anhand von jüdischen Festen, Feiern und Gebeten sollen jüdisches Brauchtum und Glaube kennengelernt werden; Jesus und Paulus werden in ihrer Verwurzelung im Judentum nahegebracht.[90]

Neben dem Kernthema "Aus einer Wurzel: Juden und Christen" in der 6. Schulstufe wird in den verschiedenen Themenbereichen auf dieses Themenfeld (6.2) als einem verwandten verwiesen.[91] Im Rahmen biblischer Themen bleibt der Blick zwar meist auf das biblische Judentum beschränkt, dennoch wird der Bezug wenigstens aufgegriffen.[92] Im kultischen Zusammenhang ist die Verbindung deutlich[93]; die Frage nach Gott, Gotteserfahrungen und Gottesvorstellungen werden in der jüdisch-christlichen Entwicklung gesehen; sogar das Vater unser und das Schma'Israel werden zu den zentralen Inhalten gezählt[94].

Als Wahlthema aufgegriffen sind die Vorurteilsbereiche, ohne explizit auf antisemitische Vorurteile

---

89 Vgl. zu den Inhalten für den Lernprozeß Christen Juden im Grundlagenplan: Biemer, in: KBl 113 (1988) 629-637, 632f.
90 Vgl. Grundlagenplan, 1984, 36f und 146f; vgl. auch 104: das Wahlthema 10: Paulus im damaligen jüdischen Kontext und in der jüdischen Gemeinde.
91 Vgl. Grundlagenplan, 1984: 5.2, 5.6, 6.3, 8.2, 8.3, 8.4, 9.4; vgl. Biemer, in: KBl 113 (1986) 629-637, 633, der für die 8. Schulstufe fälschlicherweise den Verweis auf 6.2 viermal zählt.
92 Vgl. Grundlagenplan, 1984: 8.3.
93 Vgl. Grundlagenplan, 1984, 5.3 und 5.6.
94 Vgl. Grundlagenplan, 1984, 8.2 und 8.4.

einzugehen.[95] Christliche Feindesliebe gegenüber der jüdischen als Überbietung hervorzuheben, läßt sich – neben allen theologischen Gründen – allein aufgrund des Themas "Juden und Christen" (6.2) als Widerspruch aufdecken.[96]

Diese Analyse macht deutlich, daß der Grundlagenplan aufs Ganze gesehen die Richtlinien von 1975 und die Hinweise der Vatikanischen Kommission[97] ernst nimmt und entsprechend das Verhältnis von Judentum und Christentum bestimmt. Die Vernetzung und der fortschreitende Aufbau ist ansatzweise gelungen, die Verwurzelung des Christentums im Judentum und ihre Gemeinsamkeiten werden im Plan selbst nicht grundlegend sichtbar.

Die Lehrpläne im Gymnasialbereich geben, was ihre Inhalte betrifft, ein relativ homogenes Bild.
"In unterschiedlicher Intensität und Reihenfolge tauchen mit wenigen Ausnahmen die gleichen Sachverhalte auf – Kurse oder Unterrichtseinheiten zu den Themenkreisen: Sinnfrage, Religion und Glaube, Anthropologie, Jesus Christus, Gott, Kirche, Ethik und Eschatologie."[98]
Dennoch bleibt der Religionsunterricht nicht nur im Spannungsfeld von Theologie und den benachbarten Bezugswissenschaften, sondern auch in der Spannung einer Erziehung zur Emanzipation und zugleich dem Anspruch

---

95 Vgl. Grundlagenplan, 1984, 109 (Wahlthema 15).
96 Vgl. Grundlagenplan, 1984: 7.4. Auf eine fundierte theologische Diskussion muß an dieser Stelle verzichtet werden. Unter pädagogischem Aspekt wird durch eine solch hervorhebende Darstellung des Christlichen mit gleichzeitiger Abwertung des Jüdischen eine gegenseitige Achtung der beiden Religionen verhindert.
97 Vgl. Richtlinien, 1975, in: Richter (Hrsg.), 1982, 80-87; Vatikanische Kommission, 1985.
98 Kaldewey, in: Schultze/ Hermanutz/ Merten (Hrsg.), 1984, 274-294, 288, mit Hinweis auf die Einheitlichen Prüfungsanforderungen in der Abiturprüfung.

christlicher Integration, einer Orientierung am Prozeß oder am Produkt, von offenen inhaltlichen Angeboten und klar vorgegebenen, verbindlichen Themen.[99]

Eigene Pläne für die Leistungskurse gibt es nur in einigen Bundesländern (z.B. Bayern, Rheinland-Pfalz), in den übrigen Bundesländern gelten meist die selben Inhalte mit qualitativen und quantitativen Erweiterungen als verbindlich.[100]

7.3.1 Baden-Württemberg

Mit dem Schuljahr 1984/85 wurden revidierte Lehrpläne mit Schwerpunkt auf die Inhalte bei deren gleichzeitiger Reduktion auf 40-46 Wochenstunden pro Schuljahr eingeführt, die im Rahmen der Revision des baden-württembergischen Kultusministeriums erarbeitet wurden.[101] Erziehender Unterricht, der die Schüler ernst nimmt und ihr Leben und ihre Lerngeschichte einbezieht, wird pädagogisch propagiert. Die Spannung zwischen Theologie und Leben, zwischen Kirche und Schule[102] führt unter Verweis auf den Synodenbeschluß "Der Religionsunterricht in der Schule"[103] zur Korrelation.

Während die Stufen 5 und 6 heilsgeschichtlich angelegt sind und der Glaubensfundierung dienen sollen, geht es in der Stufe 7 und 8 besonders um lebenskundliche

---

99 Vgl. Fikenscher, in: Schultze/ Hermanutz/ Merten (Hrsg.), 1984, 254-273, 264f.
100 Vgl. Fox, 1986, 144f; die Pläne für die Leistungskurse werden aus diesem Grund nicht eigens behandelt.
101 Vgl. Renker, in: KBl 110 (1985) 371-378, 371ff.
102 Vgl. Lehrplan für die Grundschule (Baden-Württemberg), 1984, 3.
103 Der Religionsunterricht, in: Gemeinsame Synode, 1976, 123-152.

Themen in christlicher Deutung und um Ichwerdung. Stufe 9 und 10 nehmen besonders das soziale und christliche Umfeld der Jugendlichen auf. Die Anordnung des Lehrplanes ist wie in allen anderen Fächern nach der T-Form, der Querbalken enthält das bzw. die Richtziele, die ebenso verbindlich sind wie die angeführten Inhalte; die Hinweise dienen der Konkretisierung.[104]

Im Grundschullehrplan wird an einzelnen Stellen auf den Zusammenhang und die Verwurzelung von Christentum und Judentum verwiesen: beim Thema Eucharistie wird betont, daß Jesus die Feste seines Volkes mitfeiert (z.B. Paschafest)[105]; die Errettung Israels durch Jahwe (Exodus) wird gedeutet als Garantie der (Bundes-)Treue Jahwes Israel gegenüber bis heute.[106]

Alttestamentliche Themen werden zwar auf Israel bezogen, aber ohne das Alte Testament als gegenwärtige Hl. Schrift der Juden deutlich zu machen. Erst als letzte Lehrplaneinheit "Die Bibel - das Buch" wird Jesu Leben als Jude innerhalb der alttestamentlichen Tradition und der jüdischen religiösen Praxis als verpflichtender Inhalte erwähnt[107]; die "Übernahme" des Alten Testaments durch die Kirche kann leicht das falsche Bild von "Ablösen" provozieren. Die Passion, die im 1., 2. und 4. Schuljahr thematisiert wird, spart die Frage nach dem Verhältnis von Juden und Christen aus.

---

104 Vgl. Lehrplan für die Grundschule (Baden-Württemberg), 1984, 5.

105 Vgl. Lehrplan für die Grundschule (Baden-Württemberg), 1984, 49.

106 Vgl. Lehrplan für die Grundschule (Baden-Württemberg), 1984, 53.

107 Vgl. Lehrplan für die Grundschule (Baden-Württemberg), 1984, 66f.

Der gymnasiale Lehrplan verbindet die Praxis der Gemeinde in Jerusalem mit dem jüdischen religiösen Leben[108], Probleme der jungen Gemeinden am Beginn der Heidenmission, aber auch die Spannungen zwischen dem Juden Paulus und den (ihn) ablehnenden Juden und das Apostelkonzil werden erwähnt.[109] Die Eucharistiefeier wird auf dem Hintergrund von Pessach behandelt.[110]

Beim Thema Judentum geht es "um das Tun und Handeln des Menschen"[111]; die Geschichte des Judentums schwerpunktmäßig bis in die Gegenwart und die entsprechenden aktuell politischen Fragen, das Leben nach der Tora in allen Bereichen des Lebens (Gebote, Feste, Sabbat u.a.) und die theologischen Themen (Bund, Land, Volk u.a.) kommen nicht explizit vor. Das Verhältnis zu den nichtchristlichen Religionen wird im 8. Schuljahr u.a. mit dem Konzilsdekret Nostra aetate aufgenommen[112]; hingegen werden die biblischen Aussagen über Gott nur mit Hinweis auf Israel behandelt.[113]

Für die Stufen 11 bis 13 wird "Judentum" als Wahlunterrichtseinheit angeboten: Geschichte, Dialog zwischen Juden und Christen, Antisemitismus ... [114].

---

108 Vgl. Lehrplan 5-10 (Baden-Württemberg), 1984, 33.
109 Vgl. Lehrplan 5-10 (Baden-Württemberg), 1984, 35f.
110 Vgl. Lehrplan 5-10 (Baden-Württemberg), 1984, 40.
111 Lehrplan 5-10 (Baden-Württemberg), 1984, 59; vgl. 59-61.
112 Vgl. Lehrplan 5-10 (Baden-Württemberg), 1984, 82f.
113 Vgl. Lehrplan 5-10 (Baden-Württemberg), 1984, 85 und 98f.
114 Vgl. Lehrplan 11-13 (Baden-Württemberg), 1984, 43f.

7.3.2 Bayern

Bayern ging mit den Curricularen Lehrplänen eigene Wege; getragen wurde die Reform vom "Staatsinstitut für Schulpädagogik", 1971 gegründet, um Wissenschaft, Schulpraxis und Schulverwaltung gleichwertig zu verbinden.[115] Für die Erstellung von Lehrplänen maßgeblich sind "die theologischen, bildungstheoretischen und humanwissenschaftlichen Sichtungs- und Entscheidungsprozesse"[116]; religionspädagogisch-didaktisch bildet die Korrelation das Kernstück.[117] Gemäß des Standes der Curriculumtheorie sind die Lehrpläne durch Zielorientierung und einen hierarchischen Aufbau der Ziele geprägt.[118]

Wiederum sind pro Jahrgang acht Themenbereiche vorgesehen, deren Gewichtung und Anordnung in der Hand des Lehrers liegt. Die Bibel wird als das Buch der Christen, ohne Verweis auf die Juden, in der 2. Klasse eingeführt, ebenso die alttestamentlichen Erzählungen im 3. und 4. Jahrgang.[119] Die Passionsgeschichte in der 2. Klasse nimmt den Text nach Lukas, sie vermittelt die Frage nach den Gründen und der Verantwortung für den Tod Jesu, indem es heißt:

---

115 Vgl. Albrecht, in: Biemer/ Knab (Hrsg.), 1982, 115-128, 115; vgl. sehr ausführlich die Arbeitshilfe zur Einführung in den Curricularen Lehrplan von Stengelin/ Scheuerer, 1977; vgl. Handreichungen zum Lehrplan Grundschule (Bayern), 1979, 5ff.
116 Albrecht, in: CpB 93 (1980) 314-317, 315.
117 Vgl. Albrecht, in: Biemer/ Knab (Hrsg.), 1982, 115-128, 125ff; Handreichungen zum Lehrplan Grundschule (Bayern), 1979, 22ff.
118 Vgl. Hofmeier, in: KBl 107 (1982) 195-201, 196f; vgl. ausführlich: Albrecht, in: Biemer/ Knab (Hrsg.), 1982, 115-128, 117ff; Lehrplan für die Grundschule (Bayern), 1979, 6-11.
119 Vgl. Lehrplan für die Grundschule 2 (Bayern), 1979, 6f; Lehrplan für die Grundschule 3 (Bayern), 1979, 14; Lehrplan für die Grundschule 4 (Bayern), 1979, 6f.

"- Der Hohe Priester will den Tod Jesu, weil er ihn
   für einen Feind des Volkes und für einen Gottes-
   lästerer hält
 - Pilatus verurteilt Jesus, weil er sich vor den
   Juden fürchtet"[120].
Die Eucharistie wird in ihrer Herkunft auf das Paschafest bezogen.[121] In der 4. Schulstufe wird u.a. ein
wenig vom Glauben der Juden als einer eigenständigen
Religion gesprochen und die Nähe auch von Nichtchristen
zu Gott hervorgehoben.[122]

Im Gymnasialbereich[123] werden alttestamentliche
Themen v.a. auf menschliche oder christliche Fragen
bezogen, dennoch fließt viel Wissen über die Geschichte
Israels und deren Lebensweise ein[124], auch theologische
Zentralbegriffe werden bekannt[125]. Doch das Alte Testament und der Alte Bund sind weitergeführt im Neuen Bund
und im neuen Volk Gottes, den Christen.[126] Die Gottesvorstellungen des Judentums und des Alten Testaments
werden eigens betont[127], im Zusammenhang der Frage nach
Jesus taucht sein Judesein nicht auf.[128]

Im Rahmen des Exodus als die zentrale Gotteserfahrung
Israels sind die Wichtigkeit von Pessach für die Juden,
die Theologie, die Art des Feierns und der Bezug zu
Ostern die wichtigsten Lerninhalte.[129] Eucharistie wird

---

120 Lehrplan für die Grundschule 2 (Bayern), 1979, 13.
121 Vgl. Lehrplan für die Grundschule 3 (Bayern), 1979, 11.
122 Vgl. Lehrplan für die Grundschule 4 (Bayern), 1979, 12f.
123 Vgl. Handreichungen zum Lehrplan für Gymnasien (Bayern), 1979.
124 Vgl. Lehrplan 5 (Bayern), 1976, 4ff, 12ff und 17f; Lehrplan 6
    (Bayern), 1976, 6f, 9 und 11; Lehrplan 8 (Bayern), 1976, 5 u.ö.
125 Vgl. z.B. Lehrplan 5 (Bayern), 1976, 5.
126 Vgl. Lehrplan 6 (Bayern), 1976, 16.
127 Vgl. Lehrplan 10 (Bayern), 1977, 6f.
128 Vgl. Lehrplan 10 (Bayern), 1977, 8f.
129 Vgl. Lehrplan 6 (Bayern), 1976, 5.

mit Pessach in Verbindung gebracht und der Sonntag mit dem Sabbat.[130]

Im Rahmen der Passion wird die Frage der Verantwortung für den Prozeß Jesu nicht gestellt.[131] Die junge Kirche wird auch mit den Konflikten zwischen Juden und Christen und zwischen Juden- und Heidenchristen thematisiert.[132]

Judentum als eigenes Thema ist im Rahmen der Weltreligionen für die 9. Schulstufe vorgesehen[133]; beim Thema "Tod und Jenseits"[134] werden auch die Vorstellungen der anderen Religionen behandelt. Für die 12. und 13. Klasse sind Semesterthemen vorgegeben, es gibt zwar Hinweise auf alttestamentliche Stellen, die aber nur mit "Israel", nicht mit dem Judentum in Verbindung gebracht werden.[135]

7.3.3 Berlin

In Berlin wird katholische Religion in der Grundschule und Sekundarstufe I nach den Zielfelderplänen, die Sekundarstufe II nach dem Curricularen Lehrplan von Bayern unterrichtet.[136]

---

130 Vgl. Lehrplan 6 (Bayern), 1976, 14; Lehrplan 7 (Bayern), 1976, 20; Lehrplan 8 (Bayern), 1976, 13.
131 Vgl. Lehrplan 9 (Bayern), 1977, 23.
132 Vgl. Lehrplan 6 (Bayern), 1976, 17-19.
133 Vgl. Lehrplan 9 (Bayern), 1977, 9f.
134 Vgl. Lehrplan 11 (Bayern), 1977, 19.
135 Vgl. z.B. Lehrplan 12/13 (Bayern), 1973, 4ff, 17, 23 und 42f.
136 Die Zielfelderpläne sind bereits in der Arbeit von Fiedler, 1980, behandelt; zum Curricularen Lehrplan vgl. Bayern.

7.3.4 Hamburg

Da in Hamburg der Religionsunterricht in erster Linie
außerschulisch abgehalten wird und schulischer Religionsunterricht die Ausnahme bildet, gibt es keine eigenen
Lehrpläne für den katholischen Religionsunterricht.

7.3.5 Hessen

Die hessischen Rahmenrichtlinien für die Grundschule
in ihrer zweiten Fassung sind sowohl von der ersten
Fassung als auch vom Zielfelderplan geprägt. Rahmenthemen sollen den didaktischen Ansatz eines Spiralcurriculums gewährleisten, indem sie immer wieder vertiefend
aufgenommen und umfassender ausgefaltet werden, ebenso
die Richtziele.[137] Intentionen geben die Ausrichtung des
Unterrichts an; fünf Zielfelder sollen den korrelativen
Ansatz verdeutlichen; verstärkt wird dies dadurch, daß
jeweils die Sicht des Glaubens, die menschliche Erfahrung und die Aufgabe des Unterrichts beschrieben werden.

Explizit kommt das Judentum in den Grundschuljahren
nicht vor, auch das Alte Testament wird nicht als Hl.
Schrift der Juden behandelt, Jesus aber wird im altte-
stamentlichen Überlieferungszusammenhang gesehen[138]. Zur
Frage nach Gott sei besonders auf das Rahmenthema
"Israel erfährt seinen Gott"[139] verwiesen.

---

137 Vgl. Rahmenrichtlinien für die Grundschule (Hessen), 1981,
  12ff.
138 Vgl. Rahmenrichtlinien für die Grundschule (Hessen), 1981, 44f.
139 Vgl. Rahmenrichtlinien für die Grundschule (Hessen), 1981, 54f;
  vgl. auch 50f.

Der Aufbau der hessischen Rahmenrichtlinien für die
Sekundarstufe I von 1987 führt einerseits die fünf
Zielfelder der Primarstufe in etwas veränderter Form
weiter und fördert zugleich die ökumenische Zusammenarbeit.[140] Korrelatives Arbeiten wird nicht nur vom Lehrer
verlangt, sondern "ein Religionsunterricht, der sich am
didaktischen Prinzip der Korrelation orientiert, zielt
darauf, daß die Schüler selbst 'korrelieren' lernen"[141].

Dieser Lehrplan nimmt erstmals über alle Jahrgangsstufen aufbauende Kurse auf: religiöse, biblische und
kirchliche Sprachformen, Symbol- und Bibelver-ständ-
nis.[142] Verbindungen mit anderen Themen finden sich bei
zahlreichen Inhalten: allein aus der Stufe 5 und 6 wird
die Verbindung zum Judentum fünfmal genannt. Bei fast
allen Themen wird der Bezug zum Judentum zumindest als
Verweis aufgenommen. Das Alte Testament wird auch bzgl.
der Geschichte Israels behandelt, die jedoch bis in die
Gegenwart reicht, wobei auch die belastete Geschichte,
in der die Kirche schuldig wurde, nicht tabuisiert
wird.[143]

Die starke biblische Fundierung der Themen des
Lehrplans fördert auch das Ernstnehmen der jüdischen
Wurzeln des Christentums. Bei der Behandlung von Jesus
und seiner Zeit werden besonders das Judentum als
Religion, die politische und gesellschaftliche Situation, politische und religiöse Gruppen, Probleme u.a.
hervorgehoben.[144] Auch die christlichen Feste werden auf

---

140 Vgl. Rahmenrichtlinien 5-10 (Hessen), 1987, 9-11 und 15-27.
141 Rahmenrichtlinien 5-10 (Hessen), 1987, 27.
142 Vgl. Rahmenrichtlinien 5-10 (Hessen), 1987, 29-34.
143 Vgl. Rahmenrichtlinien 5-10 (Hessen), 1987, 114.
144 Vgl. Rahmenrichtlinien 5-10 (Hessen), 1987, 60-64.

den jüdischen Hintergrund bezogen: z.B. der Sonntag, Eucharistie und Diakonie.[145]

Explizit wird das Verhältnis Christentum Judentum als Schwerpunktthema der 9. und 10. Schulstufe behandelt: Gemeinsamkeiten, Unterschiede, Antijudaismen von der Shoa bis hin zum Neuen Testament, Informationen zur Geschichte dieses Verhältnisses und Möglichkeiten eines neuen positiven Bezugs werden angeboten.[146]

Dieser Plan muß als eine der Arbeiten mit dem genauesten Problembewußtsein für diesen Themenbereich im deutschsprachigen Raum angesehen werden. Zu hoffen bleibt, daß die Inhalte des Lehrplans in dieser Form und vor allem in dieser ausgeprägten Vernetzung im konkreten Unterricht rezipiert werden.

Die Kursstrukturpläne für die Klassen 11 bis 13 bieten zwar im Rahmen der globalen Lernziele Möglichkeiten, den Themenbereich legitimerweise aufzunehmen; explizit findet sich nur im Kurs "Kirche" das Verhältnis Kirche - Judentum als Teil eines exemplarischen Problemkreises.[147]

7.3.6 Niedersachsen

Wie die hessischen nehmen auch die niedersächsischen Rahmenrichtlinien die fünf Zielfelder des Zielfelderplanes auf. Als Mindestkanon verbindlicher Ziele und

---

145 Vgl. Rahmenrichtlinien 5-10 (Hessen), 1987, 82 und das Wahlthema "Jüdische Feste" (97).
146 Vgl. Rahmenrichtlinien 5-10 (Hessen), 1987, 194-199; vgl. auch als Wahlthema: 229.
147 Vgl. Kursstrukturpläne 11-13 (Hessen), 1979, 22.

Inhalte des Religionsunterrichts ersetzt der Plan nicht die Erstellung von konkreten Schulplänen.[148]

Die Rahmenrichtlinien sehen für die Grundschule ein erstes Kennenlernen des Alten Testaments und der Gotteserfahrung Israels vor; dabei wird die Gemeinsamkeit des Gottes Israels mit dem Gott der Christen und die geschichtliche Kontinuität betont[149]. Dem entgegen entgeht die Darstellung Jesu Botschaft im Themenfeld "Jesus und seine Botschaft" nicht der Gefahr, daß jüdische Gesetzesverständnis verkürzt und abwertend darzustellen, um die jesuanische Kritik stärker hervorzuheben.[150]

Obwohl als Themenfelder "Die frühen christlichen Gemeinden"[151], "Christen feiern Feste"[152], "Die Bibel als Buch"[153] u.a. vorgegeben werden, wird an keinem Punkt wirklich auf das Verhältnis Christentum Judentum eingegangen. Das Alte Testament wird ohne jeden Bezug zum heutigen Judentum gesehen[154], das Judentum zur Zeit Jesu wird nur abgrenzend behandelt, um z.B. die Konflikte "mit dem jüdischen Gesetz und seinen Vertretern"[155] zu verstehen.

---

148 Vgl. Rahmenrichtlinien für die Grundschule (Niedersachsen), 1982, 6; vgl. Rahmenrichtlinien 5/6 (Niedersachsen), o.J., 65ff.
149 Vgl. exemplarisch: Rahmenrichtlinien für die Grundschule (Niedersachsen), 1982, 24f.
150 Vgl. Rahmenrichtlinien für die Grundschule (Niedersachsen), 1982, 26f.
151 Vgl. Rahmenrichtlinien 5/6 (Niedersachsen), o.J., 73f.
152 Vgl. Rahmenrichtlinien 5/6 (Niedersachsen), o.J., 76f.
153 Vgl. Rahmenrichtlinien 5/6 (Niedersachsen), o.J., 77f.
154 Vgl. Rahmenrichtlinien 5/6 (Niedersachsen), o.J., 78-80.
155 Rahmenrichtlinien 5/6 (Niedersachsen), o.J., 82.

Erst für die Schuljahrgänge 9 und 10 ist das Themenfeld Judentum vorgesehen, hervorgehoben werden die
Notwendigkeit der Aufarbeitung der Geschichte, das
gemeinsame Bekenntnis zu demselben Gott und die gemeinsame Wurzel; erwartet wird die Behandlung des Selbstverständnisses Israels (Bund, Erwählung, messianische
Hoffnung), die religiöse Praxis, die neutestamentlichen
Fehlinterpretationen, die Geschichte von Juden und
Christen bis zur Gegenwart u.a.[156]

An anderen Stellen finden sich zwar Verbindungen zum
Alten Testament, ohne jedoch seine Kontinuität als
hebräische Bibel zu erwähnen. Bei all den anderen
möglichen Themen finden sich keine Hinweise, auch beim
Themenfeld "Passion und Auferstehung"[157] werden die
schwierigen neutestamentlichen Stellen nicht aufgegriffen.

Für die gymnasiale Oberstufe ist im Rahmen des
sachgerechten Umgangs mit der Bibel ihr Anspruch als Hl.
Buch Israels und der Kirche unverzichtbarer Inhalt.[158]
Sonst wird das Alte Testament allgemein als "Dokument
menschlichen Fragens nach Gott und Zeugnis von Gottes
Antwort"[159] verstanden. Im christologischen Schwerpunkt
unter religionskundlichem Aspekt wird die Frage nach
Jesus aus der Sicht des Judentums gestellt[160]; im
Bereich der Ekklesiologie ist "Kirche und Synagoge" ein
mögliches Thema[161].

---

156 Vgl. Rahmenrichtlinien 7-10 (Niedersachsen), 1982, 48f.
157 Vgl. Rahmenrichtlinien 7-10 (Niedersachsen), 1982, 52-55.
158 Vgl. Rahmenrichtlinien 11-13 (Niedersachsen), 1982, 14.
159 Rahmenrichtlinien 11-13 (Niedersachsen), 1982, 23.
160 Vgl. als unverzichtbares Thema: Rahmenrichtlinien 11-13
    (Niedersachsen), 1982, 29.
161 Israel als Volk Gottes, Antijudaismen, Verfolgungen,
    Forts. Fußnote

7.3.7 Nordrhein-Westfalen

Sechs Bereiche werden genannt, die das allgemeine Ziel des katholischen Religionsunterrichts, nämlich "aus der Sicht des Glaubens der katholischen Kirche einen Beitrag zur grundlegenden Bildung zu leisten"[162], an der Grundschule konkretisieren. Der Lehrplan für die Grundschule selbst nennt auf der Basis der Korrelation neben Lernfeldern und Intentionen zu den verschiedenen Bereichen Hinweise zur inhaltlichen Konkretisierung und mögliche Themen.

Im 3. Schuljahr gehört zu den unverzichtbaren Inhalten aus dem biblischen Bereich: "Menschen bezeugen ihre Gotteserfahrungen und bringen sie auf verschiedene Weise zur Sprache (Leben und Glauben der Juden)"[163], bei den konkretisierten möglichen Themen wird dieser Inhalt auf die israelitische Zeit beschränkt.[164]

Grob- und Teilziele, didaktische Prinzipien des Religionsunterrichts, Prinzipien aufgrund der gesellschaftlichen Situation und Prinzipien aus dem Wissenschaftsbezug des Religionsunterrichts legen die Grundlagen des Lehrplans für die Sekundarstufe I offen.[165] Die verschiedenen Problem- und Themenbereiche können in

---

Forts. Fußnote
Neuansätze ...: vgl. Rahmenrichtlinien 11-13 (Niedersachsen), 1982, 35.
162 Richtlinien für die Grundschule (Nordrhein-Westfalen), 1985, 21.
163 Richtlinien für die Grundschule (Nordrhein-Westfalen), 1985, 40.
164 Vgl. Richtlinien für die Grundschule (Nordrhein-Westfalen), 1985, 42; vgl. auch 44 und 46: ebenso werden Personen und Ereignisse des Alten Testaments als für "Israel" bedeutsam gedeutet.
165 Vgl. Richtlinien 5-10 (Nordrhein-Westfalen), 1978, 9ff.

ihrer Zuordnung zu den Schulstufen flexibel sein,
Schaubilder machen diese Freiräume deutlich.

In der 5. Schulstufe ist eine Grundorientierung über
die Geschichte des alttestamentlichen Israels vorgesehen, einzelne alttestamentliche Themen werden
christologisch gewertet[166] bzw. gegen die Juden ausgelegt[167]. Die Umwelt Jesu mit den verschiedenen politischen, religiösen, soziokulturellen Faktoren soll
Hintergrundwissen für das Verständnis Jesu vermitteln.
Im Rahmen der Passion wird explizit die Frage nach der
Schuld am Tod Jesu und Mt 27,25 aufgenommen. Während die
Juden zur Zeit der Römer als Verfolger der Kirche
genannt werden, finden sich in diesem Kapitel die
antisemitischen Verfolgungen von Christen nicht.[168]
"Konflikte in frühchristlichen Gemeinden"[169] nimmt die
Situation von Juden- und Heidenchristen, ihr Zusammen-
leben und ihre Konflikte auf, auch die Eucharistie wird
auf Exodus und Pessachmahl zurückgeführt.[170]

In einem eigenen Themenblock[171] sollen wichtige
Elemente des Judentums, die Verwurzelung des Christentums darin, Antisemitismus und seine Folgen u.a. eigens
behandelt werden. Obwohl dieser Plan bereits aus dem
Jahr 1978 stammt und "weitgehend den Unterrichtsempfeh-
lungen von 1973"[172] entspricht, nehmen diese Richtlinien
einige sehr wichtige Themen im Verhältnis Christentum
Judentum auf.

---

166 Vgl. Richtlinien 5-10 (Nordrhein-Westfalen), 1978, 42.
167 Vgl. Richtlinien 5-10 (Nordrhein-Westfalen), 1978, 101.
168 Vgl. Richtlinien 5-10 (Nordrhein-Westfalen), 1978, 85f.
169 Vgl. Richtlinien 5-10 (Nordrhein-Westfalen), 1978, 64.
170 Vgl. Richtlinien 5-10 (Nordrhein-Westfalen), 1978, 65.
171 Vgl. Richtlinien 5-10 (Nordrhein-Westfalen), 1978, 104f.
172 Vgl. Richtlinien 5-10 (Nordrhein-Westfalen), 1978, 7.

Die Richtlinien für die gymnasiale Oberstufe aus der dritten Phase der curricularen Neugestaltung für alle Fächer[173] sollen orientieren, steuern und zugleich Freiräume schaffen; didaktisch steht der Lehrplan ganz in der curricularen Theorie.

Das Ergebnis der Analyse des gymnasialen Oberstufenlehrplans fällt negativ aus: abgesehen von der Angabe alttestamentlicher Stellen gibt der Plan keine deutlichen Themenvorschläge aus dem Bereich Christentum - Judentum. Als Prüfungsbeispiel wird "Ecclesia und Synagoge"[174] genannt, das geschichtlich, aus dem Selbstverständnis der Kirche und aus dem Verhältnis der zwei Religionen zueinander zu deuten ist.

7.3.8 Rheinland-Pfalz

Auf der Basis des Zielfelderplanes, der Korrelation verpflichtet, wurde der Grundschullehrplan herausgegeben. Sieben jährlich wiederkehrende Rahmenthemen sollen die kontinuierliche Weiterführung der Themen gewährleisten. Biblisches Hintergrundwissen sollte bereits einfließen[175]; Abraham, Mose u.a. werden als Zeugnisse biblischer Gotteserfahrung herausgegriffen, wobei der Bezug zum heutigen Judentum nicht hergestellt wird. Im vierten Schuljahr wird die jüdische Verehrung Jahwes eigens angesprochen[176]; auch Vorurteile im zwischenmenschlichen Umgang werden thematisiert.[177]

---

173 Vgl. Richtlinien 11-13 (Nordrhein-Westfalen), 1981, 7ff.
174 Vgl. Richtlinien 11-13 (Nordrhein-Westfalen), 1981, 155f.
175 Vgl. Lehrplan für die Grundschule (Rheinland-Pfalz), 1983, 42.
176 Vgl. Lehrplan für die Grundschule (Rheinland-Pfalz), 1983, 77.
177 Vgl. Lehrplan für die Grundschule (Rheinland-Pfalz), 1983, 58f.

Der Lehrplan für die Orientierungsstufe von 1979 versteht sich als Teil des Zielfelderplanes. Biblische Texte werden in Hinblick auf die Geschichte und Kultur Israels bis in die Zeit Jesu, wobei dies manches Hintergrundwissen über das Judentum beinhaltet[178], und in Hinblick auf die Kirche gelesen. Christologische Interpretationen und Hervorhebungen Jesu aus seinem Umfeld[179] finden sich genauso wie das Ausfalten des Judeseins von Paulus und seines jüdischen Kontextes.[180]

Der Lehrplan für die Klassen 7 bis 10 ist aus den für den Zielfelderplan von 1973 aufbauenden Lehrplanentwürfen und aus dem Grundlagenplan von 1984 entstanden. Jeder Schulstufe ist ein Leitthema zugeordnet, die Themen sind in verpflichtende Kernthemen und Wahlthemen unterschieden. Weder beim Thema Kirche noch beim Thema Eucharistie, weder bei der Passion noch bei anderen neutestamentlichen Themen wird der Bezug zum Judentum deutlich, auch die alttestamentlichen Erzählungen (Patriarchen als Vorbilder im Glauben) zielen auf Jesus und die Jünger.[181]

Als Wahlthema scheint "Juden-Christen-Muslime" auf: der jüdische Glaube (Bund, Erwählung, ...), jüdisches Leben, Geschichte Israels bis in die Gegenwart, Gemeinsamkeiten, Antisemitismus und heutige Bemühungen zum Dialog.[182] In der 10. Klasse wird das Thema "Kirche und Nationalsozialismus" als Kernthema behandelt, der

---

178 Vgl. Lehrplan für die Grundschule (Rheinland-Pfalz), 1983, 37 und 46 u.ö.
179 Vgl. Lehrplan für die Grundschule (Rheinland-Pfalz), 1983, 38 und 47.
180 Vgl. Lehrplan 5/6 (Rheinland-Pfalz), 1979, 50.
181 Vgl. Lehrplan 7-10 (Rheinland-Pfalz), 1987, 60f; vgl. auch 80.
182 Vgl. Lehrplan 7-10 (Rheinland-Pfalz), 1987, 41f.

schmale Weg zwischen Verteidigung, Erklärung der Zusammenhänge und differenzierter Darstellung ist deutlich zu erkennen.[183]

Der Lehrplan für die Oberstufe des Gymnasiums ist von vier didaktischen Bereichen (Mensch und Glaube, Glaube und Bekenntnis, Glaube und Kirche, Welt- und Lebensgestaltung) und von zwei didaktischen Prinzipien, nämlich dem christologischen und dem dialogischen, geprägt.[184] Jedes Kurshalbjahr stellt einen Lernzielschwerpunkt ins Zentrum und führt die Lernziele aus den übrigen drei Bereichen begleitend mit. An Kategorien des jüdisch-christlichen Glaubens finden sich explizit nur der Glaube an Gott und das Judentum zur Zeit Jesu; Kirche und Judentum ist als mögliches Thema für das zweite Halbjahr der 12. Klasse vorgeschlagen.

7.3.9 Saarland

Der saarländische Lehrplan für die Grundschule von 1983 ist identisch mit dem von Rheinland-Pfalz, d.h. auf dem Zielfelderplan unter dem Leitziel der Wechselwirkung von Glaube und Leben aufgebaut.[185]

Acht Schwerpunktthemen für die Schulstufen 5 bis 10 deuten wichtige Bereiche des Lebens der Schüler aus dem Glauben und erschließen biblische Traditionen von der menschlichen Erfahrung her; die vier Zielbereiche werden für jedes Schwerpunktthema ausgefaltet und didaktisch erschlossen, der Einstieg ist an jeder Stelle möglich

---

183 Vgl. Lehrplan 7-10 (Rheinland-Pfalz), 1987, 69f.
184 Vgl. Lehrplan 11-13 (Rheinland-Pfalz), 1983, 8f.
185 Vgl. Lehrplan für die Grundschule (Saarland), ²1988, 8-20.

und liegt in der Verantwortung des Lehrenden, ebenso die Verteilung, Vertiefung und erneute Aneignung; der Lehrplan für die Schulstufen 9 und 10 nimmt den Grundlagenplan von 1984 mit auf.[186]

Unter dem Schwerpunktthema "Auffallend anders" werden die Gemeinsamkeiten und die Unterschiede Jesu zum Judentum betont, wobei Jesu Weg und Jesu Beispiel anregen soll, ihm zu folgen. "Auch wenn man im RU die Kontinuität Jesu mit dem AT und dem Judentum nicht zu gering veranschlagen darf, gibt es doch unzweifelhaft das 'Neue des Evangeliums'."[187]

Alttestamentliche Geschichte, alttestamentliche Erzählungen, das Gottesbild[188], der Bund Gottes mit Israel und die daraus für Israel erwachsende Hoffnung[189] und der Bezug zwischen Altem Testament und Jesus (einschließlich der Deutung Jesu durch alttestamentliche Bilder) werden nur auf Israel, nicht auf das Judentum bezogen.[190] Dankbarkeit (gratia) ergeht "in der Geschichte des alttestamentlichen Gottesvolkes als Erwählung, Befreiung und im Bund"[191] ebenso wie im Neuen Testament. Der Exodus in der jüdischen Geschichte und seiner Deutung als Gottes Rettung, die Geschichte des Mose, aber auch der jüdische Gottesdienst, jüdische Hochfeste, Beten, Symbole u.ä. sollen bekannt sein.[192]

---

186 Vgl. Lehrplan 5/6 (Saarland), 1983, 5f; Lehrplan 7/8 (Saarland), 1984, 5f; Lehrplan 9/10 (Saarland), 1986, 7f.
187 Lehrplan 5/6 (Saarland), 1983, 31.
188 Vgl. Lehrplan 9/10 (Saarland), 1986, 129; vgl. auch 135ff.
189 Vgl. Lehrplan 9/10 (Saarland), 1986, 165; vgl. auch Lehrplan 13/2 (Saarland), 1981/82, 41.
190 Vgl. z.B. Lehrplan 5/6 (Saarland), 1983, 51 und 68; Lehrplan 7/8 (Saarland), 1984, 16 und 33.
191 Lehrplan 5/6 (Saarland), 1983, 82.
192 Vgl. Lehrplan 5/6 (Saarland), 1983, 87f; Lehrplan 7/8 (Saarland), 1984, 116; Lehrplan 9/10 (Saarland), 1986, 101.

Der Sonntag wird auf den Sabbat[193], die Eucharistie ausführlich auf das Paschamahl bezogen und erläutert[194], die Bedeutung des Alten Testaments und besonders der Tora für das Judentum, für seinen Gottesdienst und sein Familienleben wird im Rahmen der Erschließung der Bibel betont.[195]

Die Frage nach Jesus wird zum Anlaß, das Wichtigste über die Reich-Gottes-Vorstellung des Judentums, über die jüdische Messiasvorstellung und den Hintergrund der Verwerfung und Annahme Jesu zu lernen.[196] Auffallend ist, daß in verschiedenen Themen unter dem Erfahrungsbereich "Religion und Religionen" der Bezug zum Judentum vorhanden ist, z.B. bei der Frage nach den christlichen Gemeinden wird auf die jüdischen Gemeinden und ihre Praxis hingewiesen; auch "das Gebot der Nächstenliebe findet sich schon ausdrücklich im AT und ist untrennbar mit dem jüdischen und christlichen Gottesglauben verbunden."[197]

Im Kurs "Christologie" für die 11. Klasse wird die politisch-gesellschaftliche, geistes- und religionsgeschichtliche Situation zur Zeit Jesu präzisiert und vertieft; auch die Person Jesu soll u.a. gemäß jüdischer Theologen gedeutet werden.[198]

Im Kurs "Kirche" ist ein eigenes, aber nicht verbindlich vorgeschriebenes Kapitel der Kirche und dem

---

193 Vgl. Lehrplan 9/10 (Saarland), 1986, 101.
194 Vgl. Lehrplan 7/8 (Saarland), 1984, 66 und 70f.
195 Vgl. Lehrplan 5/6 (Saarland), 1983, 104; vgl. auch: Lehrplan 13/2 (Saarland), 1981/82, 25.
196 Vgl. Lehrplan 7/8 (Saarland), 1984, 98.
197 Lehrplan 5/6 (Saarland), 1983, 131; vgl. zur Ethik auch: Lehrplan 12/2 (Saarland), 1981/82, 20-22.
198 Vgl. Lehrplan 11 (Saarland), 1979/80, 25ff.

Judentum gewidmet[199]: theologische Gemeinsamkeiten und theologische Verhältnisbestimmung, Entstehung des Christentums aus dem Judentum, politische, historische, soziale und religiöse Grundzüge des Antijudaismus, Schuld, Versuche der Aufarbeitung und Dialog sind Themen dieser Einheit.

Im Kurs "Gottesfrage" werden die alttestamentlichen Gottesvorstellungen ohne expliziten Bezug zum heutigen Judentum behandelt.[200]

7.3.10 Schleswig-Holstein

Der Lehrplan für die Grundschule in Schleswig-Holstein von 1978, aufgebaut gemäß dem Zielfelderplan, nimmt alttestamentliche Erzählungen und alttestamentliche Gotteserfahrungen auf.[201] Bereits in der 2. Klasse, wo es um einen vertieften Zugang zu Jesus und seiner Botschaft geht, wird ein Grundwissen über das Judentum, verschiedene Gruppen und deren Leben, Lehre und religiöse Praxis vermittelt; ein eigenes Teilziel ist die Hervorhebung des Judeseins Jesu und seines Lebens innerhalb des Judentums.[202]

Für die 4. Klasse ist als Thema "Nichtchristliche Religionen"[203] vorgeschlagen; Vorurteile werden im

---

199 Vgl. Lehrplan 12/1 (Saarland), 1980/81, 16-20.
200 Vgl. Lehrplan 13/1 (Saarland), 1981/82, 9.
201 Vgl. Lehrplan für die Grundschule (Schleswig-Holstein), 1978, 32 und 34.
202 Vgl. Lehrplan für die Grundschule (Schleswig-Holstein), 1978, 24.
203 Vgl. Lehrplan für die Grundschule (Schleswig-Holstein), 1978, 46.

selben Schuljahr eigens behandelt[204]. Die Gefahr der Entstehung von Vorurteilen bei den "Pharisäern" und "Juden" in der Passion wird nicht erwähnt.

Auch die Lehrpläne für die Stufen 5 bis 10 sind vom Zielfelderplan von 1973 bestimmt. Ohne eine genaue Zuordnung zu den einzelnen Jahrgängen werden aus dem Themenbereich Christentum Judentum immer wieder die Bibel, ihre Umwelt und der geschichtliche Hintergrund[205] aufgegriffen; die frühen Gemeinden aus Juden und Heidenchristen[206], die Deutung Jesu auch aus jüdischer Sicht[207], Kirche und Synagoge[208] werden als Thema vorgegeben; die Eucharistie wird auf das jesuanische Pessachmahl bezogen[209]. Dabei wird der Bezug zum gegenwärtigen Judentum kaum hergestellt.

Die Gefahr des entgegenstellenden Wertens wurde nicht immer ausgeräumt.[210] Für drei bis fünf Unterrichtsstunden wird das Thema "Judentum Christentum"[211] mit besonderer Betonung des jüdischen Lebens, besonderer Kennzeichen und Grundlagen des Glaubens, der Gemeinsam-

---

204 Vgl. Lehrplan für die Grundschule (Schleswig-Holstein), 1978, 39.
205 Vgl. Lehrplan 5/6 (Schleswig-Holstein), 1977, 20-23; Lehrplan 7-10 (Schleswig-Holstein), 1979, 38, 43f, 47f u.ö.; vgl. speziell zum Gottesbild des Alten Testaments: Vgl. Lehrplan 7-10 (Schleswig-Holstein), 1979, 32 und Lehrplan 11-13 (Schleswig-Holstein), 1984, 9; vgl. die ausführlichen bibeltheologischen Aspekte: Lehrplan 11-13 (Schleswig-Holstein), 1984.
206 Vgl. Lehrplan 5/6 (Schleswig-Holstein), 1977, 28.
207 Vgl. Lehrplan 11-13 (Schleswig-Holstein), 1984, 13.
208 Vgl. Lehrplan 11-13 (Schleswig-Holstein), 1984, 14.
209 Vgl. Lehrplan 7-10 (Schleswig-Holstein), 1979, 52.
210 Vgl. Lehrplan 5/6 (Schleswig-Holstein), 1977, 15 und 24; Lehrplan 7-10 (Schleswig-Holstein), 1979, 50.
211 Vgl. Lehrplan 7-10 (Schleswig-Holstein), 1979, 34.

keiten, Unterschiede und Schwierigkeiten im Verhältnis verpflichtend vorgeschrieben.

7.4 Analyse der deutschschweizerischen Lehrpläne

Die Situation in der deutschsprachigen Schweiz ist sehr verschieden von der österreichischen oder der bundesdeutschen. Das Schulwesen untersteht der Kulturhoheit der Kantone und ist dadurch sehr vielfältig[212]; so beginnt z.B. erst seit 1989 das neue Schuljahr in allen Kantonen im Spätsommer. In verschiedenen Kantonen findet sich die Zweiteilung von Religions- und Bibelunterricht, die aus der Aufklärungszeit stammt. Die Bindung an die Schule ist unterschiedlich stark, der Bibelunterricht wird von Lehrpersonen der Schule erteilt und ist enger in die schulische Struktur eingebunden als der Religionsunterricht, den kirchliche Lehrkräfte erteilen, die von den Kirchengemeinden und Pfarreien angestellt und bezahlt werden.[213]

Acht verschiedene Arten von Religionsunterricht für katholische Kinder sind möglich:
- außerschulische katholische Katechese (Kat)
- katholischer Religionsunterricht (in der Schule) (kRU)
- katholischer Bibelunterricht (kBU)
- interkonfessioneller Bibelunterricht (iBU)
- interkonfessioneller Religionsunterricht (iRU)
- interkonfessionell-schulischer Bibelunterricht (isBU)

---

212 Vgl. sehr ausführlich: Frei, 1982; Wegenast, in: RpB (1982) Nr.9, 124-148; Dommann, in: RpB (1986) Nr.18, 137-151.
213 Vgl. Dommann, in: RpB (1986) Nr.18, 137-151, 137.

- interkonfessionell-schulischer Religionsunterricht (isRU)
- schulischer Bibelunterricht (sBU)[214]

Zum Teil wird auch der Unterricht der katholischen Kirche von Lehrern getragen, meist für ihre eigene Klasse; er findet oft in Randstunden in der Schule statt.

Als staatlicher Bibelunterricht wird er in Aargau, Appenzell AR, Basel-Land, Bern, Glarus, Zürich und Schaffhausen (1.-3. Klasse) geführt; in Thurgau steht es den Lehrern frei, schulischen Bibelunterricht zu erteilen. Diese Art des Bibelunterrichts, die dem Staat untersteht und bei der die Kirchen beratenden Status haben, findet sich besonders in mehrheitlich protestantischen Kantonen. Als konfessioneller Bibelunterricht ist er vor allem in den katholischen Kantonen Appenzell IR, Luzern, Obwalden, St. Gallen und Wallis institutionalisiert; Freiburg, Nidwalden, Schwiz, Uri und Zug haben interkonfessionellen Bibelunterricht, der als schulischer geführt wird.[215]

Der konfessionelle Religionsunterricht ist zusätzlich und findet zwar meist in der Schule statt, gehört aber, wie gesagt, in den Verantwortungsbereich der Kirchengemeinden (sowohl inhaltlich als auch formal-rechtlich und finanziell)[216]. Zur Erleichterung des Verständnisses für diese differenzierten Arten des Religionsunterrichts für

---

214 Vgl. Interdiözesane Katechetische Kommission (Hrsg.), 2, 1982, 2.
215 Vgl. Interdiözesane Katechetische Kommission (Hrsg.), 2, 1982; vgl. für die Grundschuljahre: Interdiözesane Katechetische Kommission (Hrsg.), 1, 1982.
216 Wie schwer aufgrund all dieser Bedingungen z.B. die Erstellung von Unterrichtsmaterialien ist, betont auch Dommann, in: RpB (1986) Nr.18, 137-151, 142-151.

katholische Schüler sei eine zusammenfassende Tabelle übernommen:[217]

Klassen der Primarschulstufe (1.-6. Schuljahr, Ausnahmen siehe unten)

Zuständig	Katholische Kirche			Kirchen		Kirchen + Staat		Staat
Art des RUs	Kat	kRU	kBU	iBU	iRU	isBU	isRU	sBU
Aargau		▓						▓
Appenzell AR	▓	(x)						▓
Appenzell IR		▓	▓				(x)	
Basel-Land		▓						▓
Basel-Stadt		▓						
Bern	▓							▓
Freiburg		▓				▓		
Glarus		▓						▓
Graubünden		▓						
Luzern		▓	▓					
Nidwalden		▓				▓		
Obwalden		▓	▓					
St.Gallen		▓	▓	(x)				
Schaffhausen		▓						1.-3.Kl.
Schwyz		▓				▓	1.Kl.	
Solothurn		▓						
Thurgau	▓							(x)
Uri		▓				▓		
Wallis		▓	▓					
Zug		▓				▓	1.Kl.	
Zürich	▓							▓

Klassen der Volksschuloberstufe (Sekundarstufe I, 7.-9. Schuljahr, ausser: BS und BE nach dem 4. Schuljahr, AG und BL nach dem 5. Schuljahr)

	Kat	kRU	kBU	iBU	iRU	isBU	isRU	Real/Sek
Aargau		▓						
Appenzell AR	(x)	▓						
Basel-Stadt	9.Kl.	▓			7.Kl.			▓
Bern	▓							
Freiburg		▓			7.Kl.			
Schaffhausen	(x)	▓						
Zürich	▓							
alle übrigen		▓						

---

217 Interdiözesane Katechetische Kommission (Hrsg.), 2, 1982, 24.

Der Deutschschweizerische Katechetische Rahmenplan ist der einzig verpflichtende Rahmen für den Religionsunterricht, 1976 wurde er von den Bischöfen als verbindlich erklärt, 1982-1984 überarbeitet und z.t. 1989 für die Umstellung der Schulorganisation auf einen einheitlichen Schulbeginn im Spätsommer erneut revidiert.[218] Für den Oberstufenunterricht haben die Katechetischen Arbeitsstellen mancher Kantone eigene Lehrpläne als konkrete Arbeitshilfen für die Katecheten herausgegeben.[219] In dieser Arbeit beschränke ich mich aber auf die allgemeinen Rahmenpläne.

Da in den ersten Schuljahren besonderes Schwergewicht auf die "Kräfteschulung", d.h. "die Aktivierung der seelisch-geistigen Kräfte, die für religiöses Wahrnehmen und Leben notwendig sind"[220], gelegt wird, geht es nicht in vordergründigem Sinn um Stoffvermittlung. Obwohl sehr viele neutestamentliche Stellen, die Weihnachtserzählung und die Passion als inhaltliche Schwerpunkte angegeben sind, wird mit keinem Hinweis der jüdische bzw. jüdisch-christliche Zusammenhang erwähnt.

Auch die Eucharistiekatechese, die das 2. Schuljahr bestimmt, erwähnt das "Pascha-Geheimnis" nicht mit Hinweis auf den jüdischen Kontext.[221] Weder alttestamentliche Personen und Ereignisse, weder die Ethik Jesu noch Jesus selbst und seine Verkündigung des Vaters

---

218 Vgl. Deutschschweizerischer Katechetischer Rahmenplan 1-3, 1982; Beilage 1-3, 1989; Deutschschweizerischer Katechetischer Rahmenplan 4-6, ²1989; Deutschschweizerischer Katechetischer Rahmenplan 7-9, 1989.
219 Vgl. Dommann, in: RpB (1986) Nr.18, 137-151, 142.
220 Deutschschweizerischer Katechetischer Rahmenplan 1-3, 1982, 6.
221 Vgl. Deutschschweizerischer Katechetischer Rahmenplan 1-3, 1982, 14; Deutschschweizerischer Katechetischer Rahmenplan 4-6, ²1989, 10.

werden mit Bezug zum Judentum dargestellt. Einzig unter dem Zielbereich "Gottesbeziehung" wird das Judentum unter der Zieleinheit "An Gott, den Schöpfer und Vater glauben" für das 4. oder 5. oder 6. Schuljahr nahegelegt, nicht aber als verpflichtendes Thema.[222]

Als exemplarische Hinweise auf Querverbindungen zum Bibelunterricht werden u.a. biblisch-jüdische Feste, die ersten juden- und heidenchristlichen Gemeinden und die Verbindung von Paschamahl und Letztem Abendmahl genannt.[223] Im Bibelunterricht wird auch stärker auf die Bibel als die gemeinsame Grundurkunde des jüdisch-christlichen Glaubens verwiesen. Es wird dadurch zwar das biblische Judentum aufgegriffen, aber nur soweit es für das Verständnis Jesu und des Christentums wichtig ist[224]; es erfolgt kaum ein Bezug zum Judentum als gegenwärtig lebendige Religion.[225]

Weder die Gefahr der Vorurteile und des Ausgrenzens (die Pharisäer, die Juden ...)[226] noch des direkten Bezugs des Alten Testaments auf die Erfüllung in Jesus

---

222 Deutschschweizerischer Katechetischer Rahmenplan 4-6, [2]1989, 9: "Christlicher und jüdischer Glaube (NT und AT) stimmen in grundlegenden Aussagen über Gott und seinen Heilsplan überein. (Die Unterschiede zeigen sich besonders in der Stellung zu Jesus, der für uns der Christus und Sohn Gottes ist.)"
223 Vgl. Deutschschweizerischer Katechetischer Rahmenplan 4-6, [2]1989, 12f; vgl. bei den Passionserzählungen, wo jeder Hinweis auf das Judentum fehlt: Deutschschweizerischer Katechetischer Rahmenplan 4-6, 1984, 46-49.
224 Vgl. Deutschschweizerischer Katechetischer Rahmenplan 4-6, 1984, 25 und 42.
225 Vgl. Deutschschweizerischer Katechetischer Rahmenplan 4-6, 1984, 32 und 38.
226 Vgl. Deutschschweizerischer Katechetischer Rahmenplan 4-6, 1984, 41.

Christus werden ausdrücklich beachtet[227]; auch Paulus wird nicht als Jude wahrgenommen[228].

Der Rahmenplan für die Oberstufe (7-9) schreibt kein verbindliches Programm vor wegen der sehr verschiedenen Situationen und Lernbedingungen; er ist kantonal zu konkretisieren und mit entsprechenden Schwerpunkten gemäß des Lebensbezuges und der kerygmatischen Ausrichtung[229] zu unterrichten.[230] Er kann nur die Zielrichtungen der einzelnen Inhalte angeben, verschiedene Themen anbieten und Grundsätze formulieren. Alles andere muß der Religionslehrer bzw. Katechet in seinem konkreten Arbeitsbereich entscheiden.

Das Judentum wird nur im Rahmen der Fremdreligionen als Thema angeboten[231]; bei allen anderen Themen ist der jüdische Hintergrund weder explizit zu finden noch wird darauf verwiesen. Vielleicht liegt es an den sehr knappen Auflistungen von Zielsetzungen, exemplarischer Arbeitsreihen und Ausblicken, daß das Judentum nicht in seiner Sonderstellung und seinem Bezug zum Christentum als Wurzel betont wird. Auf jeden Fall bleibt die Gefahr, daß durch all die Defizite dieser Lehrpläne

---

227 Vgl. Deutschschweizerischer Katechetischer Rahmenplan 4-6, 1984, 36f und 41.
228 Vgl. Deutschschweizerischer Katechetischer Rahmenplan 4-6, 1984, 50.
229 Vgl. Deutschschweizerischer Katechetischer Rahmenplan 7-9, 1989, 5: "Jede Arbeitsreihe muss von der konkreten Lebenserfahrung der Schüler ausgehen und nach der Begegnung mit Christus und seiner Botschaft immer wieder spiralförmig auf einer höheren Ebene ins konkrete Leben zurückführen."
230 Vgl. Deutschschweizerischer Katechetischer Rahmenplan 7-9, 1989, 2f.
231 Vgl. Deutschschweizerischer Katechetischer Rahmenplan 7-9, 1983, 21.

viele der Entwicklungen im jüdisch-christlichen Dialog und im Abbau von Vorurteilen mißachtet werden.

7.5   Defizite und kritische Würdigung in Hinblick auf die Erstellung eines Gesamtkonzepts

Zusammenfassend seien die Lehrpläne mit den wichtigsten Analyseergebnissen einzeln skizziert, um einen knappen Überblick zu ermöglichen:

Die österreichischen Lehrpläne:

Der Lehrplan für die Volksschule nimmt die Verwurzelung des Christentums im Judentum und die gegenseitige Beziehung an keiner Stelle auf. Vorurteilsbeladene Stellen werden unreflektiert vereinfacht; alttestamentliche Stellen ausschließlich christologisch gedeutet.

Im Lehrplan für die Allgemeinbildenden Höheren Schulen verbleiben die Beziehungen zwischen Christen und Juden besonders für die Stufen 1-4 auf einer so allgemeinen Ebene, daß sie inhaltsleer und unverbindlich scheinen. Die heilsgeschichtlichen und christologischen Interpretationen alttestamentlicher Texte lassen den Eigenwert der jüdischen Bibel außer acht; Abwertungen des Jüdischen zur Betonung des spezifisch Christlichen finden sich; vorurteilsbeladene Themen werden ohne Hervorhebung der Gefahr des Antijudaismus genannt. Das Judentum wird zwar Thema des Religionsunterrichts, ist aber vor allem im Rahmen der Weltreligionen behandelt. Die Verwurzelung des Christentums im Judentum ist erwähnt. Eine Systematik im Aufbau ist kaum erkennbar, fortschreitende Differenzierungen, Strukturierung inhaltlicher Bereiche und die Auflösung eventueller Vorurteile können indirekt erschlossen werden.

Die bundesdeutschen Lehrpläne:

Der Grundlagenplan von 1984 behandelt fundiert die
Herkunft des Christentums aus dem Judentum, auch Gemeinsamkeiten und Trennendes in Theologie und Kult;
Jesus und Paulus werden in ihrer Verwurzelung im Judentum nahegebracht; mögliche antijüdische Vorurteile sind
aufgenommen; jüdischer Glaube und Brauchtum werden
kennengelernt.

Baden-Württemberg:
Im Grundschullehrplan finden sich Hinweise (besonders
im Bereich des Kultes und der Bibel) auf die Verwurzelung und den Zusammenhang von Judentum und Christentum;
das Alte Testament ist zwar auf Israel, nicht aber auf
das gegenwärtige Judentum bezogen. Im gymnasialen
Lehrplan erscheint das Judentum nur als historische
Größe; Geschichte, Antisemitismus und Dialog finden sich
erst als Wahlunterrichtseinheit; theologische Themen
kommen nicht vor.

Bayern:
In der Grundschule wird die Bibel ohne Bezug zum
Judentum gelehrt; die Passionsgeschichte erliegt der
Gefahr von Vorurteilsbildungen; Berührungspunkte sind
nur sehr vereinzelt aufgenommen. Im Gymnasialbereich
fließen zwar geschichtliches Verständnis, kultische
Daten und die jüdische Gottesvorstellung ein, doch der
"Alte Bund" wird durch den "Neuen" der Christen weiter-
geführt, das Judentum "endet" mit der frühen Kirche.

Berlin und Hamburg:
Aufgrund der besonderen Situation des Religionsunterrichts und dadurch bedingt der Lehrpläne erübrigt
sich eine zusammenfassende Darstellung.

Hessen:

Hervorzuheben sind die hessischen Rahmenrichtlinien, auch unter lehrplantheoretischem Aspekt: Der Aufbau der Themen geschieht im Sinne eines Spiralcurriculums; das korrelative Arbeiten des Lehrers hat das Ziel, daß auch die Schüler selbst korrelieren lernen. Schrittweise wird gediegene Information über das Judentum, die Zeit Jesu, politische und religiöse Gruppen und Hintergründe, über biblische und kultische Verbindungen aufgebaut. In der 9. und 10. Schulstufe werden Gemeinsamkeiten, Unterschiede, Antijudaismus von der Shoa bis zum Neuen Testament, geschichtliche Hintergründe und Möglichkeiten eines positiven Verhältnisses thematisiert.

Niedersachsen:

Die Gemeinsamkeiten und die Kontinuität des Gottes Israels und der Christen werden eingebracht, ohne den Bezug zum heutigen Judentum zu vollziehen. Die inhaltlichen und historischen Aspekte der Zeit Jesu sind abgrenzend (und abwertend) behandelt. Ähnlich wie in den hessischen Rahmenrichtlinien ist auch in den niedersächsischen für die Jahrgänge 9 und 10 eine ausführliche und fundierte Behandlung des Themenfeldes vorgesehen; Geschichte bis zur Gegenwart, Glaube, Gottesvorstellung, jüdisch theologisches Selbstverständnis und Vorurteile werden aufgegriffen. In der gymnasialen Oberstufe sind im Bereich der Christologie und Ekklesiologie mögliche Berührungspunkte aufgezeigt.

Nordrhein-Westfalen:

Wiederum wird Jüdisches vor allem als Verständnisgrundlage für Jesus gesehen; mögliche (vor allem alttestamentliche) Themen und die geschichtliche Orientierung werden auf die israelitische Zeit bzw. auf die Konflikte der Urkirche beschränkt. Andererseits wird die Frage nach der Schuld am Tod Jesu explizit aufgenommen,

Eucharistie mit ihrer jüdischen Wurzel verbunden, und ein eigener Bereich mit zentralen Themen des Judentums und der darauf bezogenen Vorurteile eingebracht. Für den Oberstufenplan des Gymnasiums fällt die Analyse bis auf das Thema "Kirche und Synagoge" negativ aus.

Rheinland-Pfalz:

Die biblische Ausrichtung des Grundschulplans nimmt alttestamentliche Themen und die alttestamentliche Gotteserfahrung auf, aber ohne Bezug zum heutigen Judentum. Christologische Interpretationen und Abgrenzungen fallen im Lehrplan für die Orientierungsstufe auf. Paulus ist als Jude in seinem jüdischen Kontext behandelt. Ab der 7. Stufe wird das Thema bis auf wenige Ausnahmen ausgeblendet: Als Kernthema ist "Kirche und Nationalsozialismus" vorgesehen, als Wahlthemen sind Judentum im Rahmen der monotheistischen Religionen und zusammen mit dem Thema Kirche möglich.

Saarland:

Für die Grundschule ist der Lehrplan ident mit dem von Rheinland-Pfalz. Die Erarbeitung des spezifisch Christlichen erliegt zum Teil der Gefahr von Wertungen; alttestamentliche Themen und theologische Grundgedanken (u.a. Gottesbild, Bund, Hoffnung) werden stark betont und ausgefaltet, sie scheinen aber nur auf Israel bezogen. Besonders bei Themen wie Gottesdienst, Feste, Bräuche, Gemeinde, aber auch Nächstenliebe, Christologie und Kirche werden diese sehr konsequent und genau im jüdischen Kontext gesehen.

Schleswig-Holstein:

Bereits in der Grundschule werden alttestamentliche Gotteserfahrungen, ein jüdisches Grundwissen und Jesu Judesein behandelt; auch in den folgenden Schuljahren sind das biblische Judentum, die frühen Gemeinden, Jesus

aus jüdischen Sicht, Kirche und Synagoge, Pessach und
Eucharistie explizit einbezogen; leider fehlt meist der
Bezug zum gegenwärtigen Judentum. Ein Kurs zum Thema
Judentum Christenum ist verpflichtend vorgesehen.

Die deutschschweizerischen Lehrpläne:

Trotz der schwierigen rechtlichen Situation des
Religionsunterrichts in der Schweiz lassen sich einige
Ergebnisse der Lehrplananalyse zusammenfassen: Die
deutschschweizerischen Lehrpläne blenden bis auf
einzelne Querverbindungen und fakultative Vorschläge den
gesamten Themenbereich Judentum und seine Stellung als
Schwesterreligion des Christentums aus. Ebensolches gilt
für die Vorurteilsproblematik ; das Judentum als gegenwärtig lebendige Religion fehlt; die christologischen
Deutungen der Hebräischen Bibel überwiegen. Eine Analyse
anhand der zentralen Kategorien Gott, Bund, Land, Volk,
Hoffnung/ Zukunft ist aufgrund der massiven Defizite
kaum möglich.

Die Analyse der Lehrpläne zeigt, wie unterschiedlich
das Problembewußtsein für diesen Themenbereich nach wie
vor ist. Manche Themenbereiche fehlen noch immer in den
Lehrplänen zahlreicher Bundesländer; ein Blick auf die
Kategorien[232] zeigt es.

Es ist müßig, zu all den Kategorien immer wieder all
die Lehrpläne aufzulisten, die die einzelnen Bereiche
des Themas Judentum-Christentum gar nicht, kaum oder
unzureichend aufnehmen. Vielmehr werden im folgenden

---

232 Vgl. 5.1.

einerseits positive Beispiele von Lehrplänen und andererseits exemplarische Negativbeispiele hervorgehoben.

Kaum einem Lehrplan gelingt es, wirklich deutlich zu
machen, daß das Judentum die Wurzel des Christentums
ist[233], daß ihre Geschichte bis Jesus eine gemeinsame
ist, und daß darin auch der geschwisterliche Weg beider
gründet. Nach wie vor endet in fast allen Lehrplänen die
Geschichte des Judentums mit Jesu Auftreten und wird nur
als die Geschichte Israels wahrgenommen[234]. Ebenso
werden die fünf Kategorien Gott, Bund, Land, Volk und
Hoffnung/ Zukunft in den Lehrplänen z.T. verkürzt, meist
aber gar nicht aufgenommen.[235]

Die Gemeinsamkeit der Schriften wird kaum aufgenommen, die gegenseitige Herausforderung in der Auslegung
findet sich bei all den vorgegebenen alttestamentlichen
Stellen nicht.[236] Andere Wurzeln[237] werden größtenteils
erwähnt, doch nur als historische.[238] Wie wir gesehen

---

233 Nur der Grundlagenplan, 1984, und der Lehrplan für die
    Grundschule (Schleswig-Holstein), 1978, sind positiv
    hervorzuheben.
234 Eine Ausnahme sind die Rahmenrichtlinien 5-10 (Hessen), 1987.
235 In Bezug auf das Gottesbild zeigen die Rahmenrichtlinien für
    die Grundschule (Niedersachsen), 1982, und der Lehrplan für die
    Grundschule (Rheinland-Pfalz), 1983, positive Ansätze.
236 Vgl. Deutschschweizerischer Katechetischer Rahmenplan 4-6,
    1984, der die Gemeinsamkeit der Schriften ein wenig aufnimmt;
    der Lehrplan für die Grundschule (Baden-Württemberg), 1984, und
    der Lehrplan 10 (Bayern), 1977, vermitteln den Eindruck, das
    Alte Testament sei durch das Neue abgelöst.
237 Vgl. Dimension III: siehe oben Kap. 5 bzw. Fiedler, 1980, 38.
238 Im Bereich des Kultes und der religiösen Feste, besonders
    Eucharistie und Sabbat, wird häufig auf das Judentum verwiesen:
    vgl. Grundlagenplan, 1984; Lehrplan für die Grundschule
    (Baden-Württemberg), 1984; Lehrplan 5-10 (Baden-Württemberg),
    1984; Lehrplan für die Grundschule 3 (Bayern), 1979;
    Rahmenrichtlinien 5-10 (Hessen), 1978; Lehrplan 5/6 (Saarland),
    1983; Lehrplan 7/8 (Saarland), 1984; Lehrplan 9/10 (Saarland),
    1986; Lehrplan 7-10 (Schleswig-Holstein), 1979.

haben, gibt es nach wie vor Lehrpläne, die Jesus nicht
als Juden ins Blickfeld bringen,[239] sondern die Unterschiede abgrenzend darstellen, d.h. Jesus stark von
seinem jüdischen Hintergrund abheben und in Gegensätzen
das Neue des Christentums betonen.[240] Dies gilt für
seine Ethik, sein Beten und ebenso für seine Verkündigung.[241]

Fiedler schreibt zusammenfassend zu seinen Analysen:

"Es ist eben nicht damit getan, dem heutigen Judentum
aus einer gewissen Verpflichtung wegen der geschehe-
nen Katastrophe heraus Sympathien entgegenzubringen.
Nur aus einer Neubesinnung auf die Wurzel und von der
Wurzel aus wird es möglich sein, über das Herumku-
rieren an Symptomen hinauszukommen."[242]

Zehn Jahr später zeigt sich, daß sich manches - wie wir
gesehen haben, verändert hat hin zu einer positiven
Würdigung des Judentums und des Verhältnisses von
Judentum und Christentum.[243] Biemer sieht dabei die
notwendige Richtung der Weiterarbeit darin,

"dieser Wende die Kraft der Dauer und Tradition zu
geben, durch die Befähigung der Religionslehrer und
Prediger den Lernprozeß Christen Juden wirklich-
keitshaltig zu vermitteln."[244]

---

239 Positiv seien erwähnt: AHS-Lehrplan, 1983; Grundlagenplan,
1984; Rahmenrichtlinien 11-13 (Niedersachsen), 1982; Lehrplan
11 (Saarland), 1979/80; Lehrplan für die Grundschule
(Schleswig-Holstein), 1978; Lehrplan 11-13
(Schleswig-Holstein), 1984.
240 Vgl. AHS-Lehrplan, 1983; Rahmenrichtlinien für die Grundschule
(Niedersachsen), 1982; Lehrplan 5/6 (Schleswig-Holstein), 1977;
Lehrplan 7/10 (Schleswig-Holstein), 1979.
241 Positiv erwähnt sei der Lehrplan 5/6 (Saarland), 1983.
242 Fiedler, in: FrRu 31 (1979) 3-8, 7.
243 Vgl. Biemer, in: KBl 113 (1988) 629-637, 630; vgl. als eine
vorläufige Bilanz des Umdenkprozesses im Anschluß an die
Arbeiten von Kremers und Biemer: Biemer, in: KBl 112 (1987)
458-460. Vgl. die ausführliche Untersuchung von Reck, 1990.
244 Biemer, in: KBl 113 (1988) 629-637, 630; das Komma nach
"Prediger" fehlt im Zitat.

Einzelne der neueren Lehrpläne[245] nehmen das Thema sehr genau und umfassend auf, in zahlreichen Themenbereichen wird versucht, den Grundgedanken des Jüdisch-Christlichen zu beachten.

Dennoch darf dieses Thema nicht nur infolge der Shoa und des Erschreckens darüber aufgegriffen werden. Zu groß ist die Gefahr (und zu zahlreich sind die Beispiele), daß Geschichte wieder vergessen wird, zumal es eine Geschichte der Verbrechen und der Schuld ist.

Nach all dem, was ich über die Prozesse des Lernens dargelegt habe, geht der Weg auf Lehrplanebene über die aufbauende Weiterführung, Vertiefung und Vernetzung nicht nur des Verhältnisses Judentum Christentum, sondern damit verbunden der zentralen Bereiche des Christentums mit seinen jüdischen Wurzeln und Parallelen.

Theologisch ist die Schwierigkeit zu bewältigen, die in den Untersuchungen immer wieder zutage tritt:
"Wo explizit über Judentum, Gesetz, Pharisäer gesprochen wird, ist das Bemühen um Objektivität unverkennbar. Das Problem beginnt dort, wo es um Jesus geht. In der Kontrastierung zu Jesus scheint alles Positive am Judentum automatisch ins Gegenteil umzuschlagen (...), und negative Randerscheinungen werden typisiert."[246]
Damit ist erneut die zentrale Frage angeschnitten, wie Christen das "spezifisch Christliche", ihre Identität ohne negative Abgrenzungen dem Judentum gegenüber positiv formulieren können.

---

245 Vgl. vor allem die hessischen Rahmenrichtlinien für die Sekundarstufe I, die niedersächsischen und saarländischen Lehrpläne ab der 5. Schulstufe, die Lehrpläne von Schleswig-Holstein.
246 Gollinger, in: FrRu 29 (1977) 40-46, 45.

8. IMPULSE FÜR EINEN VERTIKAL-KONSEKUTIVEN AUFBAU EINER GESAMTTHEMATIK AUF LEHRPLANEBENE

8.1 Konsekutive Sequentialisierung auf fachwissenschaftlicher Ebene

Will man dem Gedanken gerecht werden, daß das Alte Testament der Christen zugleich die Hl.Schrift der Juden ist, und daß Jesus und seine Jünger Juden waren, dann muß vom Judentum einerseits in seiner Eigenständigkeit und zugleich als Wurzel der jüdisch-christlichen Tradition gesprochen werden.

Als eine Möglichkeit des Ansatzes auf fachwissenschaftlicher Ebene bietet sich der Weg der Entwicklung des Glaubens, beginnend bei Abraham, an. Die fortschreitende Offenbarung in der jüdisch-christlichen Geschichte kann auch dem einzelnen zum Weg des Glaubens werden. Wird der Weg durch die Geschichte des biblischen Glaubens eingeschlagen, sind jüdisches und christliches Selbstverständnis einander sehr nahe. Nur so kann der Eigenwert der alttestamentlichen Gotteserfahrung gewahrt bleiben, indem nämlich die Erfahrung Gottes und das Reden über ihn in der Theologie als geschichtlich gewordene verstanden werden.

Abraham lernt Gott kennen als den, der ihn herausruft aus dem Vertrauten und ihm Mut gibt für das Wagnis des Neuen und Unbekannten; zugleich wird Gott als der erfahren, der Land und (in den Nachkommen) Zukunft gibt. Die Erwählung im Bund ist bleibend, ebenso die Beschneidung als Bundeszeichen. Diese Verheißungen werden besonders bei Paulus in Jesus Christus auf alle, d.h. auch Heidenchristen, übertragen. Abraham als der Vater des Glaubens, der ohne Werke gerechtfertigt ist, steht nicht in Widerspruch zur Notwendigkeit menschlicher Taten, weder im Judentum noch im Christentum.

Abraham, der in vielen Lehrplänen für die Grundschule vorgesehen ist, kann Ausgangspunkt einer religiösen Erziehung im jüdisch-christlichen Sinn sein. Er ist Vorbild im Glauben, ohne Vorurteile aufzubauen, und sein Handeln und Denken kann, da es ohne für Kinder kognitiv unverständliche Paradoxien ist, nachvollzogen werden. Einzig die Perikope der Opferung des Isaaks ist aufgrund der zu erwartenden Identifikation der Kinder mit Isaak für den Einsatz in der Grundschule nicht geeignet.[1]

Im Zentrum der Bibel steht das Exodus-Ereignis, der Weg der Israeliten mit all ihren Hoffnungen und Enttäuschungen. Gott als der, der mitgeht, der da ist und der da bleibt, dessen Bund unverbrüchlich ist, wird in der Folge immer wieder erfahren. Der Weg Israels als Prozeß der Befreiung und der Erfahrung Gottes, wie er in der Pessach-Haggada gegenwärtig gesetzt wird, macht auch für Christen Gott als den Erlöser und Befreier erkennbar.

Die Struktur der Gotteserfahrung bleibt gleich: derjenige, der keine Zukunft mehr hat, wird zum Begründer der drei großen monotheistischen Religionen, des Judentums, des Christentums und des Islam: Mose. Auf Gottes Wort hin bzw. aufgrund der Begegnung mit ihm erwächst der Weg der Befreiung und der Sinai-Bund mit der Tora im Zentrum. Die jüdisch-christliche Tradition mit der Wurzel an diesem Ereignis wird in die

---

1 Diese Perikope muß sehr differenziert im Kontext der Ergebnisse des exegetischen Forschung thematisiert werden. Dabei darf die Gefahr nicht übersehen werden, Schüler und Schülerinnen durch die Ambivalenz des Gottesbildes in ihren Denkmöglichkeiten zu überfordern (vgl. 4.2).

Vergangenheit rückgebunden an die Verheißung an Abraham, und in die Zukunft verbunden mit der Verheißung einer messianischen Zukunft, die Christen in Jesus Christus bereits als angebrochene erfahren.

Im Exodus-Ereignis sind alle Kategorien verbunden: die Erfahrung Gottes, seine Zusage von Land und Zukunft im Bund und die damit verbundene Erfahrung der Menschen als Gemeinschaft, als Volk. Jede dieser Kategorien kann im jüdischen und christlichen Selbstverständnis aufgenommen werden; der Weg mit Gott betont unterschiedliche Aspekte: das Recht auf Land und Autonomie bis in die Gegenwart; die Beachtung des Bundes als Leben gemäß des Willens Jahwes, damit das gelobte Land und unsere Erde gelobt wird und bleibt; das Zusammenleben als Volk, als Nachbarn im eigenen Land und auf der ganzen Welt, damit alle eine Zukunft haben.

Entlang der wichtigsten Stationen der biblischen Geschichte und deren Feier im liturgischen Jahr der Juden und Christen können diese zentralen Kategorien des Exodus vertieft, differenziert und weiter ausgefaltet werden.

Die Propheten nehmen einerseits den kritischen Aspekt des Glaubens auf: Land muß Land für alle sein, der Bund erfordert eine Gott entsprechende Praxis und soll im Volk, das Zukunft hat, sichtbar sein. Andererseits läßt sich an prophetischen Beispielen auch eine den Erwartungen widersprechende und sie durchbrechende Erfahrung Gottes aufzeigen. Gott als der Ferne, der Unerwartete, der Unbequeme wird spürbar. Gleichzeitig zeigen aber Propheten Gott auch als den Nahen, den Mütterlich-Väterlichen, den Helfenden, den Beschützer. Dadurch ist Gott als der immer Andere präsent; "Erfahrung" Gottes wird nicht festgelegt auf besondere Erfahrungen, sondern eingebunden in den Alltag und seine Probleme. Hoffnung auf Zukunft, auch gegen den Willen und gegen die Interessen der Mächtigen, ist die Erfahrung mit Jahwe, dem mitgehenden Gott, im Verlauf der Jahrhunderte auch über die Shoa hinaus.

Indem Gott als der, der alles in der Hand hält und in dem alles gründet, bewußt thematisiert wird, kommt er zugleich als Schöpfer in den Blick. Dadurch wird das Schöpfungsverständnis nicht in Gegensatz zu den Naturwissenschaften gebracht, die biblische Frage nach dem Woher der Welt wird nicht mit der naturwissenschaftlichen vermischt und als unwissenschaftlich disqualifiziert.

Was die biblischen Erzählungen nahelegen und was die Vorurteilsforschung besonders deutlich machte, ist die Individualisierung von Geschichte. Erfahrungen, positiv wie negativ, werden als singuläre von anderen Menschen geteilt und übernommen. Im Erzählen der Erfahrungen dieser konkreten Menschen wird implizit auch die Frage aufgenommen, wie Menschen handeln bzw. handeln sollen und wie auch wir uns verhalten sollen, damit das Leben gelingt. Unter Aufnahme der entwicklungspsychologischen Ansätze und der Stufentheorien religiösen Lernens[2] kann vor allem mithilfe von biblischen Geschichten und Beispielerzählungen gelernt werden, welche Verhaltensweisen in und Lösungsmöglichkeiten von konkreten Konflikt- und Entscheidungssituationen im Sinne der jüdisch-christlichen Ethik nahegelegt und gefordert werden.

---

2 Dieser Gedanke führt selbstverständlich über die fachwissenschaftliche Sequentialisierung, die an dieser Stelle geleistet werden soll, hinaus.

Indem schrittweise der Glaubensweg Israels als Weg der Erfahrungen von Menschen mit Gott nachgegangen wird, kann es möglich sein, Vorurteile weniger aufzunehmen, indem der Hintergrund Jesu so deutlich ist, daß Jesus nicht zusammenhanglos gegen seine jüdische Umwelt steht. In der Rückbindung Jesu an die alttestamentliche Tradition mit all ihren Möglichkeiten der Deutung seiner Person können die Muster des Verstehens und Erklärens sowohl von Jesus selbst als auch der jungen Kirche deutlich werden. Das Ringen um eine Sprache zur Deutung der Erfahrung Gottes bindet Jesu Person, seinen Anspruch, seine Ethik, sein Wirken und sein Sterben in die religiöse Tradition ein, ohne seinen eigenen Weg der unmittelbaren Nähe Gottes und der damit verbundenen Entscheidungsforderung zu schmälern oder zu verleugnen.

Auf dieser Basis können auch die Unterschiede klarer gesehen werden und das Neue des Evangeliums nicht abwertend, sondern als eigenen Weg, ausgelöst von der Erfahrbarkeit Gottes in Jesus Christus, verstanden werden. Jesus als Jude ist verbindender Mittelpunkt zwischen Juden und Christen, Jesus als der Christus trennender Wendepunkt.[3] In der nachösterlichen Deutung zielen Jesu prophetischer Anspruch, sein Selbst- und sein Sendungsbewußtsein auf das Kerndatum der Christologie: auf Ostern. Die Differenzierung zwischen historischen und kerygmatischen Aussagen über Jesus in der Arbeit an neutestamentlichen Texten zeigt den Weg der Entwicklung der frühen Kirche bis hin zur Trennung von Synagoge und Kirche.

---

3   Vgl. zum folgenden ausführlich: 5.3.

Die Schwierigkeit besteht im vorurteilsfreien, nicht ausgrenzenden Reden von Jesus Christus, seiner Person, seinem Leben, seinem Sterben und seiner Verherrlichung. Der Anbruch der Gottesherrschaft durch und in Jesus Christus und all jenen, die ihm nachfolgen, provoziert immer wieder die Betonung des "radikal Neuen" auf Kosten des Jüdischen.

Das Ringen der Menschen um ein den Erfahrungen adäquates Sprechen von Gott spiegelt sich über das Neue Testament hinaus vor allem im allmählich wachsenden trinitarischen Reden von Gott wider. Diese Aspekte der Entwicklung des Christentums als einer eigenständigen Religion sind anhand der überlieferten Texte und den dahinter stehenden Erfahrungen auszufalten.

Auf diesem Weg des Lernens wird es Grundschulkinder geben, deren christologisches Verständnis anfangs mangelhaft sein wird, die aber in eine Welt des Glaubens hineinwachsen können, in der überlieferte Erfahrungen der Menschen untereinander und mit Gott als solche ausgefaltet und lebendig gemacht werden, ohne bereits die komprimierten Endprodukte des Glaubens in Formeln vorzugeben.

Dieses schrittweise Aufbauen des religiösen Verstehens, in dem einerseits der Anknüpfungspunkt erinnert und andererseits der Gedankengang so weitergetrieben wird, daß der Anspruch des Weiterdenkens bestehen bleibt, ist an dieser Stelle nur fachwissenschaftlich dargelegt. Die Vernetzung mit den oben dargestellten und diskutierten lern- und entwicklungspsychologischen Ansätzen[4] wird im folgenden aufgenommen. Hinzu kommen notwendigerweise die methodisch-didaktischen Möglichkeiten: die Erschließung der Erfahrungen und Gedanken ist mit Textarbeit, Gespräch, Rollenspiel, ... möglich; zu bedenken bleibt die Ganzheitlichkeit der Methoden.

Da in dem oben Dargelegten zahlreiche Fragen und Probleme angesprochen sind, die nicht immer in dieser Dichte Erfahrungen der Schüler treffen, wird Lernen vermehrt auf der Ebene der Identifikation geschehen müssen, um so die Nähe und die Relevanz des Glaubens erfahrbar zu machen.

Ein anderer Weg religiösen Lernens geht vom Kirchenjahr aus und setzt vom Verlauf des religiösen Jahres aus die Schwerpunkte religiösen Lernens. Die Probleme beginnen dort, wo diese Art des Lernens nicht die Deutung des miterlebten und praktizierten religiösen Alltags mit seinen Gebeten, Festen und heiligen Zeiten ist, sondern wo die Theorie über das Kirchenjahr Grundlage und Anknüpfungspunkt für den Verweis auf und die Deutung von religiösen Erfahrungen ist, die aber selbst nicht mehr erfahren werden.

Die gegenwärtigen Tendenzen in den Lehrplänen zielen sehr auf diesen Weg des Lernens ab: Ausgangspunkt sind die Feier und das Gedenken an Jesus im Laufe des Kirchenjahres. Dieser Weg stellt zwar Jesus gebührend ins Zentrum, läuft aber sehr leicht Gefahr, das Christentum auf einzelne Erzählungen des Neuen und damit vermischt

---

4   Vgl. besonders: Ausubel, Bruner, Fowler, Oser, Nipkow – Kapitel 4.

des Alten Testaments, auf religiös-liturgische Praxis und auf moralische Verhaltensregeln zu reduzieren.

Was verloren geht, sind die Erfahrungen von Menschen, die im Zentrum der Bibel stehen und von denen abgeleitet erst die Regeln der Praxis, des Verhaltens, des Betens u.a. entstehen. Die jüdisch-christlichen Zeugnisse der Bibel zeigen es: Menschen erfahren Jahwe so glaubwürdig und so provozierend, daß es ihr Leben verändert. Christlich formuliert steht am Anfang der Ruf zur Nachfolge von jemandem, der so überzeugend und glaubwürdig war, daß das Aufbrechen gewagt wurde: Jesus. Christlich gesprochen waren die Erfahrungen mit Jesus so tief und die Hoffnung so kraftvoll, daß nach dem Tod Jesu seine Auferstehung verkündet werden konnte.

Ohne mit diesen Ausführungen die Offenbarung reduzieren zu wollen, soll die menschliche Seite daran, das Hören des Anrufs Gottes und die Antwort der Menschen mit ihrem ganzen Leben, deutlich werden. Im Prozeß des Lernens sollen selbstverständlich die einzelnen Bezüge zwischen Judentum und Christentum beim Beten und Feiern, bei Eucharistie und Sabbat u.v.m. hervorgehoben und behandelt werden. Die Geschichte des Christentums soll parallel zur Geschichte des Judentums betrachtet werden; sowohl jüdische als auch christliche Zeugen des Glaubens an Jahwe, den einen Gott, auf ihren unterschiedlichen Wegen durch die Geschichte dürfen nicht ausgespart werden; ebensowenig dürfen die Fragen nach der Verantwortung und den Gründen für die unterschiedlichen Entwicklungen ausgelassen werden. Paulus als ein Zeuge beider Religionen kann mit seinem Leben den Wert dieser beiden Religionen sichtbar machen. Seine existentiellen und theologischen Auseinandersetzungen, Konflikte und Krisen lassen sich an seinem Lebensweg, soweit er in den Schriften des Neuen Testaments überliefert ist, nachzeichnen. Die Verhältnisbestimmungen zwischen Judentum und Christentum, Möglichkeiten des Dialogs u.a. sollen genau besprochen werden.

Leitend sind nach wie vor die Gotteserfahrungen von Menschen aller Zeiten, ihr Antworten auf seinen Ruf, ihr Handeln aus diesem Glauben und ihr Nachdenken darüber. Damit ist auch der Reflexion über den Glauben auf philosophischer und theologischer Ebene gebührend Platz eingeräumt. Die Kategorien Gott und Bund stehen im Mittelpunkt des Verständnisses und verhindern einen wie auch immer begründeten ausschließlichen Heilsanspruch des Christlichen. Vieles in diesem umfassenden Themenbereich könnte noch erwähnt werden; es sollen diese Ausführungen als Entwurf gesehen werden, der nicht andere Inhalte ausschließen will, sondern den Blick für die Problematik des Christlichen in seiner jüdischen Wurzel und seiner eigenen Identität schärfen will.

8.2 Exemplarische Impulse zur Vernetzung der inhaltlichen Stränge

Wir sahen, daß die fortschreitende Offenbarung in der jüdisch-christlichen Geschichte, beginnend bei Abraham, auch dem einzelnen zum Weg des Glaubens werden kann. Dies verhindert die Gefahr des zusammenhanglosen Sprechens von Jesus, das Erzählen seines Lebens und seines Tuns ohne den Bezug zu seiner Herkunft. Die Erfahrung Gottes im konkreten Leben wird daran ebenso spürbar wie die Erinnerung an konkrete Geschichten, Erinnerung an Menschen, ihr Leben und ihre Leiden, ihre Irrwege und ihren Glauben, d.h. die Erinnerung als eine zentrale Kategorie des Jüdisch-Christlichen.

Am Symbol des Weges liegt es nahe, dieses zentrale
Symbol immer wieder auszufalten, zu vertiefen und mit
den Erfahrungen des Kindes, auf dem Weg zum Größer-
werden, Reiferwerden... zu sein, zu verbinden. Dieser
Ansatz nimmt natürlich über das Symbol "Weg" hinaus
zahlreiche Symbole des menschlichen Lebens auf. Gleichzeitig wird deutlich, daß die Symbole des jüdisch-
christlichen Glaubens im Prozeß der Vermittlung nicht
beliebig verändert werden können.

Darüber hinaus wird die Verbindung von Korrelation
und Symbol sichtbar, die Erfahrung des einzelnen und
tradierte Erfahrungen sind verdichtet im Bild des Weges.
Die subjektive Selektion darf dabei nicht ausgeblendet
werden; der privatisierte und individualistische Glaube
der einzelnen braucht die Gemeinde als Korrektiv, wie
auch die Gemeinde der Korrektur durch die einzelnen
Gläubigen bedarf.

Der Anspruch des Korrelierens, der in allen religionspädagogischen Ansätzen auf mittlerer Abstraktionsebene im Mittelpunkt steht, darf nicht darüber
hinwegtäuschen, daß Bibel - der Anruf Gottes an Menschen und die erzählten Erfahrungen von Menschen mit
Gott - weder für Kinder geschrieben ist noch auf deren
Fragen und Erfahrungen abzielt. Somit wird es immer
schwierig bleiben, z.B. die biblischen Erzählungen vom
Umgang mit dem Leid (Ijob) mit der Lebenswelt von
Kindern zu verbinden, die sich existentiell diesen
Fragen (hoffentlich) noch nicht stellen mußten. So ist
es sinnvoller, nicht um jeden Preis die Gegenwartser-
fahrungen der Schüler zu bemühen, und statt dessen die
Kinder in die Strukturen religiösen Denkens hineinwach-
sen zu lassen. Dafür ist die Offenheit der Kommunikation, gegenseitiges Zuhören, Raumgeben für unerwartete

Erfahrungen und wertfreies Suchen des eigenen Weges notwendig.

Die Elementarisierung in ihren vier Bereichen ist ernstgenommen; die Reduktion und Konzentration auf die zentralen biblischen Erzählungen des Lebens und Glaubens von Menschen zeigt, daß die inneren Strukturen der Erfahrungen über Jahrtausende hinweg einander ähneln: Menschen freuen sich, lieben, hoffen, trauern, wagen Neues, tun Böses, kehren um oder gehen in die Irre, geben Leben oder Tod weiter und stehen selbst vor der Tatsache des eigenen Sterbens.

Modifiziert sind dies auch unsere heutigen elementaren Erfahrungen, auch wenn sich die Welt sehr verändert hat. Indem über die erzählten Erfahrungen und deren fortschreitender Vertiefung anhand der zentralen Dimensionen und Kategorien sowohl eine Struktur zum Aufbau und zur Einordnung theologischer Inhalte als auch eine Sprache zur Benennung des eigenen Denkens und Empfindens gelernt wird, muß nicht mehr ständig der nicht einlösbare Anspruch eingefordert werden, daß schulisches Lernen die jeweils verschiedenen Situationen und Fragen der einzelnen Schüler immer treffen muß. Beide Aspekte, die kognitive Struktur und ihre Vernetzung ebenso wie die gedeuteten Erfahrungen, haben ihren Eigenwert und werden in ihrer Verbindung lebendig.

8.3. Konsequenzen und Ausblick auf der Gesamtplanebene

Exemplarische Impulse für ein Spiralcurriculum bzw. einen vertikal-konsekutiven Aufbau dieser Thematik auf biblischer Basis unter Betonung der fachwissenschaftlichen Ebene zu entwickeln, das bzw. der die Kriterien des Aufbaus und die religionsdidaktischen Begründungen aufnimmt, war Ziel dieses letzten Arbeitsschrittes. Dabei können vorerst nur Impulse gegeben und Perspektiven gezeigt werden; die Durchführung im Detail bedarf der Planung und Erprobung in der konkreten Praxis und kann letztlich nur durch die ständige Korrektur des Unterrichtsgeschehens erwiesen werden.

Ein biblisch orientiertes Hineinwachsen in die jüdisch-christliche Erzähltradition stand im Mittelpunkt. Das Ziel selbst liegt nicht nur auf den Impulsen, sondern im Prozeß des Aufnehmens verschiedener Ansätze, die in dieser Form für die mittlere Abstraktionsebene, d.h. für die Lehrplantheorie, bisher nicht bedacht sind. Nur durch eine schrittweise Integration der dargestellten Ansätze in die Lehrplanarbeit werden diese Verbindungen interdisziplinärer Ergebnisse auch in der religionspädagogischen Praxis weiter Fuß fassen.

Die beschränkte Relevanz solcher Impulse auf fachwissenschaftlicher Ebene darf nicht übersehen werden. Die Lernorganisation kann auf dieser Ebene die entwicklungspsychologische Diskussion in all ihrer Ausführlichkeit weder selbst leisten noch in diesem Rahmen mit dieser Arbeit verweben. Dies würde weit über das hier Mögliche hinausgehen und kann vorerst nur als weitere Forschungsmöglichkeit genannt werden.

Dennoch war es unverzichtbar, all die Überlegungen der didaktischen und religionspädagogischen Konzeptionen, der lern- und entwicklungspsychologischen Ansätze und ihrer religionspädagogischen Transformation in diese Arbeit aufzunehmen, um einerseits den Blick auf diese Zusammenhänge zu öffnen, die Fragestellungen zusammenzusehen und die Basis für weitere Arbeiten zu legen. Im Anschluß daran kann auch eine Durchführung im Detail erprobt werden.

"Den Themen und Inhalten merkt man an, daß sie aus der theologischen und katechetischen Systematik herkömmlicher Art entnommen und dem Prinzip der Vollständigkeit verpflichtet sind."[5]

Was Ott hier am Grundlagenplan von 1984 angreift, nämlich daß in den Leitmotiven Theologie und Anthropologie kaum verbunden sind, gilt derzeit als das Hauptproblem fast eines jeden religionspädagogischen Arbeitens.

Wie wir gesehen haben, ist die genaue, nicht austauschbare Zuordnung der Themen auf ein bestimmtes Schuljahr und auf die Erfahrungen, Sozialisation, Verständnismöglichkeiten und -schwierigkeiten der Schüler mindestens ebenso schwierig. Der Beliebigkeit der Inhalte kann durch den konkreten Bezug auf die situativen Bedingungen der Schüler entgangen werden, das heißt aber auch, daß die Themen so elementar gefaßt sein müssen, daß sie für Unterricht anwendbar sind. Zentral bleibt dabei nach wie vor die Frage: "Welche Anregungen erfährt der Schüler aus dem Glauben für sein Leben?"[6]

Die Erfahrungsdefizite der Schüler in Bezug auf vorgegebene Themen verstärken den Eindruck mangelnder Korrelation. Immer wieder scheitern religionspädagogische Entwürfe zur Zeit daran, daß Schüler mit Problemen und Fragen konfrontiert werden, die nicht die ihren sind und deren Schärfe sie noch nicht erkennen können, wobei gleichzeitig der Anspruch gestellt wird, die Lebenswelt der Schüler zu treffen. Es bleibt auch bei den Impulsen dieser Arbeit die Schwierigkeit bestehen, das Leben der Schüler greifbar und didaktisch "verwertbar" zu machen. Doch ich versuchte zu zeigen,

---

5 Ott, in: rhs 28 (1985) 91-95, 92.
6 Ott, in: rhs 28 (1985) 91-95, 92.

daß dieser Anspruch selbst, nämlich die Lebenssituationen verschiedenster Schüler zu vereinheitlichen, um
sie pädagogisch verwenden zu können, in Gefahr ist,
menschliche Individualität und entwicklungspsychologische Differenzierungen zu mißachten.

Wie bereits angeschnitten, besteht bibeldidaktisch
das Grundproblem, daß nicht sämtliche Elementaria der
Bibel jeweils von Schülererfahrungen her erschlossen
werden können. Die systematische Erschließung von
Inhalten und der schrittweise Aufbau kognitiver Strukturen für religiöses Denken und Verstehen muß als
sinnvoller Lernweg gesehen werden. Dies kann durch die
umfassende Elementarisierung und die Verbindung mit der
stufenweisen Entwicklung des religiösen Urteilens in
einen wechselseitigen Korrelationsprozeß münden. Dabei
ist Korrelation, wie ich ausgeführt habe, notwendig auf
Symbole verwiesen. Umgekehrt erfolgt die Erschließung
immer auch als Symboldidaktik, die korrelativ sein muß.
So schließt sich die Verbindung all dieser Ansätze – im
Horizont einer Schule für alle, an der konfessioneller
Religionsunterricht ein Schulfach in der Spannung von
Staat und Kirche darstellt.

Wie wir gesehen haben, bietet die pädagogische,
didaktische und fachdidaktische Theorie Ansätze, die
zusammen gesehen den Prozeß von verbindlichem aufbauenden Lernen fördern. Dies beinhaltet aber auch eine klare
Absage an einen unreflektierten Anspruch, die "unver-
kürzte" Lehre uneingeschränkt zu verkünden und die
Stufen des Lernens nicht ernstzunehmen. Ausgehend von
der These, daß Lernen, damit es sinnvoll ist, vertikal-
konsekutiv aufgebaut, vertieft und vernetzt sein muß,
muß der Lernprozeß von den elementarsten zentralen
Inhalten aus aufgebaut und ausgefaltet werden. Gerade

die elementaren zentralen Inhalte drücken ja die unver-
kürzte Lehre aus.[7]

Wie bereits zu Beginn[8] ausgeführt, kann diese Arbeit
nur einen begründeten Vorschlag für ein schrittweises
Aufbauen und fortschreitendes Vernetzen der zentralen
Inhalte des christlichen Glaubens in seinem Bezug zum
Judentum anbieten. Wie viele fachwissenschaftliche
Bereiche in den Lehrplänen nach wie vor überhaupt nicht,
unsachgemäß oder sogar falsch dargestellt sind, zeigt
die durchgeführte Analyse der Lehrpläne der BRD, der
deutschsprachigen Schweiz und Österreichs.

Damit aber die Ergebnisse der Fachwissenschaften im
Religionsunterricht wirklich Fuß fassen, muß das Thema
Judentum-Christentum verstärkt in der Lehrerbildung Raum
einnehmen[9]. Doch was für den Lernprozeß in der Schule
gilt, betrifft auch die Weiterarbeit mit Religions-
lehrern und Katecheten: nicht rein kognitives Wissen von
Inhalten des Lernprozesses Christen Juden steht im
Mittelpunkt, sondern ganzheitliches Erfassen. "Der
Leiter von Lernprozessen sollte sie nicht nur begriffen
·haben, sondern von ihnen ergriffen sein."[10]

Zur inhaltlichen Ebene in ihrer vertikal-konsekutiven
Abstufung müssen notwendig die verschiedenen Einzelthemen des Judentums (wie z.B. seine Geschichte) und des
jüdisch-christlichen Dialogs (wie z.B. Gemeinsamkeiten,
Unterschiede) treten. Die Vorurteilsthematik wurde in
der Arbeit genau dargelegt; all die einzelnen Aspekte

---

7 Vgl. 3.2; vgl. auch 3.1.
8 Vgl. 0.3.
9 Vgl. 7.5.
10 Biemer, in: KBl 113 (1988) 629-637, 636.

sind für eine weitere Arbeit zu bedenken, wenn es um die schrittweise Integration der didaktischen Vorschläge in einen Gesamtentwurf geht.

Zuvor muß jedoch die entwicklungspsychologische Thematik empirisch genau untersucht werden. Nur ein Forschungsprojekt eines Teams kann empirisch prüfen, wie das Thema Judentum-Christentum altersgemäß in den Denkstrukturen von Schülern auf den verschiedenen Altersstufen inhaltlich erfaßt wird, wie die Denk-, Verstehens- und Glaubensprozesse vor sich gehen, wie diese sinnvoll aufeinander aufbauen, konsekutiv fortschreiten, vernetzt werden und zugleich verbunden sind mit den Ergebnissen der Vorurteilsforschung. Darüber hinaus sollen im Rahmen dieses Lernprozesses, soll er ein religiös sinnvoller sein, bewußte persönliche Entscheidungen in Glaubensfragen möglich werden.

Auch die unterrichtspraktische Überprüfung des Gesamtentwurfs über alle Schulstufen hinweg unter Integration aller in dieser Arbeit dargelegten Faktoren und Ansätze kann nur von Teams geleistet werden. Deutlich wurde die Grenze des wissenschaftlich Kommunikablen; die Vielzahl und Sperrigkeit der behandelten Faktoren zeigen sowohl die offenen Bereiche, in denen konzentrierte Weiterarbeit dringend gefordert ist, als auch die Grenzen des interdisziplinär Aufweisbaren und konkret Integrierbaren.

Für ein empirisches Forschungsprojekt zur Überprüfung eines Gesamtentwurfs religiösen Lernens in diesem Themenbereich, das das Zentrum des Christentums trifft, unter Vernetzung aller in dieser Arbeit dargelegten Stränge auf konkreter Unterrichtsebene, sind zusätzliche Vorarbeiten im entwicklungspsychologischen Bereich notwendig. Es fehlen Kriterien zur differenzierten

Beschreibung des religiösen Denkens der verschiedenen Alters- und Entwicklungsstufen, und es fehlt vor allem deren empirische Überprüfung.

Über alle Einzelfragen hinaus bleibt eine Schwierigkeit - und wohl auch Unmöglichkeit - deutlich sichtbar: die Schwierigkeit, menschliches Leben in all seinen Entwicklungsschritten kognitiver, emotionaler, psychischer, gesellschaftlicher Art genau zu beschreiben. Dennoch macht gerade diese Arbeit die Notwendigkeit empirischer Überprüfungen der Vorschläge für sinnvolles Lernen ganz offensichtlich.

Zusammenfassend möchte ich nochmals das Beispiel aus der Einleitung als Vergleich heranziehen: Mathematisches Lernen beginnt beim einfachsten Zählen mit Murmeln o.ä., ohne daß damit die "höhere Mathematik" als das Ziel des Lernens in Frage gestellt wird. Zugleich gibt es eine Vielzahl von Menschen, die diese theoretischen Bereiche der Mathematik nie gelernt haben und auch deren Anwendung zur Lösung ihrer Probleme und Fragen nie brauchen. Und dennoch sehen wir Bereiche, in denen diese Theorien ihre Berechtigung haben und sogar notwendig sind. Für religiöses Lernen gilt Analoges.

Wenn wir dem Menschen, seinem Denken und seinem Verständnis entsprechend Lernen strukturierend aufbauen, dürfen wir nicht die Fülle der möglichen Inhalte ohne Beachtung der Verstehensvoraussetzungen und -möglichkeiten in die Lehrpläne "packen" wollen, sondern müssen die konzentrierten Inhalte Schritt für Schritt entfalten.

Im Zentrum muß der Glaube an Gott als die lebendige Geschichte Gottes mit Menschen und von Menschen mit Gott, wie ihn die jüdische und christliche Tradition

überliefert, stehen. Angstfrei und in offener Kommunikation richtet sich der Blick und das menschliche
Bemühen auf die Möglichkeit oder Zerstörung einer
gemeinsamen Zukunft alles Lebendigen auf diesem Planeten
- in der Hoffnung auf den, dem sich am Ende der Zeit
auch der Sohn unterwerfen wird, "damit Gott herrscht
über alles und in allem." (1 Kor 15,28)[11]

---

11 Zur Übersetzung dieser Stelle vgl. 5.2.

9. Literaturverzeichnis

Novum Testamentum Graece post Eberhard Nestle et Erwin Nestle communiter ed. Kurt Aland et al., Stuttgart ^{26}1979.

Die BIBEL. Altes und Neues Testament. Einheitsübersetzung (Hrsg. im Auftrag der Bischöfe Deutschlands, Österreichs, der Schweiz, des Bischofs von Luxemburg, des Bischofs von Lüttich, des Bischofs von Bozen-Brixen), Freiburg/ Basel/ Wien 1980.

Achtenhagen, Frank/ Meyer, Hilbert (Hrsg.), Curriculumrevision - Möglichkeiten und Grenzen, München 1971.

Achtenhagen, Frank/ Menck, Peter, Langfristige Curriculumentwicklung und mittelfristige Curriculumentwicklung, in: Achtenhagen/ Meyer (Hrsg.), 1971, 197-215.

Achtenhagen, Frank/ Meyer, Hilbert, Curriculumforschung: Analyse und Konstruktion, in: Achtenhagen/ Meyer (Hrsg.), 1971, 11-21.

Adam, Gottfried, Zur christlichen Rede vom Judentum, in: Forum Religion (1983) Nr.3, 2-6.

Adam, Gottfried/ Lachmann, Rainer (Hrsg.), Religionspädagogisches Kompendium. Ein Leitfaden für Lehramtsstudenten, Göttingen 1984.

Adam, Gottfried, Lehrpläne des Religionsunterrichts, in: Adam/ Lachmann (Hrsg.), 1984, 122-141.

Adl-Amini, Bijan, Ebenen didaktischer Theoriebildung, in: Haller/ Meyer (Hrsg.), 1986, 27-48.

Adorno, Theodor, Erziehung zur Mündigkeit. Vorträge und Gespräche mit Hellmut Becker 1959-1969, Frankfurt a.M. 1971.

Adorno, Theodor, Erziehung nach Auschwitz, in: ders., 1971, 88-104.

Adorno, Theodor, Zur Bekämpfung des Antisemitismus heute (1962/71), in: Karsten (Hrsg.), 1978, 222-246.

Aebli, Hans, Denken: das Ordnen des Tuns, Bd. 1: Kognitive Aspekte der Handlungstheorie, Stuttgart 1980.

Aebli, Hans, Denken: das Ordnen des Tuns, Bd. 2: Denkprozesse, Stuttgart 1981.

Aebli, Hans, Zwölf Grundformen des Lehrens. Eine allgemeine Didaktik auf psychologischer Grundlage, Stuttgart 1983.

Albrecht, Wilhelm, Die Lehrplanentwicklung in Bayern, in: CpB 93 (1980) 314-317.

Albrecht, Wilhelm, Vom Lehrplan zum Unterricht, in: CpB 93 (1980) 306-314.

Albrecht, Wilhelm, Curriculare Lehrplanentwicklung in Bayern. Darstellung der Theorieansätze und Praxisprobleme bei der Erstellung der Bayerischen Lehrpläne für den katholischen Religionsunterricht, in: Biemer/ Knab (Hrsg.), 1982, 115-128.

Albrecht, Wilhelm, Vor dem Abschluß: die Revision des Zielfelderplans Sekundarstufe I, in: KBl 108 (1983) 713-718.

Albrecht, Wilhelm/ Kurz, Helmut, Lernfelder des Glaubens: Der Grundlagenplan für die Sekundarstufe I. Grundlinien – Entscheidungen – Schwerpunkte, in: KBl 109 (1984) 664-675.

Albrecht, Wilhelm, "Lernfelder des Glaubens" – Der neue Grundlagenplan auf der Basis der Revision des Zielfelderplans Sekundarstufe I, in: Schultze/ Hermanutz/ Merten (Hrsg.), 1984, 146-158.

Albrecht, Wilhelm, Kompaß oder Fessel? Ein Diskussionsbeitrag zur Auslotun von Spielräumen zwischen Grundlagenplan Sek. I und den Folgeplänen der Länder, in: KBl 110 (1985) 804-806.

Albrecht, Wilhelm, Grundmuster des Lernens im Religionsunterricht, in: CpB 100 (1987) 17-21.

Hl. Kongregation für den Klerus, Allgemeines Katechetisches Direktorium, Fulda 1973.

Allport, Gordon, Die Natur des Vorurteils, Köln 1971.

Anderson, Richard/ Ausubel, David (Hrsg.), Readings in the Psychology of Cognition, New York u.a. 1965.

Appesbacher, Matthäus, Die Entwicklung des Religionsunterrichts in der Erzdiözese Salzburg 1968-1985 gemäß den Protokollen der Salzburger diözesanen Gremien (...) sowie der Österreichischen Bischofskonferenz, Salzburg 1988.

Arbeitsgemeinschaft Synodalbüros (Hrsg.), Der Religionsunterricht in der Schule, (Synodenvorlage der Sachkommission I der Synode, 11) Augsburg 1973.

Der Religionsunterricht in der Schule. Arbeitshilfe zum Synodenbeschluß, hrsg. von den Schulreferaten I und II der Erzdiözese München und Freising, München 1979.

Aring, Paul Gerhard, Christliche Judenmission. Ihre Geschichte und Problematik, dargestellt und untersucht am Beispiel des evangelischen Rheinlandes mit einem Vorwort von Eberhard Bethge, Neukirchen-Vluyn 1980.

Aring, Paul, Christen und Juden heute – und die 'Judenmission'?, Frankfurt a.M. 1987.

Arndt, Ino, Zur Chronologie des Rechtsradikalismus. Daten und Zahlen 1946-1980, in: Benz (Hrsg.), 1980, 239-261.

Assel, Alfred, Rezension von: Biemer/ Biesinger/ Fiedler (Hrsg.), 1984, in: FrRu 35/36 (1983/84) 166f.

Auer, Alfons, Autonome Moral und christlicher Glaube, Düsseldorf 1971.

Auf dem Weg zur arbeitsfähigen Gruppe. Kooperationskonzept von Helga Belz - Prozeßberichte aus TZI-Gruppen, (Aspekte Themenzentrierter Interaktion) Mainz 1988.

Aust, Siegfried, Katalog der Anforderungen an Fähigkeiten, Fertigkeiten und Techniken, in: Klafki/ Lingelbach/ Nicklas (Hrsg.), 1972, 47-56.

Ausubel, David, Learning by discovery. Rationale und mystique, in: Bulletin of the National Association of Secondary-School Principals Bd. 45 (1961) Nr.269, 18-58.

Ausubel, David, A Cognitive Structure View of Word and Concept Meaning, in: Anderson/ Ausubel (Hrsg.), 1965, 58-75.

Ausubel, David, In Defense of Verbal Learning, in: Anderson/ Ausubel (Hrsg.), 1965, 87-102.

Ausubel, David, Cognitive Structure and the Facilitation of Meaningful Verbal Learning, in: Anderson/ Ausubel (Hrsg.), 1965, 103-115.

Ausubel, David, A Cognitive-Structure Theory of School Learning, in: Siegel (Hrsg.), 1967, 207-257.

Ausubel, David, The Psychology of Meaningful Verbal Learning. An Introduction to School Learning, New York/ London [2]1968.

Ausubel, David/ Robinson, Floyd, School Learning. An Introduction to Educational Psychology, New York u.a. 1969.

Ausubel, David, Psychologie des Unterrichts, Bd. 1 und Bd. 2, Weinheim/ Basel 1974.

Ausubel, David/ Sullivan, Edmund, Das Kindesalter. Fakten, Probleme, Theorie, München 1974.

Ausubel, David, Das Jugendalter, Fakten, Probleme, Theorie, München [6]1979.

Ausubel, David/ Novak, Joseph/ Hanesian, Helen, Psychologie des Unterrichts, Bd. 1, Weinheim/ Basel [2]1980.

Ausubel, David/ Novak, Joseph/ Hanesian, Helen, Psychologische und pädagogische Grenzen des entdeckenden Lernens, in: Neber (Hrsg.),

[3]1981, 30-44.

Baldermann, Ingo, Was soll's? Ein Kommentar, in: everz 25 (1973) 73-75.

Baldermann, Ingo/ Nipkow, Karl Ernst/ Stock, Hans, Bibel und Elementarisierung, (Religionspädagogik heute, 1) Frankfurt a.M. 1979.

Baldermann, Ingo u.a. (Hrsg.), Einheit und Vielfalt biblischer Theologie, (Jahrbuch für biblische Theologie, 1) Neukirchen-Vluyn 1986.

Baltzer, Dieter, Religionsunterricht in der Grundschule 1978-1987. Ein Literaturbericht, in: Biehl u.a. (Hrsg.), Bd. 4, 1988, 195-210.

Bartholomäus, Wolfgang, Einführung in die Religionspädagogik, München 1983.

Bartholomäus, Wolfgang, Der bisherige Zielfelderplan für die Sekundarstufe I. Seine Bedeutung und Leistung für die religionsdidaktische Entwicklung, in: KBl 109 (1984) 377-383.

Baudler, Georg, Lehrpläne, Zielfelderpläne, Curriculumarbeit. Eine Zwischenbilanz, in: KBl 102 (1977) 363-370.

Baudler, Georg, Korrelation von Lebens- und Glaubenssymbolen. Zwei Grundregeln einer Korrelations-Didaktik, in: KBl 105 (1980) 763-771.

Baudler, Georg, Symbolbildung und Korrelation. Zu Peter Biehls Entwurf einer 'Kritischen Symbolkunde', in: Biehl/ Baudler, 1980, 123-138.

Baudler, Georg, Einführung in symbolisch-erzählende Theologie. Der Messias Jesus als Zentrum der christlichen Glaubenssymbole, Paderborn u.a. 1982.

Baudler, Georg, Korrelationsdidaktik: Leben durch Glauben erschlie-ßen. Theorie und Praxis der Korrelation von Glaubensüberlieferung und Lebenserfahrung auf der Grundlage von Symbolen und Sakramenten, Paderborn u.a. 1984.

Baudler, Georg, Erfahrung - Korrelation - Symbol: Modewörter der neueren Religionspädagogik? Zum religionspädagogischen Stellenwert der Symboldidaktik, in: KBl 112 (1987) 30-35.

Baudler, Georg, Jesus im Spiegel seiner Gleichnisse. Das erzähle-rische Lebenswerk Jesu - ein Zugang zum Glauben, Stuttgart/ München [2]1988.

Bauer, Johannes (Hrsg.), Entwürfe der Theologie, Graz/ Wien/ Köln

1985.

Bauer, Yehuda, Moderner Antisemitismus, in: Gespräche in Israel 3 (1985) Nr.2, 17-30.

Baumann, Arnulf, Judenmission: Christliches Zeugnis unter Juden. Bestandsaufnahme und Ausblick, in: Judaica 38 (1982) 3-13.

Baumann, Reiner, Curriculumarbeit für den katholischen Religionsunterricht im Anspruch von Theorie und Praxis, in: KBl 101 (1976) 306-319 und 373-384.

Beilner, Wolfgang, Christus und die Pharisäer. Exegetische Untersuchungen über Grund und Verlauf der Auseinandersetzungen, Wien 1959.

Beilner, Wolfgang, Der Ursprung des Pharisäertums, in: Biblische Zeitschrift, N.F. 3 (1959) 235-251.

Beinert, Wolfgang, Kurzformeln des Glaubens - Reduktion oder Konzentration?, in: ThPQ 122 (1974) 105-117.

Ben Chorin, Schalom, Bruder Jesus. Der Nazarener in jüdischer Sicht, München ³1970.

Ben Chorin, Schalom, Jesus im Judentum, (Schriftenreihe für christlich-jüdische Begegnung, 4) Wuppertal 1970.

Ben Chorin, Schalom, Die Wirklichkeit des christlich-jüdischen Gesprächs, in: Emuna 10 (1975) Nr.1/2, 14-17.

Benner, Dietrich, Hauptströmungen der Erziehungswissenschaft. Eine Systematik traditioneller und moderner Theorien, München ²1978.

Benner, Dietrich, Grundstrukturen pädagogischen Denkens und Handelns, in: Lenzen/ Mollenhauer (Hrsg.), 1983, 283-300.

Benz, Wolfgang (Hrsg.), Rechtsradikalismus. Randerscheinung oder Renaissance? Frankfurt a.M. 1980.

Berger, Peter, Auf den Spuren der Engel. Die moderne Gesellschaft und die Wiederentdeckung der Transzendenz, Frankfurt a.M. 1970.

Berliner Bischofskonferenz/ Deutsche Bischofskonferenz/ Österreichische Bischofskonferenz, 'Die Last der Geschichte annehmen'. Wort der Bischöfe zum Verhältnis von Christen und Juden aus Anlaß des 50. Jahrestages der Novemberpogrome 1938, 20.10.1988, (Hirtenschreiben, 43) Bonn 1988.

Bessler, Hansjörg, Aussagenanalyse. Die Messung von Einstellungen im Text der Aussagen von Massenmedien, (Gesellschaft und Kommunikation, 4) Düsseldorf ²1972.

Beutler, Johannes, Die 'Juden' und der Tod Jesu im Johannesevangelium, in: Henrix/ Stöhr (Hrsg.), 1978, 75-93.

Biehl, Peter/ Baudler, Georg, Erfahrung - Symbol - Glaube. Grundfragen des Religionsunterrichts, (Religionspädagogik heute, 2) Frankfurt a.M. 1980.

Biehl, Peter, Erfahrungsbezug und Symbolverständnis. Überlegungen zum Vermittlungsproblem in der Religionspädagogik, in: Biehl/ Baudler, 1980, 37-121.

Biehl, Peter u.a. (Hrsg.), Jahrbuch der Religionspädagogik, Bd. 1, Neukirchen-Vluyn 1985.

Biehl, Peter u.a. (Hrsg.), Jahrbuch der Religionspädagogik, Bd. 3, Neukirchen-Vluyn 1987.

Biehl, Peter u.a. (Hrsg.), Jahrbuch der Religionspädagogik, Bd. 4, Neukirchen-Vluyn 1988.

Biemer, Günter/ Benner, Dietrich, Elemente zu einer curricularen Strategie für den Religionsunterricht in der Sekundarstufe II, in: Pädagogische Rundschau 27 (1973) 798-822.

Biemer, Günter/ Biesinger, Albert, Theologie im Religionsunterricht. Zur Begründung der Inhalte des Religionsunterrichts aus der Theologie, München 1976.

Biemer, Günter, Das Judentum für den Religionsunterricht kennenlernen. Freiburger Studienwoche an der Hebräischen Universität Jerusalem, März 1979, in: FrRu 30 (1978) 38-40.

Biemer, Günter, Erziehung zum christlich-jüdischen Dialog in einer pluralistischen Gesellschaft, in: FrRu 31 (1979) 8-15.

Biemer, Günter, Erziehung zum christlich-jüdischen Dialog in einer pluralistischen Gesellschaft, in: KBl 105 (1980) 819-830 (gekürzte Fassung).

Biemer, Günter, Freiburger Leitlinien zum Lernprozeß Christen Juden. Theologische und didaktische Grundlegung, (Lernprozeß Christen Juden, 2) Düsseldorf 1981.

Biemer, Günter/ Knab, Doris (Hrsg.), Lehrplanarbeit im Prozeß. Religionspädagogische Lehrplanreform, Freiburg/ Basel/ Wien 1982.

Biemer, Günter, Die Lehrplanproblematik heute in der historischen Dimension der Katechese-Geschichte und der katechetischen Konstanten, in: Biemer/ Knab (Hrsg.), 1982, 9-17.

Biemer, Günter, Ergebnisse. Theorie - Elemente künftiger Lehrplanarbeit, in: Biemer/ Knab (Hrsg.), 1982, 173-177.

Biemer, Günter/ Biesinger, Albert/ Fiedler, Peter (Hrsg.), Was Juden und Judentum für Christen bedeuten. Eine neue Verhältnisbesinnung zwischen Christen und Juden. Lehr-Lerneinheiten für die Sekundarstufen, (Lernprozeß Christen Juden, 3) Freiburg/ Basel/

Wien 1984.
[Die einzelnen Abschnitte der Herausgeber werden nicht eigens zitiert.]

Biemer, Günter, Lernprozeß Christen – Juden, in: KBl 112 (1987) 458-460.

Biemer, Günter, Religionspraxis oder Religionsbegriff? Zur Grundlegung einer Theorie des Religionsunterrichts in der Schule, in: Paul/ Stock (Hrsg.), 1987, 77-93.

Biemer, Günter, Religionsdidaktische Wende im 'Lernprozeß Christen Juden', in: KBl 113 (1988) 629-637.

Biesinger, Albert, Vorurteile gegenüber Juden verlernen, in: KBl 105 (1980) 840-845.

Biesinger, Albert, Didaktische Konzeptionen zur Unterrichtsplanung, in: Biemer/ Biesinger/ Fiedler (Hrsg.), 1984, 45-114.

Biesinger, Albert, Lebendiges Lernen in der Katechese. Hoffnungsversuche in Schule und Gemeinde. Antrittsvorlesung an der Universität Salzburg, in: CpB 97 (1984) 6-9; 85-95; 223-226.

Biesinger, Albert, Elementare Inhalte des Religionsunterrichtes, in: CpB 99 (1986) 183-187.

Biesinger, Albert, Zwei wichtige Lernwege in gegenseitiger Zuordnung: Entdeckendes Lernen und darstellendes Lehren, in: Zisler (Hrsg.), 1988, 23-28.

Biesinger, Albert/ Schreijäck, Thomas (Hrsg.), Religionsunterricht heute. Seine elementaren theologischen Inhalte, Freiburg/ Basel/ Wien 1989.

Biesinger, Albert, Einleitung. Elementare Inhalte des Religionsunterrichts, in: Biesinger/ Schreijäck (Hrsg.), 1989, 13-21.

Birkenbeil, Edward, Curriculum-Revision im Fragebereich der Religionspädagogik. Von der Lehrplananalyse des katholischen Religionsunterrichtes an Grund- und Hauptschulen zu einem curricularen Neuansatz für den Religionsunterricht der Zukunft, (Studien zu praktischer Theologie, 2) Zürich/ Einsiedeln/ Köln 1972.

Bitter, Gottfried, Was ist Korrelation? Versuch einer Bestimmung, in: KBl 106 (1981) 343-345.

Bitter, Gottfried, Glaube und Symbol. Überlegungen zum religionspädagogischen Alltag, in: KBl 109 (1984) 7-19.

Bitter, Gottfried, Welchen Glauben sollen wir weitergeben? Möglichkeiten einer kerygmatischen Elementarisierung, in: Conc 20 (1984) 304-308.

Bitter, Gottfried, Religionsunterricht, in: Ruh/ Seeber/ Walter (Hrsg.), 1986, 395-400.

Bitter, Gottfried/ Miller, Gabriele (Hrsg.), Handbuch religionspädagogischer Grundbegriffe, Bd. 1 und Bd. 2, München 1986.

Blank, Josef/ Hasenhüttl, Gotthold (Hrsg.), Glaube an Jesus Christus. Neue Beiträge zur Christologie, Düsseldorf 1980.

Blankertz, Herwig, Didaktik, in: Speck/ Wehle (Hrsg.), Handbuch pädagogischer Grundbegriffe, Bd. 1, 1970, 240-296.

Blankertz, Herwig (Hrsg.), Curriculumforschung – Strategien, Strukturierung, Konstruktion, (neue pädagogische bemühungen, 46) Essen ⁴1974.

Blankertz, Herwig (Hrsg.), Fachdidaktische Curriculumforschung. – Strukturansätze für Geschichte, Deutsch, Biologie, (neue pädagogische bemühungen, 57) Essen ²1974.

Blankertz, Herwig, Analyse von Lebenssituationen unter besonderer Berücksichtigung erziehungswissenschaftlich begründeter Modelle: Didaktische Strukturgitter, in: Frey u.a. (Hrsg.), Bd. 2, 1975, 202-214.
[Im Inhaltsverzeichnis S.12: 'Betonung' statt 'Berücksichtigung'.]

Blankertz, Herwig, Theorien und Modelle der Didaktik, (Grundfragen der Erziehungswissenschaft, 6) München ¹¹1980.

Blankertz, Herwig u.a. (Hrsg.), Sekundarstufe II – Jugendbildung zwischen Schule und Beruf, (Enzyklopädie Erziehungswissenschaft, 9,2) Stuttgart 1983.

Bloom, Benjamin (Hrsg.), Taxonomy of educational objectives. The Classification of Educational Goals, Handbook I: Cognitive Domain, New York 1956.

Böckle, Franz u.a. (Hrsg.), Christlicher Glaube in moderner Gesellschaft, Bd. 8, Freiburg/ Basel/ Wien 1980.

Böckle, Franz u.a. (Hrsg.), Christlicher Glaube in moderner Gesellschaft, Bd. 25, Freiburg/ Basel/ Wien 1980.

Böckle, Franz u.a. (Hrsg.), Christlicher Glaube in moderner Gesellschaft, Bd. 26, Freiburg/ Basel/ Wien 1980.

Böckle, Franz u.a. (Hrsg.), Christlicher Glaube in moderner Gesellschaft, Bd. 28, Freiburg/ Basel/ Wien ²1982.

Böhlke, Eva, Vorbereitung und Durchführung eines Sederabends. Eine Unterrichtseinheit, durchgeführt an einem 4.Schuljahr der Grundschule, in: KBl 105 (1980) 863-872.

Boettge, Bernhard u.a. (Hrsg.), Themenheft, in: Forum Religion (1983) Nr.2, 2-40.

Borowski, Günter/ Hielscher, Hans/ Schwab, Martin, Einführung in die allgemeine Didaktik, Heidelberg ²1976.

Bracht, Ulla, Fach - Fächerkanon, in: Haller/ Meyer (Hrsg.), 1986, 419-426.

Brechter, Heinrich u.a. (Hrsg.), Das zweite Vatikanische Konzil. Dokumente und Kommentare, Teil 1 bis Teil 3, (Lexikon für Theologie und Kirche, 12-14) Freiburg/ Basel/ Wien ²1986.

Breuning, Wilhelm/ Heinz, Hanspeter (Hrsg.), Damit die Erde menschlich bleibt. Gemeinsame Verantwortung von Juden und Christen für die Zukunft, Freiburg/ Basel/ Wien 1985.

Brinkmann-Herz, Dorothea, Der Einfluß innovativer Lehrpläne auf die Unterrichtsplanung der Lehrer. Eine entscheidungstheoretische Untersuchung am Beispiel eines Lehrplans zur ökonomischen Bildung in der Hauptschule, (Europäische Hochschulschriften 11,202), Bern/ Frankfurt u.a. 1984.

Brocke, Edna/ Seim, Jürgen (Hrsg.), Gottes Augapfel. Beiträge zur Erneuerung des Verhältnisses von Christen und Juden, Neukirchen-Vluyn 1986.

Brocke, Michael/ Jochum, Herbert, Das Judentum in Schulbüchern für den katholischen Religionsunterricht heute - eine Problemanzeige, in: Jochum/ Kremers (Hrsg.), 1980, 55-74.

Brocke, Michael/ Petuchowski, Jakob/ Strolz, Walter (Hrsg.), Das Vaterunser. Gemeinsames im Beten von Juden und Christen, Freiburg/ Basel/ Wien ²1980.

Brosseder, Johannes, Zwei Fragen zum christlich-jüdischen Gespräch: zu Methode und Ziel des Dialogs sowie zur Christologie und Trinitätslehre, in: Biemer, 1981, 201-211.

Brox, Norbert, Die Themen des altkirchlichen Glaubenswissen, in: KBl 107 (1982) 669-671.

Bruner, Jerome, Learning and Thinking, in: Anderson/ Ausubel (Hrsg.), 1965, 76-86.

Bruner, Jerome, The Act of Discovery, in: Anderson/ Ausubel (Hrsg.), 1965, 606-620.

Bruner, Jerome/ Olver, Rose/ Greenfield, Patricia (Hrsg.), Studien zur kognitiven Entwicklung. Eine kooperative Untersuchung am 'Center for Cognitive Studies' der Harvard-Universität, Stuttgart 1971.

Bruner, Jerome, Über kognitive Entwicklung, in: Bruner/ Olver/

Greenfield (Hrsg), 1971, 21-54.

Bruner, Jerome, Relevanz der Erziehung, Ravensburg 1973.

Bruner, Jerome, Entwurf einer Unterrichtstheorie, (Sprache und Lernen, 5) Berlin/ Düsseldorf 1974.

Bruner, Jerome, Der Prozeß der Erziehung, (Sprache und Lernen, 4) Berlin/ Düsseldorf [5]1980.

Bruner, Jerome, Der Akt der Entdeckung, in: Neber (Hrsg.), [3]1981, 15-29.

Brunner, Ewald, Neuere Literatur zur Vorurteilsproblematik, in: Z.f.Päd 23 (1977) 465-474.

Bucher, Anton, Entstehung religiöser Identität: Religiöses Urteil, seine Stufen und seine Genese, in: Christliches ABC, Nr.4, 1986, 161-210.

Bucher, Anton/ Oser, Fritz, 'Wenn zwei das gleiche Gleichnis hören...'. Theoretische und empirische Aspekte einer strukturgenetischen Religionsdidaktik - exemplifiziert an der neutestamentlichen Parabel von den Arbeiten im Weinberg (Mt 20,1ff), in: Z.f.Päd 33 (1987) 167-183.

Bucher, Anton, Religiöse Entwicklung im Lichte subjektiver Theorien. Perspektiven weiterführender Forschung im Umfeld der Theorie des religiösen Urteils, in: RpB (1988) Nr.21, 65-94.

Bucher, Anton/ Reich, K. Helmut (Hrsg.), Grundlagen, Theorieprobleme, praktische Anwendungen, Freiburg/CH 1989.

Bucher, Anton/ Reich, K. Helmut, Stufen religiöser Entwicklung: Fakten oder Fiktionen?, in: Bucher/ Reich (Hrsg.), 1989, 1-33.

Bucher, Anton, 'Wenn wir immer tiefer graben ... kommt vielleicht die Hölle'. Plädoyer für die Erste Naivität, in: KBl 114 (1989) 654-662.

Buess, E., Symbol. begrifflich, in: Galling (Hrsg.), Bd. 6, [3]1986, 540f.

Bullens, Hendrik, Zur Entwicklung des begrifflichen Denkens, in: Oerter/ Montada, 1982, 425-474.

Bund-Länder-Kommission (Hrsg.), Lehrplanentwicklung und Schulpraxis. Bericht über ein OECD/CERI-Seminar, (Schulentwicklung, 12) Wien 1984.

Bunzl, John/ Marin, Bernd, Antisemitismus in Österreich. Sozialkritische und soziologische Studien, (Vergleichende Gesellschaftsgeschichte und politische Ideengeschichte der Neuzeit, 3) Innsbruck 1983.

Bunzl, John, Zur Geschichte des Antisemitismus in Österreich, in: Bunzl/ Marin, 1983, 9-88.

Buschbeck, Bernhard, Verwendung von Lehrplänen, Richtlinien, Curricula, in: Zilleßen (Hrsg.), 1976, 19-23.

Bußmann, Gabriele, Stufenmodelle zur Entwicklung religiösen Bewußtseins - theologische und religionspädagogische Anfragen, in: RpB (1988) Nr.21, 30-49.

Caldwell, Joyce/ Berkowitz, Marwin, Die Entwicklung religiösen und moralischen Denkens in einem Programm zum Religionsunterricht, in: Unterrichtswissenschaft 15 (1987) 157-176.

Carmon, Arye, Der Unterricht der Holocaust-Periode als Erziehung zu ethischen Werten, in: FrRu 30 (1978) 52-55.

Caspers, Horst, Analyse der Darstellung des Judentums in evangelischen Religionsbüchern, in: Jochum/ Kremers (Hrsg.), 1980, 127-154.

Catechesi Tradendae. Apostolisches Schreiben seiner Heiligkeit Papst Johannes Paul II. über die Katechese in unserer Zeit, 16.10.1979, (Verlautbarungen des Apostolischen Stuhls, 12) Bonn 1979.

Rat der Evangelischen Kirche in Deutschland, Studie 'Christen und Juden' vom Mai 1975, in: Rendtorff/ Henrix (Hrsg.), 1987, 558-578.

Lade, Eckhard (Hrsg.), Christliches ABC heute und morgen. Handbuch für Lebensfragen und kirchliche Erwachsenenbildung, Nr.4, Bad Homburg 1986.

Clayton, John, Was heißt "Korrelation" bei Paul Tillich?, in: KBl 105 (1980) 184-186.

Cobb jr., John, Theologie: Von einer Aufklärungswissenschaft zu einem globalen christlichen Denken, in: Bauer (Hrsg.), 1985, 5-40.

Cohn, Bruno, Die Antwort. Judentum - Christentum, Legende und Wirklichkeit, Zürich 1988.

Cohn, Ruth, Von der Psychoanalyse zur themenzentrierten Interaktion. Von der Behandlung einzelner zu einer Pädagogik für alle, (Konzepte der Humanwissenschaften) Stuttgart [5]1981.

Colby, A./ Kohlberg, L., Das moralische Urteil: Der kognitionszentrierte entwicklungspsychologische Ansatz, in: Steiner (Hrsg.), Bd. 7, 1978, 348-366.

Comenius Institut (Hrsg.), Elementarisierung theologischer Inhalte und Methoden im Blick auf die Aufgabe einer theologisch zu verantwortenden Lehrplanrevision und Curriculumentwicklung in den wichtigsten religionspädagogischen Praxisfeldern, vorgelegt von Hans Stock, Bd. 1, Münster 1975.

Comenius Institut (Hrsg.), Elementarisierung theologischer Inhalte und Methoden im Blick auf die Aufgabe einer theologisch zu verantwortenden Lehrplanrevision und Curriculumentwicklung in den wichtigsten religionspädagogischen Praxisfeldern, vorgelegt von Hans Stock, Bd. 2, Münster 1977.

von Cube, Felix, Der informationstheoretische Ansatz in der Didaktik, in: Ruprecht/ Beckmann/ Cube/ Schulz, 1972, 117-154.

von Cube, Felix, Die kybernetisch-informationstheoretische Didaktik, in: Westermanns Pädagogische Beiträge 32 (1980) 120-124.

Czech, Joachim u.a., Judentum, (Weltreligionen) Frankfurt a.M./ Berlin/ München 1978.

Czinczoll, Hildegard/ Miller, Gabriele/ Tugendhat, Annemarie, Was jeder Schüler am Ende seines Religionsunterrichts in der Sekundarstufe I wissen sollte, in: KBl 107 (1982) 391-396.

———————

Dahmer, Ilse/ Klafki, Wolfgang (Hrsg.), Geisteswissenschaftliche Pädagogik am Ausgang ihrer Epoche - Erich Weniger, Weinheim 1968.

Davis, Earl, Einige Grunderkenntnisse der Vorurteilsforschung, in: Hartmann (Hrsg.), 1975, 41-61.

Degenhardt, Johannes, Grundlagenplan für den katholischen Religionsunterricht im 5. bis 10. Schuljahr, in: rhs 28 (1985) 77-79.

Dembowski, Hermann, Jesus Christus verbindet und trennt, in: Brokke/ Seim (Hrsg.), 1986, 25-45.

Dequeker, Luc, Der jüdisch-christliche Dialog. Eine Herausforderung für die Theologie? Offene Fragen und Interpretationen, in: FrRu 28 (1976) 13-16.

De Quervain, Alfred, Das Judentum in der Lehr und Verkündigung der Kirche heute, (Theologische Existenz heute, N.F. 130) München 1966.

Derbolav, Josef, Grundlagen und Probleme der Bildungspolitik. Ein Theorieentwurf, München/ Zürich 1977.

Derbolav, Josef, Entwurf einer bildungspolitischen Rahmentheorie, in: ders. (Hrsg.), 1977, 17-66.

Deutsche Bischofskonferenz, Erklärung der deutschen Bischöfe 'Über das Verhältnis der Kirche zum Judentum', 28.4.1980, in: Richter (Hrsg.), 1982, 122-150.

Deutsche Bischofskonferenz - Kommission für Erziehung und Schule, Zum Berufsbild und Selbstverständnis des Religionslehrers. Grundfragen des Berufsbildes und des Selbstverständnisses der Religionslehrer unter Berücksichtigung der heutigen Situation in Schule und Kirche, 22.6.1983, (Erklärungen der Kommissionen, 3) Bonn 1983.

Deutscher Bildungsrat, Strukturplan für das Bildungswesen, Stuttgart 1970.

Di Chio, Vito, Unterricht: Religion, in: Blankertz u.a. (Hrsg.), Bd. 9,2, 1983, 637-645.

Di Chio, Vito, Didaktik des Glaubens. Die Korrelationsmethode in der religiösen Erwachsenenbildung der Gegenwart, (Studien zur praktischen Theologie, 9) Zürich/ Einsiedeln/ Köln 1975.

Dienst, Karl, Religionsunterricht und religiöse Erfahrung, in: everz 29 (1977) 342-357.

Döbert, Rainer, Oser/ Gmünders Stadium 3 der religiösen Entwicklung im gesellschaftlichen Kontext: ein circulus vitiosus, in: Nipkow/ Schweitzer/ Fowler (Hrsg.), 1988, 144-162.

Döbert, Rainer, Religiöse Erfahrung und Religionsbegriff, in: RpB (1984) Nr.14, 98-118.

Dörger, Hans Joachim, Religionsunterricht in der Schule. Analyse und Konzepte, Stuttgart u.a. 1976.

Dolch, Josef, Lehrplan des Abendlandes. Zweieinhalb Jahrtausende seiner Geschichte, Darmstadt 1982.

Dommann, Fritz, Religionsunterricht in der Schweiz und schweizerische Lehrmittel, in: RpB (1986) Nr.18, 137-151.

Dormeyer, Detlev, Die Passion Jesu als Ergebnis seines Konflikts mit führenden Kreisen des Judentums, in: Goldstein (Hrsg.), 1979, 211-238.

Drescher, Reinhold (Hrsg.), Curriculare Lehrplanung Sekundarstufe I, (Wolf-Handbücher) Regensburg 1974.

Drescher, Reinhold, Der lerntheoretische Ansatz des Curriculum (lerngeschichtliche Einordnung), in: Drescher (Hrsg.), 1974, 5-42.

Düppe, Harald, Das Neue Gottesvolk. Konsequenzen für den Religionsunterricht, Frankfurt a.M. 1986.

Durka, Gloria, Der Einfluß gesellschaftlicher und politischer Faktoren auf religiöse Entwicklung und Erziehung: Zur gegenwärtigen Situation in den Vereinigten Staaten, in: Nipkow/ Schweitzer/ Fowler (Hrsg.), 1988, 228-241.

Ebeling, Gerhard, Theologie in den Gegensätzen des Lebens, in: Bauer (Hrsg.), 1985, 71-93.

Eckert, Willehad, Versöhnung mit den Juden. Die neue Vatikanische Erklärung, in: Emuna 10 (1975) Nr.1/2, 1-6.

Edelstein, Wolfgang/ Nunner-Winkler, Gertrud (Hrsg.), Zur Bestimmung der Moral. Philosophische und sozialwissenschaftliche Beiträge zur Moralforschung, Frankfurt a.M. 1986.

Ehrlich, Ernst, Was erwarten die Juden vom christlichen Religionsunterricht? Bericht, protokolliert von Sr.Dr. Hedwig Wahle, in: CpB 86 (1973) 198-200.

Ehrlich, Ernst, Über die Tora, in: FrRu 29 (1977) 86-88.

Ehrlich, Ernst, Erwartungen zum christlich-jüdischen Dialog an die ökumenische Christenheit, in: CpB 93 (1980) 268-280.

Ehrlich, Ernst, Zur Geschichte der Pharisäer, in: Biemer, 1981, 265-277. (=in: FrRu 29 (1977) 46-52.)

Ehrlich, Ernst, Abschied von der Judenmission, in: Judaica 38 (1982) 14-23.

Ehrlich, Ernst, Zum Text der Pastoralkommission Österreichs über 'Die Christen und das Judentum', in: FrRu 35/36 (1983/84) 21-27.

Ehrlich, Ernst, Katholische Kirche und Judentum, in: Weinzierl (Hrsg.), 1988, 127-135.

Ehrlich, Howard, Das Vorurteil. Eine sozialpsychologische Bestandsaufnahme der Lehrmeinungen amerikanischer Vorurteilsforschung, (Psychologie und Person, 23) München/ Basel 1979.

Eicher, Peter (Hrsg.), Neues Handbuch theologischer Grundbegriffe, Bd. 4, München 1985.

Eigler, Gunther u.a., Grundkurs Lehren und Lernen, Weinheim/ Basel ⁴1979.

Emeis, Dieter, Strukturelemente des Glaubens. Ein Beitrag zur didaktischen Reflexion von Glaubensinhalten, in: KBl 109 (1984) 513-521.

Englert, Rudolf, Glaubensgeschichte und Bildungsprozeß. Versuch einer religionspädagogischen Kairologie, München 1985.

Englert, Rudolf, Vom Nutzen der Stufentheorien bei der religiösen Bildung Erwachsener, in: RpB (1988) Nr.21, 115-138.

Englert, Rudolf, Zur Situation und Aufgabe religionspädagogischer Grundlagenforschung, in: RpB (1988) Nr.22, 105-117.

Erfahrungen lebendigen Lernens. Grundlagen und Arbeitsfelder der TZI, (Aspekte Themenzentrierter Interaktion) Mainz 1985.

Erklärung der Vollversammlung der Deutschen Bischofskonferenz über Zielsetzung und Aufgaben des katholischen Religionsunterrichts, 22/23.11.1972, in: Läpple, 1975, 156f.

Esser, Wolfgang, Bestimmungsversuch eines fundamentalen Religionsbegriffs und Entwurf einer anthropologischen Religionspädagogik, in: Stachel/ Esser (Hrsg.), 1971, 32-63.

Eyt, Pierre, Überlegungen (zur Rede von Kardinal Ratzinger), in: Ratzinger, 1983, 40-62.

Exeler, Adolf, Religionsunterricht und Katechese. Unterscheidung und Zusammenhang, in: everz 25 (1973) 26-32.

Exeler, Adolf, Katechese in unserer Zeit. Themen und Ergebnisse der 4. Bischofssysnode, München 1979.

_____

Falaturi, Abdoldjavad/ Petuchowski, Jakob/ Strolz, Walter (Hrsg.), Drei Wege zu dem einen Gott. Glaubenserfahrung in den monotheistischen Religionen, Freiburg/ Basel/ Wien 1976.

Farau, Alfred/ Cohn, Ruth, Gelebte Geschichte der Psychotherapie. Zwei Perspektiven, Stuttgart 1984.

Federici, Tommaso, Mission und Zeugenschaft der Kirche. Studienentwurf, in: FrRu 29 (1977) 3-12.

Feifel, Erich u.a. (Hrsg.), Handbuch der Religionspädagogik, Bd. 1: Religiöse Bildung und Erziehung. Theorie und Faktoren, Gütersloh u.a. 1973.

Feifel, Erich u.a. (Hrsg.), Handbuch der Religionspädagogik, Bd. 2: Didaktik des Religionsunterrichts - Wissenschafttheorie, Gütersloh u.a. 1974.

Feifel, Erich u.a. (Hrsg.), Handbuch der Religionspädagogik, Bd. 3: Religionspädagogische Handlungsfelder in kirchlicher Verantwortung, Gütersloh u.a. 1975.

Feifel, Erich, Grundlegung der Religionspädagogik im Religionsbegriff, in: ders. u.a. (Hrsg.), Bd. 1, 1973, 34-48.

Feifel, Erich, Von der curricularen zur kommunikativen Didaktik. Zur Situation der Religionspädagogik, in: Paul/ Stock (Hrsg.), 1987, 21-32.

Fein, Hubert, Sequentialität in den hessischen Religionslehrplänen, in: rhs 26 (1983) 18-21.

Feininger, Bernd, Das Judentum unter der Weisung Gottes. Toraverständnis in Geschichte und Gegenwart, in: Biemer/ Biesinger/ Fiedler (Hrsg.), 1984, 237-266.

Fetz, Reto, Die Himmelssymbolik in Menschheitsgeschichte und individueller Entwicklung. Ein Beitrag zu einer genetischen Semiologie, in: Zweig (Hrsg.), 1984, 111-150.

Fetz, Reto/ Oser, Fritz, Weltbildentwicklung, moralisches und religiöses Urteil, in: Edelstein/ Nunner-Winkler (Hrsg.), 1986, 443-469.

Fetz, Reto/ Bucher, Anton, Stufen religiöser Entwicklung? Eine rekonstruktive Kritik an Fritz Oser/ Paul Gmünder, Der Mensch - Stufen seiner religiösen Entwicklung. Ein strukturgenetischer Ansatz, Zürich 1984 (287 S.), in: Biehl u.a. (Hrsg.), Bd. 3, 1987, 217-230.

Fiedler, Peter, Was katholische Schüler vom Judentum erfahren, in: FrRu 31 (1979) 3-8.

Fiedler, Peter, Analyse der Darstellung des Judentums in katholischen Religionsbüchern, in: Jochum/ Kremers (Hrsg.), 1980, 117-125.

Fiedler, Peter, Das Judentum im katholischen Religionsunterricht. Analysen, Bewertungen, Perspektiven, (Lernprozeß Christen Juden, 1) Düsseldorf 1980.

Fiedler, Peter, Von der Konfrontation zum Dialog mit den Juden. Zur Behandlung des Judentums im Religionsunterricht, in: KBl 105 (1980) 831-837.

Fiedler, Peter, Zum theologischen Gebrauch von 'Bund' (b°rit) in der Hebräischen Bibel, in: Biemer, 1981, 222-236.

Fiedler, Peter, Der Anspruch Jesu in seiner bleibenden Bedeutung, in: Biemer/ Knab (Hrsg.), 1982, 49-54.

Fiedler, Peter, Rezension von: Biemer/ Biesinger/ Fiedler (Hrsg.), 1984, in: FrRu 34 (1982) 60.

Fiedler, Peter/ Reck, Ursula/ Minz, Karl-Heinz (Hrsg.), Lernprozeß Christen Juden. Ein Lesebuch, (Lernprozeß Christen Juden, 4) Freiburg/ Basel/ Wien 1984.

Fikenscher, Konrad, Lehrpläne für den Religionsunterricht in der gymnasialen Oberstufe. Tendenzen und Probleme, in: Schultze/ Hermanutz/ Merten (Hrsg.), 1984, 254-273.

Fischer, Dietlind/ Kaufmann, Hans-Bernhard, Unterricht: Evangelische Religion, in: Skiba/ Wulf/ Wünsche (Hrsg.), Bd. 8, 1983, 588-591.

Fischer, Dorothea/ Müller, Carola, Die Grundschullehrpläne für den katholischen Religionsunterricht im Spannungsfeld von Überlieferung und Daseinsauslegung, in: Schultze/ Hermanutz/ Merten (Hrsg.), 1984, 73-100.

Flechsig, Karl-Heinz u.a., Probleme der Entscheidung über Lernziele (Begründung und Aufriß des Forschungsplan zum LOT-Projekt), in: Achtenhagen/ Meyer (Hrsg.), 1971, 243-282.

Fleckenstein, Wolfgang, Außenseiter als Thema und Realität des katholischen Religionsunterrichts. Inhaltsanalyse religionsdidaktischer Unterrichtsmaterialien und ihre innovatorischen Konsequenzen orientiert am Beispiel Gastarbeiter, (Studien zur Theologie, 4), Würzburg 1989.

Flusser, David, Jesus. In Selbstzeugnissen und Bibeldokumenten, Reinbek b. Hamburg 1968.

Flusser, David, Thesen zur Entstehung des Christentums aus dem Judentum, in: FrRu 287 (1975) 181-184. (=in: Immanuel. Dokumente des heutigen religiösen Denkens und Forschens in Israel 4 (1975) 24-27.)

Flusser, David, Bemerkungen eines Juden zur christlichen Theologie des Judentums, in: Thoma, 1978, 6-32.

Flusser, David, Bemerkungen eines Juden zur christlichen Theologie, (Abhandlungen zum christlich-jüdischen Dialog, 16) München 1984.

Flusser, David, Der jüdische Ursprung der Christologie, in: ders., 1984, 54-65.

Flusser, David, Meine Thesen - ein Kommentar, in: Gespräche in Israel 4 (1986) Nr.3, 21-39.

Flusser, David, Verantwortung in dieser Welt, in: Gespräche in Israel 4 (1986) Nr.3, 3-20.

Fowler, James, Stages of Faith. The Psychology of Human Development and the Quest for Meaning, San Francisco 1981.

Fowler, James, Theologie und Psychologie in der Erforschung der Glaubensentwicklung, in: Conc 18 (1982) 444-447.

Fowler, James, Eine stufenweise geschehende Einführung in den Glauben, in: Conc 20 (1984) 309-315.

Fowler, James, Faith Development and Pastoral Care, Philadelphia 1987.

Fowler, James, Die Berufung der Theorie der Glaubensentwicklung: Richtungen und Modifikationen seit 1981, in: Nipkow/ Schweitzer/ Fowler (Hrsg.), 1988, 29-47.

Fowler, James, The Enlightenment and Faith Development Theory, in: Journal of Empirical Theology 1 (1988) 29-42.

Fox, Helmut, Katholische Religion, (Kompendium Didaktik) München 1986.

Fraas, Hans-Jürgen, Glaube und Identität. Grundlegung einer Didaktik religiöser Lernprozesse, Göttingen 1983.

Fraas, Hans-Jürgen/ Heimbrock, Hans-Günter (Hrsg.), Religiöse Erziehung und Glaubensentwicklung. Zur Auseinandersetzung mit der kognitiven Psychologie, Göttingen/ Zürich 1986.

Frei, Othmar, Der Religionsunterricht im Rahmen der Kinderpastoral nach der Synode 72. Beurteilung und Planung des Religionsunterrichts in der deutschsprachigen Schweiz. Eine praktisch-theologische Untersuchung, (Diss.Theol.) Luzern 1982.

Frey, Karl, Theorien des Curriculums, Weinheim/ Berlin/ Basel 1971.

Frey, Karl u.a., Eine Handlungsstrategie zur Curriculumkonstruktion, in: Z.f.Päd 17 (1971) 11-29.

Frey, Karl, Die Taxonomie: Instrument oder Theorie der Curriculumkonstruktion?, in: Achtenhagen/ Meyer (Hrsg.), 1971, 234-242.

Frey, Karl u.a. (Hrsg.), Curriculum-Handbuch, Bd. 1, München/ Zürich 1975.

Frey, Karl u.a. (Hrsg.), Curriculum-Handbuch, Bd. 2, München/ Zürich 1975.

Frey, Karl u.a. (Hrsg.), Curriculum-Handbuch, Bd. 3, München/ Zürich 1975.

Frey, Karl/ Isenegger, Urs, Bildung curricularer Sequenzen und Strukturen, in: Frey u.a. (Hrsg.), Bd. 2, 1975, 158-164.

Friedrich, Gerhard (Hrsg.), Theologisches Wörterbuch zum NT, Bd. 6, Stuttgart 1959.

Fromm, Martin, Lehrplan, heimlicher, in: Haller/ Meyer (Hrsg.), 1986, 524-528.

Früh, Werner, Inhaltsanalyse. Theorie und Praxis, München 1981.

Fuchs, Gotthard, Glaubhaft ist nur die Liebe. Theologische Anmerkungen zu Ansatz und Perspektive des Zielfelderplanes für die Primarstufe, in: KBl 102 (1977) 371-377.

Fuchs, Gotthard, Roter Faden Theologie - eine Skizze zur Orientierung, in: KBl 107 (1982) 165-181.

Fuchs, Gotthard, Einweisung ins Unglaubliche und Selbstverständliche - Zur Theologischen Kunst des Korrelierens, in: rhs 28 (1985) 84-91.

Funke, Dietrich, Verkündigung zwischen Tradition und Interaktion. Praktisch-theologische Studien zur Themenzentrierter Interaktion (TZI) nach Ruth C.Cohn, (Erfahrung und Theologie, 8) Frankfurt a.M. u.a. 1984.

Furger, Franz (Hrsg.), Zugänge zu Jesus, (Theologische Berichte, 7) Zürich/ Einsiedeln/ Köln 1978.

Furth, Hans, Intelligenz und Erkennen. Die Grundlagen der genetischen Erkenntnistheorie Piagets, Frankfurt a.M. ^{2}1981.

_____

Gaebe, Barbara, Lehrplan im Wandel. Veränderungen in den Auffassungen und Begründungen von Schulwissen, (Studien zur Bildungsreform, 12) Frankfurt a.M./ Bern/ New York 1985.

Gagné, Robert, Die Bedingungen des menschlichen Lebens, (Beiträge zu einer neuen Didaktik, Reihe A: Allgemeine Didaktik) Hannover u.a. ^{5}1980.

Gahlen, Heinz, Rezension von: Biemer/ Biesinger/ Fiedler, 1984, in: Theologische Revue 82 (1986) 316f.

Galling, Kurt (Hrsg.), Die Religion in Geschichte und Gegenwart. Handwörterbuch für Theologie und Religionswissenschaft, Bd. 1 bis Bd. 7, Tübingen ^{3}1986.

Gamm, Hans-Jochen, Pädagogische Studien zum Problem der Judenfeindschaft. Ein Beitrag zur Vorurteilsforschung, Darmstadt 1966.

Gemeinsame Synode der Bistümer in der Bundesrepublik Deutschland, Beschlüsse der Vollversammlung, Offizielle Gesamtausgabe I, hrsg. im Auftrag des Präsidiums der Gemeinsamen Synode der Bistümer in der Bundesrepublik Deutschland und der Deutschen Bischofskonferenz von L. Bertsch u.a., Freiburg 1976.

Gemeinsame Synode der Bistümer in der Bundesrepublik Deutschland, Ergänzungsband: Arbeitspapiere der Sachkommissionen, Offizielle Gesamtausgabe II, hrsg. im Auftrag des Präsidiums der Gemeinsamen Synode der Bistümer in der Bundesrepublik Deutschland und der Deutschen Bischofskonferenz von L. Bertsch u.a., Freiburg/ Basel/ Wien 1977.

Gilligan, Carol, Die andere Stimme, Lebenskonflikte und Moral der Frau, München/ Zürich 1984.

Ginzel, Günther, Hitlers (Ur)enkel. Neonazis: ihre Ideologien und Aktionen, Düsseldorf 1981.

Gmünder, Paul, Entwicklung als Ziel der religiösen Erziehung, in: KBl 104 (1979) 629-634.

Gnilka, Joachim, Das Evangelium nach Markus (Mk 8,27 - 16,20), (Evangelisch-katholischer Kommentar zum Neuen Testament, II/2) Zürich u.a. 1979.

Goldmann, Ronald, Vorfelder des Glaubens. Kindgemäße religiöse Unterweisung, Neukirchen-Vluyn 1972.

Goldschmidt, Hermann, Juden vor dem Problem der Christusfrage. Jüdisch-christliches Gegenüber seit 1945, in: Marsch/ Thieme (Hrsg.), 1961, 232-240.

Goldschmidt, Hermann, Weil wir Brüder sind. Biblische Besinnung für Juden und Christen, Stuttgart 1975.

Goldstein, Horst (Hrsg.), Gottesverächter und Menschenfeinde? Juden zwischen Jesus und frühchristlicher Kirche, Düsseldorf 1979.

Gollinger, Hildegard, 'Zielfeldplan für den katholischen Religionsunterricht' - eine Chance für den jüdisch-christlichen Dialog?, in: FrRu 28 (1976) 46-50.

Gollinger, Hildegard, Judentum im heutigen Religionsunterricht, in: FrRu 29 (1977) 40-46.

Gollwitzer, Helmut/ Rendtorff, Rolf, Thema: Juden - Christen - Israel. Ein Gespräch. Mit einer Entgegnung von Nathan Peter Levinson. Didaktische Skizze mit einer Projektidee zum Thema Judentum von Helga Sorge, Stuttgart 1978.

Goodlad, John, Konzeptuelle Systeme der Curriculumforschung, in: Achtenhagen/ Meyer (Hrsg.), 1971, 23-29.

Gouders, Klaus, Israel bekennt seinen Glauben. Unterrichtsentwurf für die Grundschule und die Sekundarstufe I, in: KBl 105 (1980) 873-879.

Gräßer, Erich, Zwei Heilswege? Zum theologischen Verständnis von Israel und Kirche, in: Müller/ Stenger (Hrsg.), 1981, 411-429.

Gräßer, Erich, Der Alte Bund im Neuen. Exegetische Studien zur Israelfrage im Neuen Testament, (Wissenschaftliche Untersuchungen zum Neuen Testament, 35) Tübingen 1985.

Gräßer, Erich, Der Alte Bund im Neuen. Eine exegetische Vorlesung, in: Gräßer, 1985, 1-134.

Gräßer, Erich, Christen und Juden. Neutestamentliche Erwägungen zu einem aktuellen Thema, in: Gräßer, 1985, 271-289.

Greive, Hermann, Geschichte des modernen Antisemitismus in Deutschland, (Grundzüge, 53) Darmstadt 1983.

Grom, Bernhard, Religionspädagogische Psychologie des Kleinkind-, Schul- und Jugendalters, Düsseldorf/ Göttingen 1981.

Gubler, Marie-Louise, Juden und Christen, die fremden Brüder, (Kleine Reihe zur Bibel, 23) Stuttgart 1981.

Günzel, Ulrich, Arbeitskreis: Mindestanforderungen, in: KBl 110 (1985) 800.

_____

Haag, Herbert (Hrsg.), Bibel-Lexikon, Zürich/ Einsiedeln/ Köln ³1982.

Hacker, Hartmut, Lehrplan, in: Haller/ Meyer (Hrsg.), 1986, 520-524.

Haering, Hermann, Erfahrungen mit 'Kurzformeln des Glaubens', in: Conc 25 (1989) 328-336.

Haft, Henning u.a., Lehrplanarbeit in Kommissionen. Ergebnisse einer Untersuchung. Institut für die Pädagogik der Naturwissenschaften, Kiel 1986.

Haft, Henning/ Hopmann, Stefan, Strukturen staatlicher Lehrplanarbeit, in: Z.f.Päd 33 (1987) 381-399.

Hahn, Ferdinand, 'Die Juden' im Johannesevangelium, in: Müller/ Stenger (Hrsg.), 1981, 430-438.

Halbfas, Hubertus, Fundamentalkatechetik. Sprache und Erfahrung im Religionsunterricht, (Arbeiten zur Religionspädagogik, 8) Stuttgart 1968.

Halbfas, Hubertus, Religionsunterricht und Katechese. Zur wissenschaftstheoretischen Ortsbestimmung, in: everz 25 (1973) 3-9.

Halbfas, Hubertus, Antwort an Karl Ernst Nipkow, in: everz 25 (1973) 16-20.

Halbfas, Hubertus, Das dritte Auge. Religionsdidaktische Anstöße, Düsseldorf 1982.

Halbfas, Hubertus, Prinzipien zur Lehrplanentwicklung, in: ders., 1982, 39-50.

Halbfas, Hubertus (Hrsg.), Religionsbuch für das 1.Schuljahr, Zürich/ Köln/ Düsseldorf 1983.

Halbfas, Hubertus, Religionsunterricht in der Grundschule. Lehrerhandbuch 1, Düsseldorf/ Zürich 1983.

Halbfas, Hubertus (Hrsg.), Religionsbuch für das 2.Schuljahr, Zürich/ Köln/ Düsseldorf 1984.

Halbfas, Hubertus, Religionsunterricht in der Grundschule. Lehrerhandbuch 2, Düsseldorf/ Zürich 1984.

Halbfas, Hubertus (Hrsg.), Religionsbuch für das 3.Schuljahr,
Zürich/ Köln/ Düsseldorf 1985.

Halbfas, Hubertus, Religionsunterricht in der Grundschule. Lehrerhandbuch 3, Düsseldorf/ Zürich 1985.

Halbfas, Hubertus (Hrsg.), Religionsbuch für das 4.Schuljahr,
Zürich/ Köln/ Düsseldorf 1986.

Halbfas, Hubertus, Religionsunterricht in der Grundschule. Lehrerhandbuch 4, Düsseldorf 1986.

Halbfas, Hubertus, Was heißt 'Symboldidaktik'?, in: Biehl u.a.
(Hrsg.), Bd. 1, 1985, 86-94.

Halbfas, Hubertus, Eine Sprache, die Ereignis werden will, in: KBl
111 (1986) 907-911.

Haller, Hans-Dieter, Prozeß-Analyse der Lehrplanentwicklung in der
BRD. Bericht über eine empirische Untersuchung der Lehrplankommissionen in der BRD, unter Berücksichtigung vergleichbarer angelsäch-
sischer Analysen, (Zentrum I Bildungsforschung, Forschungsbericht
10) Konstanz 1983.

Haller, Hans-Dieter/ Meyer, Hilbert (Hrsg.), Ziele und Inhalte der
Erziehung und des Unterrichts, (Enzyklopädie Erziehungswissenschaft, 3) Stuttgart 1986.

Katholisches Schulkommissariat in Bayern (Hrsg.), Handreichungen
zum Lehrplan Katholische Religionslehre Grundschule. Grundlegung
und Materialsammlung, München 1979.

Katholisches Schulkommissariat in Bayern (Hrsg.), Handreichungen
zum Curricularen Lehrplan Katholische Religionslehre für Gymnasien.
Allgemeine Einführung, München 1979.

Hanusch, Rolf, Der Streit um die Lehrpläne. Legitimationsprobleme
der Reform des Religionsunterrichts, (Gesellschaft und Theologie:
Abt. Praxis der Kirche, 42), München/ Mainz 1983.

Hartmann, Klaus (Hrsg.), Vorurteile, Ängste, Aggressionen. Ausgewählte Beiträge aus der Reihe Politische Psychologie, Frankfurt
a.M./ Köln 1975.

Hauptabteilung Schule und Erziehung im Erzbischöflichen Generalvi-
kariat Paderborn und Deutschen Katecheten-Verein e.V. München,
Stichwort: Curriculum, Salzkotten 1974.

Heimann, Paul/ Otto, Gunter/ Schulz, Wolfgang, Unterricht. Analyse
und Planung, (Auswahl Reihe B, 1/2) Hannover u.a. ^{9}1977.

Heimbrock, Hans-Günter, Lern-Wege religiöser Erziehung. Historische, systematische und praktische Orientierung für eine Theorie
religiösen Lernens, Göttingen 1984.

Heimbrock, Hans-Günter, Intellektuelle Problembewältigung oder
verstehendes Erschließen?, in: Fraas/ Heimbrock (Hrsg.), 1986,
137-152.

Heine, Susanne, Antisemitismus im Religionsunterricht, in: everz 34
(1982) 153-170.

Heinemann, Horst/ Stachel, Günter/ Vierzig, Siegfried (Hrsg.),
Lernziele und Religionsunterricht. Grundsätzliche Überlegungen und
Modelle lernzielorientierten Unterrichts, (Unterweisen und Verkün-
den, 11) Zürich/ Einsiedeln/ Köln 1970.

Heinz, Hanspeter, Impliziert Christologie ein komparativisches
Verhältnis von Christen und Juden? (zu Leitlinien 1.2 und 3.4), in:
Biemer, 1981, 211-214.

Hemel, Ulrich, Theorie der Religionspädagogik. Begriff - Gegenstand
- Abgrenzungen, München 1984.

Hemel, Ulrich, Inhalte im Religionsunterricht als
religionspädagogische Herausforderung, in: CpB 99 (1986) 174-182.

Hemel, Ulrich, Religionsunterricht und Theologie. Eine
religionspädagogische Perspektive zum Problem der Inhalte im Religionsunterricht, in: KBl 111 (1986) 37-42.

Hemel, Ulrich, Ziele religiöser Lernprozesse, in: Bitter/ Miller
(Hrsg.), Bd. 2, 1986, 488-494.

Hemel, Ulrich, Religionspädagogische Grundlagenforschung - Perspektiven und Desiderate, in: RpB (1988) Nr.22, 92-104.

Hemmerle, Klaus, Antworten zum Fragekatalog für das Projekt 'Judentum im katholischen Religionsunterricht', in: Biemer, 1981,
145-150.

Henrix, Hans, Ökumenische Theologie und Judentum. Gedanken zur
Nichtexistenz, Notwendigkeit und Zukunft eines Dialogs, in: FrRu 28
(1976) 16-27.

Henrix, Hans/ Stöhr, Martin (Hrsg.), Exodus und Kreuz im ökume-
nischen Dialog zwischen Juden und Christen. Diskussionsbeiträge für
Religionsunterricht und Erwachsenenbildung, (Aachener Beiträge zu
Pastoral- und Bildungsfragen, 8) Aachen 1978.

Henrix, Hans, Ökumene aus Juden und Christen. Ein theologischer
Versuch, in: Henrix/ Stöhr (Hrsg.), 1978, 188-236.

Henrix, Hans, Einführung und Analyse, in: Vatikanische Kommission,
1985, 12-44.

Hermanutz, Leo, Katholische Lehrplanarbeit in der Diskussion, in: Schultze/ Hermanutz/ Merten (Hrsg.), 1984, 24-41.

Hermanutz, Leo, Zwischen Erwartungen und Anspruch. Überlegungen zu "Lernfelder des Glaubens" (Revidierter Zielfelderplan) als einem Grundlagenplan, in: KBl 109 (1984) 659-663.

Hermanutz, Leo, Arbeitskreis: Zur Beschreibung der Ziele und Inhalte in einem Grundlagenplan, in: KBl 110 (1985) 801.

Heumann, Jürgen, Symbol - Sprache der Religion, Stuttgart u.a. 1983.

Hilger, Georg, Religionsunterricht als offener Lernprozeß, München 1975.

Hilger, Georg, Ansätze und Typen der Korrelation von Lebenssituationen und Glaubensinhalten, in: KBl 102 (1977) 250-257.

Hindriksen, Arendt, Junden und Araber. Verfolgte und Verfolger, Verfolger und Verfolgte. Ein Unterrichtsversuch für die 5./6. Klasse, in: Religion heute. Informationen zum Religionsunterricht 11 (1979) Nr.4, 9-14.

Höfer, Josef/ Rahner, Karl (Hrsg.), Lexikon für Theologie und Kirche, Bd. 1 bis Bd. 11, Freiburg ²1986.

Hoffmann, Christhard/ Passier, Bernd (Hrsg.), Die Juden. Vorurteil und Verfolgung im Spiegel literarischer Texte, (Arbeitstexte für den Unterricht) Stuttgart 1986.

Hofmann, Fritz, Sequentialität als Unterrichtsprinzip der katholischen Religionslehre in gymnasialen Oberstufen, in: rhs 26 (1983) 21-24.

Hofmeier, Johann, Unterrichtsplanung mit dem Curricularen Lehrplan. Katholische Religionslehr - Grundschule, in: KBl 107 (1982) 195-201.

Hohmann, Manfred, Curriculum, Curriculumforschung, in: Wehle (Hrsg.), 1973, 11-15.

Hohmann, Manfred, Curriculumkonstruktion, in: Wehle (Hrsg.), 1973, 15-20.

Holl, Adolf, Religionen, Stuttgart ²1982.

Holsten, W., Antisemitismus, in: Galling (Hrsg.), Bd. 1, ³1986, 456-459.

Hoppe-Graff, Siegfried, 'Stufe' und 'Sequenz' als beschreibende und erklärende Konstrukte der Entwicklungspsychologie, in: Silbereisen/ Montada (Hrsg.), 1983, 55-60.

Horkheimer, Max, Sozialpsychologische Forschungen zum Problem des Autoritarismus, Nationalismus und Antisemitismus, in: Hartmann (Hrsg.), 1975, 19-24.

Hull, John, Menschliche Entwicklung in der modernen kapitalistischen Gesellschaft, in: Nipkow/ Schweitzer/ Fowler (Hrsg.), 1988, 211-227.

Hurrelmann, Klaus/ Ulich, Dieter (Hrsg.), Handbuch der Sozialisationsforschung, Weinheim/ Basel 1980.

Interdiözesane Katechetische Kommission (Hrsg.), Die rechtliche Stellung der Fächer Bibelunterricht und Religionsunterricht während den Volksschuljahren in den einzelnen Kantonen der Deutschschweiz, (IKK-Dokumentationen, 1) Luzern 1982.

Interdiözesane Katechetische Kommission (Hrsg.), Zum Religionsunterricht katholischer Schüler in der deutschsprachigen Schweiz. Organisation, Schwierigkeiten, Bestrebungen, Offizielle Dokumente, Eigene Lehrpläne und Lehrmittel, (IKK-Dokumentationen, 2) Luzern 1982.

Jäggle, Martin, Warum eine Überarbeitung des Volksschullehrplanes notwendig ist, in: CpB 99 (1986) 119-221.

Jedliczka, Helmut, Antisemitismus. Didaktische Analyse, Unterrichtsentwurf, Material, in: Schulfach Religion 5 (1986) 501-537.

Jochum, Herbert, 'Botschaft des Glaubens' oder zurück zu den 'bösen Juden'? Eine erste Zitatenlese aus dem neuesten Katechismus, in: FrRu 30 (1978) 47-51.

Jochum, Herbert, Juden und Judentum im christlichen Religionsunterricht. Eine religionspädagogische Grundsatzreflexion als Versuch einer Zwischenbilanz, in: Henrix/ Stöhr (Hrsg.), 1978, 12-29.

Jochum, Herbert, Juden und Christen - Volk Gottes. Sachaspekte zu einer Unterrichtsreihe für die Sekundarstufe II, in: KBl 105 (1980) 880-888.

Jochum, Herbert/ Kremers, Heinz (Hrsg.), Juden, Judentum und Staat Israel im christlichen Religionsunterricht in der Bundesrepublik Deutschland. Untersuchungen im Rahmen des Forschungsschwerpunktes 'Geschichte und Religion des Judentums' an der Universität Duisburg - Gesamthochschule, Paderborn u.a. 1980.

Jochum, Herbert, Jesusgestalt und Judentum in Lehrplänen, Rahmenrichtlinien und Büchern für den Religionsunterricht, in: Jochum/ Kremers (Hrsg.), 1980, 7-22.

Johannes Paul II., 'Ihr seid unsere älteren Brüder'. Ansprache des Papstes anläßlich des Besuches der römischen Synagoge am Sonntag,

13.April, in: Vatikanische Kommission, 1985, 5-11.

Johnson, Mauritz jr., Definitionen und Modelle in der Curriculumtheorie, in: Achtenhagen/ Meyer (Hrsg.), 1971, 30-46.

Kaiser, Alfons, Der Religionsunterricht in der Schule. Der Beschluß der 'Gemeinsamen Synode der Bistümer der Bundesrepublik Deutschland' aus erziehungswissenschaftlicher Sicht, München 1980.

Kaldewey, Rüdiger, Der Teil und das Ganze, in: Schultze/ Hermanutz/ Merten (Hrsg.), 1984, 274-294.

Kampschulte, Heiko/ Bamming, Reinhard, "Lernfelder des Glaubens – Grundlagenplan für den katholischen Religionsunterricht im 5. bis 10. Schuljahr". Kritische Anmerkungen der Fachleiter für Kath. Religionslehre (Sek I) der Bistümer Münster und Paderborn, in: KBl 110 (1985) 464-465.

Karrer, Leo, Der Glaube in Kurzformeln. Zur theologischen und sprachtheoretischen Problematik und zur religionspädagogischen Verwendung der Kurzformeln des Glaubens, Mainz 1978.

Karsten, Anitra (Hrsg.), Vorurteil. Ergebnisse psychologischer und sozialpsychologischer Forschung, (Wege der Forschung, 401) Darmstadt 1978.

Karsten, Anitra, Das Vorurteil. (Sammelreferat) (1953), in: Karsten (Hrsg.), 1978, 120-138.

Kastner, Edeltraud, Neue Lehrpläne der gymnasialen Oberstufe. Eine erste Bilanz, in: rhs 26 (1983) 30-36.

Kastning-Olmesdahl, Ruth, Die Passionsgeschichte im Religionsunterricht der Grundschule als Quelle antijüdischer Affekte, in: Henrix/ Stöhr (Hrsg.), 1978, 45-50.

Kastning-Olmesdahl, Ruth, Die Juden und der Tod Jesu – antijüdische Motive in evangelischen Religionsbüchern, in: Jochum/ Kremers (Hrsg.), 1980, 91-105.

Kastning-Olmesdahl, Ruth, Die Juden und der Tod Jesu. Antijüdische Motive in den evangelischen Religionsbüchern für die Grundschule; Eine Untersuchung im Rahmen des Forschnungsschwerpunktes 'Geschichte und Religion des Judentums' an der Universität Duisburg – Gesamthochschule, Neukirchen-Vluyn 1981.

Das katechetische Wirken der Kirche. Arbeitspapier, 1974, in: Gemeinsame Synode, 1977, 37-97.

Katechetisches Institut des Bistums Aachen (Hrsg.), Christen und Juden – Von den Wurzeln her verbunden. Leitlinien, Kriterien, Anregungen und Empfehlungen für die Verkündigung, die

Erwachsenenbildung und den Religionsunterricht, Aachen 1989.

Katholische Aktion Österreichs (Hrsg.), Schalom für Österreich. Christlich-jüdische Begegnungen in Wien, Wien/ München 1986.

Kaufmann, Hans-Bernhard, Revision des Lehrplans, in: Schneider (Hrsg.), 1971, 104-115.

Kaufmann, Hans-Bernhard, Zum Stand der religionspädagogischen Diskussion, in: everz 25 (1973) 81-97.

Kern, Walter/ Pottmeyer, Hermann/ Seckler, Max (Hrsg.), Handbuch der Fundamentaltheologie, Bd. 1: Traktat Religion, Freiburg 1985.

Kern, Walter/ Pottmeyer, Hermann/ Seckler, Max (Hrsg.), Handbuch der Fundamentaltheologie, Bd. 4: Traktat theologische Erkenntnislehre, Freiburg 1988.

Kertelge, Karl (Hrsg.), Rückfrage nach Jesus. Zur Methodik und Bedeutung der Frage nach dem historischen Jesus, (Quaestiones disputatae, 63) Freiburg/ Basel/ Wien 1974.

Kertelge, Karl (Hrsg.), 'Der Prozeß gegen Jesus'. Historische Rückfrage und theologische Deutung, (Quaestiones disputatae, 112) Freiburg 1988.

Kickel, Walter, Das gelobte Land. Die religiöse Bedeutung des Staates Israel in jüdischer und christlicher Sicht, München 1984.

Kittel, Gisela, Die Wiederentdeckung der Religion in der gegenwärtigen Religionspädagogik. Thesen und Erläuterungen, in: everz 25 (1973) 59-69.

Klafki, Wolfgang/ Schulz, Wolfgang, Zur Diskussion über Probleme der Didaktik. Antworten auf Fragen der Schriftleitung, in: Rundgespräch (1967) 131-144.

Klafki, Wolfgang, Didaktik, in: Dahmer/ Klafki (Hrsg.), 1968, 137-173.

Klafki, Wolfgang u.a., Erziehungswissenschaft, Bd. 2. Eine Einführung, (Funk-Kolleg Erziehungswissenschaft) Frankfurt a.M. 1970.

Klafki, Wolfgang u.a., Erziehungswissenschaft, Bd. 3. Eine Einführung, (Funk-Kolleg Erziehungswissenschaft) Frankfurt a.M. 1971.

Klafki, Wolfgang/ Lingelbach, Karl/ Nicklas, Hans (Hrsg.), Probleme der Curriculumentwicklung. Entwürfe und Reflexionen, Frankfurt a.M. 1972.

Klafki, Wolfgang, Formen der Strukturierung von Lehrplänen, in: Klafki, Wolfgang/ Lingelbach, Karl/ Nicklas, Hans (Hrsg.), 1972, 75-81.

Klafki, Wolfgang, Studien zur Bildungstheorie und Didaktik, Weinheim/ Basel [10]1975.

Klafki, Wolfgang u.a., Schulnahe Curriculumentwicklung und Handlungsforschung. Forschnungsbericht des Marburger Grundschulprojekts, Weinheim/ Basel 1982.

Klafki, Wolfgang, Neue Studien zur Bildungstheorie und Didaktik. Beiträge zur kritisch-konstruktiven Didaktik, Weinheim/ Basel 1985.

Klafki, Wolfgang, Exemplarisches Lehren und Lernen, in: ders., 1985, 87-107.

Klaghofer, Richard/ Oser, Fritz, Dimensionen und Erfassung des religiösen Familienklimas, in: Unterrichtswissenschaft 15 (1987) 190-206.

Klappert, Bertold, Der Verlust und die Wiedergewinnung der israelitischen Kontur der Leidensgeschichte Jesu (Das Kreuz - Das Leiden - Das Paschamahl - Der Prozess Jesu), in: FrRu 29 (1977) 21-33.

Klappert, Bertold, Der Verlust und die Wiedergewinnung der israelitischen Kontur der Leidensgeschichte Jesu (das Kreuz, das Leiden, das Paschamahl, der Prozeß Jesu), in: Henrix/ Stöhr (Hrsg.), 1978, 107-153.

Klappert, Bertold, Perspektiven einer von Juden und Christen anzustrebenden gerechten Weltgesellschaft, in: FrRu 30 (1978) 67-82.

Klausner, Josef, Jesus von Nazareth. Seine Zeit, sein Leben und seine Lehre, Jerusalem [3]1952.

Klein, Charlotte, Theologie und Anti-Judaismus. Eine Studie zur deutschen theologischen Literatur der Gegenwart, (Abhandlungen zum christlich-jüdischen Dialog, 6) München 1975.

Klein, Charlotte, 'Von Generation zur Generation'. Der Einfluß der Lehre vom Judentum im theologischen Schrifttum auf den heutigen Theologiestudenten, in: Bibel und Kirche 44 (1989) 65-70.

Klein, Hans, Leben - neues Leben - Möglichkeiten und Grenzen einer gesamtbiblischen Theologie des Alten und Neuen Testaments, in: Merk (Hrsg.), 1984, 76-93.

Knab, Doris/ Stapel, Gertrud, Fachspezifische und fachübergreifende Curricula und Curriculumprojekte: Katholische Religion, in: Frey u.a. (Hrsg.), Bd. 3, 1975, 500-510.

Knab, Doris, Krise des RU oder Krise des Krisenmanagements? Zur Wiederentdeckung der Curriculumfrage, in: rhs 22 (1979) 255-261.

Knab, Doris/ Langemeyer, Georg, Bildung, in: Böckle u.a. (Hrsg.), Bd. 8, 1980, 5-38.

Knab, Doris, Ergebnisse aus der Curriculumdiskussion für das Problem der didaktischen Vermittlung auf der Lehrplanebene, in: Biemer/ Knab (Hrsg.), 1982, 55-71.

Koch, Horst, Inhaltsanalyse. Methodische Überlegungen zur Untersuchung von Schulbüchern, in: Stein/ Schallenberger (Hrsg.), 1976, 9-20.

König, Franz Kardinal, Die Judenerklärung des II. Vatikanums und der Vatikanischen Sekretariate von 1965 bis 1985 in katholischer Sicht, in: Weinzierl (Hrsg.), 1988, 115-125.

Kohlberg, Lawrence, Zur kognitiven Entwicklung des Kindes. Drei Aufsätze, Frankfurt a.M. 1974.

Kohlberg, Lawrence, Stufe und Sequenz. Sozialisation unter dem Aspekt der kognitiven Entwicklung, in: ders., 1974, 7-255.

Kohlberg, Lawrence, Der "Just-Community" Ansatz der Moralerziehung in Theorie und Praxis, in: Oser/ Fatke/ Höffe (Hrsg.), 1986, 21-55.

Kohn, Johanna, Haschoah. Christlich-jüdische Verständigung nach Auschwitz, (Fundamentaltheologische Studien, 13) Mainz 1986.

Konrad, Johann-Friedrich, Thesen zum Begriff 'Religion' im Hinblick auf mögliche Lehrinhalte im Fach 'Religion' an öffentlichen Schulen einer pluralistischen Gesellschaft, in: everz 25 (1973) 56-59.

Konrad, Johann-Friedrich, Das Neue an Jesus. Eine grundsätzliche Erwägung, in: Henrix/ Stöhr (Hrsg.), 1978, 154-165.

Konrad, Johann-Friedrich, Jesus ohne Antijudaismus. Didaktische Reflexionen und Skizze eines Kurses, in: everz 34 (1982) 170-175.

Konukiewitz, Wolfgang, Curriculumentwicklung für den Religionsunterricht in der Grundschule, (neue pädagogische bemühungen, 56) Essen 1973.

Konukiewitz, Wolfgang, Entwurf einer Strategie zur Entwicklung des Curriculum für den Religionsunterricht (Grundschule), in: ders., 1973, 76-96.

Korherr, Edgar, Chancen und Grenzen des Religionsunterrichtes an allgemeinbildenden höheren Schulen, in: Schulfach Religion 3 (1984) 368-401.

Korherr, Edgar, Lehrplanerneuerung - ja oder nein?, in: Schulfach Religion 3 (1984) 345-365.

Korherr, Edgar, Übersicht über die kommentierten Lehrpläne für den katholischen Religionsunterricht an AHS und BHS 1983, in: Schulfach Religion 3 (1984) 403-445.

Korherr, Edgar (Hrsg.), Schwerpunktthema: Das Judentum in der

Katechese, in: CpB 100 (1987) 3-16.

Krätzl, Helmut, Die Bedeutung des Religionsunterrichtes für die Schule und die Gesellschaft, in: Der Religionsunterricht in der österreichischen Schule, 1984, 33-51.

Kramer, Robert, Die didaktische Grundkonzeption des Kollegstufenplans für den Religionsunterricht in Bayern, in: rhs 26 (1983) 16f.

Krathwohl, David (Hsrg.), Taxonomy of Educational Objectives. The Classification of Educational Goals, Handbook II: Affective Domain, New York ⁸1971.

Krathwohl, David, Der Gebrauch der Taxonomie von Lernzielen in der Curriculumkonstruktion, in: Achtenhagen/ Meyer (Hrsg.), 1971, 75-97.

Krause, Gerhard/ Müller, Gerhard (Hrsg.), Theologische Real-Enzyklopädie, Bd. 6, Berlin/ New York 1980.

Kremers, Heinz, Die Darstellung der Juden in neuen Schulbüchern in der Bundesrepublik Deutschland, in: Stein/ Schallenberger (Hrsg.), 1976, 137-149.

Kremers, Heinz, Die Passionsgeschichte Jesu von Nazareth als historisches, theologisches und religionspädagogisches Problem, in: Henrix/ Stöhr (Hrsg.), 1978, 51-74.

Kremers, Heinz, Judenmission heute?, Neukirchen-Vluyn 1979.

Kremers, Heinz, Die historische Entwicklung der Darstellung des Judentums im evangelischen Religionsunterricht in der Bundesrepublik Deutschland seit dem Holocaust, in: Jochum/ Kremers (Hrsg.), 1980, 23-35.

Kremers, Heinz, Die Juden in Schulbüchern und anderen Unterrichtsmedien für den evangelischen Religionsunterricht (dargestellt an sechs Beispielen), in: Jochum/ Kremers (Hrsg.), 1980, 37-54.

Kremers, Heinz, Die Juden und der Tod Jesu als historisches, theologisches und religionspädagogisches Problem, in: Jochum/ Kremers (Hrsg.), 1980, 75-90.

Kremers, Heinz, Die wichtigsten Ergebnisse aus der Analyse der gegenwärtigen religionspädagogischen Literatur und die Frage nach den Konsequenzen, in: Stöhr (Hrsg.), 1983, 32-53.

Kremers, Heinz/ Lubahn, Erich (Hrsg.), Mission an Israel in heilsgeschichtlicher Sicht, Neukirchen-Vluyn 1985.

Kremers, Heinz, Mission an Israel in heilsgeschichtlicher Sicht, in: Kremers/ Lubahn (Hrsg.), 1985, 65-91.

Kremers, Heinz/ Schoeps, Julius (Hrsg.), Das jüdisch-christliche

Religionsgespräch, (Studien zur Geistesgeschichte, 9) Stuttgart/
Bonn 1988.

Kremers, Heinz, Der Beitrag des Neuen Testaments zu einer Christologie im Dialog zwischen Juden und Christen, in: Gespräche in
Israel 6 (1988) Nr.1, 3-20.

Kremers, Heinz, Eigenart und Bedeutung des jüdisch-christlichen
Dialogs der Gegenwart vor seinem historischen Horizont, in:
Kremers/ Schoeps (Hrsg.), 1988, 9-20.

Krisper, Gerhard, Kleine Konkordanz christologisch relevanter
Themenfelder im Lehrplan für die AHS, in:CpB 98 (1985) 435f.

Kroeger, Matthias, Themzentrierte Seelsorge. Über die Kombination
Klientzentrierter und Themenzentrierter Arbeit nach Carl Rogers und
Ruth C.Cohn in der Theologie, Stuttgart u.a. [3]1983.

Kron, Friedrich, Grundwissen Pädagogik, München/ Basel 1988.

Krotz, Fritz, Religion auf dem Lehrplan. Zur Begründung des Religionsunterrichts zwischen Religionsfreiheit und Religionskritik, in:
forum religion (1987) Nr.2, 2-10.

Kühn, Rolf, Realität und Didaktik. Marginalien zum betroffenen
Lernen, in: rhs 26 (1983) 6-10.

Künkel, Klaus, Curriculare Aufgabenbestimmung des Religionsunterrichts, in: Konukiewitz, 1973, 11-38.

Künzli, Rudolf, Planen und Gestalten eines Curriculums, in: Minsel
(Hrsg.), 1978, 13-38.

Kürzinger, Josef, Prophet (II) im NT, in: Haag (Hrsg.), [3]1982,
1414-1417.

Kurz, Helmut, Der Grundlagenplan - ein revidierter Zielfelderplan?,
in: rhs 28 (1985) 80-83.

Lähnemann, Johannes, Zugänge zu den Weltreligionen, in: Adam/
Lachmann (Hrsg.), 1984, 323-339.

Läpple, Alfred, Der Religionsunterricht 1945-1975. Dokumentation
eines Weges, Aschaffenburg 1975.

Läpple, Alfred, Kleine Geschichte der Katechese, München 1981.

Läpple, Alfred, Inhalte und Akzente der Glaubensunterweisung. Ein
Durchblick von der Aufklärungszeit zur Gegenwart, in: KBl 107
(1982) 675-679.

Läpple, Alfred, Sequentialität - mehr als ein neues Wort, in: rhs

26 (1983) 2-5.

Lang, Bernhard, Die Pharisäer, in: Biemer, 1981, 277-279.

Lange, Günter, Zwischenbilanz zum Korrelationsprinzip, in: KBl 105 (1980) 151-155.

Lange, Günter, Unterricht: Katholische Religion, in: Skiba/ Wulf/ Wünsche (Hrsg.), 1983, 607-610.

Lange, Günter, Symposion des DKV zum Grundlagenplan für die Sek. I und zu einigen Länderplänen, in: KBl 110 (1985) 790-793.

Langemeyer, Georg, Die Bedeutung der christlichen Strukturelemente als theologische Legitimation der Lehr-Lern-Planung, in: Biemer/ Knab (Hrsg.), 1982, 37-48.

Langer, Wolfgang, Problemliste zum derzeitigen Stand der Lehrplanarbeit, in: KBl 110 (1985) 793f.

Langer, Wolfgang, Religionsunterricht, in: Eicher (Hrsg.), Bd. 4, 1985, 58-67.

Langer, Wolfgang, Ein Katechismus kommt selten allein. Die Nachfolgepublikationen zum Katholischen ErwachsenenKatechismus, in: KBl 114 (1989) 371-378.

Lapide, Pinchas, Der Rabbi von Nazaret. Wandlungen des jüdischen Jesusbildes, Trier 1974.

Lapide, Pinchas, Die Anfänge des Christentums aus jüdischer Sicht. RU-Interview, in: ru 7 (1977) 57-60.

Lapide, Pinchas, Das Leiden und Sterben Jesu von Nazaret. Versuch einer jüdischen Sinngebung, in: Henrix/ Stöhr (Hrsg.), 1978, 94-106.

Lapide, Pinchas/ Mußner, Franz/ Wilckens, Ulrich, Was Juden und Christen voneinander denken. Bausteine zum Brückenschlag, (Ökumenische Forschungen, Erg.Abt.9) Freiburg/ Basel/ Wien 1978.

Lapide, Pinchas, Jesu Tod durch die Römerhand. Zur blasphemischen These vom 'Gottesmord' durch die Juden, in: Goldstein (Hrsg.), 1979, 239-255.

Lapide, Pinchas/ Luz, Ulrich, Der Jude Jesus. Thesen eines Juden. Antworten eines Christen, Zürich/ Einsiedeln/ Köln [2]1980.

Lapide, Pinchas/ Rahner, Karl, Heil von den Juden? Ein Gespräch, Mainz [2]1984.

Larsson, Rune, Religion zwischen Kirche und Schule. Die Lehrpläne für den evangelischen Religionsunterricht in der Bundesrepublik Deutschland seit 1945, Lund/ Göttingen/ Zürich 1980.

Leistner, Reinhold, Antijudaismus im Johannesevangelium? Darstellung des Problems in der neueren Auslegungsgeschichte und Untersuchung der Leidensgeschichte, (Theologie und Wirklichkeit, 3) Bern/ Frankfurt a.M. 1974.

Leitner, Dagmar, Vorurteilsbildungen. Das Problem des Antijudaismus im Neuen Testament als pädagogische Aufgabe, in: Schulfach Religion 2 (1983) 247-286. (In der Überschrift des Artikels heißt es "Vorurteilsbindungen".)

Lennert, Rudolf u.a., Bildung I-VII, in: Krause/ Müller (Hrsg.), Bd. 6, 1980, 568-635.

Lentzen-Deis, Fritzleo, Das 'Jüdische' und das 'Christliche' im Neuen Testament, in: FrRu 27 (1975) 12f.

Lenzen, Dieter (Hrsg.), Curriculumentwicklung für die Kollegschule: Der obligatorische Lernbereich, Frankfurt a.M. 1975.

Lenzen, Dieter/ Meyer, Hilbert, Das didaktische Strukturgitter - Aufbau und Funktion in der Curriculumentwicklung, in: Lenzen (Hrsg.), 1975, 181-251.

Lenzen, Dieter/ Mollenhauer, Klaus (Hrsg.), Theorien und Grundbegriffe der Erziehung und Bildung, (Enzyklopädie Erziehungswissenschaft, 1) Stuttgart 1983.

Levinson, Nathan, Dem Dialog eine Chance. Die neuen Richtlinien zur Judenerklärung aus jüdischer Sicht, in: Emuna 10 (1975) Nr.1/2, 6-9.

Levinson, Nathan, Nichts anderes als Jude. Jesus aus der Sicht eines heutigen Juden, in: Goldstein (Hrsg.), 1979, 44-57.

Levinson, Nathan, Zur Erklärung der deutschen Bischofskonferenz, in: FrRu 32 (1980) 16f.

Levinson, Nathan, Die Erfahrung vom Ölbaum, in: Biemer, 1981, 239-242.

Levinson, Nathan, Stellungnahme zu den 'Freiburger Leitlinien' - insbesondere zum Bundesbegriff, in: Biemer, 1981, 236-239.

Licharz, Werner (Hrsg.), Heil für die Christen - Unheil für die Juden? Von der Notwendigkeit des Gesprächs und des gemeinsamen Zeugnisses, (Arnoldsteiner Texte, 9) Frankfurt a.M. 1982.

Lichtenstein, E., Bildung, in: Ritter (Hrsg.), Bd. 1, 1971, 921-937.

Lindeskog, Gösta, Jesus als religionsgeschichtliches und religiöses Problem in der modernen jüdischen Theologie, in: Judaica 6 (1950) 190-229; 241-268.

Lohfink, Norbert, Das Jüdische am Christentum. Die verlorene Dimension, Freiburg/ Basel/ Wien 1987.

Lohfink, Norbert, Der niemals gekündigte Bund. Exegetische Gedanken zum christlich-jüdischen Dialog, Freiburg/ Basel/ Wien 1989.

Lohse, Eduard, Die Vielfalt des Neuen Testaments, (Exegetische Studien zur Theologie des Neuen Testaments, 2) Göttingen 1982.

Lohse, Eduard, Der Christus der Juden und der Messias der Christen, in: ders, 1982, 57-69.

Lubahn, Erich, Judenmission in heilsgeschichtlicher Sicht, in: Kremers/ Lubahn (Hrsg.), 1985, 92-103.

Luz, Ulrich, Jesus und die Pharisäer, in: Judaica 38 (1982) 229-246.

Machalet, Christian, Judentum im christlichen Religionsunterricht. Bericht von einem internationalen Symposium, in: everz 34 (1982) 175-179.

Macke, Gerd, Lernen als Prozeß. Überlegungen zur Konzeption einer operativen Lehr-Lern-Theorie, (Erziehungswissenschaftliche Untersuchungen, 7) Weinheim/ Basel 1978.

Maier, Johann/ Petuchowski, Jakob/ Thoma, Clemens, Judentum und Christentum, in: Böckle u.a. (Hrsg.), 1980, 127-168.

Maisch, Ingrid, Bilanz der Reformbemühungen. Bericht über eine Tagung in der Evangelischen Akademie Arnoldshain, 14.-16.Februar 1977, in: FrRu 28 (1976) 44f.

Maisch, Ingrid, Judentum im vorkonziliaren Religionsunterricht, in: FrRu 29 (1977) 38-40.

Maisch, Ingrid, Die Thematik des 'Landes' in christlicher und jüdischer Sicht, in: Biemer, 1981, 258-264.

Marin, Bernd, 'Die Juden' in der Kronen-Zeitung. Textanalytisches Fragment zur Mythenproduktion 1974, in: Bunzl/ Marin, 1983, 89-169.

Marin, Bernd, Ein historisch neuartiger 'Antisemitismus ohne Antisemiten'?, in: Bunzl/ Marin, 1983, 171-192.

Marin, Bernd, Nachwirkungen des Nazismus. Ein Reproduktionsmodell kollektiver Mentalität, in: Bunzl/ Marin, 1983, 193-224.

Marin, Bernd, Umfragebefunde zum Antisemitismus in Österreich 1946-1982. SWS-Meinungsprofile aus: Journal für Sozialforschung 23.Jg. (1983), in: Bunzl/ Marin, 1983, 225ff.

Markus, R., The Problem of Self-Definition: From Sect to Church, in: Sanders (Hrsg.), 1980, 1-15.

Marquardt, Friedrich-Wilhelm, Was haltet Ihr von Christus? Jesus zwischen Christen und Juden, in: FrRu 34 (1982) 46-50.

Marsch, Wolf-Dieter/ Thieme, Karl (Hrsg.), Christen und Juden. Ihr Gegenüber vom Apostelkonzil bis heute, Mainz/ Göttingen 1961.

Mayer, Reinhold, Zum Gespräch mit Israel. Eine theologische Auseinandersetzung, (Arbeiten zur Theologie, 9) Stuttgart 1962.

Mayer, Reinhold, Leiden und Sterben Jesu - Heil für die Christen - Unheil für die Juden, in: Licharz (Hrsg.), 1982, 5-30.

Meerten, Egon, Der situationsorientierte Curriculumansatz. Entwicklung, Perspektiven und Legitimation, (Hochschulschriften: Erziehungswissenschaft, 13) Königstein/Ts. 1980.

Menck, Peter, Lehrplanreform und ihre Theorie, in: Siegener Hochschulblätter 6 (1983) Nr.1, 45-54.

Menck, Peter, Unterrichtsinhalt. Ein Versuch über die Konstruktion der Wirklichkeit im Unterricht, (Europäische Hochschulschriften 11, 293) Frankfurt a.M./ Bern/ New York 1986.

Menck, Peter, Lehrplanentwicklung nach Robinsohn, in: Z.f.Päd 33 (1987) 363-380.

Menze, Clemens, Bildung, in: Speck/ Wehle (Hrsg.), Bd. 1, 1970, 134-184.

Menze, Clemens, Bildung und Bildungswesen, (Hildesheimer Beiträge zu den Erziehungs- und Sozialwissenschaften, 13) Hildesheim 1980.

Merk, Otto (Hrsg.), Schriftenauslegung als theologische Aufklärung. Aspekte gegenwärtiger Fragestellungen in der neutestamentlichen Wissenschaft, Gütersloh 1984.

Mertens, Winfried, Mit Sequenzen leben?, in: rhs 26 (1983) 37f.

Mette, Norbert, Voraussetzungen christlicher Elementarerziehung. Vorbereitende Studien zu einer Religionspädagogik des Kleinkindalters, Düsseldorf 1983.

Mette, Norbert, Stufentheorie zur Glaubensentwicklung in der Diskussion, in: KBl 114 (1989) 123-132.

Metz, Johann, Unterwegs zu einer nachidealistischen Theologie, in: Bauer (Hrsg.), 1985, 209-233.

Metz, Johann/ Schillebeeckx, Eduard (Hrsg.), Weltkatechismus oder Inkulturation, in: Conc 25 (1989) 294-365.

Meyer, Hilbert, Das ungelöste Deduktionsproblem in der Curriculumforschung, in: Achtenhagen/ Meyer (Hrsg.), 1971, 106-132.

Meyer, Hilbert, Einführung in die Curriculum-Methodologie, München 1972.

Miller, Gabriele, Acht Jahre Zielfelderplan. Theorieansätze und Praxisprobleme, in: Biemer/ Knab (Hrsg.), 1982, 103-113.

Minsel, Wolf-Rüdiger (Hrsg.), Curriculum und Lehrplan, (Studienprogramm Erziehungswissenschaften, 2) München/ Wien/ Baltimore 1978.

Minz, Karl-Heinz, Ein wichtiger Baustein zum Dialog. Zur Erklärung der deutschen Bischöfe 'Über das Verhältnis der Kirche zum Judentum' vom 28.4.1980, in: KBl 105 (1980) 859-862.

Minz, Karl-Heinz, Versuch einer systematisch-theologischen Begründung der Kategorien 'Gott, Bund, Land Volk, Hoffnung-Zukunft' aus der Juden und Christen gemeinsamen heilsgeschichtlichen Perspektive, in: Biemer, 1981, 67-78.

Minz, Karl-Heinz, Zu einer theologischen Reduktivformel für die religionsdidaktische Planung, in: Biemer/ Knab (Hrsg.), 1982, 97-100.

Minz, Karl-Heinz, Das Volk Gottes in christlichem Verständnis, in: Biemer/ Biesinger/ Fiedler (Hrsg.), 1984, 273-281.

Minz, Karl-Heinz, Die eschatologische Kategorie 'Hoffnung/ Zukunft', in: Biemer/ Biesinger/ Fiedler (Hrsg.), 1984, 303-311.

Mitscherlich, Alexander, Zur Psychologie des Vorurteils, in: Hartmann (Hrsg.), 1975, 9-18.

Mitscherlich-Nielsen, Margarete, Antisemitismus – eine Männerkrankheit?, in: Psyche 37 (1983) 41-54.

Molin, Georg, Der sogenannte christliche Antisemitismus und die praktische christliche Katechese, in: Thoma (Hrsg.), 1965, 193-215.

Mollenhauer, Klaus, Korrekturen am Bildungsbegriff?, in: Z.f.Päd 33 (1987) 1-20.

Moltmann, Jürgen, Theologie der Hoffnung, in: Bauer (Hrsg.), 1985, 235-257.

Montada, Leo, Die geistige Entwicklung aus der Sicht Jean Piagets, in: Oerter/ Montada, 1982, 375-424.

Montada, Leo, Entwicklung moralischer Urteilsstrukturen und Aufbau von Werthaltungen, in: Oerter/ Montada, 1982, 633-673.

Moser, Franz, Wirtschaft und Religion. Der Religionsunterricht an den kaufmännischen Schulen, Wien/ Freiburg/ Basel 1986.

Moser, Heinz, Technik der Lernplanung: Curriculumforschung und Ideologie, in: Z.f.Päd 17 (1971) 55-74.

Müller, Max, Bildung, in: Rahner/ Darlap (Hrsg.), Bd. 1, 1967, 604-616.

Mußner, Franz, 'Christliche Theologie des Judentums' von Clemens Thoma, in: FrRu 30 (1978) 56-58.

Mußner, Franz, Eine christliche Theologie des Judentums, in: Lapide/ Mußner/ Wilckens, 1978, 40-71.

Mußner, Franz, Traktat über die Juden, München, 1979.

Mußner, Franz, Bemerkungen zur Erklärung der deutschen Bischofskonferenz, in: FrRu 32 (1980) 15f.

Mußner, Franz, Beten, Sprechen und Denken in 'jüdischen Kategorien', in: FrRu 35/36 (1983/84) 69-72.

Mußner, Franz, Die Kraft der Wurzel. Judentum - Jesus - Kirche, Freiburg 1987.
[Die Artikel werden nicht einzeln zitiert.]

Müller, Max, Bildung, in: Rahner/ Darlap u.a. (Hrsg.), Bd. 1, 1967, 604-616.

Müller, Paul-Gerhard/ Stenger, Gerhard (Hrsg.), Kontinuität und Einheit. FS f. Franz Mußner, Freiburg/ Basel/ Wien 1981.

Feiner, Johannes/ Loehrer, Markus (Hrsg.), Mysterium Salutis. Grundriß heilsgeschichtlicher Dogmatik, Bd. 1 bis Bd. 6, Einsiedeln/ Zürich/ Köln 1965-1981.

Naske, Thomas, Hat uns der neue HS-Lehrplan überfordert? Versuch einer Antwort durch Kollegen, in: CpB 100 (1987) 194f.

Neber, Heinz (Hrsg.), Entdeckendes Lernen, Weinheim/ Basel [3]1981.

Neher, André, Die Haltung Israels gegenüber Staat, Land und Volk, in: FrRu 28 (1976) 56-59.

Newman, John, Entwurf einer Zustimmungslehre, (ausgewählte Werke VII), Mainz 1961.

Nicklas, Hans/ Ostermann, Änne, Die Gliederung des Lehrplans, in: Klafki/ Lingelbach/ Nicklas (Hrsg.), 1972, 57-65.

Niggli, Alois, Untersuchung über Zusammenhänge zwischen dem religiösen Erziehungsstil der Eltern und religiösen Entwicklungsstufen der Kinder, in: Unterrichtswissenschaft 15 (1987) 177-189.

Nipkow, Karl, Curriculumdiskussion, in: Z.f.Päd 17 (1971) 1-10.

Nipkow, Karl, Elementarisierung biblischer Inhalte. Zum Zusammenspiel theologischer, anthropologischer und entwicklungspsychologischer Perspektiven in der Religionspädagogik, in: Baldermann/ Nipkow/ Stock, 1971, 35-73.

Nipkow, Karl, Antwort auf die Replik von Hubertus Halbfas, in: everz 25 (1973) 20-26.

Nipkow, Karl, Zwingende Alternativen?, in: everz 25 (1973) 10-16.

Nipkow, Karl, Fachspezifische und fächerübergreifende Curricula und Curriculumprojekte: Evangelische Religion, in: Frey u.a. (Hrsg.), Bd. 3, 1975, 489-500.

Nipkow, Karl, Erziehung und Unterricht als Erschließung von Sinn. Zum Gespräch zwischen Erziehungswissenschaft und Religionspädagogik in der Gegenwart, in: everz 29 (1977) 398-413. (=in: Wegenast (Hrsg.), Bd. 1, 1981, 459-482.)

Nipkow, Karl, Religionsunterricht in der Leistungsschule. Gutachten - Dokumente, Gütersloh 1979.

Nipkow, Karl, Grundfragen der Religionspädagogik, Bd. 1: Gesellschaftliche Herausforderungen und theoretische Ausgangspunkte, Gütersloh ³1984.

Nipkow, Karl, Grundfragen der Religionspädagogik, Bd. 2: Das pädagogische Handeln der Kirche, Gütersloh ³1984.

Nipkow, Karl, Grundfragen der Religionspädagogik, Bd. 3: Gemeinsam leben und glauben lernen, Gütersloh 1982.

Nipkow, Karl, Das Problem der Elementarisierung der Inhalte des Religionsunterrichts, in: Biemer/ Knab (Hrsg.), 1982, 73-95.

Nipkow, Karl, Elia und die Gottesfrage im Religionsunterricht. Elementarisierung als religionsdidaktische Aufgabe, in: everz 36 (1984) 131-147.

Nipkow, Karl, Elementarisierung als Kern der Unterrichtsvorbereitung, in: KBl 111 (1986) 600-608.

Nipkow, Karl, Elementarisierung als Kern der Lehrplanung und Unterrichtsvorbereitung am Beispiel der Elia-Überlieferung, in: Braunschweiger Beiträge 37 (1986) Nr.3, 3-16.

Nipkow, Karl, Erwachsenwerden ohne Gott? Gotteserfahrung im Lebenslauf, (Kaiser Traktate, N.F.6) München 1987.

Nipkow, Karl, Lebensgeschichte und religiöse Lebenslinie. Zur Bedeutung der Dimension des Lebenslaufes in der Praktischen Theologie und Religionspädagogik, in: Biehl u.a. (Hrsg.), Bd. 3, 1987,

3-35.

Nipkow, Karl, Entwicklungspsychologie und Religionspädagogik. Zur Problematik und Rezeptionslage und zur Bedeutung entwicklungspsychologischer Fragen in einer elementarisierenden didaktischen Analyse als Kern der Unterrichtsvorbereitung, in: Z.f.Päd 33 (1987) 149-165.

Nipkow, Karl/ Schweitzer, Friedrich/ Fowler, James (Hrsg.), Glaubensentwicklung und Erziehung, Gütersloh 1988.

Nipkow, Karl/ Schweitzer, Friedrich/ Fowler, James (Hrsg.), Einleitung, in: dies. (Hrsg.), 1988, 7-26.

Nipkow, Karl, Religiöse Denkformen in Glaubenskrisen und kirchlichen Konflikten. Zur Bedeutung post-formaler dialektisch-paradoxaler und komplementärer Denkstrukturen, in: RpB (1988) Nr.21, 95-114.

Nipkow, Karl, Stufentheorien der Glaubensentwicklung als eine Herausforderung für Religionspädagogik und Praktische Theologie, in: Nipkow/ Schweitzer/ Fowler (Hrsg.), 1988, 270-289.

Nipkow, Karl, The Issue of God in Adolescence under growing Post - Christian Conditions - A Württembergian Survey, in: Journal of Empirical Theology 1 (1988) 43-53.

Nipkow, Karl/ Schweitzer, Friedrich, Theorien der Glaubensentwicklung und des religiösen Urteils auf dem Prüfstand. Bericht über die internationale Fachtagung vom 12.-17.6.1987 in Tübingen - Blaubeuren, in: Biehl u.a. (Hrsg.), Bd. 4, 1988, 225-231.

Nolting, Hans-Peter, Zur Erklärung von Sündenbock-Phänomenen, in: Gruppendynamik 9 (1978) 197-207.

Noormann, Harry u.a., Thema: Juden und Christen - 50 Jahre Reichspogromnacht, in: ru 18 (1988) Nr.2, 41-78.

Vaticanum II, Nostra aetate. Die Erklärung über das Verhältnis der Kirche zu den nichtchristlichen Religionen, in: Rahner/ Vorgrimler (Hrsg.), [17]1984, 355-359.

Oeming, Manfred, Gesamtbiblische Theologien der Gegenwart. Das Verhältnis vom AT und NT in der hermeneutischen Diskussion seit Gerhard von Rad, Stuttgart u.a. 1985.

Oeming, Manfred, Unitas Scripturae? Eine Problemskizze, in: Baldermann u.a. (Hrsg.), 1986, 48-70.

Oerter, Rolf/ Montada, Leo, Entwicklungspsychologie. Ein Lehrbuch, München/ Wien/ Baltimore 1982.

Oerter, Rolf, Ein gemeinsames Begriffsgebäude für Prozesse der kognitiven Entwicklung, in: Oerter/ Montada, 1982, 498-505.

Oesterreicher, Johannes, Kommentierende Einleitung zur Erklärung über das Verhältnis der Kirche zu den nichtchristlichen Religionen, in: Brechter u.a. (Hrsg.), Bd. 13, [2]1986, 406-478.

Österreichisches Katechetisches Direktorium für Kinder- und Jugend- arbeit, hrsg. von der Projektgruppe Religionsunterricht der Öster- reichischen Kommission für Bildung und Erziehung, Wien 1981.

Oomen, Hans-Gert/ Schmid, Hans-Dieter (Hrsg.), Vorurteile gegen Minderheiten - Antisemitismus, (Arbeitstexte für den Unterricht) Stuttgart 1978.

Oser, Fritz, Theologisch denken lernen. Ein Beitrag zum Aufbau kognitiver Strukturen im Religionsunterricht, (modelle, 13) Olten/ Freiburg 1975.

Oser, Fritz/ Gmünder, Paul/ Fritzsche, Ulrich, Stufen des religi- ösen Urteils, in: Wege zum Menschen 32 (1980) 386-398.

Oser, Fritz/ Gmünder, Paul, Der Mensch - Stufen seiner religiösen Entwicklung. Ein strukturgenetischer Ansatz, Zürich/ Köln 1984.

Oser, Fritz/ Fatke, Reinhard/ Höffe, Otfried (Hrsg.), Transformati- on und Entwicklung. Grundlagen der Moralerziehung, Frankfurt a.M. 1986.

Oser, Fritz/ Bucher, Anton, Die Entwicklung des religiösen Urteils. Ein Forschungsprogramm, in: Unterrichtswissenschaft 15 (1987) 132-156.

Oser, Fritz, Das Verhältnis von religiöser Erziehung und Entwick- lung: ein religionspädagogisches Credo, in: RpB (1988) Nr.21, 12-29.

Oser, Fritz, Genese und Logik der Entwicklung des religiösen Be- wußtseins: Eine Entgegnung auf Kritiken, in: Nipkow/ Schweitzer/ Fowler (Hrsg.), 1988, 48-88.

Oser, Fritz, Wieviel Religion braucht der Mensch? Erziehung und Entwicklung zur religiösen Autonomie, Gütersloh 1988.

Oser, Fritz, Stufen religiöser Entwicklung: Fakten oder Fiktionen? Ein Gespräch mit Fritz Oser, in: Bucher/ Reich (Hrsg.), 1989, 239-256.

von der Osten-Sacken, Peter, 'Einer trage des anderen Last, so werdet ihr die Thora Christi erfüllen'. Paulus und das Gesetz, in: FrRu 29 (1977) 82-86.

von der Osten-Sacken, Peter, Grundsätze einer Theologie im christ- lich-jüdischen Gespräch, (Abhandlungen zum christlich-jüdischen

Dialog, 12) München 1982.

von der Osten-Sacken, Peter, Bist du, der da kommen soll? Jesus – Messias Israels?, in: FrRu 34 (1982) 42–46.

von der Osten-Sacken, Peter, Evangelium und Tora. Aufsätze zu Paulus, (Theologische Bücherei, 77) München 1987.

Ostermann, Änne/ Nicklas, Hans, Vorurteile und Feindbilder, München/ Wien/ Baltimore ²1982.

Ott, Rudi/ Miller, Gabriele, Zielfelderplan. Dialog mit den Wissenschaften, München 1976.

Ott, Rudi, Lehrpläne und Lehrplanentwicklung für den katholischen Religionsunterricht der Schuljahre 5 bis 10 zwischen 1963 und 1983, in: Schultze/ Hermanutz/ Merten (Hrsg.), 1984, 116–145.

Ott, Rudi, Grundlagenplan – kritisch betrachtet, in: rhs 28 (1985) 91–95.

Otto, Gunter/ Schulz, Wolfgang, Der Beitrag der Curriculumforschung, in: Haller/ Meyer (Hrsg.), 1986, 49–62.

Panahi, Badi, Vorurteile. Rassismus, Antisemitismus, Nationalismus ... in der Bundesrepublik heute. Eine empirische Untersuchung, Frankfurt a.M. 1980.

Parks, Sharon, James Fowlers Theorie der Glaubensentwicklung in der nordamerikanischen Diskussion. Eine Zusammenfassung der Hauptkritikpunkte, in: Nipkow/ Schweitzer/ Fowler (Hrsg.), 1988, 91–107.

Passelecq, Georges, Anmerkungen zu zeitgenössischen judenchristlichen Bewegungen, in: Judaica 38 (1982) 32–46.

Patsch, Hermann, Das Judenproblem. Eine Unterrichtsstrategie für die Sekundarstufe I (6./7. Schuljahr), in: Religion heute. Informationen zum Religionsunterricht 8 (1976) Nr.2, 1–10.

Paul, Eugen/ Stock, Alex (Hrsg.), Glauben ermöglichen. Zum gegenwärtigen Stand der Religionspädagogik. FS f. Günter Stachel, Mainz 1987.

Peinlich betroffen. Baden-Württembergs Kultusminister Mayer-Vorfelder hat die Unterrichtseinheiten 'Christentum, Judentum und Antisemitismus' sowie 'Krieg und Frieden' aus den Lehrplänen gestrichen, in: Der Spiegel 37 (1983-04-11) Nr.15, 39f.

Pesch, Rudolf (Hrsg.), Jesus in den Evangelien, (Stuttgarter Bibelstudien, 45) Stuttgart 1970.

Pesch, Rudolf, Christliche und jüdische Jesusforschung. Übersicht und kritische Würdigung, in: Pesch (Hrsg.), 1970, 29-37.

Peterßen, Wilhelm, Gegenwärtige Didaktik. Positionen, Entwürfe, Modelle, (Workshop Schulpädagogik: Materialien, 20) Ravensburg 1977.

Peterßen, Wilhelm, Lehrbuch der allgemeinen Didaktik, München 1983.

Pfisterer, Rudolf, '... sein Blut komme über uns ...' Antijudaismus im Neuen Testament? - Fragen an den kirchlichen Unterricht, in: Marsch/ Thieme (Hrsg.), 1961, 19-37.

Piaget, Jean, Sprechen und Denken des Kindes, (Sprache und Lernen, 1) Düsseldorf 1972.

Piaget, Jean, Das moralische Urteil beim Kinde, Frankfurt a.M. 1973.

Piaget, Jean, Der Aufbau der Wirklichkeit beim Kinde, (Gesammelte Werke, 2) Stuttgart 1975.

Piaget, Jean, Das Weltbild des Kindes, Frankfurt 1981.

Piaget, Jean, Meine Theorie der geistigen Entwicklung, Frankfurt a.M. 1985.

Piaget, Jean/ Inhelder, Bärbel, Die Psychologie des Kindes, München ²1987.

Pissarek-Hudelist, Herlinde, Religionslehrer und ihre Lehrpläne, in: CpB 98 (1985) 194f.

Pleines, Jürgen-Eckardt (Hrsg.), Bildungstheorie. Probleme und Positionen, Freiburg/ Basel/ Wien 1978.

Pöggeler, Franz, Rezension von: Biemer/ Biesinger/ Fiedler, (Hrsg.), 1984, in: Erwachsenenbildung 31 (1985) 183f.

Pohlmann, Dietmar, Offene Lehrplanung in der Religionspädagogik. Kategorien einer theologischen Didaktik, (Arbeiten zur Religions-pädagogik, 1) Göttingen 1982.

Poliakov, Léon, Geschichte des Antisemitismus, Bd. 1 bis Bd. 8, Frankfurt a.M. 1977-1988.

Porsch, Felix, 'Ihr habt den Teufel zum Vater' (Joh 8,44). Antijudaismen im Johannesevangelium?, in: Bibel und Kirche 44 (1989) 50-57.

Preul, Reiner, Bildung, in: Bitter/ Miller (Hrsg.), Bd. 1, 1986, 67-74.

Preul, Reiner, Religion - Bildung - Sozialisation. Studien zur Grundlegung einer religionspädagogischen Bildungstheorie, Gütersloh

1980.

Pulaski, Mary Ann, Piaget. Eine Einführung in seine Theorie und sein Werk, Ravensburg 1975.

——————————

Rahner, Karl, "Grundriß des Glaubens" - Ein Katechismus unserer Zeit. Überlegungen aus der Sicht eines Dogmatikers, in: KBl 105 (1980) 545-547.

Rahner, Karl/ Vorgrimler, Herbert, Kleines Konzilskompendium. Sämtliche Texte des Zweiten Vatikanums (mit Einführungen und ausführlichem Sachregister), Freiburg/ Basel/ Wien [17]1984.

Raske, Michael, Glaubenserfahrung - Gesellschaftskritik - Schöpferische Aneignung. Drei Fragen zur Didaktik der Korrelation, in: KBl 106 (1981) 346-350.

Ratzinger, Joseph Kardinal, Die Krise der Katechese und ihre Überwindung. Rede in Frankreich, Einsiedeln 1983.

Reck, Ursula, Einstellungen gegenüber Juden in der Bundesrepublik Deutschland, in: Biemer, 1981, 82-86.

Reck, Ursula, Christliche Vorurteilsstrukturen, in: Stöhr (Hrsg.), 1983, 102-107.

Reck, Ursula, Das Judentum im katholischen Religionsunterricht. Wandel und Neuentwicklung, Freiburg/ Basel/ Wien 1990.

Reisse, Wilfried, Verschiedene Begriffsbestimmungen von 'Curriculum': Überblick und Ansätze zur Präzisierung, in: Frey u.a. (Hrsg.), Bd. 1, 1975, 46-59.

Sekretariat der Deutschen Bischofskonferenz (Hrsg.), Religionsunterricht. Aktuelle Situation und Entwicklungsperspektiven. Kolloquium 23.-25. Januar 1989, (Arbeitshilfen, 73) Bonn 1989.

Der Religionsunterricht in der österreichischen Schule. Standort und Ausblick. Symposion 19./20.Jänner 1984, (Salzburger Katechetische Schriften) Salzburg 1984.

Der Religionsunterricht in der Schule. Vorlage der Gemeinsamen Synode der Bistümer in der Bundesrepublik Deutschland, 30.3.1984, in: Läpple, 1975, 197-201.

Der Religionsunterricht in der Schule, in: Gemeinsame Synode, 1976, 123-152.

Rendtorff, Rolf (Hrsg.), Arbeitsbuch Christen und Juden. Zur Studie des Rates der Evangelischen Kirche in Deutschland, Gütersloh [2]1980.

Rendtorff, Rolf/ Henrix, Hans (Hrsg.), Die Kirchen und das Judentum. Dokumente von 1945-1985, Paderborn/ München 1987.

Renker, Alwin, Sequentialität und Kontinuität im katholischen Religionsunterricht der Klasse 11 und der Jahrgangsstufen 12 und 13 in Baden-Württemberg, in: rhs 26 (1983) 12-15.

Renker, Alwin, Der neue Lehrplan Katholische Religionslehre in Baden-Württemberg seit Beginn des Schuljahres 1984/85, in: KBl 110 (1985) 371-378.

Reventlow, Henning Graf, Hauptprobleme der Biblischen Theologie im 20. Jahrhundert, (Erträge der Forschung, 203) Darmstadt 1983.

Reventlow, Henning Graf, Die Arbeit der Projektgruppe "Biblische Theologie" in den Jahren 1976-1981, in: Merk (Hrsg.), 1984, 94-102.

Richter, Klemens (Hrsg.), Die katholische Kirche und das Judentum. Dokumente von 1945-1982. Mit Kommentaren von Ernst Ludwig Ehrlich und Erich Zenger, Freiburg/ Basel/ Wien 1982.

Richter, L., Religion. IV A. Religionsphilosophisch, in: Galling (Hrsg.), Bd. 5, ³1986, 968-976.

Richtlinien und Hinweise für die Durchführung der Konzilserklärung 'Nostra aetate' Art.4 der Vatikanischen Kommission für die Beziehungen zum Judentum, 3.1.1975, in: Richter (Hrsg.), 1982, 80-87.

Richtlinien für die Erarbeitung und Beurteilung von Lehrbuchentwürfen, beschlossen durch die Schulamtsleiterkonferenz, 11./12.Februar 1985.

Richtlinien für die Erstellung von Alternativbüchern für den katholischen Religionsunterricht. Ergänzungen zu den obigen Richtlinien, Endfassung vom 8.2.1989.

Rijk, Cornelius, Verständnis des Judentums – Ein innerchristliches Problem für eine zeitgemäße Verkündigung, in: CpB 86 (1973) 191-198.

Ritsert, Jürgen, Inhaltsanalyse und Ideologiekritik. Ein Versuch über kritische Sozialforschung, Frankfurt a.M. 1972.

Ritter, Joachim (Hrsg.), Historisches Wörterbuch der Philosophie, Bd. 1, Basel/ Stuttgart 1971.

Ritter, Werner, Religion in nachchristlicher Zeit. Eine elementare Untersuchung zum Ansatz der neueren Religionspädagogik im Religionsbegriff. Kritik und Konstruktion, (Europäische Hochschulschriften, 33,5) Frankfurt a.M./ Bern 1982.

Röhm, Eberhard (Hrsg.), Thema: Kristallnacht/ Judentum/ Kirche, in: entwurf (1978) Nr.2, 1-69.

Robinsohn, Saul, Bildungsreform als Revision des Curriculums und

Ein Strukturkonzept für Curriculumentwicklung, Neuwied/ Berlin
³1971.

Robinsohn, Saul, Ein Struktur-Konzept für Curriculum-Entwicklung,
in: Achtenhagen/ Meyer (Hrsg.), 1971, 57-74.

Rohrbach, Wilfried, Elementarisierung in der neueren
religionspädagogischen Diskussion, in: everz 35 (1983) 21-39.

Roth, Edgar, Der Lehrplan - gesetzliche Grundlage und Zielbestim-
mung des unterrichtlichen Handelns, in: Schulfach Religion 3 (1984)
286-289.

Royl, Wolfgang, Der Begriff 'Curriculum' und seine Funktionen, in:
Minsel (Hrsg.), 1978, 39-62.

Ruether, Rosemary, Nächstenliebe und Brudermord. Die theologischen
Wurzeln des Antisemitismus, (Abhandlungen zum christlich-jüdischen
Dialog, 7) München 1978.

Rufeisen, Oswald, Kann ein Jude in der Kirche seine Identität
bewahren? Zur Frage der Inkulturation des Christentums in Israel,
in: Judaica 38 (1982) 24-31.

Ruh, Ulrich/ Seeber, David/ Walter, Rudolf (Hrsg.), Handbuch religiöser Gegenwartsfragen, Freiburg 1986.

Ruhloff, Jörg, Die geschichtliche Dimension pädagogischer Aufgaben-
konzepte, in: Haller/ Meyer (Hrsg.), 1986, 94-111.

Ruprecht, Horst u.a., Modelle grundlegender didaktischer Theorien,
(Beiträge zu einer neuen Didaktik, Reihe A: Allgemeine Didaktik)
Hannover u.a. 1972.

Sacher, Werner, Urteilsbildung oder Emanzipation? Zur Anthropologie
und Pädagogik des Vorurteils, Freiburg/ Basel/ Wien 1976.

Rahner, Karl/ Darlap, Adolf u.a. (Hrsg.), Sacramentum Mundi, Bd. 1,
Freiburg/ Basel/ Wien 1967.

Rahner, Karl/ Darlap, Adolf u.a. (Hrsg.), Sacramentum Mundi, Bd. 4,
Freiburg/ Basel/ Wien 1969.

Salberg, Wilherm, Modelle der Verhältnisbestimmung von Kirche und
Israel, in: KBl 106 (1981) 35-39.

Sallen, Herbert, Zum Antisemitismus in der Bundesrepublik Deutschland. Konzepte, Methoden und Ergebnisse der empirischen Antisemi-
tismusforschung, Frankfurt a.M. 1977.

Sanders, Eric (Hrsg.), Jewish and Christian Self-Definition. Volume
One: The Shaping of Christianity in the Second and Third Centuries,

Philadelphia 1980.

Sanders, Jack, The Jews in Luke-Acts, London 1987.

Sauer, Ralf, Der Katechismus eine künftige Form der Glaubensunter-weisung?. Resumee der deutsch-italienischen Tagung in Benediktbeuren vom 29.9.-2.10.1986, in: RpB (1987) Nr.20, 80-88.

Schäfer, Bernd/ Six, Bernd, Sozialpsychologie des Vorurteils, Stuttgart u.a. 1978.

Schaeffer, Richard, Das Gespräch zwischen Christen und Juden als Herausforderung an die Ökumene, in: Henrix/ Stöhr (Hrsg.), 1978, 166-187.

Schäffer, Wilhelm, Erneuerter Glaube - verwirklichtes Menschsein. Die Korrelation von Glaube und Erfahrung in der Lebenspraxis christlicher Erneuerung, (Studien zur Praktischen Theologie, 28) Zürich/ Einsiedeln/ Köln 1983.

Scharer, Matthias, Leben/Glauben lernen - lebendig und persönlich bedeutsam. Handbuch zu 'Miteinander glauben lernen', (Der Religionsunterricht bei Zehn- bis Vierzehnjährigen, 1) Salzburg 1988.

Scharer, Matthias, Thema, Symbol, Gestalt. Religionsdidaktische Begründung eines korrelativen Religionsbuchkonzeptes auf dem Hintergrund themen- (R.C.Cohn)/ symbolzentrierter Interaktion unter Einbeziehung gestaltpädagogischer Elemente, Graz/ Wien/ Köln 1987.

Scharfenberg, Joachim/ Kämpfer, Horst, Mit Symbolen leben. Soziologische, psychologische und religiöse Konfliktbearbeitung, Olten/ Freiburg 1980.

Schauerte, Heinrich, Symbol, in: Höfer/ Rahner (Hrsg.), Bd. 9, [2]1986, 1205-1210.

Scherthan, Heinrich, Schulbücher und Lehrpläne, in: Schultze (Hrsg.), 1980, 43-45.

Schiffers, Norbert, Religion, in: Rahner/ Darlap u.a. (Hrsg.), Bd. 4, 1969, 164-175.

Schillebeeckx, Edward, Glaubensinterpretation. Beiträge zu einer hermeneutischen und kritischen Theologie, Mainz 1971.

Schillebeeckx, Edward, Menschliche Erfahrung und Glaube an Jesus Christus. Eine Rechenschaft, Freiburg 1979.

Schillebeeckx, Edward, Erfahrung und Glaube, in: Böckle u.a (Hrsg.), Bd. 25, 1980, 74-116.

Schilling, Hans, Grundlagen der Religionspädagogik. Zum Verhältnis von Theologie und Erziehungswissenschaft, Düsseldorf 1970.

Schlette, Heinz-Robert, Religion, in: Höfer/ Rahner (Hrsg.), Bd. 8, ²1986, 1164-1168.

Schlüter, Richard, Die Religionspädagogik heute im Urteil von Kardinal Ratzinger und Walter Kasper - Anmerkungen zu Begründung und Interesse ihrer Bewertungen, in: RpB (1986) Nr.18, 152-172.

Schmid, Gerhard, Entwicklung und Revision der Lehrplankonzeptionen für die Grundschule. Vergleichende Untersuchungen zu den pädagogischen Begründungen der Grundschullehrpläne Baden-Württembergs, Bayerns und Nordrhein-Westfalens, Tübingen 1987.

Schmid, Herbert, Die christlich-jüdische Auseinandersetzung um das Alte Testament in hermeneutischer Sicht, (Schriften zur Judentumskunde, 1) Zürich 1971.

Schmid, Herbert, Holocaust, Theologie und Religionsunterricht, in: Judaica 35 (1979) 5-11.

Schmid, Josef, Prophetentum Jesu, in: Höfer/ Rahner (Hrsg.), Bd. 8, ²1986, 804.

Schmidt, Günter, Die Wert- und Zielproblematik in der amerikanischen Curriculum-Theorie seit 1950, in: Z.f.Päd 17 (1971) 31-54.

Schmidt, Günter, Grundgedanken und Modelle der Curriculum-Theorie, in: Wegenast (Hrsg.), 1972, 9-40.

Schmidt, Heinz, Religionsdidaktik. Ziele, Inhalte und Methoden religiöser Erziehung in Schule und Unterricht, Bd. 1: Grundlagen, (Theologische Wissenschaft, 16,1) Stuttgart u.a. 1982.

Schmidt, Heinz, Religionsdidaktik. Ziele, Inhalte und Methoden religiöser Erziehung in Schule und Unterricht, Bd. 2: Der Unterricht in Klasse 1-13, (Theologische Wissenschaft, 16,2) Stuttgart u.a. 1984.

Schmiederer, Ernst, Traum und Wirklichkeit. Der österreichische Antisemitismus wurde weggeforscht, in: profil 18 (1987-03-23) Nr.12, 20f.

Schmitt, Rudolf, Religiöse Erziehung - ohne Erfolg? Zielanalyse als Voraussetzung der Erfolgskontrolle, (Studien zur Erziehungswissenschaft, 7) Weinheim/ Berlin/ Basel 1971.

Schnackenburg, Rudolf, Neutestamentliche Theologie im Rahmen einer gesamtbiblischen Theologie, in: Baldermann u.a. (Hrsg.), 1986, 31-47.

Schneider, Norbert (Hrsg.), Religionsunterricht - Konflikte und Konzepte. Beiträge zu einer neuen Praxis, Hamburg/ München 1971.

Schoeps, Hans, Jüdisch-christliches Religionsgespräch in neunzehn Jahrhunderten. Mit einem Nachwort von Edna Brocke, Königstein/Ts.

⁴1984.

Schottroff, Luise, Antijudaismus im Neuen Testament, in: Conc 20 (1984) 406-412.

Schottroff, Luise, Befreiungserfahrungen. Studien zur Sozialgeschichte des Neuen Testaments, (Theologische Bücherei, 82) München 1990.

Schottroff, Luise, Verheißung und Erfüllung aus der Sicht einer Theologie nach Auschwitz, in: Schottroff, 1990, 275-283.

Schottroff, Luise, Die Schuld "der Juden" und die Entschuldung des Pilatus in der deutschen neutestamentlichen Wissenschaft seit 1945, in: Schottroff, 1990, 324-357.

Schrader, Achim, Einführung in die empirische Sozialforschung. Ein Leitfaden für die Planung, Durchführung und Bewertung von nicht-experimentellen Forschungsprojekten, Stuttgart u.a. ²1973.

Schrödter, Hermann, Die Religion der Religionspädagogik. Untersuchung zu einem vielgebrauchten Begriff und seine Rolle für die Praxis, (Religionspädagogik – Theorie und Praxis, 29) Zürich/ Einsiedeln/ Köln 1975.

Schöer, Henning, Humanwissenschaften und Religionspädagogik, in: everz 29 (1977) 150-177.

Schubert, Kurt, Die jüdisch-christliche Ökumene – Reflexionen zu Grundfragen des christlich-jüdischen Dialogs. Kardinal DDr. Franz Köning zum 75. Geburtstag, in: Kairos N.F.22 (1980) 1-33.

Schütz, Egon, Einige Überlegungen zu einer existentialphänomenologisch (lebensweltlich) orientierten Didaktik und Curriculumarbeit, in: Biemer, 1981, 158-166.

Schütz, Egon, Überlegungen zu einer existentialphänomenologisch (lebensweltlich) orientierten Didaktik und Curriculumarbeit, in: Biemer/ Knab (Hrsg.), 1982, 27-36.

Bayrisches Staatsministerium für Unterricht und Kultus (Hrsg.), Schulreform in Bayern, Bd. 2: Kollegstufe am Gymnasium, München 1972.

Schultze, Herbert (Hrsg.), Das Religionsbuch der Zukunft. Ein Schulbuch-Symposium – zugleich eine bunte Collection für Lehrer und Schulbuchmacher mit Beiträgen von Pädagogen und Theologen aus 6 europäischen Ländern, Stuttgart 1980.

Schultze, Herbert/ Hermanutz, Leo/ Merten, Bernhard (Hrsg.); Religion am Lernort Schule. Kommentierte Dokumentation der evangelischen und katholischen Lehrpläne in der Bundesrepublik Deutschland – Stand: Mai 1984, (Comenius-Institut Dokumentation, 5) Münster 1984.

Schultze, Herbert, Evangelische Religionspläne 1984 - Befunde und Perspektiven, in: Schultze/ Hermanutz/ Merten (Hrsg.), 1984, 8-23.

Schultze, Herbert/ Hermanutz, Leo/ Merten, Bernhard, Vorwort, in: dies. (Hrsg.), 1984, 1-5.

Schulz, Wolfgang, Unterricht zwischen Funktionalisierung und Emanzipationshilfe, in: Ruprecht u.a., 1972, 155-184.

Schulz, Wolfgang, Unterricht - Analyse und Planung, in: Heimann/ Otto/ Schulz, ⁹1977, 13-47.

Schwarzenau, Paul, Thesen zur Religion, in: everz 25 (1973) 69-72.

Schweitzer, Friedrich, Religion und Entwicklung. Bemerkungen zur kognitiv-strukturellen Religionspsychologie, in: Wege zum Menschen 37 (1985) 316-325.

Schweitzer, Friedrich, Soziales Verstehen und moralisches Urteil - Kognitive Entwicklungstheorien und ihre pädagogische Bedeutung, in: Sozialwissenschaftliche Literatur Rundschau 9 (1986) Nr.12, 5-19.

Schweitzer, Friedrich, Lebensgeschichte und Religion. Religiöse Entwicklung und Erziehung im Kindes- und Jugendalter, München 1987.

Schwenk, Bernhard, Unterricht zwischen Aufklärung und Indoktrination. Studien zum Begriff der Didaktik, Frankfurt a.M. 1974.

Schwindel ist Schwindel. profil sprach mit Bernd Marin, in: profil 18 (1987-03-23) 22f.

Seckler, Max, Der theologische Begriff der Religion, in: Kern/ Pottmeyer/ Seckler (Hrsg.), Bd. 1, 1985, 173-194.

Seckler, Max, Theologie als Glaubenswissenschaft, in: Kern/ Pottmeyer/ Seckler (Hrsg.), Bd. 4, 1988, 179-241.

Seebass, Horst, Der Gott der ganzen Bibel. Biblische Theologie zur Orientierung im Glauben, Freiburg/ Basel/ Wien 1982.

Seel, Helmut, Allgemeine Unterrichtslehre, (Schriften zur Lehrerbildung und Lehrerfortbildung, 9) Wien ³1983.

Segre, Augusto, Die Bibel und das jüdische Volk, in: Conc 12 (1976) 120-126.

Seiler, Thomas, Entwicklungstheorien in der Sozialisationsforschung, in: Hurrelmann/ Ulich (Hrsg.), 1980, 101-121.

Sekretariat der Deutschen Bischofskonferenz, Zum Berufsbild und Selbstverständnis des Religionslehrers. Grundfragen des Berufsbildes und des Selbstverständnisses der Religionslehrer unter Berücksichtigung der heutigen Situation in Schule und Kirche,

22.6.1983, Bonn 1983.

Short, Edmund/ Marconnit, George (Hrsg.), Contemporary Thought on Public School Curriculum, Dubuque/ Iowa 1968.

Siegel, Laurence (Hrsg.), Instruction. Some Contemporary Viewpoints, San Francisco 1967.

Silbereisen, Rainer/ Montada, Leo (Hrsg.), Entwicklungspsychologie. Ein Handbuch in Schlüsselbegriffen, München/ Wien/ Baltimore 1983.

Silbermann, Alphons, Antisemitismus in der Bundesrepublik Deutschland, in: Bild der Wissenschaft (1976) Nr.6, 68-74.

Silbermann, Alphons, Der ungeliebte Jude. Zur Soziologie des Antisemitismus, (Texte und Thesen, 134) Zürich 1981.

Silbermann, Alphons, Sind wir Antisemiten? Ausmaß und Wirkung eines sozialen Vorurteils in der Bundesrepublik Deutschland, Köln 1982.

Simon, Werner, Inhaltsstrukturen des Religionsunterrichts. Eine Untersuchung zum Problem der Inhalte religiösen Lehrens und Lernens, (Studien zur Praktischen Theologie, 27) Zürich/ Einsiedeln/ Köln 1983.

Simon, Werner, Erste Anfragen zur Lehrplanentwicklung, in: KBl 110 (1985) 795-798.

Simon, Werner, Zur Entwicklung der Religionspädagogik in den Jahren 1984-1986, in: KBl 112 (1987) 20-29.

Skiba, Ernst-Günther/ Wulf, Christoph/ Wünsche, Konrad (Hrsg.), Erziehung im Jegendalter - Sekundarstufe I, (Enzyklopädie Erziehungswissenschaft, 8) Stuttgart 1983.

Slee, Nicola, Kognitiv-strukturelle Untersuchungen zum religiösen Denken. Überblick und Diskussion unter besonderer Berücksichtigung der Forschung im Anschluß an Goldman in Großbritannien, in: Nipkow/ Schweitzer/ Fowler (Hrsg.), 1988, 124-143.

Sorge, Helga, Didaktische Skizze mit einer Projektidee zum Thema Judentum, in: Gollwitzer/ Rendtorff, 1978, 105-124.

Speck, Josef/ Wehle, Gerhard (Hrsg.), Handbuch pädagogischer Grundbegriffe, Bd. 1, München 1970.

Spitz, Michael, Das Curriculum in der Aufklärungszeit und Gegenwart. Ein Beitrag zur religionspädagogischen Diskussion, (Dissertationen: Theologische Reihe, 15) St. Ottilien 1986.

Stachel, Günter, Curriculum und Religionsunterricht. Mit Berichten aus der Arbeit des IKH München von Renate Ausel u.a., (Unterweisen und Verkünden, 16) Zürich/ Einsiedeln/ Köln 1971.

Stachel, Günter/ Esser, Wolfgang (Hrsg.), Was ist Religionspädagogik?, (Unterweisen und Verkünden, 13) Zürich/ Einsiedeln, Köln
1971.

Stachel, Günter, Der curriculare Ansatz religionspädagogischer
Bemühungen, in: Zilleßen (Hrsg.), 1972, 72-78.

Stachel, Günter, Theorie und Praxis des Curriculum, in: Feifel u.a.
(Hrsg.), Bd. 2, 1974, 34-72.

Stachel, Günter, Orthodoxie und Orthopraxie: Zum Lebensvollzug der
Kirchen und der Christen, in: Feifel u.a. (Hrsg.), Bd. 3, 1975,
56-65.

Stachel, Günter u.a. (Hrsg.), Inhalte religiösen Lernens. Referate
und Protokolle des Kongresses der 'Arbeitsgemeinschaft Katholischen
Katechetikdozenten', (Studien zur Praktischen Theologie, 14) Zü-
rich/ Einsiedeln/ Köln 1977.

Stachel, Günter, Erfahrung interpretieren. Beiträge zu einer konkreten Religionspädagogik, Zürich/ Köln 1982.

Stachel, Günter, Lehrplanentwicklung - andersherum!, in: ders.,
1982, 47-56.

Stachel, Günter, Bemerkungen zur Problematik von Katechismen,
ausgehend vom 'Katholischen Erwachsenen-Katechismus', 1985, in: RpB
(1987) Nr.20, 63-73.

Stallmann, Martin, Tradition und Emanzipation in der Religionspädagogik, in: Wegenast (Hrsg.), Bd. 1, 1981, 331-343.

Stein, Albert, Rechtsbedeutung und politischer Sinn des Lehrplans,
in: Schulfach Religion 3 (1984) 291-296.

Stein, Gerd/ Schallenberger, E.Horst (Hrsg.), Schulbuchanalyse und
Schulbuchkritik. Im Brennpunkt: Juden, Judentum und Staat Israel,
(Sozialwissenschaftliche Schriften, 10) Duisburg 1976.

Steiner, Gerhard (Hrsg.), Piaget und die Folgen. Entwicklungspsychologie, Denkpsychologie, Genetische Psychologie, (Die Psychologie
des 20.Jahrhunderts, 7) Zürich 1978.

Stendahl, Krister, Der Jude Paulus und wir Heiden. Anfragen an das
abendländische Christentum, (Kaiser Traktate, 36) München 1978.

Stengelin, Willi/ Scheuerer, Hans, Arbeitshilfen zur Einführung in
den Curricularen Lehrplan für das Fach Religion an Grund- und
Hauptschulen in Bayern, München 1977.

Stock, Alex, Wissenschafttheorie der Religionspädagogik (1975), in:
Wegenast (Hrsg.), Bd. 2, 1983, 377-396.

Stock, Hans, Elementare Theologie als Voraussetzung

religionspädagogischer Praxis, in: everz 29 (1977) 328-342.

Stöhr, Martin (Hrsg.), Judentum im christlichen Religionsunterricht, (Arnoldsteiner Texte, 15) Frankfurt a.M. 1983.

Stößel, Helga, 'Glaubenswissen'in der Grundschule, in: KBl 107
(1982) 389-391.

Stollberg, Dietrich, Lernen, weil es Freude macht. Eine Einführung
in die Themenzentrierte Interaktion, München 1982.

Straka, Gerald/ Macke, Gerd, Lehren und Lernen in der Schule. Eine
Einführung in Lehr-Lern-Theorien, (Studienbuch Pädagogik) Stuttgart
u.a. [2]1981.

Sühl-Strohmenger, Wilfried, Horizonte von Bildung und Allgemeinbildung. Der Bildungsbegriff der Gegenwart im Brennpunkt von Persön-
lichkeits-, Gesellschafts- und Wissenschaftorientierung, Konsequenzen für das Verständnis von Allgemeinbildung heute und für die
Lehrplangestaltung, (Europäische Hochschulschriften, 11,205) Frankfurt a.M. u.a. 1984.

Synode der Evangelischen Kirche im Rheinland, Synodalbeschluß 'Zur
Erneuerung des Verhältnisses von Christen und Juden', 11.1.1980,
in: Rendtorff/ Henrix (Hrsg.), 1987, 593-596.

Szagun, Gisela, Sprachentwicklung beim Kind. Eine Einführung,
München/ Weinheim [3]1986.

Tajfel, Henri, Die Entstehung der kognitiven und affektiven Einstellungen, in: Hartmann (Hrsg.), 1975, 71-75.

Teipel, Alfred, Die Katechismusfrage. Zur Vermittlung von Theologie
und Didaktik aus religionspädagogischer Sicht, Freiburg/ Basel/
Wien 1983.

Terhart, Ewald, Der Stand der Lehr-Lern-Forschung, in: Haller/
Meyer (Hrsg.), 1986, 63-79.

Theobald, Michael, 'Dem Juden zuerst und auch dem Heiden'. Die
paulinische Auslegung der Glaubensformel Röm 1,3f, in: Müller/
Stenger (Hrsg.), 1981, 376-392.

Text der Pastoralkommission Österreichs, 'Die Christen und das
Judentum', Sommer 1982, in: Katholische Aktion Österreichs (Hrsg.),
1986, 83-96.

Tillich, Paul, Die religiöse Substanz der Kultur. Schriften zur
Theologie der Kultur, (Gesammelte Werke, 9) Stuttgart [2]1975.

Tillich, Paul, Systematische Theologie, Bd. 1, Berlin/ New York
[8]1978.

Thoma, Clemens (Hrsg.), Judentum und christlicher Glaube. Zum Dialog zwischen Christen und Juden, Wien/ Klosterneuburg/ München 1965.

Thoma, Clemens, Christliche Theologie des Judentums. Mit einer Einführung von David Flusser, (Der Christ in der Welt VI, 4a/b) Aschaffenburg 1978.

Thoma, Clemens, Jüdische Zugänge zu Jesus Christus, in: Furger (Hrsg.), 1978, 149-176.

Thoma, Clemens, Traktat für Juden und Christen. Ein Buchbericht, in: FrRu 31 (1979) 37-39.

Thoma, Clemens, Jüdische Zugänge zu Jesus Christus, in: Blank/ Hasenhüttl (Hrsg.), 1980, 145-174.

Thoma, Clemens, Die theologischen Beziehungen zwischen Christentum und Judentum, (Grundzüge, 44) Darmstadt 1982.

Thoma, Clemens, Kritik an heutigen Gesprächstendenzen bei Christen und Juden, in: Judaica 38 (1982) 108-114.

Thoma, Clemens/ Wyschogrod, Michael (Hrsg.), Das Reden vom einen Gott bei Juden und Christen, (Judaica et Christiana, 7), Bern/Frankfurt a.M./ New York 1984.

Thoma, Gösta, Anwendung eines didaktischen Strukturgitters in der Entwicklung von Lehrplänen als Ausgangsbasis und Rahmen bei der Konzeption von Curriculumprozessen, in: Frey u.a. (Hrsg.), Bd. 1, 1975, 463-468.

Trilling, Wolfgang, Gegner Jesu – Widersacher der Gemeinde – Repräsentanten der 'Welt'. Das Johannesevangelium und die Juden, in: Goldstein (Hrsg.), 1979, 190-210.

Trutwin, Werner/ Wischmann, Günter (Hrsg.), Juden und Christen, (Theologisches Forum, 7) Düsseldorf 1971.

Trutwin, Werner u.a., Themenheft: Judentum im Religionsunterricht, in: ru 8 (1978) Nr.3, 77-111.

Trutwin, Werner, Das Judentum...Gottes Minderheit. Ein Unterrichtsversuch für den katholischen Religionsunterricht der Sekundarsftufe I, in: FrRu 30 (1978) 41-47.

Tworuschka, Udo, Methodische Zugänge zu den Weltreligionen. Einführung für Unterricht und Studium, Frankfurt a.M./ Berlin/ München 1982.

Uhde, Bernhard (Hrsg.), Judentum im Religionsunterricht – Sekundarstufe II. Einführung, Texte, Unterrichtsmodelle, Arbeitsmaterial, München 1978.

Uhde, Bernhard, Zum Verständnis von 'Bund' (b⁼rith) im rabbinischen Judentum, in: Biemer, 1981, 248-256.

Uhde, Bernhard, 'ER unser Gott, ER Einer'. Überlegungen zum Prinzip des Judentums, in: Biemer/ Biesinger/ Fiedler (Hrsg.), 1984, 266-273.

Unitatis redintegratio - Dekret über den Ökumenismus, in: Rahner/ Vorgrimler, ¹⁷1984, 229-250.

'Unsere Hoffnung', für ein Verhältnis zur Glaubensgeschichte des jüdischen Volkes. Aus dem Beschluß der Gemeinsamen Synode der Bistümer in der Bundesrepublik Deutschland 'Unsere Hoffnung' Teil IV.2, 22.11.1975, in: Gemeinsame Synode, 1976, 84-111.

Van Buren, Paul, Eine Theologie des Christlich-jüdischen Diskurses. Darstellung der Aufgaben und Möglichkeiten, München 1988.

Van der Lans, Jan, Kritische Bemerkungen zu Fowlers Modell der Glaubensentwicklung, in: Fraas/ Heimbrock (Hrsg.), 1986, 103-119.

Van Vugt, Thomas, Stellenwert und Behandlung des Vorurteils im Religionsunterricht. Dargestellt am Paradigma Antisemitismus. Zulassungsarbeit für das Theologische Diplom, Freiburg 1982.

Vatikanische Kommission für die religiösen Beziehungen zum Judentum im Sekretariat für die Einheit der Christen, Hinweise für die richtige Darstellung von Juden und Judentum in der Predigt und in der Katechese der katholischen Kirche, 24.6.1985, (Arbeitshilfen, 44) Bonn 1985.

Vermes, Geza, Jesus der Jude, in: Judaica 38 (1982) 215-228.

Vierzig, Siegfried, Zur Theorie der 'religiösen Bildung', in: Heinemann/ Stachel/ Vierzig (Hrsg.), 1970, 11-23.

Vierzig, Siegfried, Das Bedürfnis nach Religion, in: Schneider (Hrsg.), 1971, 23-32.

Vierzig, Siegfried, Zur Revision des Lehrplans für den Religionsunterricht, in: Wegenast (Hrsg.), 1972, 43-52.

Vögtle, Anton, Das Evangelium und die Evangelien. Beiträge zur Evangelienforschung, (Kommentare und Beiträge zum Alten und Neuen Testament) Düsseldorf 1971.

Volken, Laurenz, Jesus der Jude und das Jüdische im Christentum, Düsseldorf ²1985.

Wagner, Dieter, Glaubenswissen durch erfahrungserschließendes Lernen vermitteln. Am Beispiel der hessischen Rahmenrichtlinien katholische Religion in der Primarstufe, in: KBl 107 (1982) 384-388.

Wahle, Hedwig, Das gemeinsame Erbe. Judentum und Christentum in heilsgeschichtlichem Zusammenhang, Innsbruck/ Wien/ München 1980.

Wahle, Hedwig, Rezension von: Biemer/ Biesinger/ Fiedler, (Hrsg.), 1984, in: Diakonia 16 (1985) 428-430.

Waldenfels, Hans, Religionsverständnis, in: Eicher (Hrsg.), Bd. 4, 1985, 67-76.

Weber, Erich (Hrsg.), Der Erziehungs- und Bildungsbegriff im 20.Jahrhundert, Bad Heilbrunn/Obb. ³1976.

Wegenast, Klaus, (Hrsg.), Curriculumtheorie und Religionsunterricht, (Handbücherei für den Religionsunterricht, 12/13) Gütersloh 1972.

Wegenast, Klaus, Curriculumforschung und Religionsunterricht, in: ders. (Hrsg.), 1972, 53-63.

Wegenast, Klaus, Alternativen ohne Alternative? Zur Diskussion zwischen Hubertus Halbfas und Karl Ernst Nipkow, in: everz 25 (1973) 32-35.

Wegenast, Klaus, Der Religionsunterricht in der Sekundarstufe I. Grundsätze, Planungsformen, Beispiele, Gütersloh 1980.

Wegenast, Klaus (Hrsg.), Religionspädagogik, Bd. 1: Der evangelische Weg, Darmstadt 1981.

Wegenast, Klaus (Hrsg.), Religionspädagogik, Bd. 2: Der katholische Weg, Darmstadt 1983.

Wegenast, Klaus, Religion in der staatlichen Schule. Überlegungen zum Problem des Religionsunterrichts (1978), in: ders. (Hrsg.), Bd. 1, 1981, 278-284.

Wegenast, Klaus, Religionspädagogik zwischen 1970 und 1980, in: Theologische Literaturzeitung 106 (1981) 147-164.

Wegenast, Klaus, Der Religionsunterricht in der Schweiz. Ein Überblick, in: RpB (1982) Nr. 9, 124-148.

Wegener-Spöhring, Gisela, Vorurteilsstrukturen im Vorschulalter – eine empirische Untersuchung, in: Z.f.Päd 21 (1975) 535-545.

Wehle, Gerhard (Hrsg.), Pädagogik aktuell. Lexikon pädagogischer Schlagworte und Begriffe, Bd. 3: Unterricht, Curriculum, München 1973.

Weinrich, Michael, Wider die Israelvergessenheit des Katechismus, in: Biehl u.a. (Hrsg.), Bd. 3, 1987, 241-248.

Weinzierl, Erika (Hrsg.), Christen und Juden in Offenbarung und kirchlichen Erklärungen vom Urchristentum bis zur Gegenwart, (Veröffentlichungen des Internationalen Forschungszentrums für Grundfragen der Wissenschaften Salzburg, N.F. 34, Serie II/ 22) Wien/ Salzburg 1988.

Weishaupt, Werner, Religionsbegriff und Religionsunterricht. Eine historisch-systematische Untersuchung zur Funktion des Religionsbegriffs in ausgewählten religionspädagogischen Entwürfen, (Religionspädagogik heute, 3) Frankfurt a.M. 1980.

Weiss, Hilde, Antisemitische Vorurteile in Österreich. Theoretische und empirische Analysen, (Sociologica, 1) Wien 1983.

Weniger, Erich, Didaktik als Bildungslehre. Teil 1: Theorie der Bildungsinhalte und des Lehrplans, Weinheim ⁴1962.

Werbick, Jürgen, Der Glaube als 'Lebenswissen'. Begriff und Dimensionen eines 'identitätsverbürgenden Wissens' aus Glauben, in: KBl 107 (1982) 326-333.

Werbick, Jürgen, Vom Realismus der Dogmatik. Rückfragen an Walter Kaspers These zum Verhältnis von Religionspädagogik und Dogmatik, in: KBl 110 (1985) 459-463.

Werbick, Jürgen, Wahrheit, die dem Menschen gut tut. Zur Diskussion um die Korrelationsdidaktik, in: KBl 110 (1985) 326-336.

Westermann, Claus, Zur Frage einer Biblischen Theologie, in: Baldermann u.a. (Hrsg.), 1986, 13-30.

Westphalen, Klaus, Beschreibung des Projekts 'curriculare Lehrpläne für die Kollegstufe' am Staatsinstitut für Schulpädagogik München, in: Schulreform in Bayern, Bd. 2, München 1972, 381-385.

Westphalen, Klaus, Praxisnahe Curriculumentwicklung. Eine Einführung in die Curriculumreform am Beispiel Bayerns, Donauwörth ⁶1978.

Wiederkehr, Dietrich, Christusglaube und Glaube an den einen Gott. Zum Spannungsverhältnis zwischen Monotheismus und Trinitätslehre, in: Thoma/ Wyschogrod (Hrsg.), 1984, 131-155.

Wilckens, Ulrich, Glaube nach urchristlichem und frühjüdischem Verständnis, in: Lapide/ Mußner/ Wilckens, 1978, 72-96.

Wuchse, Ludwig, Ausgangspunkt: Prüfung des gegenwärtigen Lehrplans, in: CpB 99 (1986) 114-116.

Wyschogrod, Michael, Zum gegenwärtigen Stand des jüdisch-christlichen Gesprächs, in: Kremers/ Schoeps (Hrsg.), 1988, 210-225.

Zadra, Dario/ Schilson, Arno, Symbol und Sakrament, in: Böckle u.a. (Hrsg.), Bd. 28, ²1982, 85-150.

Theologische Schwerpunkte des jüdisch-christlichen Gesprächs. Arbeitspapier des Gesprächskreises 'Juden und Christen' des Zentralkommitees der deutschen Katholiken, 8.5.1979, in: Richter (Hrsg.), 1982, 110-121.

Zilleßen, Dietrich (Hrsg.), Religionspädagogisches Werkbuch, Frankfurt a.M./ Berlin/ München 1972.

Zilleßen, Dietrich (Hrsg.), Religionspädagogisches Praktikum, Frankfurt a.M./ München 1976.

Zilleßen, Dietrich, Emanzipation und Religion. Elemente einer Theorie und Praxis der Religionspädagogik, Frankfurt a.M./ Berlin /München 1982.

Zilleßen, Dietrich, Symboldidaktik. Herausforderung und Gefährdung gegenwärtiger Religionspädagogik, in: everz 36 (1984) 626-642.

Zinnecker, Jürgen (Hrsg.), Der heimliche Lehrplan. Untersuchungen zum Schulunterricht, (Beltz-Studienbuch, 94) Weinheim/ Basel 1975.

Zisler, Kurt (Hrsg.), Im Leben und im Glauben wachsen. Handbuch zu 'Glaubensbuch 6', (Religionsunterricht bei Zehn- bis Vierzehnjährigen, 2) Salzburg 1988.

Zuidema, Willem, Gottes Partner. Begegnung mit dem Judentum, (Information Judentum, 4) Neukirchen-Vluyn 1983.

Zweig, Adam (Hrsg.), Zur Entstehung von Symbolen. Akten des 2. Symposions der Gesellschaft für Symbolforschung. Bern 1984, (Schriften zur Symbolforschung, 2) Bern/ Frankfurt a.M./ New York 1985.

Zwergel, Herbert, Höchste Stufen religiöser Entwicklung: Kritische Rückfragen, in: Bucher/ Reich (Hrsg.), 1989, 51-63.